全国高等教育金融系

Insurance

# 保险学

## 第 **3** 版

主　编◎熊福生　姚壬元
副主编◎段文军　张　洁
　　　　傅亚平　江　珂

经济管理出版社
ECONOMY & MANAGEMENT PUBLISHING HOUSE

**图书在版编目（CIP）数据**

保险学/熊福生，姚壬元主编 . —3 版 . —北京：经济管理出版社，2017. 8（2024.8重印）

ISBN 978-7-5096-5321-0

Ⅰ.①保…　Ⅱ.①熊…　②姚…　Ⅲ.①保险学—教材　Ⅳ.①F840

中国版本图书馆 CIP 数据核字（2017）第 208939 号

组稿编辑：申桂萍

责任编辑：高　娅

责任印制：司东翔

责任校对：陈　颖

出版发行：经济管理出版社

　　　　　（北京市海淀区北蜂窝 8 号中雅大厦 A 座 11 层　100038）

网　　　址：www. E-mp. com. cn

电　　　话：（010）51915602

印　　　刷：北京虎彩文化传播有限公司

经　　　销：新华书店

开　　　本：787mm×1092mm/16

印　　　张：25. 25

字　　　数：593 千字

版　　　次：2017 年 8 月第 3 版　2024 年 8 月第 3 次印刷

书　　　号：ISBN 978-7-5096-5321-0

定　　　价：52. 00 元

# 第三版前言

在 2010 年 6 月，我们根据 2009 年 10 月再次修改后并开始施行的新《中华人民共和国保险法》编写出版了本《保险学》教材，经过三年多的教学实践，在广泛征求读者的修改意见，特别是一些使用过本教材的高校教师意见的基础上，我们进行了一定的修改和完善，并于 2013 年 8 月第二次出版了本《保险学》教材。

第二版的《保险学》教材，又经过了四年的教学实践，得到了广大读者与师生的认同和赞许！为此，我们决定几乎不加修改地（除个别地方作些文字性的修改外）第三次出版本教材。

在把握本教材质量方面，我们感谢武汉大学经济管理学院保险系李琼教授和中南财经政法大学金融学院保险系袁辉教授，感谢经济管理出版社第六编辑部申桂萍主任。

熊福生

2017 年 6 月 28 日

# 再版前言

在刚进入 21 世纪 10 年代的时候，为了适应新形势下培养大批保险专业人才和普及保险知识的需要，促进我国保险教育的发展，我们编写出版了全国高等教育金融系列精品教材《保险学》。几年来，《保险学》得到了使用过本教材的高校师生和广大读者的好评，使得该教材需要再次出版。作为一本经历过教学实践检验的教材再版，我们应该更有理由期待这本教材能为我国保险教育发挥更大的作用。

《保险学》（第二版）教材完全继承了第一版中得到广大使用者认同的特色和优点，没有对原版作较大的修改，主要是对某些章节中诠释新《保险法》时所出现的疏漏和误解作了必要的充实和更正，使其能够较完整准确地表达相关法律法规的本意。第二版教材同第一版教材一样，也没有对有关案例给出分析结论，这是因为一些保险案例中的情况错综复杂，要给出一个绝对标准的分析结论是不实际的，另一方面也是为了给读者留一个思考和分析判断的空间。此外，第二版教材特为使用该教材的高校教师备有一份参考课件（与本书出版社联系）。

在本教材的修订过程中，我们尽可能多地征求和采纳读者的修改意见，特别是一些使用过本教材的高校教师的意见，在此向他们表示衷心的感谢！尤其要感谢中南财经政法大学金融学院保险系主任袁辉教授，他在百忙中提出了一些非常中肯的修改意见，使其更加经得起教学实践的检验。

本教材的再版得到了经济管理出版社的大力支持，以及编辑部申桂萍主任的工作支持，对此我们也表示衷心感谢！

尽管我们力图全面完善教材，但仍难免有疏漏、错误之处，祈望各位读者斧正。

熊福生

2013 年 8 月 18 日

# 前　言

自《国务院关于保险业改革发展的若干意见》（国发［2006］23号）文件下达以来，我国保险业又进入了一个突飞猛进的发展新阶段，无论是保险市场规模与市场主体，还是保险的保障范围与保障功能，都获得了空前的大发展，保险的深度与密度也得到了显著的提升。自《教育部、中国保险监督管理委员会关于加强学校保险教育有关工作的指导意见》（教基［2006］24号）文件下达以来，我国保险教育也进入了一个崭新的发展阶段，一个"学保险、懂保险、用保险、普及保险知识、提高全民风险和保险意识"的新时代已悄然来到。随着社会主义的保险事业、保险教育事业的蓬勃发展，我国保险监管体系与法律体系已经建立并趋于完善，再次修改后的新《中华人民共和国保险法》也于2009年10月1日起开始施行。为了适应新形势下培养大批保险专业人才的需要和普及保险知识的需要，促进我国保险教育的发展，我们特编写此教材。

本教材是在广泛吸收众多已有教材的优秀成果和全面诠释新《保险法》的基础上编写而成的。本教材理论联系实际，紧跟时代步伐，既注重基本理论的阐述，也注重对实际问题的分析；既重视对保险经典理论的传承，也关注保险实践的新发展。其特点是理论阐述与实例分析相结合，一般阐述与重点分析相结合，力求全面系统地介绍保险学的基本知识、基本原理、基本方法和试图通过案例分析来提高读者的理论水平和对实际问题的分析判断能力。

本教材主要讨论商业保险方面的有关问题，同时也简要地介绍了社会保险与政策保险的一些基本知识。受篇幅所限，本书没有介绍保险精算、保险资金运用、保险财务会计等内容。

本教材可作为各类普通高等院校以及高职高专的保险、社会保险、金融、投资理财等专业的教材或学习参考书，也可作为商业保险、社会保险、保险中介、银行保险、投资理财等从业人员和政府官员的学习参考书，还可作为有一定文化基础的社会公民普及保险知识的学习用书。

  本教材共四篇，分十四章，第一篇为保险基本理论，包括风险与风险管理、保险概述、保险合同、保险原则四章内容；第二篇为保险分类业务，包括人身保险、财产保险、责任保险、信用保证保险、再保险、社会保险与政策保险六章内容；第三篇为保险经营实务，包括保险产品、保险市场、保险经营三章内容；第四篇为保险监管一章内容。各部分所需教学时数大致为：第一篇32课时，第二篇32课时，第三篇16课时，第四篇6课时。学生可根据本专业的情况作出取舍。

  本教材由熊福生、姚壬元任主编，段文军、张洁、傅亚平、江珂任副主编。熊福生负责编写第四、十一、十三章，姚壬元负责编写第六、七、八、九章，段文军负责编写第一、十二章，张洁负责编写第十、十四章，傅亚平负责编写第二、三章，江珂负责编写第五章，并由主编总审稿。参加本教材编写和相关案例、资料收集的在读研究生有：何伟斌、陈玲、宋迪、朱嫄、白晶晶、李婷、万崇、王文、张银、石星星、周强、史培培、王冲、张昊等。

  本教材直接或间接引用了一些保险专家所编写教材上的优秀成果，在此我们表示敬意和衷心的感谢。本教材出版得到了经济管理出版社的大力支持和责任编辑的工作支持，对此我们也表示衷心的感谢。由于本书编者们的水平所限，加之时间仓促，书中一定会有诸多的错误与不足，敬请专家与读者批评指正。

熊福生

2010 年 6 月 6 日

# 目　录

## 第一篇　保险基本理论

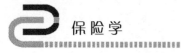
保险学

## 第三篇 保险经营实务

## 第四篇 保险监管

# 第一篇　保险基本理论

# 第一章　风险与风险管理

【学习目的】
　　掌握风险的概念和特点；理解风险的构成要素；了解风险的分类；理解风险管理的含义与目标；了解风险管理的意义与基本原则；掌握风险管理的技术和处理风险的方法；理解可保风险的概念及其构成要件。

## 第一节　风险概述

### 一、风险的概念

#### （一）风险的概念

人们在日常生活中，经常会遇到一些难以预料的事故和自然灾害。随着人口增长、城市化进程加快和现代工业化的发展，在全球财富急剧增加的同时，全球气候和环境也在发生着变化。人类正面临着比以往任何时候都要多的灾害与不幸事故。特别是转型中的发展中国家，人们可能遭受的自然灾害和意外事故的损失程度和频率比过去要大得多。对任何一个人而言，遭受自然灾害和意外事故的可能性总是存在的，但不幸事件何时何地发生，致害于何人，造成何种程度的损失，则是无法预知的。因而，人们在某种特定的情况下，对自己是否会遭遇灾难与不幸事件，将会受到多大的损失，都处于一种不确定的状态，这就是风险（risk）。在这里"风"意味着不确定性，"险"意味着损害事件。

1. 风险的不同含义

在商业活动和日常生活中，风险一词具有多种含义。一般说来，人们用风险来描述具有不确定结果的情况。生活本身就是充满风险的，即使是在很短的时间内，也会有种种不确定的事件发生。在风险管理、财务管理以及投资管理中，风险具有更特定的含义，通常指的是相对于某个期望结果可能发生的变动。在其他情况下，风险可能指的是某种情况下的期望损失。例如，在保险市场中常常提到所谓高风险投保人，此时，风险的含义就是指保险公司承担的损失的期望值（期望损失）较高。又如，我们常常说加利福尼亚州的地震风险很高，虽然这句话也包含了相对于期望值发生变动的意思，但它实际上是指与其他州相比，加利福尼亚由于地震而导致的损失的期望值会更高一些。

**2. 风险的保险学表述**

在保险学中，风险是指未来损失的不确定性。该定义揭示了两层含义：一是风险的结果是可能的损失，这部分内容将在后面的章节中加以详细讲述。二是不确定性是风险的核心。不确定的程度可以用概率来描述，当概率在 0 ~ 0.5 时，随着概率的增加，不确定性也相应增加；当概率为 0.5 时，不确定性最大；当概率在 0.5 ~ 1 时，随着概率的增加，不确定性随之减少；当概率为 0 或者 1 时，不确定性事件可能会转化为确定性事件，肯定不会发生的事件发生的概率为 0，肯定会发生的事件发生的概率为 1，两者皆无风险可言。保险学中所讲的风险事件通常是指该事件发生的概率介于 0 ~ 1。

损失的不确定性是风险的本质。不确定性表现为：导致损失的随机事件是否发生不确定；损失发生的时间不确定；损失发生的地点不确定；损失发生的原因及损失发生后造成的损失程度和范围不确定，即不可预见和不可控制。

**（二）风险的属性**

风险的属性表明其所具有的性质。风险的基本属性是自然属性、社会属性和经济属性。

**1. 自然属性**

自然属性表明事物本身固有的运动规律和不受外界影响的事物本质。水能载舟，亦能覆舟。大自然是人类赖以生存、繁衍生息的基础。然而自然界的运动对人类的经济和生活产生着重要影响（如地震、风暴和洪水），其中对人的生命安全造成伤害和经济生活造成损失的自然运动就构成了风险。自然界的运动规律是客观的，是不以人的意志为转移的。人们可以逐渐认识它，但改变不了它。风险的自然属性一般称为不可抗力。

**2. 社会属性**

风险是客观存在的，但风险是在一定环境下产生的，这就是风险的社会属性。任何风险的发生均体现了一定的社会制度、技术条件和生产关系，没有抽象的风险。在不同的社会环境下，风险的内容是不同的。一方面，某一个风险损失就整体而言是全社会财产总量的经济损失；另一方面，某一个标的风险损失就全社会而言，其风险损失是有一定规律的、可以估测的。保险就是运用风险的社会性，承担起"一人为众，众人为一"的风险损失经济补偿的社会职责。

**3. 经济属性**

风险的经济属性强调风险一旦发生其产生的经济后果，只有当自然灾害、人为灾祸对人类的人身安全和经济利益造成经济损失时，才能体现出风险的经济属性，风险也因此被称为风险。否则，就不叫风险。

**（三）与风险有关的基本概念**

**1. 危险**

危险与风险既有相同点，又有不同之处。英语中危险称为 danger，而风险则称为

risk。危险与风险都是有可能发生而尚未发生的现象。危险与风险的区别在于：危险的后果是严重的不利结果，而风险的后果则不一定是不利结果；危险只有一种可能的结果，而风险则有多种可能的结果。如人们穿好防护设施从事带电作业与不穿防护设施从事带电作业，前一种行为可能产生不触电或触电两种结果，后一种行为却只能有触电这一种结果，前者为风险，后者为危险。

2. 损失机会

损失机会又称损失频率，是指在一定时期内、一定规模的危险单位可能发生损失的次数。其公式为：

$$损失频率 = \frac{损失发生次数}{危险单位总数} \times 100\%$$

损失频率表明风险损失发生的不确定性的大小，即风险的大小。不确定性大，则风险大；不确定性小，则风险小。损失频率反映某一风险发生的概率，即发生可能性的大小。

3. 损失程度

损失程度是指一次事故发生所导致标的物的损毁程度。损失程度显示风险发生后所致经济损失的规模。其公式为：

$$损失程度 = \frac{损毁价值}{危险标的总价值量} \times 100\%$$

## 二、风险的特征

### （一）客观性

风险的客观性是指风险必须是客观存在着的某种自然现象、生理现象和社会现象，是独立于人的意识之外的客观事实，而不是人们头脑中主观想象或主观估计的抽象概念。所谓自然现象是指地震、海啸、台风、洪水、冰雪、干旱、风沙等自然界不规则运动的表现形式；生理现象是指人的生、老、病、死等生命运动的自然表现；社会现象是指战争、盗抢、政变、恐怖事件等。风险具有客观性，人们只能在一定的时间和空间改变风险存在和发生的条件，降低风险发生的频率和损失程度，但是，从总体上说，风险是不可能彻底消除的。在一定的环境下，风险的发生具有一定的规律性。人们通过这些风险规律，认识风险、估测风险和选择风险的有效管理方法，进而将风险对经济的冲击减少到最小。风险的客观性是保险产生和发展的自然基础。

### （二）普遍性

风险无处不在，无时不有。自从人类出现后，就面临着各种各样的风险，如自然灾害、意外事故、疾病、死亡、战争等。随着科学技术的发展、生产力的提高、社会的进步以及人类的进化，又产生新的风险，且风险事故造成的损失也越来越大。在当今社会，个人面临着生、老、病、死、意外伤害等风险；企业则面临着自然风险、意外事故、市场风险、技术风险和政治风险等，甚至国家和政府机关也面临着各种风险。总之，风险渗入到社会、企业和个人生活的方方面面，是普遍和长期的。

### （三）不确定性

风险及其所造成的损失总体上说是必然的、可知的，但在个体上却是偶然的、不可知的，具有不确定性。正是风险的这种总体上的必然性与个体上的偶然性（即风险存在的确定性和发生的不确定性）的统一，才构成了风险的不确定性，主要表现为：

1. 空间上的不确定性

如火灾，就总体上来说，所有的房屋都存在发生火灾的可能性，而且在一定时间内总有少数房屋会发生火灾，并且必然造成一定数量的经济损失。这种必然性是客观存在的，但是具体到某一幢房屋来说，是否发生火灾，则是不一定的。

2. 时间上的不确定性

例如，人总是要死的，这是人生的必然现象，但是何时死亡，在健康的时候是不可能预知的。

3. 结果上的不确定性

即损失程度的不确定性。例如，沿海地区每年都会或大或小遭受台风的袭击，但是人们却无法预知未来年份发生的台风是否会造成财产损失或人身伤亡以及程度如何。

### （四）可测性

个别风险的发生是偶然的、不可预知的，但通过对大量风险事故的观察会发现，风险往往呈现出明显的规律性，这就是所谓的"大数法则"。运用统计方法去处理大量相互独立的偶发风险事故，其结果可以比较准确地反映风险的规律性。根据以往大量资料，利用概率论和数理统计的方法可测算出风险事故发生的概率及其损失程度，并且可构造出损失分布的模型，成为衡量风险的基础。比如，死亡对于个别人来说是偶然的不幸事件，但是经过对某一地区人们的各年龄段死亡率的长期观察统计，就可以准确地编制出该地区的生命表，从而可测算出各个年龄段的人的死亡率。风险的可测性为保险费率的厘定奠定了科学基础。

### （五）可变性

世间万物都处于运动、变化之中，风险更是如此。风险的变化有量的增减，也有质的改变，还有旧风险的消亡与新风险的产生。风险的变化，主要是由风险因素的变化引起的。这种变化主要来自于：

1. 科技进步

随着科学技术水平的提高，人们认识风险、抵御风险的能力增强，不少风险得到有效控制，使风险事故发生的概率降低，风险损失的范围缩小、程度减轻，有些风险甚至被消除。例如，随着船舶及设备的改进和雷达导航技术的采用，远洋运输遭遇海难的风险减小了。又如，随着医疗水平的提高和卫生状况的改善，人们所面临的疾病和死亡风险也大大减小，有的"瘟神"则被送走了。另外，科技进步还会导致新风险的产生。例如，空难风险、核风险、计算机泄密风险等。

2. 经济体制与结构的转变

例如，经济结构的转变会增加某些人的失业风险，经济繁荣或经济萧条也会使风险性质发生变化。又如，计划经济体制下，没有股票市场，因而没有炒股票所导致的投机风险，而市场经济体制下则有这种投机风险。

3. 政治与社会结构的改变

政治制度、法律、政策的改变，民情风俗的变化都会使风险发生改变，战争风险、投资风险等都与之有关。

## 三、风险的要素

风险因素、风险事故和损失是风险构成的三要素。

1. 风险因素

风险因素是指引起或增加风险事故发生的机会或扩大损失程度的原因和条件。它是风险事故发生的潜在原因，是造成损失内在的或间接的原因。构成风险因素的条件越多，发生损失的可能性就越大。根据风险因素的性质可将其划分为实质风险因素、道德风险因素和心理风险因素三种类型。

（1）实质风险因素。实质风险因素是指有形的并能直接影响事件的物理功能的因素。即某一标的物本身所具有的足以引起或增加损失机会和损失程度的客观原因和条件。如地壳的异常变化、机器设备的内在缺陷、汽车刹车系统失灵、电路短路等。

（2）道德风险因素。道德风险因素是指与人的品德修养有关的无形因素，即是由于个人的不诚实、不正直或不轨企图促使风险事故发生，以致引起社会财富损毁或人身伤亡的，或扩大已发生的风险事故所造成的损失的原因或条件。在保险领域，道德风险主要表现为投保人利用保险牟取不正当利益。如纵火、欺诈、盗窃、抢劫、贪污、谋害等。

（3）心理风险因素。心理风险因素是指与人的心理状态有关的无形因素。即由于人们主观上的疏忽或过失，以致增加风险事故发生的机会或扩大损失程度的因素。如躺在床上吸烟的习惯，增加了火灾发生的可能性；外出不锁门，增加了偷窃发生的可能性；投保人购买保险后，觉得万事大吉而疏于防灾防损；等等。

实质风险因素与人无关，故也称为物质（物理）风险因素。道德风险因素和心理风险因素均与人密切相关，前者侧重于人的恶意行为，后者侧重于人的疏忽行为，因此这两类风险也可合并称为人为风险因素。

2. 风险事故

风险事故又称风险事件，是造成生命财产损失的偶发事件。也就是说，风险事故是损失的媒介，是造成损失的直接或外在原因。只有风险事故发生了，才会导致损失。例如，汽车刹车失灵酿成车祸导致车毁人亡，其中刹车失灵是风险因素，车祸是风险事故。如果仅有刹车失灵而无车祸，就不会造成人员伤亡。需要指出的是，风险因素和风险事故的区分是相对的。某一事件在一定的条件下为风险因素，而在另一条件下则为风险事故。如雷电，雷电直接击伤人或击毁财产，则雷电属于风险事故；如果雷电造成火灾，进而损害人或财物，则雷电属于风险因素。一般而言，风险事故发生的根源主要有三种：自然现象，如地震、台风、洪水等；社会经济的变动，如社会动乱、汇率变动等；人和物体本身所引起的，如疾病、设备故障等。

### 3. 损失

在风险管理及保险学中，损失是指非故意的、非预期的和非计划的经济价值的减少。它包括两层含义：一是损失必须是"非故意的、非预期的和非计划的"，如折旧、馈赠，虽有经济价值的减少，但不符合此条件；二是损失必须是经济损失，即损失必须能以货币来衡量，如某人因病导致智力下降，虽然符合第一个条件，但不符合此条件，因此不能称之为损失。两方面都不可缺少，否则就不是损失。

在保险实务中，损失分为直接损失和间接损失。直接损失是实质的、直接的损失，由于风险事故直接引起的损失；间接损失是由直接损失进一步引发的或带来的无形损失，包括额外费用损失、收入损失和责任损失。每一种风险事故所造成的损失形态均不会脱离上述范畴。因此，人们直接将损失分为四种：实质损失、费用损失、收入损失和责任损失。其中，责任损失包括无法履行契约责任所造成的损失和因为过失或故意而导致他人遭受人身伤害或财产损失的侵权行为所构成的依法应负的赔偿责任。

### 4. 三者的关系

风险是由风险因素、风险事故和损失三者构成的统一体，风险因素引起或增加风险事故，风险事故发生必然导致损失。风险事故发生是风险的主体，风险因素是风险事故的前因，而损失则是风险事故的后果。解释这三者之间的关系有两种理论：一是亨利希（H. W. Heinrich）的骨牌理论；二是哈顿（W. Haddon）的能量释放理论。两者都认为风险因素引发风险事故，故而导致风险损失，但他们的解释不同。前者强调：风险因素、风险事故和损失三张骨牌之所以相继倾倒，主要是由于人们的错误所致。后者强调：之所以造成损失，是因为事物所承受的能量超过所能容纳的能量所致，物理因素起主要作用。

## 四、风险成本

风险的成本是指由于风险的存在和风险事故的发生，人们所必须支出的费用和预期经济利益的减少。它包括：风险损失的实际成本、风险损失的无形成本和预防或控制风险损失的成本。

### （一）风险损失的实际成本

风险损失的实际成本是由风险造成的直接损失成本和间接损失成本构成的。

#### 1. 风险直接损失成本

风险直接损失成本是指风险事故发生造成的财产损失和人员伤亡所导致的实际经济利益减少而必需的货币支出，即必须支付的实际经济代价。例如，企业因为厂房、机器设备被毁损，该企业要恢复正常的生产秩序，必须支付修复这些厂房、机器设备的费用以及与修复相关的人员工时费用等。如有人员伤亡，还必须支付伤亡人员的医疗费用、丧葬费用等。

2. 风险间接损失成本

风险间接损失成本是指某一风险事故的发生而导致的该财产本身以外的损失成本以及与之有关的他物损失和责任等的损失成本。包括：

（1）营运收入损失的成本。包括营业中断损失、连带营业中断损失、成品利润损失、应收账款减少的损失和租金收入损失等。

（2）风险造成的额外费用增加损失。包括租赁价值损失的成本、额外费用损失的成本和租权利益损失的成本等。

（3）责任风险成本。指因侵权、违反契约等行为而导致他人人身或财产损失所应负的法律赔偿责任。其责任风险的成本大小要以法院判决作为依据。

**（二）风险损失的无形成本**

风险损失的无形成本是指由于风险发生的不确定性引起的企业、个人所付出的经济代价。通常包括以下几个方面：

1. 风险损失的不确定性会造成社会经济福利减少

由于风险事故发生的不确定性，事故后果的灾难性，使得人们处于担忧恐惧和焦虑状态。为了应对风险事故的损失，不得不提留和维持一定数量的风险补偿基金。当社会资本为常量时，提存一定数量的风险补偿准备基金，用于生产和流通的资本则会相应减少。那么社会经济规模和经济效益也会受到一定的影响，从而影响到社会福利水平。风险的不确定性，使人们付出了精神幸福的代价，降低了生活质量。

2. 风险损失的不确定性使社会资源配置不能达到最佳状态，影响社会产量达到最佳水平

经济学原理表明，只有当社会资源配置达到与边际生产力相等时才能处于最佳配置状态。由于风险的存在，整个社会资源易于流向低风险的领域，使该领域的社会资源供给大于需求，难以形成最佳经济效益。而高风险领域的社会资源处于社会平均生产力水平。由于风险的存在，投资行为容易短期化，也使社会资源配置缺乏合理性。这种因风险存在而导致的社会资源配置的失衡，必然导致社会总产品不能达到最佳产量、价格水平和价格结构。

3. 由于风险的客观存在所导致的心理问题、精神成本

风险的存在导致人们的忧虑感和恐惧感，这种忧虑与恐惧的大小取决于不确定的程度、潜在的损失后果、人们处置损失后果的经济力量，以及社会中个人与群体对风险的态度等诸因素。在某些特殊的情况下，因人们的忧虑感和恐惧感造成的间接经济损失甚至可能超过风险事故本身所造成的直接经济损失。而且，人们对风险的忧虑和恐惧，会影响其正常的工作、行为和对风险的态度等，可能造成严重的经济损失。

**（三）预防与控制风险损失的成本**

为预防和控制风险损失，必须采取各种措施，从而造成费用支出。各项费用的支出构成了预防和控制风险损失的成本。这种成本既包含了预防和控制风险的直接成本和个体成本，又包含了间接成本和总体成本，预防和控制风险的费用包括：购置用于预防和减损的设备及其维护费、咨询费、安全人员费、训练计划费、施救费、试验费，为预防

和阻止战争而进行宣传所支付的费用，为防止环境污染所支付的宣传费、研究费用，为人类生存而进行的各种宇宙太空计划所支付的费用等。另外，还需要相应的管理与工作人员，他们为此而耗费了时间又不能同时从事其他活动，这种机会成本也是预防与控制风险损失的成本。

# 第二节　风险分类

## 一、按风险的性质分类

根据风险的性质分类，可分为纯粹风险和投机风险。

**（一）纯粹风险**

纯粹风险是指那些只有损失机会而无获利可能的风险。其导致的结果只有两种，即损失和无损失。它并无获利的可能性。自然灾害和意外事故，以及人的生老病死等，均属此类风险。

**（二）投机风险**

投机风险是指那些既有损失机会，又有获利可能的风险。其导致的结果有三种，即损失、无损失和获利。如商业行为上的价格投机就属于此类风险。

**（三）两者的比较**

分析纯粹风险和投机风险的区别和联系，我们可以发现：

（1）纯粹风险和投机风险的共存性。即同一标的可能同时面临纯粹风险和投机风险，如房屋，其所有人既面临火灾、地震等纯粹风险，也面临房屋市价涨落的投机风险。

（2）一般而言，纯粹风险所致的损失是绝对的，即个人和团体遭受纯粹风险所致的损失，社会全体也会蒙受同样的损失。而投机风险所致损失则是相对的。如某个人遭受损失，他人可能盈利，就整个社会而言，不一定有损失。

（3）纯粹风险更适用大数法则。

（4）纯粹风险和投机风险在一定条件下可以相互转化。如财产的火灾损失对于财产所有人来说是纯粹风险，而对承担大量这种火灾险业务并预期在经营中能获取一定利润的保险人来说，则变为投机风险。

## 二、按风险的环境分类

按风险的环境分类，可分为静态风险与动态风险。

### （一）静态风险

静态风险是指由于自然力的不规则作用，或者由于人们的错误或失当行为而招致的风险。例如，水灾、火灾、海难，人的死亡、伤残、疾病，盗窃、欺诈等。静态风险一般与社会的经济、政治变动无关，在任何社会经济条件下都是不可避免的。

### （二）动态风险

动态风险是指以社会经济的变动为直接原因的风险，通常由人们欲望的变化、生产方式和生产技术以及产业组织的变化等引起。例如，消费者爱好转移、市场结构调整、资本扩大、技术改进、人口增长、利率变化、汇率变化、环境改变等。

### （三）二者的区别

静态风险与动态风险有着本质区别，具体表现在：

1. 损失不同

静态风险对于个体和社会来说，都是纯粹损失；而动态风险对于一部分个体可能有损失，但对另一部分个体则可能获利，从社会总体上看也不一定有损失，甚至可能受益。例如，消费者爱好的转移，会引起旧产品失去销路和对新产品需求的增加。

2. 影响范围不同

静态风险一般只对少数社会成员（个体）产生影响，而动态风险的影响则较为广泛。

3. 发生特点不同

静态风险在一定条件下具有一定的规律性，也就是服从概率分布；而动态风险则不具备这一特点，无规律可循。

4. 性质不同

静态风险一般均为纯粹风险，而动态风险包含纯粹风险和投机风险。比如商业萧条时期，商品大量积压，此属投机风险；而商品积压，遭受各种意外事故所致损失的机会就大，此为纯粹风险。

## 三、按风险的载体分类

按风险事故发生的载体分类，可分为人身风险、财产风险、责任风险和信用风险。

### （一）人身风险

人身风险是指可能导致人死亡、伤残或丧失劳动力的风险。如疾病、意外事故、自然灾害等。这些风险都会造成经济收入的减少或支出的增加，影响本人或其直系亲属经济生活的安定。

### （二）财产风险

财产风险是指导致一切有形财产毁损、灭失或贬值的风险。例如，建筑物有遭受火灾、地震、爆炸等损失的风险；船舶在航行中，有遭到沉没、碰撞、搁浅等损失的风险；露天堆放或运输中的货物有遭到雨水浸泡、损毁或贬值的风险；等等。至于因市场价格跌落致使某种财产贬值，则不属于财产风险，而是经济风险。

**（三）责任风险**

责任风险是指由于社会个体（经济单位）的侵权行为造成他人财产损失或人身伤亡，依照法律负有经济赔偿责任，以及无法履行合同致使对方受损而应负的合同责任所形成的风险。与财产风险和人身风险相比，责任风险是一种更为复杂而又较难控制的风险，尤以专业技术人员如医师、律师、会计师、理发师、教师等职业的责任风险为甚。

**（四）信用风险**

信用风险是指在经济交往中，权利人与义务人之间由于一方违约或违法行为给对方造成经济损失的风险。

## 四、按风险产生的原因分类

按风险产生的原因分类，可分为自然风险、社会风险、经济风险和政治风险。

**（一）自然风险**

自然风险是指由于自然力的不规则变动导致财产损毁和人员伤亡的风险。自然风险是保险人承保最多的风险，其具有如下特征：第一，自然风险形成的不可控性。自然灾害的发生是受自然规律作用的结果。人类对自然灾害只有基本的认识，但对灾害的控制往往束手无策，如地震、山洪、飓风等自然灾害。第二，自然风险形成的周期性。虽然自然灾害的形成具有不可控性，但它却具有周期性，使人类能够对灾害予以防御。如夏季可能出现洪灾和高温灾害，冬季可能出现冰雪、冻灾，秋季可能出现旱灾，春季可能出现瘟疫流行、风沙等。第三，自然风险事故引起后果的共沾性，自然风险事故一旦发生，其后果所涉及的对象往往很广（某一地区、某一国家甚至全世界）。一般地讲，自然风险事故引起后果的共沾性越大，人类所蒙受的经济损失就越惨重；反之，人类所蒙受的经济损失则较轻。

**（二）社会风险**

社会风险是指由于个人或团体的行为，包括过失行为、不当行为及故意行为对社会生产及人们生活造成损失的可能性，如宠物伤人、玩忽职守、盗抢以及恐怖爆炸等行为对他人的财产或人身造成损失或损害的可能性。

**（三）经济风险**

经济风险是指生产经营过程中，由于相关因素的变动或估计错误导致产量减少或价格涨跌的风险。如市场预期失误、经济管理不善、消费需求变化、通货膨胀、汇率变动等所导致经济损失的风险。

**（四）政治风险**

政治风险又称为国家风险，它是指在对外投资和贸易过程中，因政治原因或订约双方所不能控制的原因，使债权人可能遭受损失的风险。如因输入国家发生战争、革命、内乱而中止货物进口；或因输入国家实施进口或外汇管制，对输入货物加以限制或禁止输入；或因本国变更外贸法令，使输出货物无法送达输入国，造成合同无法履行而形成的损失；等等。

需要注意的是自然风险、社会风险、经济风险和政治风险是相互联系、相互影响的，有时很难明确区分。例如，由于人的行为引起的风险，以某种自然现象表现出来，则风险本身属于自然风险，但由于它是人们行为的反常所致，因此又属于社会风险。又如，由于价格变动引起产品销售不畅，利润减少，这本身是一种经济风险，但价格变动导致某些部门、行业生产不景气，造成社会不安定，于是又是一种社会风险。还有，社会问题积累可能演变成政治问题，因而社会风险酝酿着政治风险。

## 五、按风险产生的损失程度分类

### （一）一般灾害风险

一般灾害风险是相对于巨灾风险而言的，是指发生频率高，所导致的损失金额相对较少、波及范围相对较小、短周期的风险。一般灾害风险往往到处可见。例如，一般的火灾、偷窃等。

### （二）巨灾风险

巨灾风险是因重大自然灾害、疾病传播、恐怖主义袭击或人为事故而造成巨大损失的风险。目前国际保险界对巨灾风险尚无统一的定义，我国保险业界定巨灾风险常用两种方法——定性法和定量法。

1. 定性法

巨灾风险是指发生概率很小，但是一旦发生就会带来巨大损失的不确定性灾害事件。比如2001年的"9·11"恐怖袭击事件、2004年年底的东南亚海啸、2008年的汶川大地震等都属于巨灾风险事件。

2. 定量法

一般来说，保险业内都是从损失金额、死亡人数、损失波及范围、发生频率、周期长短等方面对巨灾风险加以界定的，以区别于小范围、小金额、高频率、短周期的一般性灾害。如，美国联邦保险服务局规定，"导致财产直接保险损失超过2500万美元，并影响到大范围保险人和被保险人的事件属于巨灾风险事件"。

巨灾风险除了具有风险的客观性和风险的不确定性两种属性外，和一般灾害风险相比较，还具有以下特点：

1. 发生的频率较低

巨灾的发生频率比一般灾害事故的发生频率要低得多。在一个国家或每个较大区域，一般性的火灾、车祸几乎每天都会发生，而破坏性地震、大的洪水灾害则很少发生，甚至几年或更长时间才发生一次。

2. 影响范围广泛，损失巨大

虽然巨灾事故发生的频率很低，但其造成的损失却是非常巨大的。一次普通的火灾事故可能烧毁一栋建筑物或数栋建筑物，造成几万元、几十万元、几百万元或上千万元的损失；而一次大地震或大洪灾则可能导致大范围的众多建筑物损毁，从而造成数亿元、数十亿元甚至成百上千亿元的损失。例如，2009 年 2 月 9 日北京央视新楼配楼起火，在火灾救援过程中造成 1 名消防队员牺牲，6 名消防队员和 2 名施工人员受伤，造成直接经济损失 1.6 亿余元，设备损失达几十亿元。2008 年的汶川地震让中国受到的损失超过一万亿人民币。

3. 风险的难以预测性

巨灾事件的作用机制非常复杂，尽管人们投入大量人力、物力研究巨灾事件的预测问题，但迄今仍未取得实质性进展。

4. 概率论不适用于巨灾风险

对于一般灾害风险而言，计算费率主要应用大数法则和以往的经验数据，而巨灾风险由于发生的次数较少而缺少可信的参考资料，使大数法则的应用受到限制，从而影响了费率的正确厘定。

# 六、按承担风险的主体分类

按承担风险的主体分为个人风险和企业风险。

## （一）个人风险

个人风险是指个人或家庭所承担的风险，强调个人风险的承担主体是个人或者一个家庭。个人风险有六类：收入风险、医疗费用风险、责任风险、实物资产风险、金融资产风险和寿命风险。收入风险指的是家庭收入的潜在波动，这类风险是由于收入的获得者因为死亡、伤残、年龄和技术变革等导致的劳动能力下降而引起的。家庭费用支出也具有不确定性，特别是医疗和责任诉讼会带来巨大的非预期费用。家庭同时还面临着实物资产价值损失的风险，汽车、房屋、家具和电脑可能会遗失、被窃或损坏。金融资产的价值也会因为通货膨胀和股票债券实际价值的变动而发生波动。最后，寿命风险就是个人何时死亡的风险，也包括长寿风险。长寿风险指的是退休后个人可能会比他们所拥有的财务资源更加长寿的风险。

## （二）企业风险

从广义上讲，任何原因可能引起的企业价值的减少都可以被定义为企业风险。企业价值对股东来说，体现在其持有的普通股的价值上。从根本上说，企业价值是由公司未来净现金流量（现金流入减去现金流出）期望值的大小、获得的时间以及风险因素决定的。引起企业价值发生波动的一个主要原因就是，预期的未来净现金流发生了意外变动。企业风险中对现金流量以及企业价值变动影响最大的为：价格风险、信用风险和纯粹风险。

1. 价格风险

价格风险是指由于输出价格或者输入价格的可能变动所导致的现金流量的不确定性。输出价格风险指的是公司所提供的产品和劳务的价格变动风险；输入价格风险指的是公司为其生产过程顺利进行所支付的劳动力、原材料以及其他输入要素的价格变动风险。价格风险又可细分为商品价格风险、汇率风险和利率风险。

2. 信用风险

当公司无法履行所承诺的借款和支付时，公司就面临着信用风险。绝大多数的公司在应收账目上都面临着一定程度的信用风险。

3. 纯粹风险

影响公司商务活动的几类主要的纯粹风险有：①由于物理损坏、被盗以及政府征收而引起的公司资产价值减少的风险。②由于给客户、供应商、股东以及其他团体带来人身伤害或财产损失而必须承担法律责任的风险。③由于对雇员造成人身伤害而引起的按照员工赔偿法必须进行赔偿的风险，以及除此之外必须承担的其他法律责任风险。④由于雇员（有时也包括其家庭成员）死亡、生病以及伤残而引起的按照雇员福利计划支付费用的风险，还包括养老金和其他退休储蓄计划中对雇员的责任。

【案例1-1】

2002 年 9 月 6 日，上海汽车制动系统有限公司发生重大火灾，损失巨大。承保的财产保险公司向其支付了总额达 1.3 亿元人民币的赔款。这是 2002 年国内企业财产保险单项赔款额最大的一起赔偿案。

资料来源：《新快报》，2003 年 1 月 7 日。

# 第三节　风险管理

## 一、风险管理的含义

风险管理是人们对各种风险的识别、估测、评价、控制和处理的主动行为，是指经济单位通过对风险的识别和衡量，采用合理的经济和技术手段对风险加以处理，以最小的成本获得最大安全保障的一种管理过程。作为人类社会对客观存在的风险的主观能动行为和经验总结，古已有之；作为独立的管理系统而成为一门新兴的学科，到了 20 世纪 50 年代才在美国兴起，迄今风险管理的科学方法尚未得到充分发展；在 20 世纪末，出现了整体化风险管理这一崭新的概念，即把纯粹风险和财务风险（价格风险、利率风险、汇率风险等）综合起来加以研究和管理。

风险管理的概念包含了以下四层含义：

（一）风险管理的对象

风险管理的对象是风险，在理论上对此有两种不同的观点：一是认为风险管理的对象限于纯粹风险，二是认为风险管理的对象是全部风险。从现代风险管理实践看，风险管理的对象已不限于纯粹风险。若就风险管理的具体内容而言，由于风险管理主体不同、环境不同，以及要求目标不同，现代风险管理的内容非常丰富。任何组织都可以树立风险管理的思想，运用风险管理的基础理论对其活动进行风险管理。

**（二）风险管理的主体**

风险管理的主体可以是任何组织和个人，包括个人、家庭、企事业单位、社会团体和政府部门以及跨国集团和国际联合组织等。所以，按主体不同，风险管理可以分为个人家庭风险管理、企业风险管理和公共风险管理①等。需要指出的是，长期以来的风险管理实践与发展，其主体主要是指非保险企业，或者说是以生产制造行业等为主，但随着对融资风险管理的要求不断增加，风险管理的内容不仅开始逐步以融资风险管理为主，而且金融企业风险管理日益成为现代企业风险管理的重要领域。当然，也包括保险公司的风险管理。

**（三）风险管理的过程**

风险管理的过程包括风险识别、风险估测、风险评价、选择风险管理技术、风险管理效果评价等；风险管理过程中，风险识别和风险衡量是基础，而选择合理的风险处理手段则是关键。

**1. 风险识别**

风险识别是风险管理的第一步，是指经济单位和个人对所面临的以及潜在的风险加以判断、归类整理，并对风险的性质进行鉴定的过程。风险识别包括如下两方面的内容：

（1）感知风险。感知风险是通过调查了解，识别风险的存在方位。

（2）分析风险。分析风险是通过调查、比较和分析，揭示风险的种类及其产生的原因、条件、特点和性质。

感知风险是分析风险的基础，而分析风险则是感知风险的深化。由于风险多种多样、错综复杂，风险识别应成为一项持续性、制度化的工作。风险识别的方法主要有：现场调查法、风险列举法、生产流程图法、财物报表分析法等。风险管理部门在风险识别的过程中，可以选择上述一种方法，也可以选择几种方法的组合。

**2. 风险估测**

风险估测是指在风险识别的基础上，通过对所收集的大量详细的损失资料加以分析，运用概率论和数理统计，估计和预测风险发生的概率和损失程度。风险估测主要包括以下三个方面：

（1）损失概率的估测，是指预测风险损失在一定时间范围内实际发生或预期发生损失数量与所有可能发生损失数量的比值。

（2）损失程度的估测，是指预测标的物发生一次风险事故时的平均损失额度。它

---

① 公共风险管理中的重要内容是危机管理，它通常是指为了处理国际或国内政治、经济和社会重大意外事故而采取的政策和措施，危机管理通常以影响国家或某一地区的安全和社会公共利益方面的危机为主要对象；而一般说的风险管理是以维护经济单位活动安定为目的，以影响某一经济单位经济活动或业务活动的稳定性和持续性的风险为主要对象。

是发生损失金额的算术平均数。

（3）风险损失的变异程度估测，也称为风险损失的波动程度，通常用损失变量的方差或者标准差来度量。如果某种损失的波动性越大，则其损失的不确定性也就越大，相应地，其风险也就越大。

3. 风险评价

风险评价又称安全评价，是指在风险识别和风险估测的基础上，把风险发生的概率、损失严重程度，结合其他因素综合起来考虑，得出系统发生风险的可能性及其危害程度，并与公认的安全指标进行比较，确定系统的安全等级。然后根据系统的危险等级，决定是否需要采取控制措施，以及控制措施采取到什么程度。

4. 选择风险管理技术

选择风险管理技术是风险管理中最为重要的环节。它是根据风险评价结果，为实现风险管理目标，选择最佳风险管理方法予以实施。风险管理技术分为控制型和财务型两大类。前者的目的是降低损失频率和减少损失程度，重点在于改变引起意外事故和扩大损失的各种条件；后者的目的是以提供基金和订立保险合同等方式，消化发生损失的成本，即对无法控制的风险做出财务安排。

5. 风险管理效果评价

风险管理效果评价是指对风险管理技术适用性与收益性状况的分析、检查、修正和评估。风险效益的大小，取决于是否能以最小的风险成本获取最大的安全保障。现实中，风险的性质具有可变性，同时人们认识风险的水平也具有阶段性，这决定了风险管理技术是在认识不断提高的基础上逐步完善的。因此，需要对风险的识别、估测、评价以及管理方式进行定期检查、修正，以保证风险管理方法适应变化了的新情况。

**（四）风险管理的基本目标**

风险管理的基本目标是以最小的成本获取最大的安全保障。随着风险管理理论与实践的不断发展、丰富与总结，风险管理成为研究风险发生规律和风险控制技术的一门新兴管理科学。

## 二、风险管理的目标

风险管理最主要的目标是控制与处置风险，以防止和减少损失，保障社会生产以及人们生活的各项活动顺利进行。风险管理的目标通常被分为两部分：

**（一）损失发生前的目标**

损失发生前的管理目标是避免、预防或减少损失的发生。

1. 节约成本

风险管理者应在损失发生前，比较各种风险管理工具以及有关的安全计划，对保险和防损技术费用进行全面的财务分析，从而以最合理的处置方式，把控制损失的费用降到最低限度，通过尽可能低的管理成本，达到最大的安全保障，取得控制风险的最佳效果。这一目标的实现依赖于风险管理人员对效益与费用支出的科学分析和对成本及费用支出的严格核算。此目标也是风险管理的经济目标。

2. 减少忧虑心理

风险还给人们带来了精神上和心理上的紧张不安，这种心理上的忧虑和恐惧会严重影响劳动生产率，造成工作效率低下。损失前的另一重要管理目标就是要减少人们的这种焦虑情绪，提供一种心理上的安全感和有利于生产生活的宽松环境。

3. 履行有关义务

企业生存于社会之中，必然要承担社会责任和义务，实施风险管理也不例外。风险管理必须满足政府的法规和各项公共准则，必须全面实施防灾、防损计划，尽可能地消除风险损失的隐患，履行有关义务，承担必要的责任。

（二）损失发生后的目标

损失发生后的管理目标是尽快地恢复到损失前的状态。

1. 维持生存

这是在发生损失后最重要、最基本的一项管理目标。良好的风险管理，有助于企业、家庭、个人乃至整个社会在发生损失后渡过难关，继续生存下去。只有首先保持住经济单位的存在，才可能逐步恢复和发展。

2. 保证生产服务的持续，尽快恢复正常的生产生活秩序

这是损失发生后实施风险管理的第二个目标。实施风险管理能够为经济单位、家庭、个人提供经济补偿，并为恢复生产和生活秩序提供条件，使企业、个人在损失后迅速恢复生产和正常生活。为达到整个生产服务持续这一目标，企业必须在遭受损失后的最短时间内，尽快在全部或至少在部分范围内提供服务或恢复生产。

3. 实现稳定的收入

在成本费用不增加的情况下，通过持续的生产经营活动，或通过提供资金以补偿由于生产经营的中断而造成的收入损失，这两种方式均能达到实现稳定收入这一目标。

4. 实现生产的持续增长

实施风险管理，不但要使企业在遭到损失后能够求得生存，恢复原有生产水平，而且应该使企业在遭受损失后，采取有效措施，处置好各种损失，并尽快实现持续增长计划，使企业获得连续性发展。这一目标要求企业在运用调研、发展、促进生产的资金上，有较强的流动性。

5. 履行社会责任

风险不仅影响家庭、企业或公共机构，它还会对其他成员产生不同程度的影响。企业应该通过风险管理，防止由于风险而导致生产经营的中断或遭受人身伤亡和财产损失，尽可能减轻企业受损对其他人和整个社会的不利影响，这样才尽到了其应尽的社会责任。

## 三、风险管理的意义

### （一）风险管理的必要性

1. 风险管理为全面处置各类风险提供了可能，是现代社会控制风险的系统的、科学的方法

它建立在全面、系统的风险分析基础之上，对风险和风险事故进行定性、定量分析，对风险事故的各种因果链进行系统研究，准确把握风险及其波动轨迹，为科学地管理各类风险提供了重要的决策基础和决策依据。如伯恩斯坦所说，"一个具有革命意义的看法是，对风险的把握程度是划分现代和过去时代的分水岭。对风险的把握意味着对未来不再是过多地依赖于上帝的安排，人类在自然界面前不再是被动的选择。通过全面系统的风险分析，为尽可能有效地控制风险提供了可能，奠定了必要的基础"。

2. 风险管理的技术和方法为风险控制、风险补偿、风险转嫁提供了可能，形成了系统、综合的风险处理机制和科学的风险管理体系，是现代社会不可或缺的组成部分

风险管理通过各种风险控制工具减少损失事件的发生，减轻损失后果；通过多种技术强化减灾防损，增进了人类生存环境的安全系数，维持正常的经济社会秩序；通过各种补偿机制实现灾后的经济补偿和灾后重建计划，为恢复经济社会的正常秩序和人民安定的生活提供了可能。

### （二）风险管理成为社会生活的稳定器

由于人类生态环境的日趋恶化，各种自然灾害，如洪水、台风、冰雪、干旱、海啸、地震等的发生更加难以预测，后果更加严重和难以控制，空气、水源和土地污染的长、短期后果越来越受到世界的广泛关注。运用风险管理的方法和技术有助于减轻灾害事故的损失后果。"9·11"恐怖事件所造成的直接损失、间接损失以及给人们带来的心理创伤在新世纪向世人敲响了关注风险管理的警钟，凸显了风险管理的极端重要性，使其成为21世纪最为重要的社会稳定机制和管理策略之一。

### （三）风险管理成为经济发展的助推器

首先，通过实施全面、系统的风险管理，可以直接减少或消除企业的经济损失，降低风险成本，减小企业的财务波动，稳定生产经营。这有助于企业的成长，增强企业的综合竞争能力。其次，通过有效的风险管理，在降低风险的背景下，有助于推进有效的风险融资，获得更好的风险评级服务，也就更有利于企业获得产品出口方面的融资和保险服务。再次，全面系统的风险管理能够减少企业员工面临的各类风险事故，避免工资和收入损失，降低工伤事故、疾病发生的频率，减轻损失。这可以提高企业员工的福利水平和劳动生产积极性，进而有助于提升企业的核心竞争力。最后，风险管理技术的广泛应用可以降低工商企业的破产数量，有利于国内信贷和资本市场的扩张，从而促进发展中国家和经济转型国家国内工商业的快速发展。

## 四、风险管理的基本原则

为实现风险管理的目标,我们应遵循下述风险管理的基本原则:

### (一) 全面周详原则

实现风险管理的目标,首先,必须全面周详地了解各种风险损失发生的概率、损失的严重程度、风险因素以及因风险出现而引起的其他连锁反应,这是实施风险管理的重要基础。其中,损失发生的频率和损失发生的严重程度会直接影响人们对损失危害后果的估计,从而最终决定着风险管理政策工具的选择及其效果的优劣。其次,应全面周详地安排风险管理计划,选择风险管理的工具。局部的乃至细微的疏忽往往会给全局带来严重的影响,甚至会影响风险管理目标的实现。再次,应当全面周详地实施风险管理计划,并根据实际情形不断进行调整,这是实现风险管理目标的可靠保证和必备前提。所以,全面周详原则是风险管理的基本原则。

### (二) 量力而行原则

风险管理方法及工具的选择必须遵循量力而行的原则。风险管理作为一种处置风险、控制风险的科学管理方法,为人们防范风险损失提供了一种工具。但并不是任何企业、单位与个人都能轻而易举地实施风险管理,达到处置风险、减少损失的目标。相反,在实施风险管理的过程中,各实施主体应根据量力而行的原则,权衡可能采用的不同的工具或采取保险、转嫁风险、自担风险的办法,或通过实施损失控制来消除、减轻损失的办法来控制风险。如确认某种风险是无法消除和防止的,就应该预计损失的程度,将损失控制在最小范围内,尽量降低该损失对企业正常生产经营活动或对个人、家庭生活水平的影响。如果风险发生后将会导致巨大的经济损失,引起企业停产、破产或使个人、家庭发生严重的经济困难,这种已超过主体自身财力所能承担的风险就应当采取保险方式来处置。所以,在风险管理中应注重量力而行的原则。

### (三) 成本—效益比较原则

风险管理的重要性不仅在于提供了一套系统科学的处置风险的方法,而且在于它强调以最少的成本、最少的费用支出获得最大的风险管理效益。成本—效益比较原则是风险管理应遵循的又一重要原则,尤其是在风险管理实务中,这往往成为优先考虑的因素。因此,在实施风险管理的过程中,如何合理、有效地选择最佳风险处理方法,应围绕以最少的费用支出获得最大的风险管理效益这一中心,无论是自担风险、转嫁风险、保险,还是损失控制,都应在成本约束条件下选择最佳方案。上述方法无论是单独使用还是综合使用,都必须进行费用与效益的比较。只有实现以最少费用获得最大风险效益之后,我们才能够说是真正实现了风险管理的宗旨和目标。如果风险的处置与控制以付出高昂的费用成本为代价,就不能真正体现风险管理作为现代科学管理方法的优越性。

## 五、对待风险的常见处理方式

对待风险的处理方式也就是风险处理技术的选择方式，是指在风险识别、估测的基础上，针对具体风险采取适当的风险管理技术并实施的过程。对待风险的处理方式有两种：控制型方式和财务型方式。

**（一）控制型风险管理方式**

控制型风险管理技术是损失形成前防止和减轻风险损失的技术性措施，它通过避免、消除和减少风险事故发生的机会以及限制已发生损失继续扩大，达到减少损失概率、降低损失程度，使风险损失达到最小之目的。主要包括：

1. 避免

避免是指放弃某项活动以达到回避损失发生的可能性，从根本上消除特定风险的措施。避免风险虽然是一种最彻底的方法，但也是处理风险的一种消极方法。因为几乎任何一项经济活动都与风险相联系，避免风险的同时也放弃了该项经济活动相联系的经济效益，增加了机会成本。如新技术的运用和新产品的开发对企业来说都有可能带来一定的风险，如果企业放弃这些计划，也就同时失去了获取高额利润的机会。另外，有些风险是无法避免的，如人的生老病死。再者，避免一种风险的同时可能产生另外一种风险，如避免了乘坐飞机的风险，却可能产生乘坐火车或者其他交通工具的风险等。正因为存在上述原因，避免方法的使用通常会受到限制。

2. 预防

预防是指风险发生前为了消除或减少可能引发损失的各种风险因素而采取的处理风险的具体措施，其目的在于通过消除或减少风险因素而达到降低损失概率，其主要措施有：①工程物理法，侧重于风险单位的物质因素的一种方法。如防火结构设计、防盗装置的设置等。②人类行为法，侧重于对人们行为教育的一种方法。如消防教育、职业安全教育等。③程序法，以制度化的程序和作业方式进行损失控制的一种方法。如汽车年检制度、消防安全检查制度等。

3. 抑制

抑制是指在风险事故发生时或者发生后采取的防止损失扩大的各项措施。它是处理风险的有效技术。如在建筑物上安装火灾自喷淋系统和火灾警报系统，可以减轻火灾损失的程度，防止损失扩大。再如在乘坐汽车时系戴安全带，在座位前安装安全气囊袋等。

损失抑制的一种特殊办法是割离，它是指将风险单位割离成许多独立的小单位而达到减轻损失程度的一种方法。

**（二）财务型风险管理方式**

财务型风险管理方式即风险融资，是通过事先的财务计划，筹措资金，以便对风险事故造成的经济损失进行及时而充分的补偿。这种方法的核心是将消除和减少风险的代价均匀地分布在一定时期内，以减少因随机性巨大损失发生而引起的财务危机。主要包括：

### 1. 自留风险

自留风险是指经济单位和个人自己承担风险成本的一种风险管理方法。自留按性质分为主动自留和被动自留。前者是对于自身有能力承担的风险，在分析权衡的基础上主动承担风险，如家庭储蓄以备养老和医疗、企业留有后备基金等。后者是对于那些无法转移或分散的风险只能选择自我承担。如车辆保险免赔额以内的风险损失，只能由被保险人自我承担。

### 2. 分散风险

分散风险是指增加同类风险单位的数目以提高风险损失的可预测性，降低风险事故产生的损失额度。对于纯粹风险，由于风险单位的增加，在大数法则的作用下，使实际损失率更接近预期损失率，达到降低风险损失的目的。对于投机风险，可通过组合投资，增加风险单位，提高风险的可预测性，把握风险、分担风险，或通过兼并、扩张、联营等方式，使原来各自独立的风险单位集合成为一个大集团企业，增强对风险的抵抗能力，达到降低风险成本的目的。

分散风险的方法，既有时间上的分散方法也有空间上的分散方法；分散风险的方式，既有财务型的方式也有控制型的方式。例如，"平时零存整取，以备急时所需"是一种时间上分散的财务型风险管理方式；又如，"不要把所有鸡蛋放在一个篮子里头"则是一种空间上分散的控制型风险管理方式。

### 3. 转移风险

转移风险是指一些经济单位或个人为避免承担风险损失，有意识地将风险损失或与风险损失有关的财务后果转移给其他经济单位或个人承担的一种风险管理技术。转移风险包括保险转移和非保险转移。

（1）保险转移。是指经济单位或个人通过投保某种保险的方式将相应的风险转移给保险公司。后面将会详细介绍。

（2）非保险转移。是指经济单位或个人通过经济合同，将损失或与损失相关的财务后果转移给另一些经济单位或个人。主要有：①利用资本市场转移风险。利用资本市场转移风险是指通过购买或者出售一些金融产品，从而将自身的风险转嫁给资本市场的一种风险融资方式。目前，主要的风险转移方式包括套期保值、巨灾期权、事件债券和风险证券化等。②通过承包、租赁转移风险。

## 六、风险处理方式的选择策略

### （一）选择避免

通常在两种情况下选择避免：①某种特定风险所致损失频率和损失程度相当高时；②在处理风险的成本大于其产生的效益时。在这两种情况下，人们可以拒绝使用那些特定的财产，限制某些人从事某些活动，或者完全放弃某些财产。

**（二）选择预防**

预防措施通常在损失频率高且损失程度低时采用。预防是事前的措施，即所谓"防患于未然"。如建造防火建筑物、质量管理、驾驶技术考核、颁布安全条例、提供劳动保护用品、检查通风设备、产品设计改进等均是减少损失频率的措施。轮换使用机器设备、限制车速、安装防盗警报系统、对工伤者及早治疗、建立内部会计监督、限制保险柜内的现金数量等均是预防损失、减轻损失程度的措施。

**（三）选择自留**

自留风险通常在风险所致损失频率和程度低、损失短期内可预测以及最大损失不足以影响自己的财务稳定时采用。主要适用情况有：

（1）在其他对付损失风险的方法不可取得的情况下，自留风险是最后一种办法。例如，企业因战争造成的财产损失可归入自留风险。

（2）在最大可能损失并不严重的情况下，也能使用自留风险的方法。例如，一家大企业拥有一支庞大的车队，如果汽车停放在多个场所，不太可能同时受损，企业对汽车损失可以采取自留的方式。

（3）在对风险用其他方法进行处理时，所需要成本比不处理它时所遭受的损失还高时，自留风险是比较明智的。

**（四）选择抑制**

通常在损失程度高且风险无法避免和转移、分散的情况下采用抑制。在风险能够转移或分散的情况下，能够抑制风险时也应该采取抑制的措施。

**（五）选择分散**

分散风险通常在风险不可避免，并且有产生重大损失的可能性存在，为减少各项资产遭受损失的相关性，减少一次事故可能发生的最大预期损失，使总体损失不致太大时采用。对于控制型的风险分散方式，须要求风险事故的载体物能够化整为零，以便分散风险；对于财务型的风险分散方式，则不存在此类问题。

**（六）选择转移**

一般来说，损失频率低、损失程度大的风险适用于采用转移风险的方式。保险是一种转移风险的方法。对企业来说，企业的保险计划主要有：

1. 选择保险的范围

企业的保险需要可根据轻重缓急分为基本的保险、合意的保险和适用的保险三种。基本的保险包括那些由法律或合同规定的保险项目，如劳工保险；还包括那些威胁企业生存的巨灾损失保险，企业责任保险属于此范畴。合意的保险是补偿那些能造成企业财务困难，但不会使企业濒临破产的损失。适用的保险则是补偿那些仅使企业感到不便的轻微损失。

2. 选择保险人

企业必须选择一家或数家保险公司。选择的时候必须考虑保险公司的财务实力，所提供的风险管理服务以及保险的费用等。

3. 保险合同条件谈判

如果使用印制好的保险单、批单和附属保险单，企业与保险公司必须对这些文件达成一致意见，以此作为合同的基础。

4. 定期检查保险计划

风险经理必须检查索赔是否及时得到赔偿，评估保险公司损失管理服务的质量，以便决定是否还要继续购买这家公司的保险。

下面使用一个简单的表格说明如何选择适当的对付风险的方法（见表1-1）。

表1-1　应对风险办法的选择

| 风险的类型 | 损失频率 | 损失程度 | 处理风险的手段选择 |
|---|---|---|---|
| 1 | 低 | 小 | 预防、自留 |
| 2 | 高 | 小 | 预防、避免、自留 |
| 3 | 低 | 大 | 预防、抑制、转移、分散 |
| 4 | 高 | 大 | 预防、避免、抑制、分散 |

一般来说，对于所有的风险采取预防措施总是必要的，对于能够抑制损失扩大的风险采取抑制措施也是必要的。对第一种风险采用自留风险的方法最为适宜。对第二种风险应该加强预防管理，并辅之以自担风险和超额损失保险。保险方法最适用于对付第三种风险，损失程度严重意味着巨灾可能性存在，而低的损失概率表明购买保险在经济上承担得起。这种类型的风险包括火灾、爆炸、龙卷风、责任诉讼等。风险经理也可结合使用自留风险和商业保险来对付这类风险。对付第四类风险的最好方法是避免风险，因为自留风险的办法不可行，也难以取得商业保险，即使能够取得也需要缴付高额保险费。

【案例1-2】

一家著名的化学品公司曾经计划在某一个小镇周围的农村地区进行一系列的试验。在准备试验的过程中，研究人员发现，他们的试验可能对该地区的财产造成巨大的损失。公司的风险经理受命为这种可能的损失购买保险，但是几乎没有一家保险公司愿意为其承保，而且保险公司索要的保费远远超过了公司愿意支付的范围，最后，化学公司决定终止原计划的试验。这个例子就是处理风险的成本大于其产生的收益时，企业会完全放弃这个计划。

资料来源：段文军主编：《保险学概论》，西南财经大学出版社，2009年11月。

# 第四节　可保风险

## 一、可保风险的概念

保险所能承保的风险简称为可保风险，也称为可保危险，是指可被保险公司接受的风险，或可以向保险公司转嫁的风险。保险一般只承保纯粹风险，对有可能获利的投机风险一般是不承保的。但并非任何纯粹风险均可向保险公司转嫁，也就是说保险公司是有条件地承保风险的。

可保风险是一个相对的概念，它是对一定时期的保险市场而言的。既不是一切纯粹风险都可以承保，也不是一切投机风险都不予承保，而是根据保险市场的供需关系决定的，即投保人对保险产品有需求，保险人对保险产品供给附有条件。

## 二、可保风险的要件

保险人对承保的风险是有选择的。一般来说，作为理想的可保风险，通常需符合以下条件：

1. 风险必须是纯粹的

保险人承保的风险必须是纯粹风险，即仅有损失可能而无获利可能的风险。例如火灾，只有给人的生命或财产带来损害的可能，而绝无带来利益的可能。而投机风险则不同，如股市风险，既可能因股价下跌而损失，也可能因股价上涨而获利，对这类投机风险，保险人是不能承保的。

2. 风险必须是偶然的

风险的偶然性是对于个体标的而言的，风险发生所具有的不确定性，风险发生后造成的损失程度是不可知、偶然的。如果风险肯定不会发生，保险就没有必要了；如果风险已经发生或者必然发生，保险公司仅仅收取少额的保险费，却要支付大额的保险赔款，则显失公平。如汽车已经碰撞了再去买保险，当然是不能承保的；房屋、机器设备等的自然损耗、折旧、磨损，是必然发生的损失，保险公司就不会承保。大量独立的标的风险虽然具有偶然性，但运用大量统计资料分析，可以发现一定的规律性，从而可以预测损失率。

3. 风险必须是意外的

风险的意外性是指风险的发生或损害后果的扩展都不是投保人的故意行为所致，即对投保人或被保险人的道德风险，任何一种保险都将其列为除外责任。对客体而言，标的损失是非必然的。例如自然磨损、低值易耗品等属于必然损失。但是，他人的故意行为造成被保险人的损失，如盗窃、故意纵火、出口业务中买方拒付货款等，这种风险对被保险人来说属于意外事故，则可以承保。

4. 风险必须是大量的

也就是说，风险必须是大量标的均有遭受损失的可能性。保险经营的科学基础是大数法则。大数法则有效性的前提条件是：所有观测样本应具有风险的同质性和足够多的样本即数量要求。数量的充足程度关系到实际损失与预期损失的偏离程度，影响保险经营的稳定性。某一风险损失的发生具有普遍性，才能产生大量的共同转移风险的保险需求，形成一定规模，才能将某一风险损失的不确定在同质风险的总体样本中进行分散。由此测算出的保险费，既能使投保人有支付能力，又能满足保险人建立充足的保险基金的要求。这一点不仅表明了保险经营的科学基础，也表明了可保风险的经济需求规律。这一点在新险种的研发过程中应特别注意。

5. 风险发生必须是应有重大损失的可能性

风险发生有导致重大的或比较重大的经济损失的可能性，才会产生对保险的需求，以小额固定保费的支出换取对大额风险损失的经济保障。如果风险损失程度轻微，选择保险方式则是不经济的。另外即使是可保风险，保险人对于小额损失通常也以免赔额方式不予赔偿。对于风险损失轻微的风险，一般采用自留风险的管理方式。

以上有关可保风险的五个条件是有机联系、相互制约的。可保风险与不可保风险的界限是相对的，可以在一定条件下进行转化。事实上，随着保险市场需求的不断扩大、保险经营技术的日益提高以及社会法律制度的不断健全等，可保风险的范围正在不断扩大，以前不可保的风险变成可保风险。

## 重要概念

风险　危险　静态风险　动态风险　纯粹风险　投机风险　风险事故　实质风险因素　道德风险因素　心理风险因素　风险管理　可保风险

## 思考题

1. 什么是风险？风险有哪些特点？
2. 简述风险的构成要素及其相互之间的关系。
3. 什么是风险成本？风险成本的构成是什么？
4. 人类面临哪些风险？这些风险如何分类？
5. 什么是巨灾风险？巨灾风险有哪些特点？
6. 什么是风险管理？风险管理的目标是什么？
7. 风险管理的意义和原则是什么？
8. 简述风险的处理方式选择。
9. 比较风险管理的控制型和财务型方式。
10. 可保风险的概念及其构成要件。
11. 试举例说明作为一名在校学生可能面临的风险及其处理方式。

# 第二章　保险概述

## 第一节　保险的概念

### 一、保险的定义

　　在日常生活中，"保险"一词的一般解释是稳妥或者是有把握的意思，我们经常会听到有人说："这样做保险吗"，这里的"保险"就是稳妥或有把握的意思。但在保险学中保险有其特定含义，"保险"一词是从英文"insurance"或"assurance"翻译过来的。据考证，首先是由日本人意译为保险，后来我国借用了这个译名。而关于保险的定义，各国的保险学者对它下了各种定义，仁者见仁，智者见智，迄今尚无举世公认的保险定义。

　　本书把具有普遍适用性的保险定义概括为："保险是一种经济分配制度，它通过集合具有同类风险的众多单位或个人，以合理计算分担金的形式，将风险从被保险人转移到保险人，由众投保人来分担少数被保险人因该风险事故（或事件）发生所致的经济损失，并进行补偿或给付的行为。"本定义中的保险人是指主持集合这种同类风险的人；被保险人就是具有这种同类风险的众多单位或个人；而投保人则是那些承担分摊金的人，他们与被保险人有关，其中有的就是被保险人。本定义中的分担金就是保险费，简称为保费；而被保险人可能获得的补偿或给付金额就是保险金。

　　事实上，当今保险学者主要从两个方面来对保险进行解释：保险既是一种经济制度，也是一种法律关系。从经济制度上说，保险是为了确保经济上的安定，对特定风险事故或特定事件的发生所导致的损失，运用多数单位的集体力量，根据合理的计算，建立共同基金，进行补偿或给付的经济制度；从法律的角度来看，保险是根据法律规定或当事人的双方约定，一方承担支付保险费的义务，换取另一方对其因意外事故或特定事件的出现所导致的损失负起经济补偿或给付责任的法律关系。

在上述保险的定义中，风险事故发生的载体被称为保险标的，也就是保险的对象。保险的对象是保险公司愿意并且能够承担保险责任的标的物，它们可以分为两大类：一是人身标的：主要是指被保险人的生命和身体机能。在保险期间，对被保险人的疾病、伤残、死亡或是年老而丧失劳动能力等，保险人要承担给付保险金的责任。二是实物标的：是指被保险人所拥有的实物及其经济价值。它既包括一些有形的标的物，比如房屋、车辆、家具、农作物等；也包括一些无形的标的物，比如个人信用、债权、预期收益以及民事赔偿责任等。

## 二、保险的本质与宗旨

所谓保险的本质，是指多数单位或个人为了保障其经济生活的安定，在参与平均分担少数成员因偶发的特定危险事故所导致损失的补偿过程中形成的互助共济价值形式的分配关系。简单地说，保险的本质就是在参与平均分担损失补偿的单位或个人之间形成的一种分配关系。具体来说，这种分配关系主要有以下几种类型：被保险人之间的分配关系，这是整个保险分配关系的基础；被保险人与保险人之间的分配关系，这是保险分配关系的表现形式；保险人与再保险人之间的分配关系，这是保险分配关系的另一种表现形式。

保险作为风险管理的重要技术手段，也是一种经济补偿制度，它的宗旨是补偿被保险人因保险标的出险所遭受的经济损失，但不允许被保险人通过保险而获得额外的利益。

保险的核心是风险的转移和损失的分担。保险所提供的基本服务是减少不确定性，以及减轻被保险人对不确定性的担忧和经济负担，但是它并不能阻止风险事故的发生。保险通过平均损失成本的计算和分摊来减少人们所面临的风险损失，而投保人所缴纳的保费被假定为保险人所预期的每个被保险人的平均损失。正因为投保人缴纳了保费，尽了自己的义务，作为交换条件，被保险人就可以在保险标的遭到损失的时候，按照保险合同的规定从保险人那里得到补偿或给付。也就是说，投保人用支付的保费为代价，换来平和的心境和转移风险、增加安全感的结果，这就是保险的目的。保险的意义就在于它为人们提供了保障，以使其生活平稳安宁。

## 三、保险的要素

保险作为一种经济损失补偿方式，其基本要素有：

第一，特定风险事故的存在。没有风险就没有保险，保险之所以产生并不断地发展和完善，就在于特定风险事故会造成损失的发生。也即风险是保险存在的前提条件，但并非任何风险都可以保险，只有符合可保条件的特定风险事故，保险人才愿意承保。

第二，多数经济单位的结合。保险是通过集合风险实现其补偿职能的，即由多数人参加保险来分担少数人的损失，这也是保险经营的基本要求。多数经济单位的结合一般有两种方式：一是直接结合，即在一定范围内，处在同类风险中的多数经济单位，为一致的利益组成保险结合体；二是间接结合，即由第三者充当保险经营主体，使处在同类风险中的多数经济单位，通过缴纳保费的方式，由保险经营主体（保险公司）促成其结合。这里主要涉及的是保险的组织形式。

第三，费率的合理计算。保险是一种商品交换行为，保险价格的制定不是随心所欲的，如果费率制定过高，就会增加被保险人的负担，从而失去保险的保障意义；如果费率制定过低，又无法对被保险人的损失提供可靠的足额补偿，同样会失去保险保障的意义。因此，保险的费率必须合理计算。

第四，保险基金的建立。保险基金是通过商业保险形式建立起来的后备基金，主要来源于开业资金和保险费。它是保险赔付的保障，没有保险基金的建立也就没有保险的补偿和给付，也就无保险可言。

## 四、保险的特征

保险的特征有基本特征与比较特征，前者是一般特征，后者是与某些特定行为比较的特征。保险的基本特征主要有：经济性、互助性、契约性、科学性；比较特征包括通过保险与储蓄、救济、赌博、保证、慈善等的对比来阐述保险的特征。

### （一）基本特征

**1. 经济性**

保险是一种经济保障活动，是整个国民经济活动的一个有机组成部分。其保障对象的财产和人身都直接或间接属于社会再生产中的生产资料和劳动力两大经济要素；其实现保障的手段，最终都必须采取支付货币的形式进行补偿或给付；其保障的根本目的，无论从宏观的角度还是微观的角度，都是为了发展经济，安定人们的经济生活。

**2. 互助性**

保险具有"一人为众，众为一人"的互助合作特性。它在一定条件下，分担了个别单位和个人所不易承担的风险，从而形成了一种经济互助关系。这种经济互助关系通过保险人用多数投保人缴纳的保险费建立的保险基金对少数遭受损失的被保险人提供补偿或给付而得以体现。

**3. 契约性**

从法律角度看，保险是一种合同行为，是依法按照合同的形式体现其存在的。保险双方当事人要建立保险关系，其形式是保险合同；保险双方当事人要履行其义务和责任，其依据也是保险合同。没有保险合同，保险关系就无法成立。

**4. 科学性**

保险是一种处理风险的科学有效方法。现代保险经营以概率论和大数法则等科学的数理理论为基础。保险费率的厘定、保险准备金的提存等都是以精准的数理计算为依据的。

**(二) 比较特征**

**1. 商业保险与储蓄比较**

保险和储蓄都可以作为处理经济不稳定的善后措施，两者的差异主要体现在：

(1) 经济范畴不同。储蓄属于货币信用范畴，是货币借贷行为，它是一种自助行为；而保险是独立于货币信用之外的另一个范畴，它必须依赖多数经济单位或个人才能实现，是一种联合互助的行为。

(2) 需求动机不同。储蓄的需求动机一般是基于购买准备、支付准备和预防准备，储户的心理主要是把存款用于预计的费用支出；而保险是基于特定事故发生与否的不确定性，发生时间和损失程度都是不确定的。

(3) 运行机制不同。储蓄行为主要受诸如利息率、物价水平、工资水平及流动性偏好等因素的影响，而且无须特殊的计算技术；而保险行为主要受风险损失的不确定性影响，且需要特殊计算技术，即需要精算技术与方法计算保险费率。

**2. 商业保险与救济比较**

保险和救济都是补偿灾害事故损失的经济制度，储蓄是自助、单独进行的善后对策，保险是互助合作的善后对策，而救济是靠外援的，提供救济的有政府、社会团体和公民个人。商业保险与救济的不同表现在：

(1) 权利义务的不同。救济是一种基于人道主义的单方面施舍行为，没有对应的责任与义务关系，救济者没有责任一定要对受灾者或者贫困者施舍救济。由于救济是一种无偿的援助，因此接受救济的人也不需要向救济方履行义务；而保险是共同行为，要求合同双方必须责任义务对等，贯彻等价有偿原则。

(2) 给付对象不同。救济的给付对象不确定，可以是国内外的受灾者或者是生活贫困者；而保险的保障对象是在合同事先确定的被保险人或保险金受领人。

(3) 主张权利不同。救济的对象往往没有权利主张救济的数量、形式等；而保险金的赔付则必须严格按照合同履约，被保险人可按合同的约定主张对保险金的请求权，如有异议可要求仲裁机构仲裁或向法院提出起诉以实现请求权。

**3. 商业保险与赌博比较**

商业保险与赌博在某些方面确有相似之处：第一，单个的给付与反给付不均等。保险中有给付而没有得到反给付的情况，赌博也是如此。第二，给付的确定性和反给付的不确定性。比如参与保险的单位或个人给付保费是确定的，能否得到赔偿是不确定的；参与赌博的人下赌注是确定的，而输赢是不确定的。尽管两者有相似之处，但是保险与赌博还存在着很大的差异。

(1) 目的不同。参加保险的目的是以小额的保费支出来将不确定的风险损失转嫁给保险人，从而获得经济生活安定的保障；而赌博则是想以小搏大，目的在于发财。

（2）机制不同。保险的风险是客观存在的，风险损失在被保险人之间平均分担，以达到互助共济处理事故的目的；而赌博输赢的风险完全是人为的，输赢完全是赌博双方个人之间的事。

（3）社会后果不同。保险是受国家鼓励的合法事业，保险合同受国家法律保护，保险发展的深度和密度已经成为世界各国评价国家综合国力的重要指标之一；而赌博则会带来家庭和社会经济生活的不安定，甚至会引起刑事犯罪，因此赌博行为一般是不受法律保护的。

### 4. 保险与保证比较

保证与保险都是为将来的偶然事件所致损失进行补偿。但仍有下列区别：

（1）保险是多数经济单位的集合组织；保证仅为个人之间法律关系的约束。

（2）保险以其行为本身的预想为目的，并不附属于他人的行为而生效；保证则附属于他人的行为而发生效力。

（3）保险合同成立后，投保人必须交付保险费，保险人于保险事故发生时赔付保险金；保证合同成立后，在特定风险事故发生时，就买卖保证而言，仅卖方负一定的义务，并无对价关系；就债务保证而言，仅是保证人负责代偿债务，债权人不作任何对等的给付。

（4）保险基于合理的计算，有共同准备财产的形成；保证并无任何精确的计算，仅出于当事人当时心理上或主观上的确信，或有特别的准备财产，但仅为当事人的个人行为。

# 第二节 保险种类

## 一、保险分类的意义与方法

### （一）保险分类的意义

随着社会生产力的不断发展和科学技术的日益进步，人类的保险需要越来越多，与此相适应，保险业也在不断向前推进，在险种方面不断推陈出新，向市场提供了日新月异的保险险种。而对形形色色日益繁杂的保险险种进行分门别类的处理，辨别不同类别保险的内在要求，寻找不同类别保险形态之间的相互关系，无论在理论上还是实践上都是必要的。这也是人类的智慧结晶，它为人们科学地掌握保险的种类提供了一把钥匙。具体地说，保险分类的意义在于以下几个方面：首先，通过分类分析，可以确定保险学的研究范围，了解保险的发展变化及其规律。比如初始阶段的财产保险与当今社会的财产保险相比，无论其保障范围还是其责任范围，都有了某些质的变化，而通过保险分类可以对这些变化的原因及其规律进行说明。其次，通过分类分析可以帮助人们弄清楚各种类别之间的联系与区别，改进保险经营方式，加强保险经营管理，建立健全与保险种类相适应的保险法规和制度，促进保险事业的健康发展。最后，通过分类分析可以增进社会公众对保险的全面了解，以便根据各自生产和生活风险管理的需要，选择与其需要相适应的保险种类。

**（二）保险分类的方法**

迄今为止，对复杂多变的保险种类进行分类还没有形成一个固定的原则或统一的标准。已有的各类保险的名称大都是历史演变而来的，有的是以被保障的风险事故命名的（比如说火灾保险、洪水保险、偷盗保险等）；有的是以保险标的命名的（比如船舶保险、货物保险、汽车保险、住宅保险等）；还有的是以危险事故发生的空间命名的（比如海上保险、内陆运输保险、航空保险等）。随着承保多种风险、多种标的的"复合保险"的出现，这种原始的、传统的保险分类方法便面临着新的挑战。因此，保险分类方法必然要不断地改进和变化。

现代保险的分类方法主要有三种，即法定分类方法、理论分类方法和实用分类方法。

1. 法定分类方法

它源于各国的法律规定，由于各国的保险法律法规对保险分类的规定不同，因而保险分类在各个国家之间也不尽相同。美国的保险法将保险分为财产保险、人身保险和人身意外伤害保险；日本的保险法将保险分为损害保险和人身保险；西欧国家的保险法一般把保险业务分为寿险和非寿险两大类；其中寿险是指人寿保险，非寿险包括火灾保险、海上保险和意外保险等。按照我国《保险法》的分类，商业保险可分为财产保险（包括财产损失保险、责任保险和保证保险）和人身保险（包括人寿保险、人身意外伤害保险和健康保险）两大类。法定分类法的确立是出于国家对保险业进行宏观管理的目的。

2. 理论分类方法

它主要基于对保险的总体特征的把握，以及对保险运动规律的探求。这种分类方法通常反映出理论上的特征而不同于法定分类法和实用分类法。为了对种类繁多的险种在总体上归纳其特征，保险理论上将保险按照保险标的的分类标准进行了划归；为了客观认识保险的经营方式，保险理论上将保险按照经营方式的分类标准进行了划归；同理，将保险按照实施方式、经营动机等标准进行划归也可以说是理论上的分类方法。

3. 实用分类方法

它来自于保险公司的业务实践，是保险公司根据自身业务操作的需要而对保险业务进行的划归。保险公司可以按其经营业务的侧重点或业务量对保险业务进行划归，也可以根据公司的现有规模进行划归，还可以根据保险市场需求的状况进行划归。总之，实用分类方法比法定分类与理论分类更具有多样性、灵活性和可操作性。

以上三种分类方法由于其各自的目的和选择的角度不同，必然造成保险分类的差异性。然而不论采取何种分类方法，都要遵循一定的分类原则：第一，保险的分类要体现保险合同的内容；第二，保险的分类要与本国的法律规范和经济统计口径相一致；第三，保险的分类要在遵循本国保险业界习惯、突出国别保险特点的基础上，注重与国际保险市场的现行编制相互衔接，以便在保险经营管理、会计核算、信息技术等方面进行比较与借鉴。

## 二、按保险制度分类

按保险制度分类，保险可以分为商业保险、社会保险和政策保险。

### (一) 商业保险

商业保险，又称合同保险或自愿保险，即保险双方当事人（保险人和投保人）自愿订立保险合同，由投保人缴纳保险费，用于建立保险基金；当被保险人发生合同约定的财产损失或人身事件（包括被保险人死亡、伤残、疾病或者达到合同约定的年龄、期限等）时，保险人履行赔付或给付保险金的责任。它是按商业经营原则进行的保险，人们平常所说的能够自主选定的保险都是商业保险。

### (二) 社会保险

社会保险是指国家通过立法的形式，为依靠工资收入生活的劳动者及其家属提供基本生活条件，促进社会安定而举办的保险。主要的险种有社会养老保险、医疗保险、失业保险、工伤保险、生育保险等。社会保险是社会保障的主要内容，是每个国民的一项基本权利。

### (三) 政策保险

政策保险即政策性保险，是指政府为了实现其政治、经济、社会、伦理等方面的政策目的，利用普通保险的技术而开办的一种保险。具体项目有：第一，为实施社会保险政策目的而经办的社会保险；第二，为实现国民生活安定的政策目的而经办的巨灾风险保险，如地震保险、洪水灾害保险、台风灾害保险等；第三，为实现农业增产增收的政策目的而经办的农业保险，如种植业保险和养殖业保险等；第四，为实现扶持中小企业发展的政策目的而经办的信用保证保险，如无担保保险、能源对策保险、特别小额保险等；第五，为实现促进国际贸易的目的而开办的输出保险，如出口信用保险、海外投资保险等。

## 三、按保险业务范围分类

按保险的业务范围分类，可以将保险分为人身保险、财产保险、责任保险和信用保证保险。

### (一) 人身保险

人身保险是以人的身体或生命为保险标的的一种保险。根据保障范围的不同，人身保险可以划分为人寿保险（如死亡保险、生存保险、生死两全保险、生存年金保险等）、人身意外伤害保险和健康保险（如疾病保险、医疗保险等）。当被保险人在保险期间内因保险事故的发生而死亡、伤残或生存到保险期满等，按合同约定的条件，保险人给付保险金。由于人身保险的保险标的的价值无法用货币衡量，因此其保险金额可根据投保人的经济生活需要和缴付保险费的能力由双方协商确定。

**（二）财产保险**

财产保险也称为财产损失保险，是指以财产及其相关利益为保险标的、因保险事故的发生导致财产的损失，以现金或实物进行补偿的一种保险。保险人承担保险标的因自然灾害和意外事故而受损的经济赔偿责任。这里所说的财产保险是狭义的财产保险，其险种有财产损害保险、运输损失保险、工程保险和农业保险等。

**（三）责任保险**

责任保险是以被保险人依法应负的民事损害赔偿责任或经过特别约定的合同责任为保险标的的一种险种。责任保险的种类包括：公众责任保险、产品责任保险、职业责任保险、雇主责任保险和环境责任保险等。

**（四）信用保证保险**

信用保证保险是保险人对信用关系的一方因对方未能履行义务而蒙受的经济损失提供经济赔偿的一种保险。信用保险是一种担保性质的保险，按照担保对象的不同可分为信用保险和保证保险。

## 四、按保险理论的差异分类

按保险理论的差异，可将保险分为人寿保险和非人寿保险。这是因为非人寿保险的数理理论远没有达到人寿保险的成熟度，而人寿保险的法理和保险学原理又与非人寿保险有重大区别。

**（一）人寿保险**

人寿保险简称为寿险，就是前面人身保险中的人寿保险部分。

**（二）非人寿保险**

非人寿保险简称为非寿险，除了人寿保险，其他所有保险都称为非寿险，它包括广义的财产保险（财产损失保险、责任保险和信用保证保险）和人寿保险中的健康保险、人身意外伤害保险等。其中短期健康保险、人身意外伤害保险又称为第三领域的保险（参见第五章）。

## 五、按被保险人的情况分类

按照被保险人的情况，保险可划分为个人保险、企业保险和团体保险。

**（一）个人保险**

个人保险是以个人和家庭为保障主体，个人为满足自己和家庭的需要而购买的保险。保险费由个人或家庭负担，从个人的可支配收入中支付。如家庭财产保险、私用汽车保险、个人人寿保险和个人退休年金等都属于个人保险。

### (二) 企业保险

企业保险是以企业作为保障主体，企业除了面临生产和经营风险外，还面临着各种财产损失、营业中断、责任和人员伤亡风险，需要各种保险来保障。企业可以使用"一揽子"保险来满足自己的保险需要，也可以分别购买不同险种的保单，如企业财产保险、公众责任保险、产品责任保险和环境责任保险等。

### (三) 团体保险

团体保险是保险的一种方式，指由雇主、工会和其他团体为其雇员或成员购买的人身保险，简称团体保险。团体保险使用一份总合同向一个团体的许多成员提供保险，费率低于个人保险的费率。团体保险的种类因国别而异：在美国有团体人寿保险、团体健康保险、团体养老保险、团体年金等；在我国主要有团体人身保险、团体人身意外伤害保险、集体企业养老金保险（企业年金）以及团体医疗保险等。

## 六、按保险人的情况分类

按保险人的情况保险可以分为原保险、再保险、复合保险、重复保险和共同保险五类。

### (一) 原保险

原保险也称为直接保险，是指投保人与保险人直接签订保险合同而成立保险关系的一种保险。在这种保险关系中，保险需求者将其风险转嫁给保险人，然后当保险标的遭受保险责任范围内的损失时，由保险人直接对被保险人负损失赔偿责任。

### (二) 再保险

再保险也称分保，是指原保险人将其承担的保险业务，部分或者全部转移给其他保险人的一种保险。直接承保投保人的投保业务的公司称为原保险人或分出公司；接受分出公司保险分出业务的公司称为再保险人或分入公司。再保险还可以一保再保，亦即"再再保险"。近年来，再保险的使用范围已经从财产保险扩展到人身保险、责任保险等。再保险是保险的一种派生形式，保险是再保险的基础和前提，没有保险，也就没有再保险；再保险是保险的后盾和支柱，没有再保险，保险的发展就会受到限制。两者相辅相成，相互促进，相互发展。

### (三) 复合保险

复合保险是指投保人以保险利益的全部或部分，分别向数个保险人投保相同种类保险，签订数个保险合同，各保险合同的保险期间有重叠的现象，并且其保险金额总和不超过保险价值的一种保险。

### (四) 重复保险

重复保险是指投保人以同一保险标的、同一保险利益、同一风险事故分别和数个保险人订立保险合同，并且其保险期间有重叠的一种保险。重复保险与复合保险的区别在于，其保险金额的总和超过了保险标的的保险价值。

### （五）共同保险

共同保险是指投保人与两个以上保险人之间，就同一保险利益，对同一风险共同缔结保险合同的一种保险。在实务中，数个保险人可能以某一保险公司的名义签发一张保险单，然后每一个保险公司对保险事故损失按约定比例分担责任。

从形式上看，共同保险与再保险相似，投保人仅需与某一个保险公司接触，不必与各保险公司分别接洽，但是二者之间存在着明显的不同。第一，反映的保险关系不同：共同保险反映的是投保人与各保险人之间的关系，是一种直接的法律关系，类似原保险；而再保险反映的是保险人与保险人之间的关系，再保险人与投保人之间并不发生直接的关系。第二，对风险的分摊方式不同：共同保险的各保险公司对其承担风险责任的分摊是第一次分摊；而再保险则是对风险责任进行的第二次分摊，也即共同保险是风险的横向分担（"并联"分担），再保险是风险的纵向分担（"串联"分担）。

# 第三节  保险的功能与作用

## 一、保险的功能

### （一）风险分散与转嫁功能

为了确保经济生活的安定、分散风险，保险把集中在某一单位或个人身上的因偶发的灾害事故或人身事件所致的经济损失，通过直接摊派或收取保险费的方法平均分摊给所有被保险人，这就是保险的分散风险功能；在达到风险分散功能的同时，被保险人也就把风险转嫁出去了，从而避免遭受太大的损失。

### （二）经济补偿与给付功能

按照保险合同的规定，对遭受灾害事故损失的单位和个人要进行补偿。经济补偿和给付功能是保险的基本职能，前者是在发生保险事故造成损失后，根据保险合同按所保标的的实际损失数额在保险金额范围内给予补偿，这是财产保险的基本功能；后者是在保险事故发生时保险人根据保险合同约定的保险金额进行给付，这是人身保险的基本功能。概括起来，经济补偿与给付功能是把集中起来的保险费用于补偿给被保险人合同约定的保险事故或人身事故所致的经济损失。

### （三）资金融通功能

保险的资金融通功能是保险人参与社会资金融通的功能，主要体现在两个方面：一方面是具有筹资功能，保险人通过收取保费以及自有的资本金形成保险基金；另一方面是具有投资运用资金功能，因为保险金的赔付相对于保险费的收取有一个滞后期，所以保险基金积累以后有一个等待赔付期，这样使保险基金的运用成为可能，同时为了能够充分应对未来的赔付，保险基金需要保值增值，从而需要运用保险基金，通过购买有价证券、购买不动产等投资方式进行投资。这样一来，通过对资金一集一散的过程从而实现了资金融通的功能。

### （四）社会管理功能

保险的社会管理功能，是指从社会属性角度看保险对整个社会所产生的积极作用。作为现代市场经济发展的产物，保险发挥社会管理功能需要四个前提条件：一是社会商品经济高度发达，生产的正常维持、贸易的顺畅流通离不开保险；二是人们在满足基本的物质生活需要之后有了更高层次的自我发展的需要，而保险恰好满足了人们的这种需要，有效地化解了一些社会矛盾；三是保险基金已经积累到一定规模，成为整个金融体系中的一个举足轻重的平衡力量；四是保险的发展离不开政府的监督与引导。保险的防灾防损功能和监督危险功能都体现了保险的社会管理功能。

## 二、保险的作用

### （一）保险的微观作用

保险在微观经济中的作用主要是指保险作为经济单位或个人风险管理的财务手段所产生的对微观经济主体的经济效应。从一般的意义上说，其作用具体表现在以下几个方面：

1. 有助于受灾企业及时恢复生产经营

任何性质的企业，在经营中都可能遭受自然灾害和意外事故的损害，造成经济损失，重大的损失甚至会影响到企业的生产和经营，投保的企业一旦遭受灾害事故损失，就能够按照保险合同约定的条件及时得到保险赔偿，获得资金，重新购置资产，恢复生产经营。

2. 有助于企业加强经济核算

由于每家企业都面临风险事故造成损失的可能，这些灾害事故一旦发生，必然会影响企业的经济核算，甚至会使经营活动中断。而保险作为企业风险管理的财务手段之一，能够将企业不确定的巨额灾害损失转化为固定的少量的保险费支出，并摊入企业的生产成本或流通费用，这样便可以平均分摊损失成本、保证经营稳定、加强经济核算，从而准确反映企业经营结果。

3. 有助于企业加强风险管理

保险公司作为经营风险的特殊行业，在常年与各种灾害事故打交道的同时，积累了丰富的风险管理经验，不仅可以向企业提供各种风险管理经验，而且还可以通过承保时的危险调查与分析、承保期内的风险检查与监督等活动，尽可能消除风险的潜在因素，达到防灾防损的目的。同时保险公司通过合同方式明确规定双方当事人对防灾防损负有的责任，促使被保险人加强风险管理。

4. 有助于安定人民生活

对于家庭来说自然灾害和意外事故同样是不可避免的，参加保险也就成为家庭风险管理的有效手段。通过保险来安定人民生活主要体现在以下两个方面：一方面，人们通过购买与生活密切相关的险种来稳定生活。比如通过购买家庭财产保险可以使受灾家庭恢复原有的物质生活条件；通过购买人身保险可以解决人们因生老病死伤残等人身风险造成的经济困难；通过购买责任保险可以对因民事损害造成他人损失的单位或个人负赔偿责任。另一方面，通过一般的财产保险与信用保险，可确保生产经营的正常进行。总之，通过各种类型的保险可以对被保险人遭受财产风险损失或人身风险损失提供赔偿或给付保险金，以此来安定人民生活。

5. 有利于民事赔偿责任的履行

人们在日常生活和社会活动中有很多因民事侵权或者其他侵权行为而发生民事赔偿责任或民事索赔事件的可能。因此，具有民事赔偿责任风险的单位或个人可以通过缴付保险费的办法将此风险转嫁给保险公司，也使被侵权人的合法权益得到保障并获得在保险金额内的民事赔偿。比如职业责任保险、机动车辆第三者责任险等就是这个功能的具体实现。

**（二）保险的宏观作用**

保险在宏观经济中的作用是指保险功能的发挥对全社会和国民经济总体所产生的经济效应。其作用具体表现在以下几个方面：

1. 保障社会再生产的正常进行，有利于国民经济持续稳定发展

社会再生产过程因遭遇各种灾害事故而被迫中断和失衡的情况是不可避免的，但由于保险具有经济补偿和给付保险金的功能，任何单位只要缴纳了保险费，一旦保险事故发生，便可立即得到保险的经济补偿，从而消除因自然灾害和意外事故造成经济损失引起企业生产经营中断的可能，保证国民经济持续稳定发展。

2. 推动商品的流通和消费

商品必须经过流通过程的交换才能进入消费阶段，而在交换行为中难免存在着交易双方的资信风险和产品质量风险的障碍，保险为克服这些障碍提供了便利，从而推动了商品的流通和消费。

3. 有利于科学技术的推广应用，推动科学技术向现实生产力转化

任何一项科学技术的产生和应用，既可能带来巨大的物质财富，也可能遇到各种风险事故造成经济损失。有了保险就可以为新技术带来的风险提供保障，加快了新技术的开发利用，促进先进技术的推广运用。

4. 有利于社会的安定

保险人是专业的风险管理者，在被保险人由于风险事故遭受财产损失和人身伤亡时履行经济补偿或保险金给付职能。就总体社会而言，灾害事故的发生是必然的，财产损失和人员伤亡也是一定的，只要在保险责任范围内，保险人都会履行自己的职责，使被保险人在最短的时间内恢复生产和经营，从而保障人们的正常经济生活，安定社会。

5. 有利于对外贸易和国家交往，促进国际收支平衡，增加外汇收入，增强国际支付能力

在对外贸易和国际交往中，保险是必不可少的一个环节，它不仅可以促进对外经济贸易、增加资本输出或引进外资，使国际经济交往得到保障，而且可带来巨额无形贸易

净收入，成为国家积累外汇资金的重要来源，对于增强国家的国际支付能力起着积极的作用。

近年来，人们把保险的作用概括为社会生活的稳定器和经济建设的助推器。

## 三、保险的社会定位

《国务院关于保险业改革发展的若干意见》（国发〔2006〕23号文件）明确指出，"保险具有经济补偿、资金融通和社会管理的功能，是市场经济条件下风险管理的基本手段，是金融体系和社会保障体系的重要组成部分，在社会主义和谐社会建设中具有重要作用。"保监会认为，《意见》明确了保险业在经济社会发展中的定位，从理论和实践上解决了保险业发展的定位问题，澄清了对保险业在经济社会发展全局中的地位和作用的一些模糊认识，为保险业更好地融入经济社会发展全局、实现做大做强的战略目标提供了理论依据和实践基础。

作为一个经营和管理风险的特殊行业，提供经济补偿是保险业最基本的功能，这也是我国保险业自1980年恢复国内业务后的主要功能表现。在此基础上发展起来的资金融通功能，是保险金融属性的具体体现。近年来，随着资金运用渠道逐步放开，保险业积累的大量资金，通过投资国债、证券投资基金、股票和同业拆借等，在资本和货币市场中发挥着越来越重要的作用。而随着保险业发展到一定程度并深入到社会生活诸多层面，保险实际具有的社会保障管理、社会风险管理、社会关系管理和社会信用管理功能，也已经开始被认识。

# 第四节　商业保险与社会保险

商业保险与社会保险是社会保障体系的重要组成部分，它们既有共同的一面，也存在本质的区别，下面将介绍商业保险和社会保险的有关内容。

## 一、商业保险的概念

### （一）商业保险的定义

商业保险，又称合同保险或自愿保险，是一种保险双方当事人（保险人和投保人）自愿订立的保险合同，由投保人缴纳保险费，用于建立保险基金；当被保险人发生合同约定的财产损失或人身事件时，保险人履行赔偿或给付保险金的责任。

《中华人民共和国保险法》（2009年10月1日开始实施，以下简称《保险法》）第一章第二条给保险下的定义是："保险是指投保人根据合同约定，向保险人支付保险费，保险人对于合同约定的可能发生的事故因其发生所造成的财产损失承担赔偿保险金责任，或者当被保险人死亡、伤残、疾病或者达到合同约定的年龄、期限时承担给付保险金责任的商业保险行为。"可见我国的《保险法》是一部"商业保险法"。

### （二）商业保险的构成要素

商业保险是一种营利性保险，是保险经济活动的主要形式，在当代国民经济中占有重要地位。它的构成要素包括：第一，专营机构。经营商业保险需要专营机构，保险公司是其主要形态。《保险法》第六条规定："保险业务由依照本法设立的保险公司以及法律、行政法规规定的其他保险组织经营，其他单位和个人不得经营商业保险业务。"第二，保险合同。保险合同即保险单，也就是保险产品。保险合同规定着双方当事人的权利和义务关系，签订保险合同是法律行为，经过投保人与保险人之间的要约与承诺，保险合同就构成法律事实。由于保险活动不是即时结清的买卖行为，所以保险活动必须采用书面协议的形式，并由保险法或保险合同法加以规范和调整。第三，保险利益。如果投保人对保险标的（亦即保险人承保的对象）不具有保险利益的话，那么所签订的保险合同无效，没有法律效力。第四，大数法则。它是保险经营的数量基础，商业保险的每个险种都要求大量的具有同质风险的标的，只有具备足够多的大量风险标的，风险事故发生的统计规律性才能体现出来，这样才能使保险费率的定价做到公平合理，商业保险的经营才有科学的依据。第五，保险基金。保险基金主要由保险公司的实收资本、历年的以收抵支后的结余及保险公司的责任准备金等构成，它决定了保险公司的承保能力。商业保险公司没有相应数量的保险基金是不可能开展业务的。

## 二、商业保险产品的商品属性

### （一）保险的商品形态

商业保险以保险作为经营的对象，在这里保险取得了商品的形态，保险产品具有商品的属性。保险之所以能成为买卖对象，取得商品形态，是因为它具有经济损失补偿的功能或者说能提供经济保障，从而满足人们转嫁风险损失的需要；保险取得商品形态的终极原因还在于市场经济条件下保险基金的筹集和保险补偿一般不可能采取直接的摊派方式，而只能采取保险人出售保险单和投保人缴付保险费的买卖方式得以实现。所以，可以说保险的商品形态是保险分配关系得以实现的一种形式，也就是保险分配关系的商品化。

### （二）保险商品的价值和使用价值

价值和使用价值是商品的两个基本属性。由于保险取得了商品形态，因此它同其他商品一样，也具有价值和使用价值。下面从质和量两个方面分别考察保险商品的价值和使用价值。

1. 保险商品价值的质和量

（1）质的规定性，即物化劳动。商品的内在价值是人类同质的抽象劳动的凝结。保险商品的价值是物化于保险本身的劳动，即用来生产因风险损失引起的保险补偿过程中所必须消耗的那部分生产资料和生活资料的劳动。在这里保险商品与一般商品不同的是：一般商品的价值形成，无论是有形商品还是无形商品，都可划分为物化劳动和活劳动，物化劳动是旧价值向新价值的转移，并以活劳动为前提；而保险商品的价值形成中并不存在活劳动的部分，而且其物化劳动部分（指净费率）只是用于补偿损失，是风险消费所必需的部分。因此，我们还可以把物化于保险本身的劳动，简单地理解为风险消费所必需的劳动，它形成了保险商品的价值实体。

（2）量的规定性，即纯（净）保费率。保险商品的价值量由保险标的的平均损失率决定，与一般商品价值量的决定不同的是：一般商品的价值量是由生产该商品的社会平均必要劳动时间决定，价值规律在这里发生作用；而保险商品的价值量则由风险损失机率决定，也即由损失机率所要求的生产资料或生活资料的价值量决定。因此，保险商品价值量的决定不受价值规律支配，而是受风险损失发生的或然率支配。

2. 保险商品使用价值的质和量

（1）质的规定性，即提供经济保障。保险商品对于保险人是价值，对于被保险人是使用价值。保险商品的使用价值表现为它为被保险人提供经济保障，因此说它是一种保障性商品。在现实生活中消费保险商品时，这种保障性具体表现为：①免除恐惧（精神上、心理上的消费）；②补偿损失（实质上的消费）。保险商品的实质性消费是精神上消费的物质基础，但保险商品的消费主要是精神上的消费，体现的是"我为人人，人人为我"的互助共济的理念。

（2）量的规定性，即保险金额。保险商品的使用价值是以货币为衡量单位，具体表现为保险金额。保险金额是保险人在约定的保险事件发生后，履行赔付或给付的最高责任限额。

### （三）保险商品等价交换原理

对于保险商品交换而言，有人说它不是等价交换，因为有些人缴了保费却没有得到赔偿，相反，得到赔偿的人所得到的赔偿金额却超过所付保费的数倍、数十倍、百倍甚至千倍以上；有人说它是等价交换，因为从保险交换的集约性上看是等价的，即以保险人总体为一方和被保险人总体为另一方的双方交易是等价的；还有人说它是个体不等价，而总体是等价的。保险人用集中起来的纯保费建立保险基金，最后都要实现对被保险人的偿还。商品交换必须服从价值规律的要求，交换必须等价，至少交换双方认为是等价的，无论是个别交换，还是总体交换，都不能违背等价原则。其实以上三种看法都混淆了保险商品价值量与使用价值量的区别。保险商品的价值量的货币表现是保险费（纯保费+附加保费），问题的关键是保险商品的使用价值也是以货币表现的，即保险金额。正是这一点模糊了人们的视线。个别不等价说是把个别保费与保险金额比较，而总体等价说则是把总保费与个别或若干个保险金额比较。因此三者都是把保险商品的价值量与使用价值量进行比较，因而在等价原理说上都是欠妥的。

保险费是单个保险的市场价格，投保人支付这个价格取得保险保障，他们之所以愿意买保单，是因为他们在比较风险处理（比如自留还是转嫁）财务的机会成本上，认为保险所提供的保障值这个价可以接受，因而两厢情愿的买卖就是等价交换。

### （四）保险商品交换的特点

#### 1. 契约性

保险经营资本的独立化，把保险分配关系直接地表现为，或者说具体化为保险人与被保险人之间相互对立的两极，从而使被保险人之间的互助共济的分配关系被掩盖，所见到的只是保险人与被保险人之间的契约交换关系。在保险市场上以货币作为支付手段的保险契约买卖，是保险商品交换的唯一方式。俗称"卖保单"和"买保单"。

#### 2. 期限性

保险商品的交易不同于一般的商品交易，一般的商品交易实行"钱货两清"原则，一手交钱一手交货，即刻就完成了商品销售的"惊险的跳跃"，同时作为商品的交易过程也就结束了；而保险商品的交易是这样的一种情况，在保单售出后，保险商品并未完成"惊险的跳跃"，保险商品的交易过程并未结束。因为投保人或被保险人在购买保单后，一方面开始在观念上消费保险的使用价值，另一方面他作为保险人的或有债务人直至保单的自然终止或履约终止。无论是自然终止还是履约终止，都说明了保险商品的交易不是瞬间完成的，而是一个有期限的交易过程。在此期间，如果出现了保险事故或保险事件，保险人的赔偿承诺或给付承诺就会转变为现实的赔偿或给付。

#### 3. 条件性

保险商品购买的条件性是指要求购买者（投保人）必须对投保标的具有保险利益，不具有保险利益的就不能成为保险商品的购买人（《保险法》另有规定的除外）。这样的强制性规范，是为了避免道德风险的发生，保护保险标的的安全。

#### 4. 诺成性

一般商品交易通常都是实践性交易，而保险商品则是诺成性交易，即保险交易双方是以合同条款的形式来约定彼此的权利和义务。具体表现为，一方面，由于保险合同条款通常是由保险人拟定的格式条款，因此保险人就必须以最大的诚信履行对合同条款的说明义务；另一方面，由于被保险人对保险标的的了解胜于保险人，因此就要求投保人或被保险人以最大的诚信履行对保险标的实质性风险因素的告知和保证义务。《保险法》规定，如果双方中的任一方违反诚信原则，保险合同行为就不受法律保护，甚至要负民事责任。

## 三、社会保险的概念

社会保险是国家通过立法手段，在劳动者及其家属因年老、患病、失业、工伤、生育及死亡等原因，暂时或永久失去生活来源的时候，依法给予一定的物质帮助，保证公民和劳动者的基本生活需要的一种社会保障制度。社会保险计划由政府举办，强制某一群体将其收入的一部分作为社会保险税（费）形成社会保险基金，在满足一定条件的情况下，被保险人可从基金获得固定的收入或损失的补偿，它是一种再分配制度，它的目标是保证物质及劳动力的再生产和社会的稳定。

社会保险的主要险种有社会养老保险、医疗保险、失业保险、工伤保险和生育保险等，社会保险是社会保障的主要内容。

## 四、商业保险与社会保险的比较

商业保险与社会保险都是社会经济保障体系的具体保障形式，它们相互补充，共同完成整个社会经济保障的任务。它们各自体现出自己的特点，具有以下不同之处：

1. 实施方式不同

社会保险的险种均是强制性险种，凡是强制范围内的社会成员，必须一律参加保险；而商业保险一般是自愿保险，只有少数险种（比如机动车辆第三者责任险等民事赔偿责任）是强制性险种。

2. 行为依据不同

社会保险是依法实施的政府行为，是宪法确定的一项公民权利，为保证这一权利的实现，国家必须通过颁布社会保险法规强制实施；而商业保险则是依据合同实施的契约行为。商业保险关系的建立是以保险合同的形式体现的，合同双方当事人权利的享受和义务的履行，也都是以保险合同为依据的。

3. 保险费的来源不同

社会保险的保险费，通常是个人、企业和政府三方面合理负担。至于各方面的负担比例，则因险种不同、经济承担能力不同而各异。个人负担多少，并不取决于将来给付的需要；而商业保险的保险费不仅由投保人全部负担，而且投保人还要负担保险企业的营业与管理费用，因此商业保险的收费标准一般要高于社会保险。

4. 保障目标与功能不同

社会保险的目标是通过社会保险金的支付保障社会成员生老病死方面较低层次的基本生活需要；而商业保险的保障目标是在保险金额限度内对保险事故所致损失给予经济补偿或对保险事件所致损害进行保险金的给付，可满足人们生活消费的各个层次的需要，保障水平相对较高。

5. 经营体制不同

社会保险一般由政府或其指定的机构作为经营主体，带有行政性和垄断性的特色，不以营利为经营目的，经营单位一般也不纳税；而商业保险只能由商业保险公司经营，以营利为经营目的，并且必须向国家纳税。

# 第五节　商业保险公司与社会保险机构

## 一、商业保险公司的组织形式

一般经营商业保险业务的公司，由于财产所有制关系不同，可以有以下几种组织形式：①商业性国有控股保险公司，它是由国家或政府投资设立的保险经营组织。这是我国保险公司重要的组织形式之一，它可以是非垄断性的，与私营保险公司自由竞争，平等地成为市场主体的一部分；也可以是垄断性的，具有经营独占权，从事一些特别险种的经营，如美国国有保险公司经营的银行存款保险。我国国有独资保险公司就经历了从垄断性到非垄断性的转变。②私营保险公司，是由私人投资设立的保险经营组织。它多以股份有限公司的形式出现。保险股份有限公司是现代保险企业制度下最典型的一种组织形式。③合营保险公司，一般包括两种形式：一种是使政府与私人共同投资设立保险公司，属于公私合营的保险公司，同时它通常也以股份有限公司的形式出现，具有保险股份有限公司的一切特征；另一种是本国政府或组织与外商共同投资设立的合营保险公司，我国称之为中外合资保险公司。

## 二、商业保险公司的性质

保险经济活动、保险分配关系、保险的功能都必须通过一定的组织形式来实现，保险公司是保险分配关系外部组织的高级形式。一般地，我国保险公司与世界各国的保险公司一样，被认为是非银行类金融机构的一种形态，是以营利为目的的法人组织。保险公司之所以被定位为金融机构，是因为其拥有巨额的保险基金可用于货币市场和资本市场融资，而且几乎表现为资金的融出，并成为金融市场四大金融支柱之一。

## 三、商业保险公司的职能

商业保险公司的职能可以分为两大类：一是作为组织保险经济活动和经营保险业务的专业公司的职能，有组织保险经济补偿职能、掌管保险基金职能和风险管理职能；二是作为金融机构的保险公司的职能，有融通资金和吸收储蓄的职能。

（一）组织经济补偿职能

商业保险公司组织经济补偿的职能是与保险的分散风险和补偿损失两个基本职能相对应的，并且是由这两个基本功能决定的。反过来，保险公司的组织经济补偿职能又是保险的这两个基本功能实现的条件。一方面，保险公司通过承保业务把被保险人的风险集中到自己身上，当风险发生时则履行赔偿义务，实现了保险的补偿损失的功能；另一方面，它又通过接受大量的承保和再保险把风险分散出去，在保险人和被保险人之间进行风险的分散，从而实现保险分散风险损失的功能。而保险公司这种集散风险的操作就是保险公司组织经济补偿的职能。需要说明的是，从表面上看保险公司的经营把风险集中于自己身上，但实质上却是保险公司通过收取保费把风险都分散出去了。

（二）掌管保险基金职能

商业保险公司为了实现其组织经济补偿的职能，通过收取保费，建立赔付或给付准备金也就是保险基金。保险费的收入表现为货币单方面转移，保单相当于有条件的"债权证书"，因此尽管保险公司所积累的保险基金属于保险公司所有，但是从保险的分配关系的本质上看，这些保险基金倒不如说是保险公司的或有债务。保险公司的这种负债就是其掌管保险基金的职能。

保险公司不同于银行，银行的收入来源是存贷利差，而保险公司的收入却是直接来源于保费收入的一部分。因此为了防止保险公司把"债"转化为收入，保障被保险人的合法权益和保证保险公司在巨额损失下的偿付能力，必须要对保险公司采取"限利政策"，有效的办法就是监督其按承保总量扩充总准备金，以使其承保业务与其偿付能力相适应。

### （三）风险管理职能

保险公司的经营对象是风险，它在承保时通过对风险因素的调查和识别提出风险的处理方案；在承保期间通过对风险因素的检查监督提出整改和防范措施；在标的出险时通过对出险原因的核查从而总结防灾防险的经验；凭借着与风险打交道的丰富经验，开展风险的咨询服务等。保险公司的这种为保障国家、经济单位和个人财产安全以及维护人民身体健康和生命安全提供服务的能力，即为保险公司的风险管理职能，这是保险发挥社会管理功能的要求和实现条件。

### （四）融通资金职能

保险公司把积累的暂时不需要赔付或给付的保险金用于贷放或投资，这种把保险基金转化为生产建设资金的能力就是保险公司的融通资金职能。这一重要职能是基于保险公司掌管保险基金的职能。融通资金职能对于保险公司而言是相当重要的，它可以极大地降低保险公司整体经营和积累保险基金的机会成本，实现保险基金的保值和增值，增加保险公司盈利，从而使保险业既成为聚积基金的手段，又实现组织经济补偿的目的，同时还缓解保险费率与利率之间的矛盾，为降低保险费率提供物质条件。正因为保险公司积聚了可用于长期投资的巨额保险基金，使之成为资本市场的主要机构投资者，成为金融市场的四大支柱之一。

### （五）吸收储蓄职能

这里的吸收储蓄职能只有寿险公司才有。正因为寿险可以提供长期性资金，迎合和满足了顾客的需要，保险公司借此设计了带有储蓄性质的多种保险产品，将保险与储蓄巧妙地结合起来，从而使得保险公司具备了吸收储蓄的职能。

总之，商业保险公司在社会经济发展中扮演着重要角色，它是金融业的四大支柱之一，是社会保障体系的重要组成部分，是风险管理的有效工具，是社会经济发展的稳定器和助推器。

## 四、社会保险机构的构成

社会保险机构的构成是指在社会保险系统部门内，负责其政策贯彻实施和监督检查的机关组成部分，合理的机构构成有利于本系统各部门与其他部门从横向、纵向、纵横向的结合上相互连接和协调配合，提高工作效率，实现社会保险的任务和目标。

社会保险机构由政府的劳动保障部门设立，它的构成一般分为上、中、下三个层次。上层是指中央管理机关，属于领导和决策机关，负责社会保险的立法和监督，解释社会保险法令，制定社会保险基金计划和统筹，对基层组织业务进行指导和监督检查，干部的培训和教育，对外联系，修订有关保险协议等；中层即地方一级管理机构，属于起承上启下作用的机构，负责贯彻执行国家有关社会保险的政策、法令，并根据中央法规制定本地区的补充法令法规，督促、检查基层组织工作，解释保险法令，地区保险基金的计划和统筹，受理职工申诉等；下层是指基层管理机构，属于具体执行任务的机关，主要任务是执行国家及地方政府制定的法令，保险基金的筹集、管理、给付及社会各项服务，处理社保日常管理工作，受理职工申诉等。

社会保险机构的设置原则，一是精简原则，即机构的组织及工作人员要精干，机构所承担的业务要简化；二是统一原则，各级社保机构之间应该形成一个有机的整体；三是效能原则，包括机构的运转速度要快，机构的工作质量要高；四是法制原则，即必须按照法律规定的框架设置机构，必须严格按照法律规定的程序设置和变更机构。

## 五、社会保险的性质

社会保险具有基本保障性、国家强制性、互助互济性、社会福利性和普遍性等性质。基本保障性，指保障人们基本生活，使其在失去劳动报酬之后，仍能获得基本生活的保障。国家强制性，是指社会必须按照规定的费率缴费，不能像商业保险那样由自己决定是否参加。互助互济性，是指按照社会共担风险的原理进行组织，社会保险费用一般由国家、单位、个人三方负担，建立社会保险基金。社会保险基金经办机构通过统一调剂、互助互济的办法，支付保险金和提供服务，实行收入再分配，使社会上参加了社会保险的劳动者（或公民）在基本生活上都能得到切实的保障。社会福利性，是指社会保险待遇普遍惠及每一个满足条件享受社会保险待遇的劳动者。社会保险基金经办机构对基金要保证增值，最大程度地解决社会保险问题。普遍性，是指社会保险涉及领域逐渐扩大，从最初的仅仅覆盖机器工业工人本身，扩大到商业企业工资劳动者，再扩大到国家机关和事业单位的工作者以及农业劳动者，最后到城镇个体劳动者以及小业主、小商人，并且开始覆盖工资劳动者所抚养的配偶及未成年子女。这样，社会保险归根结底要为一切以自身从事经济活动为生活来源的劳动群众及其抚养的眷属服务，而成为名副其实的社会化保险事业。

## 六、社会保险机构的职能

社会保险作为社会保障制度的一个最重要的组成部分，社会保险事业一般由不以营利为目的的公共权力机构进行管理。社会保险机构具有以下职能：

### （一）行政管理

行政管理指制定政策、决定组织、决定目标、负责解释政策法令，检查、监督社会保险的实施，受理职工的申诉，调解和仲裁劳动争议。

## （二）业务管理

业务管理主要是指使用组织手段，完成政策，实现其目标，偏重执行、行动，即做好信息的登记和调查，基金的征集、管理、调节和运用，待遇的审查、计算和支付，丧失劳动能力的医务鉴定、定残和复工及其服务性工作。

## （三）群众工作

群众工作是指让职工群众直接参与社会保险的管理，依靠他们宣传社会保险政策、法令，及时掌握和了解生、老、病、死、伤、残职工的情况，进行细致的思想政治工作，关心生活，组织慰问，开展互助，形成一套群众工作制度，做到以人为本。

### 重要概念

保险　商业保险　社会保险　人身保险　财产保险　责任保险　信用保证保险
保险标的　保险本质　保险宗旨　保险功能　保险作用

### 思考题

1. 为什么要对保险与商业保险分别定义？
2. 应该如何概括保险的功能？
3. 商业保险因何取得商品形态？
4. 关于保险商品等价交换问题有哪些说法？你支持哪一种观点？为什么？
5. 保险商品交换具有哪些特点？认识这些特点有何意义？
6. 商业保险公司具有哪些功能？如何实现这些功能？

# 第三章　保险合同

## 第一节　保险合同概述

### 一、保险合同的定义

保险商品的买卖与普通消费品的买卖不同，一般商品是可触知的实物，而保险商品的体现形式是一份保险单。在保险单中，其主要内容是约定保险双方当事人之间的权利与义务关系，是无法靠触觉、视觉感知的。因此，保险商品买卖体现的是双方的契约合同关系，是一种法律关系。法律关系是指人们根据法律规定而结成、由国家强制力保证实施的权利与义务关系。

保险合同，又称保险契约，指保险双方当事人为了实现经济保障的目的，明确双方权利与义务关系，订立的一种在法律上具有约束力的协议。保险合同双方的权利与义务为：一方支付保险费给对方，另一方在保险标的发生约定事故时，承担经济补偿责任；或者当约定事故发生时，履行给付义务的一种法律行为。

### 二、保险合同与一般合同的共性

保险合同属于合同范畴中的一种，因此，其具有一般合同的法律特征，主要体现在以下几个方面：

第一，合同的当事人必须具有民事行为能力。所谓民事行为能力，是指民事主体独立地以自己的行为为自己或他人取得民事权利和承担民事义务的能力。我国《民法通则》规定，十八周岁以上，可以独立进行民事活动的为完全民事行为能力人。

第二，保险合同是双方当事人意思表示一致的行为，而不是单方的法律行为。因此保险合同的签订是完全自愿达成的，某些强制保险除外。

第三，保险合同必须合法，否则不能得到法律的保护。保险合同属于合同范畴，同时由于保险商品经营的特殊性，因此，其经营必须受到《合同法》、《保险法》等法律的约束，以保障保险合同当事人的利益。

## 三、保险合同的特性

与一般的合同相比较，保险合同又是一种比较特殊的合同，这些特性主要体现在以下几个方面：

### （一）保险合同是双务合同

依双方当事人是否互负义务，合同可分为双务合同和单务合同。在双务合同中，当事人双方均承担合同义务，并且双方的义务具有对应关系，一方的义务就是对方的权利，反之亦然。双务合同是合同的主要形态，《合同法》所规定的多数合同均为双务合同。单务合同是指只有一方当事人承担义务的合同。如赠与合同、无偿借贷合同等都属于单务合同。之所以说保险合同具有双务性，是因为保险合同的投保人负有按约定缴付保险费的义务，而保险公司则负有在保险事故或约定事件发生时赔偿或给付保险金的义务。但与一般双务合同的不同之处在于保险合同双方当事人不是同时对等给付，而是只有在合同约定的保险事故发生时，保险人才履行保险金赔偿或给付的义务。

### （二）保险合同是补偿性合同

补偿性主要是针对财产保险合同而言的。保险的一个最重要的目的是为了让被保险人恢复到损失发生前时的经济状况，而不是改善被保险人的经济状况。因此，财产保险合同只能是补偿性的。所谓补偿性合同是指保险人对投保人所承担的义务仅限于损失部分的补偿，赔偿不能高于实际损失，被保险人不能通过保险行为获取额外利益。

### （三）保险合同是射幸性合同

射幸是碰运气、赶机会的意思。保险合同的射幸性特点，是指保险合同履行的结果建立在事件可能发生，也可能不发生的基础之上。换言之，在保险合同有效期内，假如保险标的发生损失，则被保险人从保险人那里得到的赔偿金可能数倍于其支出的保险费；而如果合同期内没有损失发生，则被保险人在这期间付出的保险费将得不到补偿。需要说明的是，保险合同的射幸性特点是针对单个保险合同而言的，如果从承保的保险合同总体来看，由于保险费率的厘定是以精确的数理计算为基础的，从原则上来说，收入和支出应该保持平衡，所以，就整个保险合同总体来说，保险合同不存在射幸性。

**（四）保险合同是附和合同**

附和合同即由当事人的一方提出合同的主要内容，另一方只是做出取或舍的决定，没有商议变更的余地。保险合同具有这样的特点，即保险人依照一定的规定，制定出保险合同的基本条款；投保人知悉条款后，选择同意接受或者不同意投保，一般没有修改某项条款的权利。在有需要修改或增加保险单的内容时，通常也只能采用保险人事先准备的附加条款或附属保单，而不能完全依照投保人的意思来做出改变。

保险合同并非全部都采取标准合同的形式，有些特殊险种也可以采用当事人双方协商的办法来签订，这种情形主要发生在投保人是非常了解保险产品且经济实力比较强的企业的情况下。因此，保险合同只是具有附和合同的特性，但并非是典型的附和合同。

保险合同之所以具有附和合同的性质，其原因在于：保险公司掌握保险技术和业务经验；投保人往往不熟悉保险业务，因此，很难对条款提出异议。但正因为如此，当保险合同出现由于条款的歧义而导致的法律纠纷时，按照国际上的通常做法，法院往往会做出有利于被保险人的判决。

此外，保险合同订立统一条款，这是保险技术的客观要求，只有这样才有可能使众多的具有同类风险因素的保险标的遵循大数法则。

**（五）保险合同是个人性合同**

保险合同的这一特性主要体现在财产保险合同中。它的含义是，保险合同所保障的是遭受损失的被保险人本人，而不是遭受损失的财产。由于个人的禀性、行为等将极大地影响到风险标的发生损失的可能性和严重性，因此，保险人在审核投保人的投保申请时，必须根据各个不同被保险人的条件以及投保财产的状况来决定是接受还是拒绝，或者是有条件地接受其投保。保险合同的这一特性表明，投保人在转让自己财产的同时，不能同时转让其保险合同，除非经过保险公司的同意。

**（六）保险合同是条件性合同**

所谓合同的条件性，是指只有在合同规定的条件得到满足的情况下，合同的当事人一方才履行自己的义务。保险合同具有上述特性，比如说，保险合同当中规定投保人具有按约定时间缴付保险费的义务和损失事件发生时及时通知保险人的义务，但投保人未履行其义务，那么，当损失事件发生时，保险人就可以不履行赔偿保险金义务。

**（七）保险合同是最大诚信合同**

在《保险法》中，明确规定了从事保险活动必须遵守最大诚信的原则。最大诚信原则是保险的基本原则，每个保险合同的订立、履行都应当遵守最大诚信原则。对保险合同双方当事人违反最大诚信原则的行为，《保险法》规定了严厉的惩罚措施。

**（八）保险合同是要式合同**

保险合同必须采用特定的形式订立。尽管随着承保技术的进步，可以允许电话投保和电子邮件投保，但最终还是要以出具保单作为保险关系成立和有效的证明。《保险法》第十三条规定："保险人应当及时向投保人签发保险单或者其他保险凭证。当事人也可以约定采用其他书面形式载明合同内容。"

# 第二节　保险合同的要素

保险合同的要素由保险合同的主体、客体和内容三方面组成。

## 一、保险合同的主体

保险合同的主体是指在保险合同订立、履行过程中的参与者，通常将主体划分为保险合同的当事人、关系人和辅助人。

### (一) 保险合同的当事人

保险合同的当事人是指直接参与保险合同订立，确立合同的权利与义务的行为人，包括保险人和投保人。

1. 保险人

保险人亦即保险公司，是指专门经营保险业务的承保人。保险人根据保险合同向投保人收取保险费，当保险事故发生或者约定的期限届满时，履行赔偿责任或给付保险金义务。保险人从理论上说既可以是法人，也可以是自然人。各国法律对保险人的资格都有所规定，只有少数国家法律允许自然人作为保险人，最具代表性的是英国的"劳合社"。

《保险法》第六条规定："保险业务由依照本法设立的保险公司以及法律、行政法规规定的其他保险组织经营，其他单位和个人不得经营保险业务。"

2. 投保人

投保人也称要保人，指向保险人申请订立保险合同，并负有缴付保险费义务的人。自然人和法人都可以作为投保人，但无论何种主体作为投保人，按照《保险法》规定，都必须具备一定的条件：

(1) 完全的民事权利能力和行为能力。保险合同关系是一种民事法律关系，因此保险合同当事人须具有民事权利能力和相应的民事行为能力。未成年人、精神病患者等不能成为合同的当事人。但这也不是绝对的，如限制行为能力的人在监护人同意的情况下订立合同，则合同有效。法人的民事权利能力和民事行为能力以它的组织章程或者核准登记的范围为限。

(2) 投保人必须对保险标的具有保险利益。保险利益是指投保人对保险标的具有法律上承认的利益。投保人对保险标的无保险利益的，保险合同无效。投保人可以为自己的利益投保，也可以为他人的利益投保。投保人在为他人利益投保时，在未经委托的情况下，应征得他人的同意并应让保险人知晓投保的目的，以让保险人决定是否承保。保险利益原则的详细内容将在后面章节讨论。

(3) 投保人必须按照合同约定按时缴付保险费。也就是说，保险合同不管是为自己利益投保还是为他人利益投保，投保人都负有缴付保险费的义务。但是，投保人以外的合同关系人可以代投保人缴付保险费，这种情况下，保险人不得拒收。而当投保人未按时缴付保险费时，保险人没有权利向投保人以外的合同关系人索要保险费，但保险人可以解除保险合同。

**（二）保险合同的关系人**

保险合同的关系人是指与保险合同有一定的经济利益关系，而未必直接参与保险合同订立的人。保险合同关系人包括被保险人、受益人、保单所有人。

1. 被保险人

被保险人是指其财产、利益或者生命、身体、健康等受保险合同保障的人。在财产保险中，被保险人是保险财产的权利主体。在被保险财产发生保险事故时，保险人对被保险人的损失进行赔偿；在人身保险中，被保险人是其生命、身体和健康受保险合同保障的人，同时也是保险事故发生的本体（载体）；在责任保险中，被保险人是对他人的财产毁损或人身伤亡负有民事赔偿责任，因而要求保险人代其进行赔偿，由此对自己的利益进行保障的人。

被保险人必须在保险合同中做出明确规定。确定的方式有以下几种：

（1）在保险合同中明确列出被保险人的名字。被保险人可以是一个，也可以是多个，但均须列明。当被保险人之一死亡后，其余被保险人仍可继续享受保险保障的权利，保险合同继续生效，直至期限届满。

（2）以变更保险合同条款的方式确认被保险人。这种方式是在保险合同中增加一项变更被保险人的条款。一旦该条款所约定的条件成立时，补充的对象就自动取得了被保险人的地位。这一方式通常用于财产的承租人或受托人等场合。变更后的被保险人的资格应当与原被保险人相同。

（3）采取订立多方面适用的保险条款确认被保险人。这种方式与第一种方式不同之处在于，它不具体指明被保险人的姓名；与第二种方式的不同之处在于，它不是用排序的方式确定被保险人，而是采用扩展被保险人的办法。在这种方式中，每个人都具有被保险人相同的地位。

2. 受益人

受益人也叫保险金受领人，即在保险合同中约定，在保险事故发生后直接向保险人行使赔偿请求权的人。

受益人的确立须满足下列要件：

（1）受益人是享有赔偿请求权的人。换句话说，受益人是有资格享受保险合同利益的人，但他不负缴纳保险费的义务，保险人不得向受益人追索保险费。需要注意的是，受益人与保险人的法律关系只是在被保险人死亡时才发生。受益人有向保险人及时通知发生了保险事故的义务。

（2）受益人必须是由被保险人或投保人指定的人，投保人指定的须经被保险人同意。一般来说，如果投保人、被保险人是同一个人，无论谁指定受益人，都是一样的；但如果投保人、被保险人不是同一个人，则最终决定受益人权利的应当是被保险人而不是投保人。可以在保险合同中明确规定受益人，也可以规定指定受益人的方法。例如，规定以继承人为受益人。投保人或被保险人必须对保险标的具有保险利益，但受益人不必如此。

通常来说，有两种形式的受益人：一种是不可撤销的受益人，这种情况下，只有在受益人同意时才可以更换受益人；另一种是可撤销的受益人，这种情况下，被保险人或投保人可以中途变换受益人，或者撤销受益人的受益权。受益人的撤销或变更须经被保险人同意，不必征得保险人的同意，但必须通知保险人。如果在改变了受益人的情况下没有通知保险人，保险人在向原指定的受益人做出给付后，不承担对被更改的受益人的义务。

受益权是指人身保险合同的保险金请求权。通常享有此项权利的人为被保险人。只要被保险人活着，则被保险人就为保险金的请求权人。只有在被保险人死亡的情况下，受益人才享有受益权。

受益权的特点：①受益权对某一具体受益人来说是一种不确定的权利；②受益权是一种期得权利；③受益人享有受益权，但对其无处分权利，受益人可放弃受益权，但不能将其进行转让，也不能继承；④受益权具有排他性，除同一顺序受益人外，其他人均无权分享或剥夺受益人的受益权。

受益人在没有指定时，则由被保险人的法定继承人，以继承权受领。但应特别注意的是，受益人与继承人是有区别的。虽然受益人与继承人都在他人死亡后受益，但两者的性质是不同的。受益人享有的是受益权，是原始取得；而继承人享有的是遗产的分割权，是继承所得。受益人没有用其领取的保险金偿还被保险人生前债务的义务；但如果是继承人的话，则在其继承遗产的范围内有为被继承人偿还债务的义务。此外，继承人还有支付继承税的义务。

3. 保单所有人

在保单签发之后，对保单拥有所有权的个人或企业被称作保单所有人或保单持有人。保单所有人的称谓主要适用于人寿保险合同。由于财产保险合同大多是一年左右的短期合同，保单没有现金价值；并且由于绝大多数投保人都是以自己的财产作为保险标的来进行投保（成为被保险人），在发生保险事故时得到保险赔偿（成为受益人）的，因此，投保人、被保险人、受益人和所有人通常就是同一人，所有人在这里并没有太大的意义。但在人寿保险中，由于大多数人寿保险合同所具有的储蓄性特征以及在许多场合，所有人与受益人并不是同一个人的事实，所有人的意义就显得十分突出和重要。所有人既可以是一个人，也可以是一个组织结构；既可以与受益人为同一人，也可以是其他的任何人，例如与投保人或者被保险人是同一个人。但一般来说，在投保时与保单存续期间，投保人就是保单所有人的情况较为普遍；事故发生后，被保险人是保单持有人的情况较为普遍；如果被保险人不具有行为能力，则投保人应为保单所有人；如果被保险人在事故中死亡，则受益人应为保单所有人。

保单所有人通常拥有的权利包括：①在保险事故发生后索赔保险金；②在保险存续期间退保以及领取退保金；③领取分红保单红利和投连保单收益；④以保单作为抵押品进行借款；⑤在保单现金价值的限额内申请贷款；⑥放弃或出售保单的一项或多项权

利；⑦指定或变更受益人（须经被保险人同意）；⑧指定新的所有人。

**（三）保险合同的辅助人**

保险合同的辅助人是指协助保险合同当事人签署保险合同或履行保险合同，并协助办理有关保险事项的人。保险合同的辅助人主要有保险代理人、保险经纪人、保险公估人。保险合同的辅助人也叫保险中介人。

*1. 保险代理人*

保险代理人是根据保险人的委托，向保险人收取佣金，并在保险人授权的范围内代为办理保险产品推销业务的机构或者个人。保险代理人以保险人的名义从事业务活动必须要有保险人的委托授权，其授权一般采用书面委托授权书的形式。

*2. 保险经纪人*

保险经纪人是基于投保人的利益，为投保人与保险人订立保险合同、提供中介服务，并依法向保险人收取佣金的机构或者个人。

*3. 保险公估人*

保险公估人是指接受保险当事人委托，专门从事保险标的的评估、勘验、鉴定、估损、理算等业务的单位或个人。保险公估人是以第三者的立场，凭借其专业知识与技术及客观、公正的态度，处理保险合同当事人双方委托办理的有关保险业务，其报酬由委托人支付。

有关保险中介人的内容在后面章节还会详细讨论。

## 二、保险合同的客体

保险合同的客体是保险利益。所谓保险利益也称可保利益，是指投保人或被保险人对保险标的所具有的法律上承认的利益。保险标的与保险利益不同，保险标的是保险合同中所载明的投保对象，是保险事故发生所在的本体（载体），即作为保险对象的财产及其有关利益或者人的生命、身体和健康。

订立保险合同的目的并非是保障保险标的本身，因为即使在购买了保险的情况下，也不能阻止损失或损害事件的发生，而只是在保险标的发生损失或伤害后，可以使被保险人或受益人得到经济上的补偿或给付。因此，保险合同保障的是被保险人对保险标的所具有的经济利益，而不可能赔偿原有的保险标的。

## 三、保险合同的内容

保险合同的内容即保险条款，是指规定保险双方当事人的权利和义务及其他有关事项的文字条文。它是当事人双方履行合同义务、承担法律责任的依据。根据合同内容的不同，保险条款可以分为基本条款、附加条款、保证条款等。

**（一）基本条款**

基本条款是关于保险合同当事人和关系人权利和义务的规定以及按照法律规定一定

要记载的事项。根据《保险法》第十八条的规定，保险合同的基本条款包括以下事项：

（1）保险人的名称和住址。

（2）当事人和关系人的名称和住所。该事项确立了保险合同中权利和义务的承担者，明确了保险合同的履行地点和合同纠纷的诉讼管辖等。该事项包括：投保人、被保险人的姓名或者名称、住所，以及人身保险中受益人的姓名或者名称、住所等（保单通常载明被保险人以及受益人的身份证号码）。

（3）保险标的。在保险合同中，应当明确载明保险标的以便于判断保险的类型。保险标的也是确定保险金额的重要依据。

（4）保险责任和责任免除。该条款是保险合同的核心内容，也是区别各险种的重要标志。保险责任是指保险人按合同约定的保险事故发生后所应承担的保险金赔付责任。其意义在于确定保险人承担责任的范围。责任免除也叫除外责任，是指在合同中列明的保险人不予承担的保险赔偿与保险金给付责任。实践中，保险合同纠纷大多出现在责任范围方面。

（5）保险期限和保险责任期限。保险期限是指保险合同的有效期，也就是保险合同从开始生效到终止的这一期间。保险期限既是计算保费的依据，也是保险人履行其赔偿或给付义务的根据。保险合同是承担风险的合同，风险的不确定性决定了保险合同明确规定期限的特殊性。只有在保险期限内发生保险事故，保险人才承担赔偿或给付的责任。保险期限可以是确定的一段时间，也可以根据某一事件的始末过程确定。例如航空意外伤害保险的有效期是以航行事件的起止为期限的。而保险责任期限则是指保险人履行保险赔付责任的时间期限。

（6）保险金额。保险金额简称保额，是指保险人承担赔偿或给付保险金责任的最高限额。保险金额是收取保险费的计算标准，也是投保人索赔和获得保险保障的最高数额。因此，保险金额的确定应当依据下列原则：

第一，不超过保险标的的价值。在财产保险合同中，是以保险财产估价来核定保险价值的。当保险财产估价过低时，保险金额会相应减少，保费也会减少，但保障效果会降低，从而使被保险人在保险财产遭受损失时得不到充分保障，相当于不足额保险；当保险财产估价过高时，保险金额会相应提高，被保险人缴纳的保险费会相应提高，但当保险财产遭受损失时，保险人只能按实际损失负责赔偿，相当于超额保险。在人身保险合同中，由于人的身体是无价的，因此不存在保险价值估量问题。保险金额的确定是在订立保险合同时，由保险双方当事人协商的结果，它一般只受投保人本身支付保费的能力、被保险人身体状况以及法律规定等的限制。

第二，遵循保险利益原则。当保险标的属于投保人完全所有时，投保人对该保险标的的保险利益与保险价值是相等的。如果保险标的为投保人部分所有时，他对该保险标的就仅有部分保险利益。保险金额的确定必须以保险利益为限。

保险价值是投保人与保险人签订保险合同时约定并记载于保险合同中的保险标的的实际价值，它是保险金额确定的基础。保险价值主要是针对财产保险合同来说的，在人身保险合同中不存在保险价值衡量问题。

（7）保险费以及缴费方式。保险费是投保人向保险人购买保险商品支付的费用。它是保险金额与保险费率的乘积。

保险费的缴付方式有趸缴、分期缴费、限期缴费等多种方式。趸缴保险费是投保人在订立保险合同时一次性缴清全部保险费；分期缴费是将保险费均分为若干期，按约定时间间隔如年、季、月各缴纳一次保险费；分期缴费中如果缴费期和保险期限一致就称为全期缴费方式，缴费期短于保险期限，则称为限期缴费方式。

（8）保险金赔偿或者给付办法。原则上，保险人以现金方式进行赔偿或给付，不负责以实物进行补偿或者负责恢复原状，但是合同当事人有约定的除外。

（9）违约责任和争议处理办法。

（10）订立合同的日期与地点。

**（二）附加条款**

附加条款是指保险人为满足投保人或被保险人的特殊需要，在保险合同基本条款的基础上增加一些补充内容，以扩大承保的责任范围的条款。

有些险种不能独立承保，只能附加在某一个主险项下承保，这时就需要附加条款来扩大承保责任范围。除此之外，保险合同订立后如果需要进行变更补充，通常采用在原合同上加贴附加条款的方式。

**（三）保证条款**

保证条款是在保险合同中保险人要求被保险人在保险合同有效期内应予以遵守的规定。《保险法》第二十七条中指出的不得谎称保险事故，不得故意制造保险事故，不得伪造证据等都可以作为保险合同中的保证条款列载。

# 四、保险合同的形式

保险合同要求采用书面形式，保险单是保险合同的正式法定形式。按保险合同的订立程序，大致可以分为以下几种形式：

1. 投保单

投保单是投保人向保险人提出保险要求和订立保险合同的书面要约。投保单一般由保险人事先根据险种的需要设计内容格式，投保人投保时依所列内容逐一填写，保险人再对所填内容进行核查，决定是否承保。

投保单本身并非正式的合同文本，但投保人在投保单中所填写的内容会影响合同的效力。投保单上如有记载，即使保险单有遗漏，其效力也与记载在保险单上一样。

2. 暂保单

暂保单又称临时保单，它是在出立正式保险单或保险凭证之前出具的临时性的保险证明。暂保单通常只记载保险单中的重要事项以及保险单的特别约定。暂保单在保险单未签发前，与保险单具有同样的法律效力。但其有效期较短，通常以 30 天为期限，并在正式保险单签发时自动失效。保险人可以在正式保险单签发前终止暂保单效力，但必须提前通知投保人。在保险实践中，为了避免由于"空口无凭"而产生的纠纷，暂保单常采用书面的形式。但暂保单不能滥用。

暂保单通常在发生下列情形时可能会签发：①保险公司的分支机构受经营权限或经营程序的限制，需要经过保险公司批准，在未批准前，以暂保单为保险证明；②保险代理人承揽到保险业务后，暂时还没有与保险人办妥保险单前，向投保人开出的临时证明；③正式保单需由微机统一处理，而投保人又需要保险证明时。

3. 保费收据

保费收据是在人寿保险中使用的，在保险公司发出正式保险单之前出具的一个文件。它与财产保险中的暂保单很相似，差异体现在：暂保单在出具时即完全生效，直至正式保险单签发时失效；而保费收据只是投保人缴纳保费和可能获得保险保障的证据。保险保障的获得还取决于一定的条件，如果不存在这些先决条件，保险人可以不承担任何保险责任。

在保险实务中，经常发生投保人缴纳了首期保费后保险合同是否生效的法律纠纷。这种情况下，首先要考虑本国的《保险法》等相关法律是如何规定的；其次看保险合同中是否有明确的条款约束，若本国法律未规范且保险合同当中没有列明相关条款，则以惯例来解决纠纷。

4. 保险凭证

保险凭证又称小保单，实际是一种简化了的保险单，在法律上具有与一般保险单同样的效力。保险凭证的内容比较简单，凡是保险凭证未记载的事项都以保险单的条款为准。与暂保单不同，保险人出具和交付保险单的行为不导致保险凭证的失效。例如，某些附有意外伤害保险的车船票就是一种保险凭证。再如，在团体保险中，整个团体人员共一张保单，但团体保险中的每一个被保险人应持有一张保险凭证。

5. 保险单

保险单简称保单，它是保险人向投保人签发的约定当事人权利和义务的正式书面合同。一般由保险人在保险合同成立时签发，并将正本交由投保人收执，表明保险人已经接受投保人的投保申请。它是投保人与保险人履行权利和义务的依据，是保险合同中最重要的书面形式。

6. 批单

批单是保险合同双方就保险单内容进行修改和变更的证明文件。批单的法律效力优于保险单。若多次批改，应以最后一次批改为准。

【案例3-1】

2007年3月，嘉利通有限责任公司工会研究后决定给全体员工投保人身意外伤害团体保险。事后，由工作人员江某办理具体手续。在填写投保单时，每个员工的保险金额为5万元，保险期限为3年，受益人为嘉利通有限责任公司，关于此情况，江某未告知工会知晓。

2008年6月，嘉利通有限责任公司班车在上班途中发生车祸，员工夏某伤势过重，抢救无效死亡。事故发生以后，保险公司按合同规定，支付了 5 万元保险金。嘉利通有限责任公司没有将这笔保险金转交给夏某之家属。嘉利通有限责任公司认为，公司已经为夏某办理了后事，支付了必要的费用，所以，公司应该取得这笔保险金。夏某之妻多次交涉无果，决定起诉于法院，遂向律师咨询。

问题：

1. 工作人员江某擅自更改受益人，本保险合同是否还有效？理由是什么？

2. 公司是否可以成为合同受益人？为什么？

3. 本案中，谁可以取得保险金？理由是什么？

资料来源：宁波法律网，http：//www.eccfy.com。

【案例 3-2】

林勇，男，40 岁，2006 年 5 月投保了 10 年定期死亡保险，保险金额为 50000 元。投保时，林勇在投保单上的"受益人"一栏填写的是"妻子"。2009 年 6 月 11 日，林勇回老家探亲，途中发生严重车祸，林勇当场死亡。之后，由谁来领取这份定期死亡保险的保险金在林勇的两位"妻子"之间发生了争执。原来，林勇在定期人身保险投保单的受益人一栏中只注明"妻子"两字，并未写明其姓名。而在 2006 年 5 月林勇投保定期人身保险时，其妻子为徐某，两年后林勇与徐某离婚，于 2009 年春节与李某结为夫妇。因此，徐、李两人各持己见，同时到保险公司来申请领取保险金。

问题：

1. 谁应该是受益人？是徐某？还是李某？

2. 此案例应该怎样处理？

资料来源：法律快车网，http：//baoxian.lawtime.cn。

# 第三节　保险合同的分类

保险合同按照不同的标准可以划分为很多类型，主要有以下几种划分方式：

## 一、按保险赔付目的的不同分类

按照保险赔付目的的不同，可以将保险合同划分为补偿性保险合同和给付性保险合同。

**（一）补偿性保险合同**

补偿性保险合同是指当约定的保险事故发生后，保险人根据保险标的因事故发生所造成的实际损失额，对被保险人进行经济补偿的合同，主要是针对财产保险而言。

**（二）给付性保险合同**

给付性保险合同是指因保险合同约定的特定事件出现或者保险期限届满，保险人必须按照保险双方事先约定的保险金额支付保险金的合同，主要是针对人身保险合同而言（医疗费用保险除外）。这种合同的履行有时并未发生一般意义上的死亡伤害事故，也未必带来一定的损失，只是来满足被保险人的某种需要。大部分人身保险合同都属于给付性合同。由于人的身体和生命的价值是无法用货币衡量的，保险金额只能根据被保险人的经济需要和缴费能力确定，当保险合同约定的特定事件发生后，保险人就以保险金额作为给付金额。

## 二、按保险标的价值确定与否分类

按照保险价值在保险合同中是否确定，可将保险合同划分为定值保险合同和不定值保险合同，这主要是针对财产保险合同而言。人身保险合同不存在保险价值问题，而是事先按照一定的条件规定一个给付最高限额，这种合同称为定额保险合同。

**（一）定值保险合同**

定值保险合同是指保险合同双方当事人事先确定保险标的的保险价值，并在合同中载明，以确定保险金最高限额的保险合同。定值保险合同多应用于保险标的价值难以确定的财产保险合同中，比如，以艺术品、贵重皮毛、古董等为保险标的的保险合同。另外，货物运输保险、海上保险等保险合同由于保险标的的流动性较大，价值难以统一，一般也事先在合同当中约定保险价值。

**（二）不定值保险合同**

不定值保险合同是指保险双方当事人在订立保险合同时，并不事先约定保险价值，仅在合同中列明保险金额作为赔偿的最高限额，而在保险事故发生后再估算保险标的价值，确定损失的保险合同。大多数的财产保险合同都属于不定值保险合同。

**（三）定额保险合同**

定额保险合同是针对人身保险合同而言的，它实际上就是给付性保险合同。它是指在订立合同时，由保险人和投保人双方约定保险金额；在被保险人死亡、伤残、疾病或达到合同所允定的年龄、期限时，保险人按照合同约定给付保险金的保险合同。

## 三、按保险金额与保险价值的关系分类

按照保险金额与保险价值的关系，可以将保险合同划分为足额保险合同、不足额保险合同和超额保险合同。

**（一）足额保险合同**

足额保险合同是指保险金额与保险价值相等的保险合同。在足额保险合同中，通常当保险事故发生造成保险标的全部损失时，保险人应依据保险价值进行全部赔偿。如果保险事故发生造成部分损失时，保险人按实际损失赔偿相应的损失金额。如果保险标的存有残值，则保险人对此享有物上代位权，也可以作价给被保险人，在赔偿保险金中扣除这部分价值。

**（二）不足额保险合同**

不足额保险合同是指保险金额小于保险价值的保险合同。当保险事故发生并造成保险标的损失时，保险人的赔偿方式有两种：一种是比例赔偿方式，即按照保险金额与财产实际价值的比例计算赔偿额。其计算公式为：赔偿金额＝实际损失×保险金额/保险价值。另一种是第一损失赔偿方式，即不考虑保险金额与保险价值的比例，在保险金额限度内，按照损失多少，赔付多少；而对超过保险金额的损失，超过部分不负赔偿责任。《保险法》第五十五条第四款规定："保险金额低于保险价值的，除合同另有约定外，保险人按照保险金额与保险价值的比例承担赔偿保险金责任。"

**（三）超额保险合同**

超额保险合同是指保险金额超过保险价值的保险合同。由于超额保险容易诱发道德风险，对保险业的发展危害很大，因此各国保险立法对超额保险合同均加以严格限制。《保险法》第五十五条第三款规定："保险金额不得超过保险价值。超过保险价值的，超过部分无效，保险人应当退还相应的保险费。"产生超额保险的情况有以下几种：①投保人出于善意，过高估计了财产的价值。②投保人出于恶意，希望在保险事故发生后获得多于实际损失的补偿。③经双方当事人特别约定，按照保险标的重置成本投保，从而使约定保险金额高于保险标的实际价值。④保险合同签订后，因保险标的的市场价格跌落，导致保险事故发生时的保险金额超过保险标的的价值。

## 四、按保险标的数量的不同分类

按照保险标的数量的不同，可将保险合同划分为单个保险合同、团体保险合同以及综合保险合同。

**（一）单个保险合同**

单个保险合同是以一人或一物为保险标的的保险合同。这种保险合同是最常见的，例如，为自己新买的一辆奥迪轿车投保等。

**（二）团体保险合同**

团体保险合同是将性质相似的保险标的集合起来签订一份保险合约，而每一保险标的分别定有各自的保险金额的保险合同。例如，某一轮船运输公司将其经营的所有轮船与保险人签订一份保险合约，且每艘轮船的保险价值都有事先确定的保险合同。如果发生了保险事故，保险人对每一保险标的在其保险金额限度内给予赔偿。

### （三）综合保险合同

综合保险合同是指保险人对承保的多个保险标的仅确定一个总的保险金额，而非对每一保险标的规定保险金额的保险合同。这种合同的保险标的通常面临同一风险因素，在财产保险、责任保险、团体意外伤害保险等合同中常用。

## 五、按承保风险范围的大小分类

按照保险人所承保的风险范围的不同，可将保险合同划分为指定险保险合同和一切险保险合同。

### （一）指定险保险合同

指定险保险合同是指在合同中约定由保险人承保具体的一种或多种风险的保险合同。这种保险合同还可以细分为单一风险保险合同和多种风险保险合同。在保险实务中，仅承保一种风险的保险合同已经很少见了，大多数保险合同是承保多种风险的。

### （二）一切险保险合同

一切险保险合同是指保险人承保除责任免除以外的所有风险的保险合同。这种保险合同的特点是保险人在保险合同中不明确列举所承保的风险，而是以"除外责任"条款来确定自己不承保的风险，以此来界定其承保风险的范围。其优点是容易明确保险人的责任范围，但这种承保方式容易使保险人陷于被动的局面，一些发生概率极小的事故可能会给保险人造成巨大的损失。

## 六、按保险人不同承保情况分类

按照保险人承保情况不同，可将保险合同划分为原保险合同、再保险合同及共同保险合同。

### （一）原保险合同

原保险合同是指投保人与保险人之间直接签订的保险契约。通过确立保险关系，投保人将风险损失转移给保险人。这里的投保人是指除保险公司以外的其他经济单位和个人。

### （二）再保险合同

再保险合同是指原保险人将其所承保的业务的一部分或全部，以契约的形式分给另一个或几个保险人的保险合同。再保险合同承保的保险标的与原保险合同不同，它承保的保险标的是原保险人的保险责任。再保险合同的订立是以原保险合同的存在为前提的，两者之间有着密切的联系。

### （三）共同保险合同

共同保险合同是指由两家或两家以上的保险人联合直接承保同一标的、同一保险利益、同一风险责任而总保险金额不超过保险标的的可保价值的保险合同。共同保险的各保险人在各自承保金额限度内对被保险人负赔偿责任。

# 第四节　保险合同的订立与履行

## 一、保险合同的订立与生效

保险合同的订立是投保人与保险人之间基于意思表示一致而进行的法律行为。根据《保险法》规定，投保人提出保险要求，经保险人同意承保，并就合同条款达成协议，则保险合同成立。

### （一）保险合同的订立程序

保险合同的订立程序包括要约和承诺两个环节。

要约，是指一方当事人向另一方当事人提出订立合同建议的法律行为。保险合同的要约人通常是投保人。在保险实务中，保险公司及其代理人是主动开展业务的，这不是法律意义上的要约，只是要约邀请。只有在投保人提出投保申请，填写好投保单并交给保险公司及其代理人时，才构成要约。此外，保险合同的要约形式在我国必须是书面的投保单或其他书面形式。

承诺，是指承诺人向要约人表示同意与其缔结合同的意思表示。保险合同的承诺也叫承保，通常由保险人作出，一旦无条件接受对方的要约，保险合同即成立，双方开始承担合同义务。

### （二）保险合同的成立与生效

保险合同的成立是指投保人和保险人就保险合同内容达成协议，即经过投保人要约和保险人承保，合同即告成立。

保险合同的生效是指保险合同对当事人双方发生约束力，即合同条款产生法律效力。

保险合同的成立并不一定意味着保险合同的生效，保险合同成立时并不一定发生法律效力。通常情况下，当投保人缴付保险费或首期保费后，已订立的保险合同开始生效。在保险合同订立后，若保险合同还未生效，在这期间发生保险事故的，保险人不承担保险责任。当然，当事人也可在合同中约定，保险合同一经成立就生效。保险合同生效后，合同当事人均受合同条款的约束。

《保险法》第十三条规定："依法成立的保险合同，自成立时生效。"依法成立应包括：双方自愿签订保险合同，投保方对保险标的具有保险利益，保险责任范围合法，投保人缴付保险费或首期保费等内容。

## 二、投保人及被保险人的义务

投保人应履行的义务有缴纳保险费义务、通知义务、预防损失和避免损失扩大义务。

### （一）缴纳保险费的义务

缴纳保险费是投保人最重要的义务。投保人必须按照合同中约定的时间和方式来缴纳保险费。根据保险业的惯例，保险费的缴纳也可以由有利害关系的第三人为之。无利害关系的第三人也可以代投保人缴纳保险费，但他们并不因此享有保险合同上的利益，保险人也不得在第三人缴纳保险费后，请求其继续缴纳保险费，它只能向投保人作出请求。

如果投保人未能按照合同规定履行缴纳保险费的义务，将产生下列法律后果：

第一，在约定保费按时缴纳为保险合同生效要件的场合，保险合同不生效。

第二，在财产保险合同中，保险人可以请求投保人缴纳保险费及迟延利息，也可以终止保险合同。

第三，在人身保险合同中，如果投保人未按约定期限（包括宽限期在内）缴纳保险费，保险人应进行催告，投保人应在一定期限内缴纳保险费，否则保险合同自动终止。

### （二）通知义务

投保方的通知义务主要有两个：一是保险标的"危险增加"的通知义务；二是保险事故发生时的通知义务，并且在索赔时有提供单证的义务。

在保险合同中，危险增加是指在订立保险合同时，当事人双方未曾估计到的保险事故危险程度的增加。如果危险增加的原因是投保人或被保险人行为所致，比如将投保的房屋变更用途等，投保人应将这种风险告知保险人；如果危险增加的原因是投保人或被保险人以外的原因，投保人知道后也应通知保险人。保险人在得知这一通告后，通常采取提高保险费率或解除保险合同等做法。保险人在得知风险增加后，应在一定期限内作出增加费率或解除合同的决定，如果在这期间不作表示，则以后不再享有此权利。

保险合同生效后，如果在保险期限内发生了保险事故，投保人、被保险人或受益人应及时通知保险人。这样约定的目的是可以使保险人及时调查事故原因，明确责任，另外可以采取适当措施防止损失的扩大。如果投保人等不履行这项义务，则保险人可以免除保险责任或者解除保险合同，要求投保人或被保险人赔偿因此而遭受的损失。

### （三）预防损失和避免损失扩大的义务

《保险法》第五十一条规定："被保险人应当遵守国家有关消防、安全、生产操作、劳动保护等方面的规定，维护保险标的安全。"投保人、被保险人未按照约定履行其对保险标的安全应尽责任的，保险人有权要求增加保险费或者解除保险合同。

在保险事故发生后，投保人和被保险人不仅应及时通知保险人，还应当采取各种必要的措施，进行积极的施救，以避免损失的扩大。《保险法》第五十七条规定："保险事故发生时，被保险人应当尽力采取必要的措施，防止或者减少损失。"投保人、被保险人未履行施救义务的，对于由此而扩大的损失，应当承担责任。

## 三、保险人的责任

保险合同生效后，一旦保险事故发生，保险人即按照保险合同的规定赔偿或给付保险金。在履行这一义务之前，保险人首先需要确定损失赔偿责任。此外，保险人还有督促、指导、预防保险标的遭受损失的义务。

**（一）确定损失赔偿责任**

险种不同，保险人的责任范围也不同。保险合同对责任范围的限定主要是从三个方面做出的：基本责任、附加责任以及除外责任。

基本责任即保险人依据保险合同的基本条款对被保险人所承担的赔偿或给付的责任。

附加责任即附加于保险人基本责任范围之上的责任。它是投保人与保险人协商增加的保险责任。

除外责任是指保险标的的损失不属于保险责任范围内的保险事故所导致的结果，保险人不予承担的责任。

**（二）履行赔偿给付义务**

在保险有效期限内，如果发生保险责任范围内的保险事故，保险人应向被保险人或受益人赔偿或给付保险金，这是保险人的责任。《保险法》第二十三条规定："保险人收到被保险人或者受益人的赔偿或者给付保险金的请求后，应当及时作出核定；情形复杂的，应当在三十日内作出核定，但合同另有约定的除外。保险人应当将核定结果通知被保险人或者受益人，对属于保险责任的，在与被保险人或受益人达成赔偿或者给付保险金的协议后十日内，履行赔偿或者给付保险金义务。保险合同对赔偿或者给付保险金的期限有约定的，保险人应当按照约定履行赔偿或者给付保险金义务。"

保险人承担赔偿责任的行为主要包括赔偿金的内容和赔偿金的给付方式。

赔偿金的内容包括以下几个方面：①赔偿给付金额。在财产保险合同中，在保险金额限度内按实际损失赔偿；在人身保险合同中，则以约定的保险金额为最高限额。②施救费用。《保险法》第五十七条规定："保险事故发生后，被保险人为防止或者减少保险标的的损失所支付的必要的、合理的费用，由保险人承担；保险人所承担的费用数额在保险标的损失赔偿金额以外另行计算，最高不超过保险金额的数额。"③为了确定保险责任范围内的损失所支付的受损标的的检验、估价、出售的合理费用。

赔偿金的给付方式，在原则上，保险人以现金的形式赔偿给付保险金，而不负责实物补偿或恢复原状，保险合同中有特殊约定的除外。

**（三）督促、指导、预防保险标的遭受损失的义务**

《保险法》第五十一条规定："保险人可以按照合同约定对保险标的的安全状况进行检查，及时向投保人、被保险人提出消除不安全因素和隐患的书面建议……保险人为维护保险标的的安全，经被保险人同意，可以采取安全预防措施。"

**【案例3-3】**

2007年12月，李某在A保险公司营销员的介绍与推荐下，购买了A保险公司的家庭财产基本险和附加盗抢损失险等保险。

2008年3月5日，李某出差回家后，发现房门被撬开，部分家庭财产被盗，于是，其在小区保安的协助下采用了保护现场的措施，并迅速到派出所报案。经公安人员现场勘查，发现有2万多元的财物被盗走。3月21日，李某在外出办事时，看到A保险公司广告牌，遂想起曾购买过A保险公司的家庭财产保险。李某随后携带保单向A保险公司申请索赔。A保险公司认为，在其与李某的保险合同条款中规定"被保险人必须在知道保险事故发生后，保护好现场，并在24小时内通知保险公司。否则，保险公司有权不予赔偿"。李某在保险事故发生后，未按照约定通知保险公司，因此，A保险公司不予赔偿李某所受损失。双方因此产生争议，诉至法院。

问题：

1. 案例中李某是否履行了及时通知义务？

2. 被保险人未履行及时通知义务时，新旧《保险法》的处理有何不同？

（参看新《保险法》第二十一条）

资料来源：《中国保险报》，2009年12月18日。

**【案例3-4】**

2005年4月1日，某公司向某保险公司投保了700万元的企业财产保险和附加盗窃险。保险期自2005年4月15日零时至2006年4月14日24时止。共计保险费15000元。合同约定保险费分三期缴纳：第一期保险费于2005年6月15日前缴纳5000元；第二期保险费于2005年9月15日前缴纳5000元；第三期保险费于2005年12月15日前缴纳5000元，届时缴纳完毕。缴纳方式是通过银行办理委托收款。

保险合同签订以后，保险公司按合同约定，按时到银行办理委托收款，被告知：该账户无钱可划拨。保险公司多次找某公司催收保险费，均被以各种借口推托。

2006年4月11日，某公司仓库由于电线短路发生火灾，烧毁了近160万元的货物。火灾发生当日，某公司立即将全部保险费交到银行，然后，向保险公司提出索赔申请。保险公司拒绝赔偿，理由是：某公司没有按期缴纳保险费。某公司不服，起诉于法院。

问题：

1. 投保人未缴纳保险费，保险合同是否成立？

2. 保险人是否有权以投保人未缴纳保险费为由，单方面解除合同？

3. 保险人解除合同是否需要履行通知义务？

资料来源：新浪财经网，http://finance.sina.com.cn。

# 第五节　保险合同的变更与终止

在已订立的保险合同履行过程中，由于某些情况的变化需要对合同中的某些条款进行补充或修改。保险合同的变更是指在保险合同的存续期间，保险单的主体、内容及效力等有所改变。凡保险合同变更的，均必须经保险人审批同意，并出立批单或进行批注。

保险合同的变更通常包括合同主体的变更和合同内容的变更及合同效力的变更。

## 一、保险合同主体的变更

保险合同主体的变更是指保险合同当事人或关系人的变更，而不是保险人的变更。一般来说，保险合同的主体不会轻易变更，但在保险实务中有时不可避免。从保险实务的角度来讲，保险合同主体的变更大都是由保险标的的权利发生转移而引起的，因而，合同主体的变更实际是保险合同的转让。

在财产保险中，保单的转让通常是因保险标的的所有权发生转移而发生的。一种规定是转让必须得到保险人的同意。这种情况下，保险标的的所有权发生转移，即主体变更，则保险关系相对消灭。如果要想继续维持合同关系，必须在保险标的的所有权转让时，事先书面通知保险人，经保险人同意，并对保单批注后方可有效，否则，保险合同自保险标的所有权转移时即告终止。另一种规定是允许保单随着保险标的的转移而自动转移，不需要征得保险人的同意。货物运输保险合同一般属于这种情况。这样规定的理由在于，货物运输，特别是海洋运输路途遥远、流动性大，在货物从起运到目的地的整个过程中，物权可能几经易手，保险利益也会随之转移。如果每次被保险人的变更都需征得保险人的同意，必然影响商品流转。鉴于此，各国保险立法一般都规定：除另有明文规定外，凡是运输保险，其保险利益可以转移。换句话说，凡运输保险，其保单可随货权的转移而背书转让。

在人身保险中，保单一般不需要经过保险人的同意即可转让，但在转让后必须通知保险人。这里主要是针对投保人、受益人、保单所有人的变更而言，但对于以死亡为给付条件的保险，这些转让须经被保险人同意。被保险人在合同中确定后是不存在变更问题的。因为人身保险合同承保与否以及保费的缴纳是与被保险人的年龄、健康状态密切联系的，若变更被保险人，相当于是对他人订立新保单。此外，在保险事故发生后，受益人不能变更。

## 二、保险合同内容的变更

保险主体不变时，保险合同内容的变更主要是指主体权利与义务的变更，即合同条款的变更。包括被保险人地址的变更；保险标的数量、品种、价值或存放地点的变更；保险期限、保险金额的变更；保险责任范围的变更；货物运输保险合同中的航程变更；船期变更等。这些变更都会影响到保险人所承担的风险大小。

各国保险立法一般都规定，保险合同订立后，投保人可以提出变更合同内容的请求，但须经保险人同意，办理变更手续，有时还需增缴保费，合同才有效。

## 三、保险合同效力的变更

### （一）合同的无效

合同的无效是指合同虽已订立，但在法律上不发生任何效力。根据不同的无效因素可以有以下几种形式：

1. 约定无效与法定无效

根据不同的原因来划分，无效有约定无效与法定无效两种。约定无效是由合同的当事人任意约定，只要约定的理由出现，则合同无效。法定无效是由法律明确规定，法律规定的无效原因一旦出现，则合同无效。各国保险法通常都规定，如果出现下列情况：①合同系代理他人订立而不作声明；②恶意的重复保险；③人身保险中未经被保险人同意的死亡保险；④人身保险中被保险人的真实年龄已超过保险人所规定的年龄限制等，则保险合同无效。

2. 全部无效与部分无效

根据不同的范围来划分，无效可以分为全部无效与部分无效两种。全部无效是指保险合同全部都不发生效力。部分无效是指保险合同中仅有一部分无效，其余部分仍然有效。如善意的超额保险，保险金额超过保险价值的部分无效，但在保险价值限额以内的部分仍然有效。

3. 自始无效与失效

根据时间来划分，无效分为自始无效和失效两种。自始无效是指合同自成立起就不具备生效的条件，合同从一开始就不生效。如非法签订的保险合同，就是自始无效的。合同失效是指合同成立后，因某种原因而导致合同无效。如被保险人对保险标的失去保险利益，保险合同即失去效力。失效不需要当事人作意思表示，只要失效的原因一出现，合同即失去效力。

### （二）合同的解除

保险合同的解除是指当事人基于合同成立后所发生的情况，当事人一方作出使合同无效的一种单独的行为。

合同解除权有时效规定，可因时效而丧失解除权。行使合同解除权后效力溯及合同订立前状态。因此，已接受赔偿给付应返还给保险人，保险人则将收取的保险费归还投保人。但是如果保险合同的解除系由投保人的不当行为所致，法律或合同当中有明确规定保险人无须返还保险费的除外。

### （三）合同的中止与复效

保险合同的中止是指在保险合同存续期间内，由于某种原因的发生而使保险合同的效力暂时归于停止。在合同中止期间发生的保险事故，保险人不承担赔偿给付责任。这种现象多出现在人寿保险期缴方式中。《保险法》第三十六条规定："合同约定分期支付保险费，投保人支付首期保险费后，除合同另有约定外，投保人自保险人催告之日起超过 30 日未支付当期保险费，或者超过约定的期限 60 日未支付当期保险费的，合同效力中止，或者由保险人按照合同约定的条件减少保险金额。"《保险法》第三十七条规定："经保险人与投保人协商并达成协议，在投保人补交保险费后，合同效力恢复。但是，自合同效力中止之日起满两年双方未达成协议的，保险人有权解除合同。"因此，被中止的保险合同可以在中止之日起两年内申请复效。

保险合同的复效是指保险合同的效力在中止以后又重新开始。保险合同生效后，可能会由于某种原因，合同的效力暂时中止。例如，在分期缴付保险费的人寿保险合同中，投保人缴付首期保费后，未在合同约定的期限内（包括宽期限 60 天）缴付保险费，保险合同的效力由此中断，在此期间，如果发生保险事故，保险人不负支付保险金的责任。但在一定期限（复效期两年）内，经投保人提出恢复保险合同效力，保险人同意后，合同的效力即可恢复。

### （四）保险合同的终止

保险合同的终止是指在保险期限内，由于某种法定或约定事由的出现，致使保险合同当事人双方的权利和义务不复存在。

导致保险合同终止的原因主要有以下几种：

#### 1. 合同因履行而终止

保险事故发生后，保险人经核实确定责任并赔偿给付保险金后，保险责任即告终止。最常见的如终身人寿保险中的被保险人死亡，保险人给付受益人全部保险金额后；或财产保险中，保险标的被火灾焚毁，保险人赔付了全部赔偿金后，合同即告终止。

#### 2. 合同因期限届满而终止

保险合同订立后，虽然未发生保险事故，但如果合同的有效期已届满，则保险人的保险责任即自然终止。这种自然终止是保险合同终止的最普遍、最基本的原因。

#### 3. 合同因解除而终止

《保险法》第十五条规定："除本法另有规定或者保险合同另有约定外，保险合同成立后，投保人可以解除合同，保险人不得解除合同。"从此条法律可知，投保人可根据自己的实际情况在保险中途退保，但保险人不能无故解除保险合同。

保险双方可根据法定解除、约定解除和任意解除三种情况解除保险合同。

（1）法定解除是指法律规定的原因出现时，保险合同当事人一方依法行使解除权，使保险合同关系消失。法定解除是一种单方面的法律行为。从程序上来说，依法有解除权的当事人向对方作出解除合同的意思表示，即可发生解除合同的效力，而无须征得对方的同意。

（2）约定解除是当满足合同中约定的解除条件时，一方或双方行使解除保险合同的权利，使保险合同终止。

（3）任意解除是指在限制条件得到满足时，允许双方当事人行使合同解除权。但是，并非所有的保险合同都是可以由当事人任意解除和终止的，它一般有着严格的条件限制。

我国《保险法》规定，投保人或被保险人有下列所述行为之一者，可以构成保险人解除保险合同的条件：

投保人故意隐瞒事实，不履行如实告知义务的，或者因过失未履行如实告知义务，足以影响保险人决定是否同意承保或者提高保险费率的（参见第十六条第二款）。

未发生保险事故，被保险人或者受益人谎称发生了保险事故，向保险人提出赔偿或者给付保险金请求的（参见第二十七条第一款）。

投保人、被保险人故意制造保险事故的（参见第二十七条第二款）。

投保人、被保险人未按照约定履行其对保险标的安全应尽的责任的（参见第五十一条第三款）。

在合同有效期内，保险标的的危险程度显著增加，被保险人未及时通知保险人的（参见第五十二条第一款）。

投保人申报的被保险人年龄不真实，并且其真实年龄不符合合同约定的年龄限制的（参见第三十二条第一款）。

自合同效力中止之日起两年内双方未达成协议的（参见第三十七条第一款）。

4. 合同因违约失效而终止

因被保险人的某些违约行为，保险人有权使合同无效。例如，终身保险合同的保费缴纳一般有季缴、半年缴、年缴等方式。如果投保人不能如期（包括宽期限在内）缴纳保险费，则保险人可以使正在失效的合同中途失效。但在一定条件下，中途失效的合同经被保险人履约并被保险人所接受，还可以恢复效力。然而，并不是所有的保险合同在失效后都可以复效。不能如期缴纳保险费而被中止的合同，其后果也可能不同。一般来说，人寿保险和简易人身保险，因不能如期缴纳保险费而被暂时中止效力的，被保险人可以争取合同复效；但财产保险合同因不能如期缴纳保费而被终止合同的，则通常不能恢复合同效力。

需要指出的是，合同自始无效与违约失效是不同的。前者是指这样一种情况：被保险人以欺诈、捏造或隐瞒真实情况等不诚实的手段，欺骗保险人而签订保险合同，当其真相暴露时，合同的无效性应溯及过去，也就是说，合同从签订之时起就没有约束力。所以，合同自始无效，也就不存在效力终止的问题。

【案例3-5】

2005年11月2日，××百货公司原总经理胡某与××保险公司签订团体增值养老保险合同，为所属员工胡某等31人办理了金额不等的养老保险。保险总金额为3153084.06元，保费合计2020000元；同时，为胡某等3人办理了金额不等的养老保险，总保险金额701658.93元，保费合计480000元，当日××百货公司即以支票转账方式缴足保费。同月 3 日××保险公司向××百货公司开具"新契约保费"收据，同月 4 日××保险公司向××百货公司出具保单及被保险人个人分单，保单特别约定：凭身份证明及个人分单办理领取。同日，××保险公司亦接受了一份××百货公司提交的证明，上面载明："我公司同意被投保个人办理变更、退保或委托手续并按特别约定事项办理"，意对上款特别约定的补充。2006 年 2 月 18 日，××百货公司原人事培训部经理樊某持胡某等 29 名被保险人和胡某等 3 名被保险人提交的退保申请、委托书及身份证等相关证件到××保险公司要求退保，××保险公司表示可以退保，在分别扣留 218203.72 元和 33938.34 元手续费后，将余款 1801796.28 元和 446061.66 元以转账支票形式入账其各自在银行开立的户头，银行于同年 3 月 2 日接受××保险公司的委托，依其提供的名单及分配金额将上述款项分别存入 29 名和 3 名被保险人的活期存折。另有二人未申请退保。后经查证，该两份保险合同是原总经理胡某违反公司法和公司章程的规定，未经股东会决定，超越职权范围擅自为自己及公司少数员工申请投保的商业性养老保险。

问题：

1. 案例中签订的保险合同是否有效？说明理由。

2. 如果合同无效，本例中保险公司是否要承担责任？

资料来源：罗忠敏：《新保险法案例精析》，中国法制出版社，2009 年版。

---

**【案例 3-6】**

2002 年 4 月 1 日，某有限责任公司向某保险公司投保了企业财产险，保险期为 1 年。2003 年 4 月 2 日，某有限责任公司提出续保，向保险公司业务员递交了投保单，缴纳了保险费，财产保险金额为 100 万元。保险公司业务员石某由于特殊原因，没有及时向保险公司缴保险费和投保单，保险公司也没有签发保险单。2003 年 4 月 20 日，某有限责任公司发生火灾，库房及大部分物资烧毁，价值 90 万元。火灾后，及时通知了保险公司，提出索赔要求。保险公司认为，既没有收到保险费，也没有核保、签发保险单，拒绝承担赔偿责任。某有限责任公司不服，起诉于法院，要求保险公司承担责任。

问题：

1. 此案例中保险合同关系是否成立，是否有效？

2. 保险公司是否要承担赔偿责任？

资料来源：法律网，http://www.falwamgzhan.cn。

**【案例3-7】**

2002年5月，××保险公司的代理人向胡女士推销保险。代理人拿出一份宣传单，上面说："被保险人因意外事故或于保险生效一年后，因疾病死亡，或高度伤残，保险公司给付死亡或伤残保险金。"

胡女士为丈夫投保，缴纳了保险费，××保险公司签发了保险单。保险条款规定，"被保险人因意外事故或于保险生效一年后，因疾病死亡，或高度伤残，保险公司按附表所列伤残等级给付伤残保险金或死亡保险金"。胡女士没有对合同内容提出异议。

2002年12月，胡女士的丈夫意外摔伤，右臂骨折。胡女士的丈夫向××保险公司提出索赔。××保险公司拒赔，理由是：胡女士的丈夫的伤情，未达到保险合同约定的伤残等级。

胡女士的丈夫不服，起诉于法院。

问题：

1. 此案例保险宣传单与保险合同内容不一致，是否构成保险欺诈，保险合同是否有效？

2. ××保险公司是否应该承担赔付责任？说明理由。

资料来源：法律网，http：//www.falwamgzhan.cn。

**【案例3-8】**

2007年4月1日，李德良在某保险公司投保了20万元的终身寿险，指定其子李小良为受益人。李德良没有按时缴纳续期保险费，而且超过了60天的缴费宽限期，保险合同于2008年6月1日失效。2008年6月10日，李德良向保险公司申请保险单复效，并且缴纳了续期保险费和利息。经保险公司同意，保险合同于2008年11月10日恢复。

由于工作、生活十分紧张，李德良精神压力太大，2010年1月3日，李德良自杀身亡。其子李小良作为受益人，申请给付保险金。保险公司认为，保险合同复效日期为2008年11月10日，李德良是在2010年1月3日自杀，没有超过2年，保险公司不承担给付保险金的责任。受益人李小良不服，起诉于法院。

问题：

1. 保险合同复效后保险合同期间怎样计算，是视作订立的新保险合同还是原保险合同的延续？

2. 本例中李德良自杀身亡，保险公司是否应该承担给付保险金责任？

资料来源：法律网，http：//www.falwamgzhan.cn。

# 第六节 保险合同的争议处理

保险合同的争议是指在保险合同成立后，合同主体就合同履行时的具体做法产生意见分歧或纠纷。这种意见分歧或纠纷有些是由合同双方对合同条款的理解互异造成的，有些则是由违约造成的。当发生保险合同的争议时，要按照一定的原则和方式处理。

## 一、保险合同的解释原则

保险合同的解释是指保险当事人对合同条款的意思理解发生歧义时，按照法律规定的方式或者通常理解的方式，对保险合同内容或文字的含义予以确认或说明。保险合同的解释，既要考虑订立合同时双方当事人的真实意图，也不能脱离合同文本，它通常依据一定的原则来解释，这些原则主要有以下几点：

### （一）文义解释原则

文义解释原则是按照保险合同的条款所使用文句的通常含义和保险法律、法规及保险业习惯，并结合合同的整体内容对保险合同条款所作的解释。这是解释保险合同条款的最重要的方法。

合同条款属于一般文句的，对条款的解释使用公认的表面含义和其语法含义去解释，双方有争议的，以权威性工具书或专家的解释为准。

合同条款中涉及保险专业术语和法律专业术语的，有立法解释的，以立法解释为准；没有立法解释的，以司法解释、行政解释为准；无上述正式解释的，可按行业习惯或保险业公认的含义解释。

### （二）意图解释原则

意图解释原则是指当保险合同因使用的文字词语概念混乱、意思表示不清而产生纠纷时，应根据双方当事人订立合同时的真实意图来进行解释。一般要根据订立合同时的背景情况等综合分析，在文字表达清晰时，不得按字面意思妄加推测。

### （三）有利于被保险人的解释原则

有利于被保险人的解释原则是指当合同双方对合同条款有争议时，法院或仲裁机构通常会做出有利于被保险人的解释。之所以有这样的解释原则，是因为保险合同具有附和性和很强的专业性。在订立保险合同时，一般来说，投保方只能表示接受或不接受保险人事先已经拟定好的条款。为了避免保险人利用其有利地位，侵害投保方的利益，各国普遍使用这一原则来解决保险合同当事人之间的争议。鉴于此，保险人在拟定合同条款时应尽量使用语言明确的表达；在订立合同时向投保方准确说明合同的主要内容。

需要指出的是，这一原则不能滥用。如果条款意图清楚，语言文字没有产生歧义，即使发生争议，也应按照有效的保险合同约定做出合理、公正的解释。

### (四) 批注 (批单) 优于正文的解释原则

订立保险合同后, 合同当事人可进一步协商, 采用批注、批单或附加条款等对原保险合同予以修改。无论以什么方式更改条款, 如果前后条款内容有矛盾或互相抵触, 后加的批注、条款应当优于原有的条款。保险合同更改后应该标明批改日期, 如果未写明批注日期而导致分歧, 手写的批注优于打印的批注, 加贴的批注优于正文的批注。

### (五) 补充解释原则

补充解释原则是指当保险合同条款约定的内容有遗漏或不完整时, 借助商业习惯、国际惯例、公平原则对保险合同的内容进行合理的补充解释, 以便合同的继续执行。

## 二、保险合同争议的解决方式

保险合同的争议处理方式通常有以下四种:

### (一) 协商

协商是指合同双方当事人在自愿互谅的基础上, 按照法律、政策的规定, 通过摆事实、讲道理、求大同、存小异的原则来解决纠纷。自行协商解决方式简便, 有助于增进双方的进一步信任与合作, 并且有利于合同的继续执行。

### (二) 调解

调解是在协商无效的情况下, 在合同管理机关或法院的参与下, 通过说服教育, 促使双方达成一致意见, 使合同继续履行的做法。调解必须遵循法律、政策与平等自愿原则。如果一方当事人不愿意调解, 则就不能用此方式解决。如调解无效果或调解后又反悔, 可以申请仲裁或直接向法院起诉。

### (三) 仲裁

仲裁是指当事人双方按照仲裁协议, 自愿将彼此间的争议交由双方共同信任的、法律认可的仲裁机构居中调解, 并做出裁决。仲裁的结果具有法律效力, 当事人必须予以执行。

### (四) 诉讼

诉讼是指当事人的一方按有关法律程序, 通过法院对另一方提出权益主张, 并要求法院予以解决和保护的处理方式, 它是解决争议时最激烈的一种方式。当事人提起诉讼应当在法律规定的诉讼时效内。该方法实行二审终审制度, 法院有权强制执行判决。

【案例3-9】

老王以其子小王为被保险人与保险公司签订了一份人身保险合同。由于小王曾经被怀疑患肿瘤, 因此订约时对于《被保险人书面健康告知》表中询问的是否曾患肿瘤一栏, 老王专门要求业务员对肿瘤的定义作出明确解释, 而此时该业务员向老王出示了保险合同中对肿瘤的解释, 即"肿瘤指以不可控制的细胞生长和扩散以及组织浸润为特征, 经病理检测确定符合国家卫生部公布的'疾病和死因分类'标准归属于肿瘤之疾病……"此外，在《被保险人书面健康告知》中没有其他有关肿瘤诊断的标准，也没有其他任何书面的肿瘤诊断标准。后来小王因病过世，老王向保险公司理赔时，保险公司认为被怀疑肿瘤即曾患肿瘤，不要求病理检验，老王投保时隐瞒相关病史未尽告知义务，故拒绝赔付。老王遂诉至法院，请求判令保险公司履行赔付义务，法院最终支持了其诉讼请求。

问题：

1. 法院如此判定是依据什么解释原则？

2. 在应用该原则时该注意哪些问题？

资料来源：法怡第一网，http://www.fayii.com。

**【案例3-10】**

海上保险承保人马丁在公历某年6月18日将其业务扩大到人身保险，为一位朋友吉鹏承保了人寿保险20000元，保险期限为12个月，保险费80英镑。吉鹏于第二年5月29日死亡，马丁声称其保险期限12个月系按阴历每月28天计算，所以保单已于公历5月20日到期。投保方则认为，按公历计算，保险期限尚未届满。

法院对此案作了有利于被保险人的解释，判决马丁承担给付保险金的责任。

资料来源：百度文库，http://wenku.baidu.com/。

**重要概念**

保险合同 保险人 投保人 被保险人 受益人 保单所有人 保险利益 保险价值 足额保险 不足额保险 超额保险 定值保险 不定值保险 定额保险 投保单 暂保单 保险凭证 保险单 宽限期 复效期 合同无效 合同解除 合同复效 合同终止 合同中止 保险合同的解释原则

**思考题**

1. 为什么许多保险合同不适用"成立即生效"原则？

2. 在订立保险合同时，要约方为谁？明确这个问题具有什么重要性？

3. 区分保险标的和保险利益对保险合同的实际意义是什么？

4. 怎样才能保证"有利于被保险人的解释原则"不被滥用？

# 第四章　保险原则

## 第一节　保险利益原则

### 一、保险利益原则的含义

　　保险利益是指投保人或被保险人对保险标的具有的法律上所承认的经济利益。这种经济利益具体表现为经济上的利害关系，因此，衡量投保人或被保险人对保险标的是否具有保险利益的标志是看投保人或被保险人是否会因保险标的的损毁、伤害而遭受经济上的损失。例如，某人拥有一辆卡车，如果卡车安全存在，他可以经营而获得连续不断的收入；但是，如果卡车损毁，他的这项利益也将得不到实现。又如，某家庭的主要工资收入者，如果他不幸遭受意外事故而伤残或死亡，则不仅使其家庭减少经济收入，而且由于治疗还要增加其家庭的经济支出。

　　保险利益原则，是指在签订和履行保险合同的过程中，投保人或被保险人对保险标的必须具有保险利益。保险利益既是订立保险合同的前提条件，也是保险合同生效及在存续期间保持效力的前提条件。无论是财产保险还是人身保险，投保人只有对保险标的具有保险利益，才有条件或资格与保险人订立保险合同，签订的保险合同才能生效，否则，为非法的或无效的合同。而财产保险还要求被保险人在保险事故发生时对保险标的具有保险利益，否则保险合同失效。

## 二、坚持保险利益原则的意义

在保险理论与实践中，坚持保险利益原则的意义在于：

### （一）更好地遵循保险宗旨

保险作为一种经济保障制度，其宗旨是补偿被保险人因保险标的出险所遭受的经济损失，但不允许被保险人通过保险而获得额外的利益。所以，为了使被保险人既能够得到足够的、充分的补偿，又不会由于保险而获得额外的利益，就必须以投保人或被保险人在保险标的上所具有的经济利益投保，即保险利益作为保险保障的最高限度。在保险实践中，投保人依据保险利益确定保险金额，保险人在保险利益的限度内支付保险赔款或保险金，这样就可以实现在被保险人得到充分补偿的前提下，有效避免被保险人不当得利。因此，保险利益原则为投保人取得保险保障和保险人的保险补偿提供了客观的依据，更好地遵循了保险宗旨。

### （二）有效地防止道德风险的发生

道德风险是指被保险人或受益人为获得保险赔偿或给付而故意违反道德规范，甚至故意犯罪，促使保险事故的发生，或在保险事故发生时故意放任使损失扩大。保险赔偿或保险金的给付以保险标的遭受损失或保险事件的发生为前提条件，如果投保人或被保险人对保险标的无保险利益，那么该标的受损，对他来说不仅没有遭受损失，相反还可以获得保险赔款，这样就可能诱发投保人或被保险人为谋取保险赔款而故意破坏保险标的的道德风险。反之，如果投保人或被保险人对保险标的有保险利益，则其参加保险是为了获得一种经济保障，根据保险利益原则，当保险事故发生时也只能获得损失补偿，而不会额外获利，这样就彻底消除了道德风险的根源。同时，确定保险利益原则能够使投保人或被保险人关心保险标的的安危，认真做好防损防险工作。而在人身保险方面，保险利益的存在更为必要，如果投保人可以以任何人的死亡为条件而获取保险金，其道德风险产生的后果是不堪设想的。

### （三）确保保险不同于赌博行为

从本质上来说，保险是基于社会成员互助共济而形成的在一定成员之间的损失补偿机制，以保障社会再生产的顺利进行，保障人民生活的安定；而赌博则是基于一种不劳而获的思想，试图以小额的赌注获取大额钱财，是一种损人不一定利己的行为，与保险"互助共济"的精神是格格不入的。这种赌博行为会危害家庭和社会经济生活的安定，甚至会引发刑事犯罪。从表面上看，保险同赌博相似，都具有射幸性。保险利益原则要求投保人对保险标的必须具有保险利益，被保险人只有在经济利益受损的条件下，才能得到保险赔偿，从而实现保险补偿损失的目的，这样就从根本上与赌博划清了界限，确保了保险不同于赌博行为。如果保险不坚持保险利益原则，则与赌博无异。

## 三、保险利益的要件

投保人或被保险人对保险标的所拥有的利益能成为保险利益必须具备下列条件:

**(一) 保险利益必须是合法的利益**

投保人或被保险人对保险标的的利益必须是法律认可并受到法律保护的利益,是一种在法律上可以主张的利益。例如,在财产保险中,投保人对保险标的的所有权、占有权、使用权、收益权或对保险标的所承担的责任等。因违反法律规定或损害他人或社会公共利益而产生的利益是不能成为保险利益的。例如,因偷税漏税、盗窃、抢夺、强占、走私、诈骗、贪污等非法行为所得的利益是不能作为投保人的保险利益而投保的。

**(二) 保险利益必须是经济上的利益**

所谓经济上的利益是指投保人或被保险人对保险标的的利益价值必须能够用货币衡量。因为保险的目的是为了弥补被保险人因保险标的出险所遭受的经济损失,这种经济损失正是基于当事人对保险标的所拥有的经济利益为前提。如果投保人或被保险人的利益不能用货币来计量,则保险赔偿金或保险金的给付就无法实现。所以,无法用货币衡量其价值的利益不能成为保险利益。财产保险中,保险利益一般可以精确计算,但是对那些像纪念品、日记、家谱等不能用货币计量其价值的财产,虽然对投保人有利益,但一般不作为保险财产。由于人的生命与身体是无法用价值来衡量的,一般情况下,人身保险合同的保险利益有一定的特殊性,只要求投保人与被保险人具有利害关系,就认为投保人对被保险人具有保险利益;在特殊情况下,人身保险的保险利益也可加以计算和限定,比如债权人对债务人生命的保险利益可以确定为债务的金额加上利息及保险费。

**(三) 保险利益必须是确定的利益**

保险利益必须是一种确定的利益,确定的利益包括已经确定和能够确定的利益。已经确定的利益指事实上的利益,即现有的利益,如投保人已取得财产所有权或使用权而由此享有的利益;能够确定的利益指客观上可以实现的利益,即预期利益,如货物运输保险的保险金额可以按货物到达目的地的销售价格确定,其中包括预期利润。又如,果农可对自己种植的果树的未来收获量进行投保,这些均为预期利益。预期利益是基于现有利益于未来可能产生的利益,必须具有客观根据,仅凭主观预测、想象可能会获得的利益不能成为保险利益。

## 四、各类保险的保险利益

各类保险所承保的风险责任不同,决定了保险利益的来源及保险利益原则的应用也不尽相同。

**(一) 财产保险的保险利益**

财产保险的保险标的是物质财产及其相关利益,因此,财产保险的保险利益反映的是投保人或被保险人与保险标的之间的经济利益,体现为对保险标的所拥有的各种权利。具体包括以下几个方面的权利：

**1. 财产所有权**

财产所有人对其所拥有的财产具有保险利益。例如，房屋与汽车的所有人、私营企业的业主、家庭财产的所有者等权利主体都可凭借其具有的所有权而享有保险利益，投保不同种类的财产保险。

**2. 财产经营权、使用权、承运权与保管权**

财产经营者或使用者对其负责经营或使用的财产具有保险利益，因为其虽然不具有财产所有权，但对财产拥有经营权或使用权而享有由此而产生的利益及承担相应的责任。如我国国有企业财产所有权属于国家，但企业拥有经营、使用和在一定范围的处分权，并享有通过经营国有资产而产生的经济利益，同时也要对国有资产的安全性和完整性负责，因此代表国家负责经营管理的厂长、经理对其所经营的国有资产具有保险利益。同理，财产的承运人或保管人与其负责运输或保管的财产也具有法律认可的经济利益关系，由此也具有保险利益。例如，承运人在为托运人托运货物时，如果能按照合同约定按时、安全地将货物运达目的地，就可以收取运费，获得经济收益；如果货物在运输过程中发生意外造成货物损失，那么承运人就必须对托运人进行损失赔偿，由此，承运人可以把承运权作为保险利益向保险公司进行投保，将发生损失的风险转嫁给保险公司。

**3. 财产抵押权和留置权**

抵押是一种债的担保，抵押人为债务人，抵押权人为债权人。债务人提供给债权人作为抵押担保的财产，虽然并不转移其所有权或占有权，但当债务人不能依约偿还借款时，债权人有权处理抵押财产，从中受偿。所以，抵押权人对抵押财产具有经济上的利害关系，即保险利益。留置也是一种债的担保，它与抵押的区别是债权人在债权受偿之前拥有对债权人作为清偿债务担保的财产的占有权，即留置权，当债务人不能依约偿还债务时，留置权人同样有权处理留置的财产，因而也具有保险利益。例如，银行实行抵押贷款，银行是抵押权人，对抵押财产具有保险利益，因为抵押财产的损失将会使银行蒙受损失。但是，应强调的是，抵押权人对抵押财产具有的保险利益，仅限于其所借出的款项部分，并且在借款人还款后，银行对抵押财产的抵押权消失，对其抵押财产具有的保险利益也随之消失。

**（二）人身保险的保险利益**

人身保险的保险标的是被保险人的生命或身体。因此，只有当投保人对被保险人的生命或身体具有某种利益关系时，投保人才能对被保险人具有保险利益，即人身保险的保险利益是投保人与被保险人之间的利害关系。在我国通常有以下三种利害关系：

**1. 自身关系**

任何人对其自身的生命或身体都具有最大的利害关系，因此投保人对自己的生命或身体具有保险利益，可以以自己的生命或身体作为保险标的进行投保。

**2. 亲属血缘关系和合法赡养与收养关系**

亲属血缘关系主要是指配偶、父母、子女、兄弟姐妹、祖父母、孙子女等家庭成员。合法赡养与收养关系是指按照合法程序所形成的既定的赡养与收养法定义务关系。由于家庭成员之间具有婚姻、血缘、抚养和赡养关系,在经济上具有密切的利害关系,所以彼此之间就具有保险利益。我国《保险法》第三十一条也作出了明确规定:投保人对其配偶、子女、父母,以及有抚养、赡养或者扶养关系的家庭成员或近亲属具有保险利益。

**3. 经济利益关系主要包括雇佣与债权债务关系**

因企业员工或雇主所雇佣的雇员的健康状况与生命安危会影响到企业或雇主的经济利益,所以企业或雇主对其员工或雇员具有保险利益;同理,由于债务人的生死存亡也直接关系到债权人的切身利益,因此债权人对债务人也具有保险利益,但所具有的保险利益以其债务量为限。需要注意的是,这种利益关系所形成的保险利益是不可逆转的,如债权人对债务人具有保险利益,但债权人的生死安危对债务人并无利害关系。

另外,在确定人身保险的保险利益方面,各国采取的方式不同。英美法系国家通常采取"利益主义原则",即认为保险利益是关系到人身保险合同能否成立的要件,所以以投保人与被保险人之间是否存在利益关系来确定是否具有保险利益。大陆法系国家大多采取"同意主义原则",认为人的生命、身体等具有人格,不能未经被保险人同意即作为保险标的,而且经被保险人同意或认可,能有效地防止道德风险。其他还有一些国家采取"法定主义原则",即通过法律形式规定一定范围的亲属之间或具有某种法律关系的人之间具有保险利益。也有的国家将上述三种方式结合起来,确定人身保险的保险利益。

我国《保险法》第三十一条规定投保人对下列人员具有保险利益:①本人;②配偶、子女、父母;③除第②项以外与投保人有抚养、赡养或者扶养关系的家庭其他成员、近亲属;④与投保人有劳动关系的劳动者(以及有雇佣关系、债权债务关系的人);⑤除前面规定外,被保险人同意投保人为其订立合同的,视为投保人对被保险人具有保险利益。由此可见,我国人身保险采用的是利益主义和同意主义相结合的原则。但《保险法》第三十三条规定:"投保人不得为无民事行为能力人投保以死亡为给付保险金条件的人身保险,保险人也不得承保。""父母为其未成年子女投保的人身保险,不受前款规定限制。但是,因被保险人死亡给付的保险金总和不得超过国务院保险监督管理机构规定的限额。"《保险法》第三十四条规定:"以死亡为给付保险金条件的合同,未经被保险人同意并认可保险金额的,合同无效。""按照以死亡为给付保险金条件的合同所签发的保险单,未经被保险人书面同意,不得转让或者质押。"

**(三) 责任保险的保险利益**

责任保险是以被保险人依法应负的民事损害引起的经济赔偿责任或经特别约定的合同责任为保险标的的一种保险。所有这些责任一旦产生,便会给被保险人带来经济上的损失,因此被保险人对此具有保险利益。但是,由蓄意犯罪行为所引起的经济赔偿责任不能形成责任保险的保险利益。例如,根据《民法》的有关规定,产品制造商、销售商、修理商等由于产品的缺陷造成对消费者的人身伤害或财产损失,应承担经济赔偿责任。因此,产品制造商、销售商、修理商等对消费者使用其产品造成的损害赔偿责任都

具有保险利益。

**（四）信用保证保险的保险利益**

信用与保证保险是一种担保性质的保险，其保险标的是一种信用行为。权利人与被保险人之间必须建立合同关系，双方存在经济上的利害关系。当义务人因种种原因不能履行应尽义务，使权利人遭受损失时，权利人对义务人的信用存在保险利益；而当权利人担心义务人的履约与否、守信与否时，义务人因权利人对其信誉怀疑而存在保险利益。

## 五、保险利益的变动与适用时限

**（一）保险利益的变动**

保险利益的变动包括保险利益的灭失和转移。

*1. 保险利益的灭失*

保险利益的灭失，是指投保人或被保险人失去保险利益，即在保险合同成立后，因为发生某种法律事实而引起投保人或被保险人丧失对保险标的所具有的利害关系。在财产保险合同方面，保险标的灭失，则保险利益亦灭失；在人身保险合同方面，被保险人因人身保险合同责任免除规定的原因死亡，如保险生效两年内自杀、刑事犯罪被处决等，均构成保险利益的灭失。根据《保险法》第十二条第一款和第三十一条第三款的规定，人身保险只能根据投保人在投保时是否具有保险利益来确定合同效力，不能随保险合同成立后的人事变化来确定合同效力。例如，夫妻双方之间投保的人身保险在离婚之后，保险合同继续有效；依法脱离父子关系的情况也是如此。在信用保证保险方面，债务人偿还了债务之后，保险利益随之灭失。

*2. 保险利益的移转*

保险利益的转移是指在保险合同有效期间，投保人将保险利益转移给受让人，而保险合同依然有效。所有权人对自己所有的财产有保险利益，在其投保后的保险合同有效期内，所有权人如果将财产所有权转让他人，则其由于丧失了与保险标的的利益关系而失去了保险利益；新的财产所有权人在法律上被认为是自动取代原投保人的地位，保险合同继续有效，无须重新投保，对于此情况，我们称为保险利益的转移。

保险标的的保险利益会由于各种原因而发生转移。但在财产保险和人身保险中，情况有所不同。

（1）财产保险利益的转移。保险利益在保险事故发生之前，可能会因为被保险人的死亡使保险标的被继承而转移。国外大多数保险立法规定：财产保险的投保人或被保险人死亡，其继承人自动获得继承财产的保险利益，不影响保险合同的效力，保险合同继续有效。

保险利益在保险事故发生之前，可能会因为保险标的被出售而随之转让。我国《保险法》规定：保险标的转让的，被保险人或者受让人应当及时通知保险人，但货物运输保险合同和另有约定的合同除外，否则，保险合同效力终止。

保险利益在保险事故发生之前，可能会因被保险人的资金运转不灵而被债权人抵押。在财产保险中，被保险人破产，保险利益转移给破产管理人或债权人。但各国法律通常规定一个期限，在此期限内保险合同继续有效，超过这一期限，破产财产的管理人或债权人应与保险人解除保险合同。

（2）人身保险利益的转移。人身保险利益的转移通常体现在因债权债务关系而订立的合同的继承与让与上。当被保险人死亡，则不存在保险利益的转移问题。如果投保人死亡，而投保人与被保险人不是同一人，若人身保险合同为特定的人身关系而订立，如亲属关系、扶养关系等，则保险利益不能转移；若保险合同因一般利益关系而订立，如债权债务关系，被保险人的利益由投保人专属（如债务人的利益由投保人的债权人专属），则由投保人的继承人继承（如债权人的继承人继承对债务人的利益）。在人身保险中，除因债权债务关系而订立的合同可随债权一同转让外，其他的人身保险的保险利益不得因让与而转让。

**（二）保险利益的适用时限**

保险利益在保险实践中对财产保险与人身保险的适用时限有所不同。

1. 财产保险

财产保险着重强调被保险人在保险事故发生时对保险标的具有保险利益，如果投保人或被保险人在订立保险合同时具有保险利益，但在保险合同履行过程中失去了保险利益，则保险合同随之失效，保险人不承担经济赔偿责任。在新《保险法》修改之前，海上保险不要求投保人在订立保险合同时具有保险利益，只要求被保险人在保险标的遭受损失时必须具有保险利益，而对于一般财产保险则要求投保人在投保时和保险事故发生时对保险标的都具有保险利益。由于财产保险的保险目的是补偿被保险人所遭受的经济损失，因此新《保险法》对此进行了修改，即要求被保险人在保险事故发生时对保险标的应该具有保险利益。

2. 人身保险

人身保险着重强调投保人在订立保险合同时对被保险人必须具有保险利益，即只需要在合同生效时存在，保险合同生效后就不再追究投保人对被保险人的保险利益问题。这主要是因为人身保险的保险标的是被保险人的生命和身体，人身保险合同生效后，被保险人的生命或身体受到伤害，获得保险金给付利益的是被保险人或其指定的受益人，投保人不会因被保险人发生保险事故而享有领取保险金的权利。因此，在发生保险事故时，投保人是否对被保险人具有保险利益没有意义。而且，对作为受益人的投保人也有约束：依据有关规定，受益人需经被保险人同意或指定，当被保险人因受益人的故意行为而受到伤害时，受益人将丧失获得保险金的权利，由此保障了被保险人的生命安全和利益。只要在投保时具有保险利益，即使后来投保人对被保险人因离异、雇佣合同解除或其他原因而丧失保险利益，也不会影响保险合同的效力，保险人仍负有向被保险人或受益人给付保险金的责任。

**【案例4-1】**

　　李某与妻子马某于2005年协议离婚，双方约定8岁的儿子和马某一起生活，每周六儿子到李某处生活一天。后来李某与赵某再婚，由于李某的儿子活泼可爱，加上赵某不能生育，所以特别喜欢李某的儿子。赵某于2006年5月以孩子母亲的身份为孩子买了人身保险合同，约定受益人为李某。2008年6月，发生了保险事故，李某的孩子死亡。李某向保险公司提出索赔，保险公司以赵某对保险标的不具有保险利益为由，拒绝支付保险金。赵某遂将保险公司起诉到法院，诉请保险公司支付保险金。

　　问题：法院将会怎样判决？为什么？

　　资料来源：豆丁网，http://www.docin.com/。

**【案例4-2】**

　　李某与张某同为某公司业务员，2006年8月李某从公司辞职后，开始个体经营。开业之初，由于缺乏流动资金，李某向张某提出借款，愿意按高于银行的利率计息，并将自己的桑塔纳轿车作为抵押，以保证按时还款。张某觉得虽然李某没有什么可供执行的财产，但以汽车作为抵押，自己的债权较有保证，为以防万一，张某要为车辆购买保险，李某表示同意。2006年9月，双方到保险公司投保了车损险，为了方便，投保人和被保险人一栏中，都写了张某的名字。2007年初，李某驾车外出，途中因驾驶不慎发生翻车，车辆遭到严重损坏，几乎报废，李某也身受重伤。得知事故后，张某向保险公司提出了索赔，认为该车的事故属于保险责任，保险公司应当赔偿。保险公司认为尽管该车的损失属于保险责任，但是被保险车辆并非张某所有或使用的车辆，张某对于车辆没有保险利益，根据《保险法》第十二条的规定，保险合同无效，保险公司应退还李某所交的保费，不承担赔偿责任。双方各执己见，产生争议，诉至法院。

　　问题：法院将会怎样判决？为什么？

　　资料来源：中国车险网，http://www.cxfuwu.com/。

**【案例4-3】**

　　2002年5月，孙某和王某共同出资购得东风牌卡车一辆，其中孙某出资3万元，王某出资5万元。孙某负责卡车驾驶，王某负责联系业务，所得利润按双方出资比例分配。保险公司业务员赵某得知孙某购车后，多次向其推销车辆保险。在赵某多次劝说下，孙某同意投保车损险和第三者责任险。随后，保险公司向孙某签发保单，列孙某为投保人和被保险人。2002年10月，孙某驾车与他人车辆相撞，卡车全部毁损，孙某当场死亡。事发后，王某自赵某处了解到孙某曾向保险公司投保，于是与孙某家人一起向保险公司提出索赔。保险公司认为，根据保单，孙某系投保人与被保险人，保险公司只能向孙某赔付。王某非为保险合同当事人，无权要求保险公司赔偿。并且，因投保车辆属孙某与王某共有，孙某仅对其出资额部分享有保险利益，故保险公司只能赔偿孙某出资额部分款项。王某与孙某家人均表示不能接受，遂向人民法院起诉。

　　问题：法院将会怎样判决？为什么？

　　资料来源：新浪财经，http：//finance. sina. com. cn/。

【案例4-4】

　　某棉织厂某年11月投保了财产保险综合险，保险期限一年。同年12月，该厂与一家制衣厂签订了10000米涤纶棉布的购销合同，按照合同规定，制衣厂于下一年1月10日派人送来购货款，并进行货物验收，准备装车运走。当制衣厂的负责人将涤纶棉布验收并装车6100米时，天色已晚，为保证质量，该负责人决定第二天上午再验收余下的货物，已验收并装上车的货物暂交棉织厂代为看管。不料，在这天夜里，该棉织厂发生了火灾，涤纶棉布属易燃物，库内存放的35000米涤纶棉布尽皆烧毁。由于已验收的6100米涤纶棉布随车停放在仓库内，这些布匹也未能幸免于难。

　　事故发生后，保险公司立即赶往现场进行查勘，确认了事故是由于线路短路造成的，决定对损失予以赔偿。但当了解到棉织厂与制衣厂的购销合同时，对于库内车上存放的及库内的涤纶棉布的损失是否赔偿、如何赔偿，保险公司内部产生了意见分歧。

　　第一种意见认为，库内车上的6100米涤纶棉布不应赔偿，库内35000米涤纶棉布中有3900米不应赔偿，因这两部分总计10000米涤纶棉布已经售出，棉织厂对其已丧失保险利益。

　　第二种意见认为，库内车上的6100米涤纶棉布因已出库不再属于保险财产，而库内的受损涤纶棉布均为保险财产，所以库内车上的涤纶棉布不应赔偿，其他都应赔偿。

　　第三种意见认为，所有涤纶棉布都未运出厂，虽然车上的涤纶棉布已经验收出库，但仍由棉织厂看管，因此所有涤纶棉布的损失都应赔偿。

　　问题：你认为哪种意见正确？为什么？

　　资料来源：黄华明：《中外保险案例分析》，对外经济贸易大学出版社，2004年版，第92页。

# 第二节  最大诚信原则

## 一、最大诚信原则的含义

任何一项民事活动，各方当事人都应当遵循诚信原则，这是世界各国立法对民事、商事活动的基本要求。保险合同关系属于民商法律关系，自然也必须遵守诚信的原则。但是，在保险活动中对当事人诚信的要求要比一般民事活动更为严格，要求当事人具有"最大诚信"。我国《保险法》第五条规定："保险活动当事人行使权利、履行义务应当遵循诚实信用原则。"

最大诚信原则包括诚实和信用两个方面。诚实是指一方当事人对另一方当事人不得隐瞒、欺骗；信用是指任何一方当事人都必须善意地、全面地履行自己的义务。所以，最大诚信原则的基本含义是：保险双方在签订和履行保险合同时，必须以最大的诚意，履行自己应尽的义务，互不欺骗和隐瞒，恪守合同的认定与承诺，否则保险合同无效。

## 二、规定最大诚信原则的理由

为了确保保险合同的顺利履行，维护保险双方当事人的利益，必须坚持最大诚信原则，其理由有：

（1）保险事故发生及其损失程度的不确定性。由于保险事故的发生是不确定的、随机的，其损失程度也是不确定的，具有射幸性。对于保险人而言，承保风险是不确定的，保险人的费率厘定、承保条件等方面的考虑主要依赖投保人对保险标的的告知和保证，因此需要投保人坚持最大诚信原则。

（2）保险双方信息的不对称性。一方面，投保人可能利用自己更了解保险标的的危险情况，影响保险人的风险估算；另一方面，保险人也可能利用自己的专业知识优势，在缔约中给被保险人不公平的对待，损害其合法利益。

（3）保险人对保险标的的非控制性。在保险经营过程中，保险标的始终控制在投保人、被保险人手中，投保人对保险标的的价值及风险状况最为了解，保险人往往没有足够的人力、物力、财力和时间对投保人、被保险人及保险标的进行详细的调查研究，投保人的任何欺骗或隐瞒行为必然会侵害保险人的利益。

（4）保险合同的附和性。保险条款一般由保险人单方面事先拟定，属于附和性合同，具有较强的专业性和技术性，一般的投保人或被保险人不易理解和掌握。

## 三、最大诚信原则的主要内容——对投保方的基本要求

最大诚信原则是签订和履行保险合同所必须遵守的一项基本原则，坚持最大诚信原则是为了确保合同的公平，维护保险合同双方当事人的利益。对于投保方来说，最大诚信原则主要包括告知与保证。

**（一）告知**

**1. 告知的含义**

告知是指在保险合同订立前、订立时及保险合同的有效期内，双方不得隐瞒任何有关的重大事项。对投保方而言，告知是指投保方对已知和应知的危险，与标的有关的重大事项，应据实向保险方作口头或书面申报。

重要事项是指对保险人决定是否接受或以什么条件接受投保起决定作用的事实，如有关投保人和被保险人的详细情况；有关保险标的的详细情况；危险因素及危险变化、增加的情况；过去发生的损失赔付情况；曾经遭到其他保险人拒绝承保的情况等。

**2. 投保方告知的主要内容**

告知对投保方来说，就是承担如实告知义务，其包括以下五个方面：

第一，在保险合同订立时根据保险人的询问，对已知或应知的与保险标的及其危险有关的重要事项进行如实回答。我国《保险法》第十六条规定："订立保险合同，保险人就保险标的或者被保险人的有关情况提出询问的，投保人应当如实告知。"在具体的操作中，通常是保险公司让投保人首先填写投保单，在投保单上列出投保人、被保险人及保险标的等详细情况让投保人填写；或由代理人按投保单内容问询，代为填写，由投保人确认。

第二，保险合同成立后，在保险合同有效期内，保险标的的危险程度增加或减少时，应及时告知保险人。我国《保险法》第五十二条规定："在合同有效期内，保险标的的危险程度显著增加的，被保险人应当按照合同约定及时通知保险人，保险人可以按照合同约定增加保险费或者解除合同。"特别是在财产保险中，保险标的危险程度增加时的及时告知显得更为重要，有相当多的实例证实，保险公司的拒赔大多都源于此。

第三，保险标的发生转移或保险合同有关事项有变动时，投保人或被保险人应及时通知保险人，经保险人确认后可变更合同并保证合同的效力。当保险标的转让引起危险程度显著增加时，保险人对变动的确认是重要的，它表明保险公司接受变动并对由此产生的可能的保险损失承担赔偿责任。

第四，保险事故发生后投保人、被保险人或受益人应及时通知保险人。我国《保险法》第二十一条规定："投保人、被保险人或者受益人知道保险事故发生后，应当及时通知保险人。"

第五，有重复保险的投保人应将有关情况通知保险人。我国《保险法》第五十六条规定："重复保险的投保人应当将重复保险的有关情况通知各保险人。"

### 3. 投保方告知的方式

投保方的告知方式一般分为无限告知和询问回答告知。无限告知又称客观告知，是指法律或保险人对告知的内容没有明确具体规定，保险双方主体必须将所有有关保险标的的状况及重要事实或保险合同条款的含义如实告知对方。客观告知的形式对投保人的要求比较高，目前，法国、比利时以及英美法系国家的保险立法采用该种形式。询问回答告知又称主观告知，是指投保人仅就保险人对保险标的或者被保险人的有关情况提出询问如实告知，保险人未询问的，投保人无须告知。大多数国家的保险立法采用该种形式，我国也是采用此种形式进行告知。

### （二）保证

#### 1. 保证的含义

所谓保证，是指保险人在签发保险单或承担保险责任之前要求投保人或被保险人对某一事项的作为或不作为，某种事态的存在或不存在做出的承诺或确认。保证的内容属于保险合同的重要条款之一，是保险人签发保险单或承担保险责任所需的条件，是投保人或被保险人应履行的某种义务。遵守保证的目的在于控制危险，确保保险标的及其周围环境处于良好的状态之中。保证对被保险人的要求更为严格，无论违反保证的事实对危险是否重要，一旦违反，保险人即可宣告保单无效。

#### 2. 保证的种类

（1）根据保证事项是否已存在可分为确认保证与承诺保证。确认保证是指投保人或被保险人对过去或现在某一特定事实的存在或不存在的保证。确认保证是要求对过去或投保当时的事实做出如实的陈述，而不是对该事实以后的发展情况作保证。例如，投保人身保险时，投保人保证被保险人在过去和投保当时健康状况良好，但不保证今后一定如此。

承诺保证是指投保人或被保险人对将来某一事项的作为或不作为的保证，即对该事项今后的发展作保证。例如投保家庭财产保险时，投保人或被保险人保证不在家中放置危险品；投保家庭财产盗窃险时，保证家中无人时，门窗一定要关好、上锁，这些都属于承诺保证。

（2）根据保证存在的形式可分为明示保证与默示保证。明示保证是指以文字或书面的形式载明于保险合同中的约定事项或指保险合同的保证条款。明示保证以文字的规定为依据，是保证的重要形式。例如，我国机动车辆保险条款中有"被保险人必须对保险车辆妥善保管、使用、保养，使之处于正常技术状态"，即为明示保证。

默示保证一般是国际惯例所通行的准则，是习惯上或社会公认的被保险人应在保险实践中遵守的规则，而不载明于保险合同中。默示保证的内容通常是以法庭判决的结果为依据，是保险实践经验的总结。默示保证在海上保险的运用比较多，如海上保险的默示保证有三项：保险船舶必须有适航能力，即船主在投保时，保证船舶的构造、设备、驾驶管理员等都符合安全标准，适合航行；保险的船舶要按规定的或习惯的航线航行，除非因躲避暴风雨或救助他人才允许改变航道；保险的船舶保证不进行非法经营或运输违禁品。

### （三）告知与保证的关系

告知与保证都是对投保人或被保险人诚信的要求，但二者还是有区别的。对此，英国著名的大法官曼斯菲尔德是这样解释的："告知与保证不同，告知仅须实质上正确即可，而保证必须严格遵守。例如，被保险船舶保证于8月1日开航，而延迟至8月2日才解缆，这即为违反保证条款。"可见，告知强调的是诚实，对有关保险标的的重要事项如实申报；而保证则强调守信，恪守诺言，言行一致，承诺的事项与事实一致。所以，保证对投保人或被保险人的要求比告知更为严格。此外，告知的目的在于使保险人能够正确估计其所承担的危险；而保险则在于控制危险，减少危险事故的发生。

## 四、最大诚信原则的主要内容——对保险方的基本要求

对保险方来说，最大诚信原则包括告知、保证以及弃权与禁止反言。

### （一）告知

#### 1. 告知的含义

对保险方而言，告知是指保险方应主动向投保人说明保险合同条款的内容，如果保险合同中规定有关于保险人责任免除条款的，在订立保险合同时应当向投保人明确说明。

#### 2. 保险方告知的主要内容

保险人作为保险关系中的当事人，也应遵循诚信原则中对如实告知义务的要求。保险方告知的主要内容有：

第一，保险合同订立时，保险人应主动地向投保人说明保险合同条款的内容，特别是必须明确说明免责条款的内容。我国《保险法》第十七条规定："订立保险合同，采用保险人提供的格式条款的，保险人向投保人提供的投保单应当附格式条款，保险人应当向投保人说明合同的内容。""对保险合同中免除保险人责任的条款，保险人在订立合同时应当在投保单、保险单或者其他保险凭证上作出足以引起投保人注意的提示，并对该条款的内容以书面或口头形式向投保人作出明确说明；未作提示或者明确说明的，该条款不产生效力。"

第二，在保险事故发生时或保险合同约定的条件满足后，保险人应按合同约定如实履行赔偿或给付义务；若拒赔条件存在，应发送拒赔通知书。《保险法》第二十四条规定："保险人依照本法第二十三条的规定做出核定后，对不属于保险责任的，应当自做出核定之日起三日内向被保险人或者受益人发出拒绝赔偿或者拒绝给付保险金通知书，并说明理由。"

#### 3. 保险方告知的方式

保险方告知的方式分为明确列明和明确说明。

明确列明是指保险人只需将保险的主要内容明确列明在保险合同当中，即视为已告知投保人。在国际保险市场上，一般只要求保险人如此告知。

明确说明是指不仅将保险的主要内容明确列明在保险合同当中，还需对投保人进行明确提示，并加以适当、正确的解释。我国为了更好地保护被保险人的利益，要求保险人做到向投保人明确说明保险的主要条款和责任免除内容。我国《保险法》第十七条规定："订立保险合同，采用保险人提供的格式条款的，保险人向投保人提供的投保单应当附格式条款，保险人应当向投保人说明合同的内容。"

### （二）保证

对保险方而言，保证是指保险人在签发保险单后，严格遵守保险单中所承诺的保证。特别要求保险人遵守履行保险赔付责任的保证，这是保险业赖以存在的根本。我国《保险法》第二十三条中规定："对属于保险责任的，在与被保险人或者受益人达成赔偿或者给付保险金的协议后十日内，履行赔偿或给付保险金义务。保险合同对赔偿或者给付保险金的期限有约定的，保险人应当按照约定履行赔偿或者给付保险金义务。保险人未及时履行前款规定义务的，除支付保险金外，应当赔偿被保险人或者受益人因此受到的损失。"

### （三）弃权与禁止反言

从上述告知和保证的内容要求可见，虽然从理论上来说，最大诚信原则适用于保险双方当事人，但在保险实践中，更多的是体现在对投保人或被保险人的要求上。保险人由于控制着保险合同的拟定，并在保险合同中约定诸多投保人或被保险人应当履行的特定义务，以此作为承担保险责任的前提条件，所以，保险人在保险合同的履行过程中，特别是对保险合同的解除和保险赔偿金的给付方面享有十分广泛的抗辩机会。因此，为了保障被保险人的利益，限制保险人利用违反告知或保证而拒负保险责任，各国保险法一般都有弃权与禁止反言的规定，以约束保险人及其代理人的行为，平衡保险人与投保人或被保险人的权利义务关系。

#### 1. 弃权

（1）弃权的含义。弃权是指保险人明知投保人或被保险人有违反如实告知义务或未遵守保证的现象存在，因而具有解约权或抗辩权，但保险人并没有行使这项权利，保险人一旦弃权，则不得重新主张该项权利。

（2）弃权的条件。弃权一般因保险人单方面的言辞或行为而发生效力。构成保险人的弃权必须具备两个条件：一是保险人必须知道投保人或被保险人有违反告知义务或保证条款的情形，因而享有合同解除权或抗辩权。二是保险人必须有弃权的意思表示，包括明示表示和默示表示。

对于默示的意思表示，可以从保险人的行为中推断，如果保险人知道被保险人有违背约定义务的情形而做出下列行为的，一般被视为弃权或默示弃权：

第一，投保人未按期缴纳保险费，或违背其他约定的义务，保险人原本有权解除合同，但却在已知该种情形的情况下仍然收受投保人逾期交付的保险费，则证明保险人有继续维持合同的意思表示，因此，其本应享有的合同解除权或抗辩权视为放弃。

第二，被保险人违反防灾减损义务，保险人可以解除保险合同，但在已知该事实的情况下并没有解除保险合同，而是指示被保险人采取必要的防灾减损措施，该行为可视为保险人放弃合同解除权。

第三，投保人、被保险人或受益人在保险事故发生时，应于约定或法定的时间内通知保险人。但投保人、被保险人或受益人逾期通知而保险人仍接受，可视为保险人对逾期通知抗辩权的放弃。

第四，在保险合同有效期限内，保险标的危险增加，保险人有权解除合同或者请求增加保险费，当保险人请求增加保险费或者继续收取保险费时，则视为保险人放弃合同的解除权。

2. 禁止反言

（1）禁止反言的含义。

禁止反言是指保险人明知有影响保险合同效力的因素或者事实存在，却以其言辞或行为误导不知情的投保人或被保险人相信保险合同无瑕疵，并且保险人也认可或默许，则在其后保险人不得再以该因素或者事实的存在对保险合同的效力提出抗辩，即禁止保险人反言。禁止反言是以保险人欺诈或者致人误解的行为为基础的。

（2）禁止反言的适用情形。

第一，保险人明知订立的保险合同有违背条件、无效、失效或其他可解除的原因，仍然向投保人签发保险单，并收取保险费。《保险法》第十六条第六款规定："保险人在合同订立时已经知道投保人未如实告知的情况的，保险人不得解除合同；发生保险事故的，保险人应当承担赔偿或给付保险金的责任。"

第二，保险代理人就投保申请书及保险单上的条款作错误的解释，使投保人或被保险人信以为真进行投保。

第三，保险代理人代替投保人填写投保申请书时，为使投保申请内容容易被保险人接受，故意将不实的事项填入投保申请书，或隐瞒某些事项，而投保人在投保单上签名时不知其虚伪。

第四，保险人或其代理人表示已按照被保险人的请求完成应当由保险人完成的某一行为，而事实上并未实施，如保险单的批注、同意等，致使投保人或被保险人相信业已完成。

关于弃权与禁止反言在《保险法》第十六条第三款还有规定："前款规定的合同解除权，自保险人知道有解除事由之日起，超过30日不行使而消灭。自合同成立之日起超过二年的，保险人不得解除合同；发生保险事故的，保险人应当承担赔偿或者给付保险金的责任。"

从《保险法》第十六条和第三十二条可知，对于人身保险中被保险人的年龄的不实告知有弃权和禁止反言的规定，但保险人仍有更正保险合同的权利。

弃权与禁止反言的规定，可以约束保险人的行为，它要求保险人为其自身的行为及其代理人的行为负责，同时，也维护了被保险人的权益，有利于保险双方权利和义务关系的平衡。

## 五、违反最大诚信原则的法律后果

### （一）违反告知义务的法律后果

1. 投保方违反如实告知义务的法律后果

投保方违反如实告知义务有四种情况：一是漏报，由于疏忽、过失而未告知，或者对重要事项误认为不重要而未告知；二是误告，由于对重要事项认识的局限性，包括不知道、了解不全面或不准确而导致，并非故意欺骗；三是隐瞒，即投保方对会影响保险人决定是否承保，或影响承保条件的已知或应知的事项没有如实告知或仅部分告知；四是欺诈，即投保方怀有不良企图，故意作不实告知，如在未发生保险事故时却谎称发生保险事故。漏报与误告属于心理因素，而隐瞒与欺诈属于道德因素。在保险实践中，对于投保方由于心理因素和道德因素违反如实告知义务所承担的法律后果是不同的：

对于投保方因心理因素而未如实告知，当足以影响保险人决定是否同意承保或者提高保险费的，保险人有权解除保险合同；对在合同结束前发生的保险事故，保险人不承担赔偿或者给付保险金的责任，但应该退还保险费。

对于投保方因道德因素而未如实告知，有两种后果：当投保人、被保险人在发生保险事故后，编造虚假证明、资料、事故原因，夸大损失时，保险人对弄虚作假部分不承担赔付义务；未发生保险事故，却故意制造保险事故者，保险人有权解除保险合同，并不承担保险赔付责任。

（1）我国《保险法》关于解除保险合同的规定。

第十六条第二款："投保人故意或者因重大过失未履行前款规定的如实告知义务，足以影响保险人决定是否同意承保或者提高保险费率的，保险人有权解除合同。"

第二十七条第一款："未发生保险事故，被保险人或者受益人谎称发生了保险事故，向保险人提出赔偿或者给付保险金请求的，保险人有权解除合同，并不退还保险费。"

（2）我国《保险法》关于不承担赔偿或给付保险金责任的规定。

第十六条第四款："投保人故意不履行如实告知义务的，保险人对于合同解除前发生的保险事故，不承担赔偿或者给付保险金的责任，并不退还保险费。"

第二十七条第三款："保险事故发生后，投保人、被保险人或者受益人以伪造、变造的有关证明、资料或者其他证据，编造虚假的事故原因或者夸大损失程度的，保险人对其虚报的部分不承担赔偿或者给付保险金的责任。"

第五十二条第二款："被保险人未履行前款（在保险合同有效期内，保险标的的危险程度显著增加的，被保险人应当按照合同约定及时通知保险人，保险人可以按照合同约定增加保险费或者解除合同。保险人解除合同的，应当将已收取的保险费，按照合同约定扣除自保险责任开始之日起至合同解除之日止应收的部分后，退还投保人）规定的通知义务的，因保险标的的危险程度显著增加而发生的保险事故，保险人不承担赔偿保险金的责任。"

（3）我国《保险法》关于退还保险费或按比例减少保险金的规定。

第十六条第五款："投保人因重大过失未履行如实告知义务，对保险事故的发生有严重影响的，保险人对于合同解除前发生的保险事故，不承担赔偿或者给付保险金的责任，但应当退还保险费。"

第三十二条："投保人申报的被保险人年龄不真实，并且其真实年龄不符合合同约定的年龄限制的，保险人可以解除合同，并按照合同约定退还保险单的现金价值。"

"投保人申报的被保险人年龄不真实，致使投保人支付的保险费少于应付保险费的，保险人有权更正并要求投保人补交保险费，或者在给付保险金时按照实付保险费与应付保险费的比例支付。"

"投保人申报的被保险人年龄不真实，致使投保人支付的保险费多于应付保险费的，保险人应当将多收的保险费退还投保人。"

2. 保险人未履行告知义务的法律后果

对于保险人来说，我国《保险法》第十七条规定："保险合同中规定有关保险人责任免除条款的，保险人在订立合同时未履行责任免除明确说明义务的，该保险合同责任免除条款无效，即自保险合同成立时起对投保人不产生效力。"

**（二）违反保证的法律后果**

由于保险约定的保证事项均为重要事项，是订立保险合同的条件和基础，因而各国立法对投保人或被保险人遵守保证事项的要求极为严格，凡是投保人或被保险人违反保证，不论其是否有过失，亦不论是否对保险人造成损失，保险人均有权解除合同，不予承担责任。对于保证的事项，无论故意或无意违反保证义务，对保险合同的影响是相同的，无意的破坏，不能构成投保人抗辩的理由；即使违反保证的事实更有利于保险人，保险人仍可以违反保证为由使合同无效或解除合同。而且，对于破坏保证，除人寿保险外，一般不退还保险费。

与告知不同的是，保证是对某一特定事项的作为或不作为的承诺，而不是对整个保险合同的保证。因此，在某种情况下，违反保证条件只部分地损害了保险人的利益，保险人只应就违反保证部分拒绝承担保险赔偿责任。即当被保险人在何时、因何事项违反保证，保险人即从何时开始拒绝赔付并就此时此次的保证破坏额而拒绝赔付，但不一定完全解除保险合同。

保险人违反保证的法律后果也是严重的。《保险法》对保险人违反保险金赔付责任也作出了相应的法律规定，其第二十六条规定："人寿保险的被保险人或受益人向保险人请求给付保险金的诉讼时效期限为五年，人寿保险以外的诉讼时效期限为二年。"这说明保险人违反保证义务是要负法律责任的。

**【案例4-5】**

　　2006年6月22日，谢某向某保险公司购买了一份人身保险，后谢某因交通事故不幸死亡，他的家人带了相关的证明资料，到保险公司申领保险金。保险公司在查验这些单证时，发现被保险人谢某投保时所填写的年龄与其户口簿上所登记的不一致，投保单上所填写的63岁是虚假的。实际上，投保时谢某已经超出了人身保险条款规定的最高投保年龄。保险公司遂以谢某投保时虚填年龄且谢某投保时的实际年龄已超出了保险合同约定的年龄限制为理由，拒付该笔保险金，只同意扣除手续费后，向谢某家人退还谢某的保险金。谢某家人则以谢某并非故意虚报年龄，谢某不存在过错要求保险公司按照合同支付保险金。双方争执不下，谢某家人将该保险公司告上法院，要求该保险公司按照合同支付保险金。

　　问题：法院将会怎么判决？为什么？

　　资料来源：中国法院网，http://www.chinacourt.org/。

**【案例4-6】**

　　2000年5月，某公司42岁的业务主管王某因患胃癌（亲属因害怕其情绪波动，未将真实病情告诉本人）住院治疗，手术后出院，并正常参加工作。8月24日，王某经同事推荐，到保险公司投保了人寿险。王某在填写投保单时并没有申报身患癌症的事实，也没有对最近是否住过院及做过手术进行如实说明。2001年7月，王某病情加重，经医治无效死亡。王某的妻子以指定受益人的身份，到保险公司请求给付保险金。保险公司在审查提交的有关证明时，发现王某的死亡病史上，载明其曾患癌症并动过手术，于是拒绝给付保险金。王妻以丈夫不知自己患何种病并未违反告知义务为由抗辩，双方因此发生纠纷。

　　问题：你认为保险公司是否应承担给付保险金的责任？

　　资料来源：黄华明：《中外保险案例分析》，对外经济贸易大学出版社，2004年版，第84页。

**【案例4-7】**

　　某校初中学生李某在初三开学注册时向校方联系好的A保险公司投保，保险期限为一学年。初中毕业前，李某因病住院治疗。其住院费用A保险公司已给予赔付。后李某考入某校高中部学习。2004年9月，李某在入学注册时，按学校要求向该校联系的B保险公司投保，保险期限为一学年，并把保险费交由学校统一向B保险公司投保。李某交费时，学校和B保险公司均未询问李某身体健康状况和要求其体检。但在保费收据背面有注明保险免责条款，其中有带病投保不赔的内容。2005年1月，李某原病复发，共花费医药费3万元。李某向B保险公司索赔，B保险公司以李某带病投保属其免责范围为由拒赔。

问题：你认为保险公司是否应承担赔偿责任？

资料来源：中国经济网，http://www.ce.cn/。

**【案例4-8】**

某保险公司于2002年6月3日承保了某甲的机动车辆保险，在某甲尚未交付保费的前提下，业务员将保单正本和保费收据一并交给了被保险人某甲，此后多次催促某甲支付保费，某甲均以资金不足为由拖延。同年10月10日，某甲的车辆肇事，发生损毁。事后，在10月11日某甲立即向保险公司以现金方式补交了全年保费，此时，保险公司还不知道已经发生了事故，为了核销挂账的该笔应收保费，保险公司接受了此保费。随后某甲向保险公司报案，保险公司调查真相后，以某甲在发生事故前未及时交付保费为由予以拒赔，某甲不服，以保险公司已接受了其保费而未履行赔偿义务为由，向法院提起诉讼。

问题：法院将会怎么判决？为什么？

资料来源：豆丁网，http://www.docin.com/。

# 第三节　近因原则

## 一、近因原则的含义

近因，是指引起损失事故发生最根本、最有效、起决定性作用的原因，而不一定是在时间上或空间上与产生损失最近的原因。从时间上看，最初原因与最后原因都不一定是近因；从空间上看，间接原因与直接原因都不一定是近因，诱因也不一定是近因。

近因原则是指若造成保险标的损失事故发生的近因属于保险责任，则保险人承担损失赔偿责任；若近因属于除外责任，则保险人不负赔偿责任。即只有保险合同约定的风险引起保险标的发生损失时，保险人才给予保险赔付，否则，保险人不赔付。

保险标的的损害并不总是由单一原因造成的，其表现形式是多种多样的，有的是多种原因时断时续地发生。近因原则就是要求从中找出哪些属于保险责任，哪些不属于保险责任，并据此确定保险人是否进行赔偿。

## 二、规定近因原则的原因

近因原则是判断风险事故与保险标的损失之间的因果关系，从而在确定发生事故是否属于保险责任事故，是否能够获得赔偿中起着至关重要的作用，是理赔中关键性的原则之一。在保险实践中，对保险标的的损害是否进行赔偿是由损害事故发生的原因是否属于保险责任来判断的。坚持近因原则，有利于正确合理地判定损害事故的责任归属，从而有利于维护保险双方当事人的合法权益。因此，近因原则是保险理赔中必须遵循的重要原则。

## 三、近因原则的运用

在保险实践中，近因原则比较复杂，尤其是要从错综复杂的众原因中找出近因。因此，保险人通常要区分以下几种情况分别进行判定：

### （一）单一原因致损近因的判定

单一原因致损，是指造成保险标的损失的原因只有一个，这个原因就是近因。如果这一原因是保险承担的风险责任，保险人负责赔偿或者给付保险金；否则，保险人将不承担赔偿或者给付责任。例如，货物在海上运输途中遭受雨淋而受损，如果被保险人在水渍险的基础上加保淡水雨淋险，保险人应负赔偿责任；如果被保险人只投保水渍险，则保险人免责。

### （二）多种原因同时致损近因的判定

多种原因同时发生共同致损，是指多种原因之间没有或者无法区别因果关系，无法区别其在时间上的先后发生顺序，且各个原因对损害结果的产生都具有根本、有效、决定性的影响，则这多种原因都应认为是损失的近因。此时保险人是否应负赔偿责任还要视情况而定。

1. 多种原因均属保险责任

在这种情况下，保险人应在保险责任范围内全责赔付。例如，货物在海上运输途中无法判断是遭受雨淋而受损，还是遭受海水浸渍而受损，但被保险人在水渍险的基础上加保了淡水雨淋险，无论是遭受雨淋还是海水浸渍都属于保险责任，因此保险人应在保险责任范围内全责赔偿。

2. 多种原因均属于除外责任

在这种情况下，保险人不承担任何赔偿责任。例如，货物在海上运输途中无法判断是遭受雨淋而受损，还是遭受海水浸渍而受损，但被保险人既没有投保水渍险，也没有投保淡水雨淋险，无论是遭受雨淋还是海水浸渍都不属于保险责任，因此保险人不承担赔偿责任。

3. 多种原因既有保险责任又有除外责任

在这种情况下，如果保险责任与除外责任所造成的损失能够划分，保险人只对保险责任范围内所引起的损失负赔偿责任；如果保险责任与除外责任所造成的损失无法分清，则有三种主张：一是损失由保险人与被保险人平均分摊；二是保险人可以完全不负赔偿责任；三是保险人应该负完全赔偿责任。例如，货物在海上运输途中无法判断是遭受雨淋而受损，还是遭受海水浸渍而受损，且被保险人只投保了水渍险，因此遭受海水浸渍而受损的属于保险责任，而遭受雨淋的则不属于保险责任，这样在核定赔偿时就要选择依据何种主张了。

### （三）多种原因连续发生致损近因的判定

当损失发生是由一连串原因所致，且这一连串原因有前因后果的关系时，则最先发生并造成一连串事故的原因为近因。如果该近因为保险责任，保险人应负赔偿责任，否则不负责任。例如，某人对其拥有的住房投保了家庭财产保险，在一次地震中导致线路短路引起火灾，造成该住房全损。因地震是导致住房全损的根本原因，而地震又属于除外责任，所以保险公司不承担赔偿责任。

### （四）多种原因间断发生致损近因的判定

当损失发生是由一连串原因所致，但这一连串原因的因果关系有中断情形时，则其中对损失发生起根本作用的原因为近因。对其处理方法与多种原因同时致损基本相同。例如，某心脏病患者投保了人身意外伤害险后发生了交通事故并使下肢伤残，但在康复过程中，突发心脏病死亡。其中，交通事故与患心脏病没有因果关系，心脏病突发为其死亡近因，交通事故只是一个诱因，在人身意外伤害保险中，不属于保险责任范围，因此，保险人对被保险人的死亡不承担赔偿责任。但对其因交通事故造成的伤残，保险人应承担保险金的支付责任。

---

**【案例4-9】**

被保险人A，2005年单位为其投保了一年期"团体人身意外伤害保险"，保险金额5000元。2005年12月3日，A下楼时不慎摔倒，致使右手上臂肌肉破裂。后由于伤口感染，导致右肩关节结核扩散至颅内及肾，送医院治疗两个月无效死亡。事后保险公司经过调查发现，被保险人A有结核病史，且动过手术，体内存留有结核杆菌。被保险方认为，被保险人是意外摔伤，伤口感染后，才导致病源扩散，直至死亡。其死亡后果与摔伤有因果关系，是意外死亡，保险人应承担保险责任。保险人认为，被保险人死亡后果与意外摔伤并无直接必然的因果联系，属因病致死，是其体内存留的结核杆菌感染伤口，扩散至颅内及肾而死亡的。疾病死亡不属于意外保险的保险范围，所以保险人不承担保险责任。双方各执己见，产生争议，诉至法院。

问题：你认为法院会怎么判决？为什么？

资料来源：豆丁网，http://www.docin.com/。

**【案例4-10】**

王某于2001年10月向某保险公司投保了一份生死两全保险，被保险人为王某本人，受益人为其妻李某。2003年1月，王某经医院诊断为突发性精神分裂症。治疗期间，王某病情进一步恶化，终日意识模糊，狂躁不止，最终自杀身亡。妻子李某遂以被保险人因疾病死亡，要求保险公司给付死亡保险金，而保险公司则依据《保险法》第四十四条的规定，以死者系自杀身亡，且自杀行为发生在订立合同之后的两年之内为由，拒绝了李某的索赔要求，只同意退还保险单的现金价值。按照受益人的理解，疾病对于被保险人死亡而言居于决定性的地位，在整个过程中，疾病持续发挥其支配作用，且并没有其他因素介入。保险公司则认为自杀行为是导致被保险人死亡的近因，且以法律明确规定为由拒绝给付。一般认为，自杀行为是在疾病直接影响下发生的，不属于支配性因素。最终，法院支持了受益人的主张。

问题：法院的判决是否合理？为什么？

资料来源：中华会计网校，http://www.chinaacc.com/。

**【案例4-11】**

陈某之父陈光向某保险公司投保简易人身保险，合同约定疾病死亡保险金额为4000元，意外伤害死亡保险金为8000元，受益人为陈某。一天下午，陈光摔倒后伤及头部，感觉头痛，晚饭时饮酒二两，八九点时晕倒，家人将其送往医院救治。经诊断为脑出血，八天后死亡。经法医鉴定，陈光是在受伤诱因下发生脑出血及出血后饮酒加快出血量。

问题：保险公司是否应该承担给付保险金的责任？

资料来源：中华薪酬网E站，http://www.exinchou.com/。

**【案例4-12】**

2003年7月5日18时，某县城忽然阴云密布，降特大暴风雨，许多树木被吹折，多个电线杆被刮倒，以致全县发生停电。当日21时许，食品厂陈某加班后骑车回家途经一小马路时，被一横卧路面电线杆绊倒后触电，当场死亡。为此，陈妻提出县供电局应对陈某之死承担一切责任，要求其赔偿丧葬费、医疗费、抚养费等费用共计20万元。供电局代表则认为该事故与己方无关，因该事故是暴风雨意外造成的。经激烈争执，双方各不相让，于是陈某之妻将供电局告上法院。法院审理后认为，此电线杆属供电局主管，在电线杆被吹倒后长达数小时内，竟未采取任何妥善措施，以致造成陈某触电身亡事故，供电局应承担侵权责任，判决供电局赔偿陈某家属医疗费、丧葬费等 15 万元。事故发生前，供电局已投保了供电责任保险，因此供电局向保险公司提出索赔。但保险公司认为，此事故的原因是暴风雨。根据本公司的《供电责任保险条款》，暴雨等自然灾害属于除外责任。供电局认为其所管理的供电线路因自身工作过失导致了陈某的死亡，供电局投保了责任保险，保险公司应当相应承担赔偿责任。双方各执己见，产生争议，诉至法院。

问题：法院该如何判决？为什么？

资料来源：黄华明：《中外保险案例分析》，对外经济贸易大学出版社，2004 年版，第 117 页。

# 第四节　损失补偿原则

## 一、损失补偿原则的含义

经济补偿是保险的基本职能，也是保险事业的出发点和归宿点，因而损失补偿原则也是保险的重要原则。

损失补偿原则，是指保险合同生效后，如果保险标的发生保险责任范围内的损失，被保险人有权按照保险合同的约定，获得全面而充分的保险赔偿，用于弥补被保险人因其保险标的遭受损失而失去的经济利益，但被保险人不能因保险赔偿而获得额外利益。应从以下三个方面来理解损失补偿原则：

第一，损失补偿以保险责任范围内的损失发生为前提，即有损失发生才有损失赔偿，无损失则无赔偿。

第二，损失补偿以被保险人的实际损失为限，即通过保险补偿使被保险人的经济状态得到相应的恢复而不能使其获得额外的利益。被保险人的实际损失既包括有保险标的的实际损失，也包括有被保险人为防止或减少保险标的的损失所支付的必要的、合理的施救费用和诉讼费用。

第三，损失补偿的使用范围是价值补偿，像人的生命和身体这种无法用价值来衡量的损失，也就无法进行损失补偿。因此，损失补偿原则主要适用于财产保险以及其他补偿性的保险。

## 二、坚持损失补偿原则的意义

在保险实务中，坚持损失补偿原则具有重要意义：

**（一）充分发挥保险的经济补偿功能**

保险的基本功能是损失补偿，按照合同约定的责任范围和保险金额内的实际损失数额给予赔付。损失补偿原则正是该功能的体现，其有损失就赔偿而无损失不赔偿的规定和赔偿额的限定都是保险基本功能的具体反映。因此，坚持损失补偿原则维护了保险双方的正当权益：若被保险人发生保险事故所造成的经济损失不能得到补偿，则没有发挥保险的功能，而损失补偿原则保证了其正当权益的实现；对保险人而言，在合同约定条件下承担保险赔偿责任的同时，其权益也通过损失补偿的限额约定得到了保护——超过保险金额或实际损失的金额无须赔付。

**（二）充分体现了保险的宗旨**

坚持损失补偿原则就是体现保险的宗旨，即确保被保险人通过保险可以获得经济补偿，同时又防止了被保险人利用保险从中牟利，从而保证保险事业健康、有序发展。

**（三）有效地防止道德风险的发生**

由于损失补偿原则不能使被保险人获得额外利益，就会防止被保险人以取得赔款为目的故意制造损失的不良企图和行为的发生，从而保持良好的保险市场秩序和行为规范。因此，坚持损失补偿原则从客观上有利于防止道德风险的发生。

# 三、损失补偿原则的基本内容

**（一）被保险人请求损失赔偿的条件**

被保险人请求保险赔偿时必须具备以下条件：

1. 被保险人对保险标的具有保险利益

根据保险利益原则，财产保险不仅要求投保人或被保险人投保时对保险标的具有保险利益，而且要求在保险合同履行过程中，特别是保险事故发生时，被保险人对保险标的的必须具有保险利益，否则不能取得保险赔偿。

2. 被保险人遭受的损失在保险责任范围之内

这里包括两个方面：一是遭受损失的必须是保险标的；二是保险标的的损失必须是由保险的风险造成的。只有符合这两个条件，被保险人才能要求保险赔偿，否则保险人不承担赔偿责任。

3. 被保险人遭受的损失能用货币衡量

保险金赔偿是用货币进行支付的，如果被保险人遭受的损失不能用货币衡量，保险人就无法核定损失，从而也无法履行保险赔款。

**（二）保险人履行损失赔偿责任的限度**

坚持损失补偿原则，就要求保险人在履行赔偿责任时，必须把握三个限度，以保证被保险人既能补偿失去的经济利益，又不会由于保险赔款而额外受益。

1. 以实际损失为限

实际损失是指按照保险事故发生时的市场价格计量的保险事故所造成的损失额。如果补偿全额超过了实际损失，那就获得了额外利益，这不符合损失补偿原则。因此，保险人只能以实际损失为限来确定保险赔偿金额（定值保险与重置保险例外）。在通货膨胀、物价上涨等因素影响下，保险人按定值、重置或重建费用赔付时，可能出现保险赔款大于实际损失的情况。例如，某栋建筑物按实际价值 200 万元投保，因火灾遭受全损，损失当时市场房价跌落，该建筑物的市价为 160 万元，则保险人只能按市价，即实际损失赔偿被保险人 160 万元。

2. 以保险金额为限

保险金额是在签订保单时约定的保险人承担赔偿责任的最高限度，所以保险赔款不能超过保险金额，只能低于或等于而不能高于保险金额。因为保险金额是以保险人已收取的保费为条件确定的保险最高限额，超过此限额，将使保险人处于不平等的地位。即使发生通货膨胀，仍以保险金额为限。如上例，假设损失当时市场房价上涨，该建筑物市价是 220 万元，这时虽然被保险人的实际损失是 220 万元，但由于保险金额是 200 万元，所以，保险人只能以保险金额为限，赔付 200 万元。

3. 以保险利益为限

被保险人对所遭受损失的财产具有保险利益是保险人赔偿的基础与前提条件。由此，被保险人所获得的赔款也不得超过其对被损财产所具有的保险利益，否则就会获得额外利益。如在财产保险中，保险标的受损时，被保险人的财产权益若不再拥有，则被保险人对该财产的损失不具有索赔权。债权人对抵押的财产投保，当债务人全部偿还债务后，债权人对该财产不再具有保险利益，即使发生标的损失，债权人也不再对此具有索赔权。

**（三）损失赔偿方式**

1. 比例赔偿方式

所谓比例计算赔偿方式，就是保险人按照一定的比例对被保险人的保险损失进行计算赔偿金额的方式。由于保险合同类型的不同，保险人所采取的比例也具有不同的性质。通常按照定值保险与不定值保险加以区分。

（1）采用不定值保险时，按保障程度计算赔偿金额。保障程度，是指保险金额占损失当时保险标的的实际价值的比例。

$$保障程度 = 保险金额 / 损失当时保险标的的实际价值$$

此时的赔偿金额计算公式为：

$$赔偿金额 = 损失金额 \times 保障程度$$

即：

$$赔偿金额 = 损失金额 \times 保险金额 / 损失当时保险标的的实际价值$$

（2）采用定值保险时，按损失程度计算赔偿金额。损失程度，是指保险标的的受损价值占损失当时保险标的实际价值的比例。

$$损失程度 = 保险标的受损价值 / 损失当时保险标的的实际价值$$

此时的赔偿金额计算公式为：

$$赔偿金额 = 保险金额 \times 损失程度$$

即：

$$赔偿金额 = 保险金额 \times 保险标的的受损价值 / 损失当时保险标的的实际价值$$

2. 限额赔偿方式

限额赔偿方式，又称第一损失赔偿，是指保险人在承保时把责任或损失分为两部分：第一部分是小于或等于保险金额的损失；第二部分是大于保险金额的损失，也称第二损失。保险人仅对第一部分的损失承担赔偿责任，第二损失不在保险责任范围内，应由被保险人自己负责。

3. 免赔额赔偿方式

在订立保险合同时，当事人双方约定一个免赔额（有时为成本）作为赔偿的一个条件，保险人仅负责赔偿实际损失超过免赔额以上的那部分，这便是免赔额赔偿方式。这种方式多用于农作物保险。

## 四、损失补偿原则的适用范围

损失补偿原则只适用于具有补偿性的保险合同，如财产保险和人身保险中的医疗费用保险，而对于给付性的人身保险则不适用。

由于人身保险的保险标的是无法估价的人的生命或身体机能，其保险利益也是无法估价的。被保险人发生伤残、死亡等事件，给其本人及家庭所带来的经济损失和精神上的痛苦都不是保险金所能弥补得了的，保险金只能在一定程度上帮助被保险人及其家庭缓解由于保险事故的发生而带来的经济困难，帮助其摆脱困境，给予精神上的安慰。所以，人身保险合同不是补偿性合同，而是给付性合同，保险金额是根据被保险人的需要和支付保险费的能力来确定的。当保险事故或保险事件发生时，保险人按双方事先约定的金额给付。所以，损失补偿原则不适用于人身保险。

## 五、损失补偿原则在财产保险实务中的例外

损失补偿原则虽然是保险的一项基本原则，但在保险实务中有一些例外的情况。

### （一）定值保险

所谓定值保险，是指保险合同双方当事人在订立保险合同时，约定保险标的的保险价值，并以此确定为保险金额，视为足额投保。当保险事故发生时，保险人不论保险标的的损失当时的市价如何，即不论保险标的的实际价值大于或小于保险金额，均按损失程度十足赔付。其计算公式为：

$$保险赔款 = 保险金额 \times 损失程度（\%）$$

在这种情况下，保险赔款可能超过实际损失，如市价跌落，则保险金额可能大于保险标的的实际价值。因此，定值保险是损失补偿原则的特例。海洋运输货物保险通常采用定值保险的方式，这是因为运输货物出险地点不固定，各地的市价也不一样，如果按照损失当时的市价确定损失，不仅比较麻烦，而且容易引起纠纷，故采用定值保险的方式。

### （二）重置保险

重置保险是指以被保险人重置或重建保险标的所需费用或成本确定保险金额的保险。一般财产保险是按保险标的的实际价值投保，发生损失时按实际损失赔付，使受损的财产恢复到原来的状态，由此恢复被保险人失去的经济利益。但是由于通货膨胀、物价上涨等因素，有些财产（如建筑物或机器设备）即使按实际价值足额投保，当财产受损后，保险赔款也不足以进行重置或重建。为了满足被保险人对受损财产进行重置或重建的需要，在特定情况下，保险人允许投保人按超过保险标的实际价值的重置或重建价值投保，发生损失时按重置费用或成本赔付。这样就可能出现保险赔款超过实际损失金额的情况。所以，重置保险也是损失补偿原则的例外。

### （三）施救费用的赔偿

保险合同通常规定，保险事故发生后，被保险人有义务积极进行施救，防止保险标的的损失扩大。被保险人抢救保险标的所支出的合理费用由保险人负责赔偿。我国《保险法》第五十七条规定："保险事故发生时，被保险人应当尽力采取必要的措施，防止或者减少损失。保险事故发生后，被保险人为防止或者减少保险标的的损失所支付的必要的、合理的费用，由保险人承担；保险人所承担的费用数额在保险标的损失赔偿金额以外另行计算，最高不超过保险金额的数额。"这样保险人实际上承担了两个保险金额的补偿责任，显然扩展了损失补偿的范围与额度，这也是损失补偿原则的例外（但这种情况，被保险人并不能获得额外利益）。这主要是为了鼓励被保险人积极抢救保险标的，减少社会财富的损失。

【案例4-13】

某企业投保企业财产险，一台属于保险标的的机床在火灾中被烧毁，火灾属于合同约定的保险责任。该台机床投保时按其市场价格确定的保险金额为5万元，在发生保险事故时的市场价为3万元，企业以为保险公司会赔偿它们5万元，可是保险公司只赔偿了3万元。

问题：保险公司赔偿3万元是否合理？为什么？

资料来源：法律快车，http://www.lawtime.cn/。

【案例4-14】

2000年3月7日，李某与湖北省襄樊市襄城区某保险公司签订了一份人身保险合同，主险为某保险公司《康泰终身保险》，附加险为《住院医疗、安心、意外伤害及意外医疗》，年保费为2700余元。2001年、2002年李某均按时办理了续保手续，缴纳了保险费，合同有效期至2003年3月7日。2003年2月12日，李某因上呼吸道感染住院，花去医疗费1800余元，其中以现金支付979元，社会医疗统筹支付824元。出院后李某要求保险公司按照保险合同给付保险金。

3 月 19 日，某保险公司进行了理赔，但在理赔款中减去了"医保"支付的 824 元，其理由是该笔费用不是李某实际支付的。为此，双方发生纠纷，诉至法院。

　　问题：法院该如何判决？为什么？

　　资料来源：圈中人，http://www.qzr.cn/。

## 【案例 4-15】

　　某面粉厂于 1996 年 3 月 11 日与保险公司签订了保险合同，为刘某等 36 个一线工人投保了团体人身意外伤害保险，保险金额为每人 20000 元，保险期限为一年，保险费已于 3 月 11 日一次性缴清。1996 年 10 月 4 日，刘某在上班途中横穿马路时被公共汽车撞倒，经抢救无效，于 1996 年 10 月 6 日死亡，共用去抢救费用 80000 元。事故经交警勘查、鉴定，车祸事故的责任在于公共汽车司机违章驾车。公共汽车司机全额支付了刘某的抢救费用，并给付丧葬费和抚恤金共10000 元。事故处理完后，刘某之子刘甲持保险凭证及有关单证向保险公司索赔，要求保险公司给付其父因车祸死亡的保险金 20000 元。保险公司经调查核实，认为刘某因车祸死亡属于保险责任范围内的保险事故，保险公司本来应该付刘甲保险金 20000 元，但因车祸的责任在于公共汽车公司，既然公共汽车公司已经赔偿 18000 元，那么保险公司应只赔偿保险金与公共汽车公司赔偿数额的差额。保险公司决定只给付刘甲保险金 2000 元，刘甲不同意，向人民法院提起诉讼。

　　问题：法院该如何判决？为什么？

　　资料来源：黄华明：《中外保险案例分析》，对外经济贸易大学出版社，2004 年版，第 108 页。

## 【案例 4-16】

　　2003 年 2 月，宋某将自己一间两层木质结构的老屋以 4 万元的保险金额向保险公司投保，保险期限为一年。保险单正面注明："本公司收到上述保险费，同意按照背面所载家庭财产保险条款的规定承担责任。"保险单背面保险金额项中规定："由被保险人根据保险财产实际价值自行确定，保险方不负核实责任。"赔偿处理项中规定："保险财产遭受责任范围内的损失时，本公司根据保险财产的实际损失，并按照当天的实际价值计算赔偿，但最高赔偿不超过保险金额。"宋某接受了保险单上的上述条款，与保险公司订立了保险合同。

　　合同订立后的同年 9 月 5 日，因宋家发生火灾，宋某投保房屋全部烧毁。出险后，保险公司确定受损房屋的建筑面积为 91 平方米，根据当地同类房屋造价、折旧价、市场交易价综合分析，确定按每平方米 300 元的价格赔偿宋某，共计 2.73 万元。宋某认为，自己投保 4 万元，应赔 4 万元。双方争执不下，宋某于同年 12 月 20 日向人民法院起诉。

　　问题：法院该如何判决？为什么？

資料来源：张虹、陈迪红：《保险学教程》，中国金融出版社，2005 年第 1 版，第 123 页。

# 第五节　损失补偿原则的派生原则

## 一、代位追偿原则

### （一）代位追偿原则的含义

代位追偿原则是损失补偿原则的派生原则。代位是指保险人履行损失赔偿后，取代投保人或被保险人而获得追偿权或对保险标的的所有权。

代位追偿原则是指在财产保险中，保险标的发生保险事故造成推定全损，或者保险标的由于第三者责任导致保险损失，保险人按照保险合同约定履行赔偿责任后，依法取得对保险标的的所有权或对保险标的损失负有责任的第三者的追偿权。其中，所谓推定全损，是指保险标的遭受保险事故虽尚未达到完全损毁或完全灭失的状态，但实际全损已不可避免；或者修复或施救费用将超过保险价值；或者失踪达到法定时间，按照全损处理的一种推定性损失。

### （二）代位追偿的意义

遵守代位追偿原则的意义在于：

（1）可以防止被保险人由于保险事故的发生而获得超额赔偿。当保险标的发生的保险损失是由第三者的责任造成时，被保险人既有权依法向造成损害的第三者请求赔偿，又有权依据保险合同向保险人请求赔偿。如果被保险人同时行使这两项损害赔偿请求权，就使其同一损失获得了多于实际损失甚至双重的赔偿，也就违背了损失补偿的原则。

（2）可以维护社会公共利益，保障公民、法人的合法权益不受侵害。社会公共利益要求致害人应对受害人承担经济赔偿责任，如果致害人因受害人享受保险赔偿而免除赔偿责任，这不仅使得致害人通过受害人与保险人订立保险合同而获益，而且损害保险人的利益，这不符合社会公平的原则。

（3）有利于被保险人及时获得经济补偿。现实中，由第三者赔偿往往使被保险人得不到及时补偿，而保险人对被保险人的赔偿时限在法律上则有明确的规定。如我国《保险法》第二十三条规定："保险人收到被保险人或者受益人的赔偿或者给付保险金的请求后，应当及时作出核定。""对属于保险责任的，在与被保险人或者受益人达成赔偿或者给付保险金的协议后 10 日内，履行赔偿或者给付保险金义务。"

总之，坚持代位追偿原则，既可以使被保险人得到充分、及时的赔付，同时也使致害人不可逃避应承担的民事赔偿责任，有效地维护保险双方当事人的合法利益。

代位追偿原则的主要内容包括权利代位和物上代位。

**（三）权利代位**

权利代位即追偿权的代位，是指在财产保险中，保险标的由于第三者责任导致保险损失，保险人向被保险人支付保险赔款后，依法取得对第三者的索赔权。我国《保险法》第六十条第一款规定："因第三者对保险标的的损害而造成保险事故的，保险人自向被保险人赔偿保险金之日起，在赔偿金额范围内代位行使被保险人对第三者请求赔偿的权利。"

在财产保险中，当保险标的发生损失，既属于保险责任，又属于第三者负有经济赔偿责任时，被保险人有权向保险人请求赔偿，也可以向第三者责任方请求赔偿。如果被保险人已从责任方取得全部赔偿，保险人可免去赔偿责任；如果被保险人从责任方取得部分赔偿，保险人在支付赔偿金时，可以相应扣减被保险人从第三者已取得的赔偿。如果被保险人首先向保险人提出索赔，保险人应当按照保险合同的规定支付保险赔款，被保险人取得保险赔款后，应将向第三者责任方追偿的权利转移给保险人，由保险人代位行使向第三者追偿的权利。被保险人不能同时取得保险人和第三者的赔款而获得双重或多于保险标的的实际损害的补偿。

1. 权利代位产生的条件

（1）损害事故发生的原因，受损的标的，都属于保险责任范围。只有保险责任范围内的事故造成保险标的的损失时，保险人才负责赔偿，否则，保险人无须承担赔偿责任。受害人只能向有关责任方索赔或自己承担损失，与保险人无关，也就不存在保险人代位追偿的问题。

（2）保险事故的发生是由第三者的责任造成的，肇事方依法应对被保险人承担民事损害赔偿责任，这样被保险人才有权向第三者请求赔偿，并在取得保险赔款后将向第三者请求赔偿权转移给保险人，由保险人代位追偿。

（3）保险人按合同的规定对被保险人履行赔偿义务之后，才有权取得代位追偿权。因为代位追偿权是债权的转移，在债转移之前是被保险人与第三者之间特定的债的关系，与保险人没有直接的法律关系。保险人只有依照保险合同的规定向被保险人给付保险赔偿金以后，才依法取得对第三者请求赔偿的权利。

2. 保险人在代位追偿中的权益范围

保险人在代位追偿中享有的权益以其对被保险人赔付的金额为限，如果保险人从第三者责任方追偿的金额大于其对被保险人的赔偿，则超过的部分应归被保险人所有。这是由于保险代位追偿的目的在于防止被保险人取得双重赔款而获得额外的利益，从而保障保险人的利益。同样地，保险人也不能通过行使代位追偿权而获得额外的利益，损害被保险人的利益。

当第三者造成的损失大于被保险人支付的赔偿金额时，被保险人有权就未取得赔偿部分对第三者请求赔偿。例如，我国《保险法》第六十条第三款规定："保险人依照本条第一款规定行使代位请求赔偿的权利，不影响被保险人就未取得赔偿的部分向第三者请求赔偿的权利。"

### 3. 保险人取得代位追偿权的方式

一般地，保险人可以通过两种方式取得代位追偿权：一是法定方式，即权益的取得无须经过任何人的确认；二是约定方式，即权益的取得必须经过当事人的磋商、确认。根据我国《保险法》第六十条的规定，保险人代位追偿权的取得是采用法定方式，保险人自向被保险人赔偿保险金之日起，在赔偿金额范围内代位行使被保险人对第三者请求赔偿的权利，而无须经过被保险人的确认。但是在实践中，保险人支付保险赔款后，通常要求被保险人出具"权益转让书"。从法律规定上看，"权益转让书"并非权益转移的要件，所以，被保险人是否出具"权益转让书"并不影响保险人取得代位追偿权。但这一文件能起到确认保险赔款时间和赔偿金额，同时确认保险取得代位追偿权的时间和向第三者追偿所能获得的最高赔偿的作用。

虽然保险人支付保险赔款后即依法取得代位追偿权，但由于代位追偿权是被保险人转移其债权的结果，因此，被保险人与第三者之间债的关系如何，对保险人能否顺利履行和实现其代位追偿权是至关重要的。所以，法律对被保险人放弃对第三者的请求赔偿权所应承担的责任作了规定。我国《保险法》第六十一条规定："保险事故发生后，保险人未赔偿保险金之前，被保险人放弃对第三者请求赔偿的权利的，保险人不承担赔偿保险金的责任。"

保险人向被保险人赔偿保险金后，被保险人未经保险人的同意放弃对第三者请求赔偿的权利的，该行为无效。

由于被保险人的过错致使保险人不能行使代位请求赔偿的权利的，保险人可以相应扣减保险赔偿金。

被保险人不得弃权或因过失而侵害保险人代位追偿的权益，同时还负有协助保险人向第三者追偿的义务，包括提供必要的文件和其所知道的有关情况。

### 4. 代位追偿的对象及其限制

保险人代位追偿的对象为对保险事故的发生及保险标的的损失负有民事赔偿责任的第三者，它既可以是自然人，也可以是法人。通常保险人在如下情况下，赔偿被保险人损失后，依法取得对第三者的代位追偿权：

（1）第三者对被保险人的侵权行为，导致保险标的遭受保险损失，依法应承担损害赔偿责任。所谓侵权行为是指："因作为或不作为而不法侵害他人财产或人身权利的行为。"根据我国《民法通则》第一百零六条第二、三款规定："公民、法人由于过错侵害国家的、集体的财产，侵害他人财产、人身的，应当承担民事责任。""没有过错，但法律规定应当承担民事责任的，应当承担民事责任。"而民事责任是以经济利益为特点，即受害人所遭受的经济损失要由致害人给予补偿。所以，第三者应对其侵权行为导致的保险标的的损失承担赔偿责任。例如，第三者违章行驶，造成交通事故，导致被保险人投保车辆的损失，依法应对被保险人承担侵权的民事损害赔偿责任；因产品质量不合格，造成保险标的的损失，产品的制造商、销售商应对被保险人承担侵权的民事损害赔偿责任。

（2）第三者不履行合同规定的义务，造成保险标的的损失，根据合同的约定，第三者应对保险标的的损失承担赔偿责任。如在货物运输保险中，由于承运人野蛮装卸，造成运输货物的损毁，根据运输合同的规定，承运人应对被保险人承担损害赔偿责任。

（3）第三者不当得利行为，造成保险标的的损失，依法应承担赔偿责任。如第三者盗窃行为，非法占有保险标的，造成被保险人的损失，根据法律，如果案件破获，应当向第三者即窃贼进行追偿。

（4）其他依据法律规定，第三者应承担的赔偿责任。如共同海损的受益人对共同海损负有分摊损失的责任。

对于代位追偿的对象，许多国家的立法都有所限制。我国《保险法》第六十二条规定："除被保险人的家庭成员或者其组成人员故意造成本法第六十条第一款规定的保险事故外，保险人不得对被保险人的家庭成员或者其组成人员行使代位请求赔偿的权利。"这是因为被保险人的家庭成员或者其组成人员（如职工）往往与被保险人具有一致的利益，即他们的利益受损，被保险人的利益也同样遭受损失；他们的利益得到保护，实质上也就是保护被保险人的利益。如果保险人对被保险人先行赔偿，而后向被保险人的家庭成员或其组成人员追偿损失，则无异于又向被保险人索还，被保险人的损失将得不到真正的补偿。因此，保险人不得向被保险人的家庭成员或其组成人员行使代位求偿权，除非他们故意造成保险事故的发生。

**（四）物上代位**

物上代位是指保险标的遭受保险责任范围内的损失，保险人按保险金额全数赔付后，依法取得该项标的的所有权。

*1. 物上代位产生的基础*

物上代位通常产生于对保险标的作推定全损的处理。由于推定全损是保险标的并未完全损毁或灭失，即还有残值，而失踪可能是被他人非法占有并非物质上的灭失，日后或许能够得到索还，所以保险人在按全损支付保险赔款后，理应取得保险标的的所有权，否则被保险人就可能由此而获得额外的利益。

*2. 物上代位权的取得*

保险人获得物上代位权主要是通过委付。所谓委付是指保险标的发生推定全损时，投保人或被保险人将保险标的的一切权益转移给保险人，而请求保险人按保险金额全数赔付的行为。委付是一种放弃物权的法律行为，在海上保险中经常采用。委付的成立必须具备一定的条件：

（1）委付必须由被保险人向保险人提出。我国《海商法》第二百四十九条第一款规定："保险标的发生推定全损，被保险人要求保险人不接受委付，但是应当在合理的时间内将接受委付或者不接受委付的决定通知被保险人。"委付通知是被保险人向保险人做推定全损索赔之前必须提交的文件，被保险人不向保险人提出委付，保险人对受损的保险标的只能按部分损失处理。委付通知通常采用书面的形式。

（2）委付应就保险标的的全部。由于保险标的的不可分性，委付也具有不可分性，所以委付应就保险标的的全部而为。如果仅委付保险标的的一部分，而其余部分不委付，则容易产生纠纷。但如果保险标的是由独立可分的部分组成，其中只有一部分具备委付条件，可仅就该部分保险标的请求委付。

（3）委付不得附有条件。我国《海商法》第二百四十九条第二款明确规定："委付不得附带任何条件。"例如，船舶失踪而被推定全损，被保险人请求委付，但不得要求日后如船舶被寻回，将返还其受领的赔偿金而取回该船。因为这会增加保险合同双方关系的复杂性，从而增加保险人与被保险人之间的纠纷。

（4）委付必须经过保险人的同意。被保险人向保险人发出的委付通知，必须经保险人的同意才能生效。保险人可以接受委付，也可以不接受委付。因为委付不仅将保险标的的一切权益转移给保险人，同时也将被保险人对保险标的的所有义务一起转移给保险人。我国《海商法》第二百五十条规定："保险人接受委付的，被保险人对委付财产的全部权利和义务转移给保险人。"所以，保险人在接受委付之前必须慎重考虑，权衡利弊，即受损保险标的的残值是否能大于将要因此而承担的各种义务和责任风险所产生的经济损失，不能贸然从事。如船舶因沉没而推定全损，被保险人提出委付，保险人要考虑打捞沉船所能获得的利益是否大于打捞沉船以及由此而产生的各项费用支出。

被保险人提出委付后，保险人应当在合理的时间内将接受委付或不接受委付的决定通知被保险人。如果超过合理的时间，保险人对是否接受委付仍然保持沉默，应视作不接受委付，但被保险人的索赔权利并不因保险人不接受委付而受影响。在保险人未做出接受委付的意思表示以前，被保险人可以随时撤回委付通知。但保险人一经接受委付，委付即告成立，双方都不能撤销，保险人必须以全损赔付被保险人，同时取得保险标的物的代位权，包括标的物上的权利和义务。

3. 保险人在物上代位中的权益范围

由于保险标的的保障程度不同，保险人在物上代位中所享有的权益也有所不同。我国《保险法》第五十九条规定："保险事故发生后，保险人已支付了全部保险金额，并且保险金额等于保险价值的，受损保险标的的全部权利归于保险人；保险金额低于保险价值的，保险人按照保险金额与保险价值的比例取得受损保险标的的部分权利。"也就是在足额保险中，保险人按保险金额支付保险赔偿金后，即取得对保险标的的一切权利，包括被保险人放弃的保险标的所有权和对保险标的的处分权。在这种情况下，由于保险标的的所有权已经转移给保险人，保险人在处理标的物时所获得的利益如果超过所支付的赔偿金额，超过的部分归保险人所有。此外，若对第三者提出损害赔偿请求权，索赔金额超过其支付的保险赔款金额，超过部分也同样归保险人所有，而在权利代位中，保险人只获得保险金额内的追偿权。在不足额保险中，保险人只能按照保险金额与保险价值的比例取得受损标的的部分权利。由于保险标的的不可分性，所以保险人在依法取得受损保险标的的部分权利后，通常将该部分权利作价折给被保险人，并在保险赔偿金中作相应的扣除。

### (五) 代位追偿原则不适用于人身保险

代位追偿原则是损失补偿原则的派生原则，是对损失补偿原则的补充和完善，所以代位追偿原则与损失补偿原则一样只适用于各种财产保险，而不适用于人身保险。我国《保险法》第四十六条规定："人身保险的被保险人因第三者的行为而发生死亡、伤残或者疾病等保险事故的，保险人向被保险人或者受益人给付保险金后，不享有向第三者追偿的权利，但被保险人或者受益人仍有权向第三者请求赔偿。"因为人身保险的保险标的是无法估价的人的生命和身体机能，因而不存在由于第三者的赔偿而使被保险人或受益人获得额外利益的问题，所以，如果发生第三者侵权行为导致人身伤害的情况，被保险人可以获得多方面的赔偿而无须权益转让，保险人也无权代位追偿。

## 二、重复保险的分摊原则

### (一) 重复保险的含义

重复保险是指投保人对同一保险标的、同一保险利益、同一保险事故分别与两个以上保险人订立保险合同，且保险金额总和超过保险价值的保险。具体地说，重复保险必须具备下列条件：

1. 同一保险标的

重复保险要求以同一保险标的进行保险，保险标的若不相同，则不存在重复保险的问题。

2. 同一保险利益

所谓同一保险利益，含有同一被保险人之意味，如被保险人不同，则不存在重复保险的问题。例如，对同一辆汽车，甲以所有人的利益投保车损险，乙以抵押权人的利益也投保车损险，甲、乙的保险利益不相同，两人对同一辆汽车的保险不能称为重复保险。

3. 同一保险期间

如果是同一保险标的及同一保险利益，但保险期间不同，也无重复保险问题。例如，保险合同期满又办理续保，这不构成重复保险。但保险期间的重复，并不以全部期间重复为必要，其中部分期间重复，即保险期限有重叠也可构成重复保险。

4. 同一保险危险

如果以同一保险标的及同一保险利益同时投保不同的危险，也不构成重复保险。例如，同一家庭财产可同时投保火灾保险和盗窃险。

5. 与数个保险人订立数个保险合同，且保险金额总和超过保险价值

如果只与一个保险人订立一个保险合同，且保险金额总和超过保险价值，称为超额保险。而与数个保险人订立数个保险合同，但保险金额总和不超过保险价值，则为复合保险。只有既与数个保险人订立数个保险合同，又使保险金额总和超过保险价值，才构成重复保险。

### (二) 重复保险分摊原则的含义

重复保险分摊原则也是损失补偿原则的派生原则。重复保险分摊原则是指在重复保

险的情况下，当保险事故发生时，各保险人应采取适当的分摊方式分配赔偿责任，使被保险人既能得到充分的补偿，又不会超过其实际损失而获得额外的利益。

由于重复保险是投保人以同一保险标的，同一保险利益，同时向两个以上的保险人投保同一种危险，且保险金额总和超过保险标的的价值，这就有可能使得被保险人在保险事故发生时，就同一标的的损失从不同保险人处获得超额赔款，这就违背了损失补偿原则的要求。为了防止被保险人由于重复保险而获得额外的利益，确立了重复保险分摊原则，由各保险人按相应的责任，共同公平地分摊损失赔款，使被保险人所获得赔款总额与其实际损失相等。可见，重复保险分摊原则也是由损失补偿原则派生的，是损失补偿原则的补充和体现，同样也只适用于财产保险补偿性保险合同，不适用于人身保险。

重复保险原则上是不允许的，但事实上却是存在着的。其原因通常是由于投保人或被保险人的疏忽，或者为求得更多的安全感，当然也有为谋取超额赔款而故意进行重复保险。对于重复保险，各国保险立法都规定，投保人有义务将重复保险的有关情况告知保险人。我国《保险法》第五十六条规定："重复保险的投保人应当将重复保险的有关情况通知各保险人。"投保人不履行该项义务，其后果与违反告知义务相似，保险人有权解除保险合同或不承担赔偿责任。

### （三）重复保险的分摊方式

在重复保险下，保险人分摊损失的方式主要包括比例责任分摊、限额责任分摊和顺序责任分摊三种方式。

#### 1. 比例责任分摊方式

比例责任分摊方式是指各保险人按其所承保的保险金额占保险金额总和的比例分摊保险事故造成的损失。其计算公式为：

各保险人承担的赔偿＝损失金额×该保险人承保的保险金额/各保险人承保的保险金额总和

例如：某公司以其价值 200 万元的设备，分别向 A、B、C 三家财产保险公司投保，三家保险公司承保的金额分别为 80 万元、120 万元、200 万元，此即为重复保险。假定在此保险有效期内，设备遭受火灾损失 160 万元，则 A、B、C 三家财产保险公司如何分摊赔偿责任？

采用比例责任分摊方式：

$$A 保险公司承担的赔款＝160×80/400＝32 （万元）$$
$$B 保险公司承担的赔款＝160×120/400＝48 （万元）$$
$$C 保险公司承担的赔款＝160×200/400＝80 （万元）$$

即三家保险公司各承担 32 万元、48 万元、80 万元，赔付总额为 160 万元，正好等于被保险人的实际损失。比例责任分摊方式在各国保险实务中运用比较多，我国《保险法》第五十六条第二款规定："重复保险的各保险人赔偿保险金的总和不得超过保险价值。除合同另有约定外，各保险人按照其保险金额与保险金额总和的比例承担赔偿保险金的责任。"

#### 2. 限额责任分摊方式

限额责任分摊方式是以在没有重复保险的情况下，各保险人依其承保的保险金额而应负的赔偿限额与各保险人应负赔偿限额总和的比例承担损失赔偿责任。其计算公式为：

各保险人承担的赔款=损失金额×该保险人的赔偿限额/各保险人赔偿限额总和

如上例，在没有重复保险的情况下，A保险公司应承担80万元的赔偿责任，B保险公司应承担120万元的赔偿责任，C保险公司应承担160万元的赔偿责任。现按照限额责任分摊方式计算：

A保险公司承担的赔款=160×80/360=35.6（万元）

B保险公司承担的赔款=160×120/360=53.3（万元）

C保险公司承担的赔款=160×160/360=71.1（万元）

即A保险公司承担赔款35.6万元，B保险公司承担赔款53.3万元，C保险公司承担赔款71.1万元，三家保险公司赔款总和也是160万元。限额责任分摊方式与比例分摊方式的共同点是各保险人都是按照一定的比例分摊赔款责任；二者的区别是计算分摊比例的基础不同，前者以赔偿责任为计算基础，后者则是以保险金额为计算基础。

3. 顺序责任分摊方式

正顺序责任分摊方式即由先出单的保险人首先负责赔偿，后出单的保险人只有在承保的标的损失超过前一保险人承保的保额时，才依次承担超过的部分。

仍以上例为例，采用顺序责任分摊方式，先出单的A保险公司应承担赔款80万元，后出单的B保险公司则承担剩下的赔偿责任80万元，而C保险公司则不必承担赔偿责任。假定设备全部被烧毁，即损失200万元，则由A保险公司先赔偿80万元，B保险公司再承担超过A保险公司承保保额120万元部分的损失，而C保险公司则不必承担赔偿责任。这样，三家保险公司的赔偿总额为200万元，正好等于被保险人的实际损失，使得被保险人既能够得到充分的补偿，又不能通过重复保险而获得额外的利益。

显然，这种顺序责任分担方式是极不合理的，最后加入承保的C保险公司造成了重复保险，它收取了保费，相反地却没有赔付。因此，一个较合适的分摊方式应该是反顺序分摊方式。本例中先由最后出单的C保险公司赔付，因它的保险金是200万元，应该赔付全部损失160万元，而A、B两保险公司就不必赔付了。总的来讲，正、反顺序分摊方式都是不合理的，因而在实务中基本没有这种分摊方式。

---

【案例4-17】

2006年11月5日17时左右，杜某驾驶其所有的车牌号为川××××××的灰色长安SC6371车到某大酒店消费。杜某将该车交由该酒店所属的停车场保管，发放了停车牌。次日凌晨1时许，杜某消费完毕到停车场取车时，发现自己的车辆丢失，遂向成都市公安局金牛区分局白果林派出所报案，并于11月6日登报声明该车被盗。该车在某保险公司投保了车损险，保险公司按照条款约定向其进行了赔付，之后以杜某的名义起诉该酒店，认为酒店方未尽到保管合同义务，造成杜某车辆被盗，应赔偿车辆被盗的经济损失47485元。

问题：保险公司的这种请求是否合理？为什么？

资料来源：天涯社区，http://www.tianya.cn/。

【案例 4-18】

从事油料运输的个体运输户刘某，将其自购的油罐车向当地某保险公司投保了车损险和第三者责任险。在保险期限内，刘某在运输过程中与一大货车相撞，造成油罐车罐体泄漏起火，两车均被烧毁。交警部门认定，大货车方的驾驶员应负该起事故的全部责任，并调解由大货车方承担刘某在事故中的全部损失。但在事故的调解结束后，大货车的车主明确表示，自己既无可供赔偿的财产也没有参加保险，因此无力对刘某赔偿。刘某在向对方索赔无果的情况下，将对方起诉至人民法院，并向保险公司提出了赔偿请求。保险公司在对案情进行了充分了解后，表示将赔偿刘某车辆的损失，但要扣除 20% 的免赔额。刘某对此提出异议，认为自己在事故中并无责任，保险公司扣免赔的做法是没有依据的。双方亦由此产生了纠纷。

问题：你觉得保险公司该如何赔偿？

资料来源：110 资料库，http：//www.110.com/ziliao/。

【案例 4-19】

2000 年 3 月，曾某向其所在地 A 保险公司投保了家庭财产险及附加盗窃险，保险金额为 4000 元，保险期限自 2000 年 3 月 5 日零时至 2001 年 3 月 4 日 24 时。合同约定，如有重复保险，采用顺序责任赔偿。不久，曾某任职的公司又用福利基金为全体员工在本地 B 保险公司也投保了家庭财产险及附加盗窃险。曾某财产保额为 5000 元，保险期限从 2000 年 4 月 3 日零时至 2001 年 4 月 2 日 24 时。2001 年 3 月 2 日，曾某家中被盗，曾某发现后立即向当地公安机关报案并于 24 小时内通知了保险公司。经勘查发现：曾某家门锁被撬开，丢失下列物品：录像机、收录机各 1 台，人民币现金 400 元；金项链 1 条，停放在楼下公用楼道内的自行车 1 辆。共计损失达 8000 元。3 个月后，公安机关尚未破案，曾某遂向两家保险公司分别提出索赔。

问题：两家保险公司该如何进行赔偿？

资料来源：张虹、陈迪红：《保险学教程》，中国金融出版社，2005 年第 1 版，第 135 页。

【案例 4-20】

2007 年 9 月 1 日，夏某在 A 小学报名时，A 人寿保险公司业务员向夏某开具了"学生综合保障计划"保险单。1 个月后，夏某转学至 B 小学，B 人寿保险公司的业务员向夏某开具了"国寿学生、幼儿平安保险"。当年 5 月 14 日，夏某在上述保险期间内因病住院治疗，支出医疗费 7 万余元，B 人寿保险公司依照合同赔付了住院医疗保险金5万余元。

当夏某要求A人寿保险公司按保险合同承担保险责任时，A人寿保险公司以夏某不应重复理赔为由拒绝赔偿。为此，夏某向法院提起诉讼。法院审理后认为，人身保险合同并未禁止重复保险，因此，A人寿保险公司"重复保险不应理赔"的辩解主张不予采纳，遂判决A人寿保险公司支付夏某医疗保险金4万余元。

问题：法院的判决正确吗？为什么？

资料来源：中国金融网，http：//www.zgjrw.com/。

## 重要概念

保险利益　告知　保证　确认保证　承诺保证　明示保证　默示保证　弃权　禁止反言　近因　诱因　代位追偿　权利代位　物上代位　委付　推定全损　重复保险　比例责任分摊　限额责任分摊　顺序责任分摊

## 思考题

1. 什么是保险利益原则？坚持保险利益原则的意义是什么？
2. 什么是最大诚信原则？其基本内容包括哪些？
3. 什么是近因原则？如何判断近因？
4. 什么是损失补偿原则？坚持损失补偿原则的意义是什么？
5. 试比较权利代位与物上代位的区别。
6. 重复保险的分摊方式有哪几种？

## 练习题

1. 某生产企业于2000年1月1日向某保险公司投保企业财产保险，保险期限从2000年1月1日至2000年12月31日，保险金额为100万元。2000年8月19日遭受水灾。在以下几种情况下，保险人应当如何赔偿？

（1）如果出险时保险财产的保险价值为120万元，实际勘察损失为30万元，保险人赔多少？

（2）如果出险时保险价值为100万元，实际遭受损失30万元，保险人赔多少？

（3）如果出险时保险价值为80万元，实际遭受损失30万元，保险人赔多少？实际遭受损失80万元，保险人赔多少？

2. 某业主将其所有的一幢价值60万元的房子同时向甲、乙两家保险公司投保一年期的火灾保险，甲公司保险金额为50万元，乙公司保险金额为30万元，此即为重复保险。假定在此保险有效期内，房子发生火灾损失40万元，则甲、乙两家保险公司应如何承担分摊赔偿责任？请分别按比例责任分摊方式、限额责任分摊方式以及顺序责任分摊方式计算。

# 第二篇　保险分类业务

# 第五章　人身保险

　　人类在进行物质生产，向自然界索取生活资料的过程中，乃至在日常生活中，常常有可能遭遇各种危险；同时，人类自身还要受到生、老、病、残、亡等自然规律的支配，影响和危害身体健康和健全的事件时有发生。人身风险的存在及其给人们带来的物质与精神损害等损失后果有时是难以独自承担的，因此，需要有社会化的风险分散与控制机制。人身保险作为一种经济补偿手段，也就很自然地成为常备的人身风险管理工具。

## 第一节　人身保险概述

### 一、人身保险的概念及特点

#### （一）人身保险的概念

　　人身保险是指以人的寿命或身体为保险标的，当被保险人在保险期限内发生死亡、伤残、疾病、年老等事故或保险期满时，由保险人向被保险人或受益人给付保险金的一种保险。人身保险包括以下几点基本内容：

　　（1）人身保险的保险标的是人的生命或身体。

　　（2）人身保险的保险责任包括生、老、病、死、伤、残等各个方面。

　　（3）人身保险的给付条件是当被保险人遭受保险合同范围内的保险事故，以致死亡、伤害、残废、丧失工作能力或保险期满、年老退休时，由保险人依据保险合同向被

保险人或受益人给付保险金。

### （二）人身保险的特点

**1. 保险金额的确定及其定额给付性**

人身保险的保险标的是人的生命和身体，而人的生命和身体是无法用货币衡量其价值的。因此，与财产保险根据保险标的价值确定保险金额不同，人身保险的保险金额是根据投保人的需要和缴费能力，与保险人协商后确定的。对于人身保险的需要程度，保险金额的确定一般采用"生命价值理论"或"人身保险设计"的方法进行粗略测算。

由于人身保险标的的特殊性，使得当被保险人发生责任范围内的保险事故时，不能像财产保险那样根据事故发生时财产损失的实际程度支付保险赔款，人身保险只能按照保险合同规定的保险金额支付保险金。

**2. 保险期限的长期性**

人身保险的保险期限大都具有长期性，特别是人寿保险，其保险的有效期限往往可以持续十几年甚至几十年。而且，保险的缴费期和领取期也可以长达几十年。具体与保险险种和被保险人的年龄及投保人的选择有关，视具体情况而定。

**3. 保险利益的特殊性**

在财产保险中，保险事故发生时，可保利益是请求赔偿的条件。但在人身保险中，保险利益的存在只是订立保险合同的前提条件而不是维持保险合同效力、保险人给付保险金的必要条件。财产保险中，投保人对保险标的的可保利益就是保险标的的实际价值。但在人身保险中，由于保险标的的不可计量，可保利益一般没有量的规定性，最主要取决于被保险人的缴费能力。除了在特殊情况下，如债权人以债务人为被保险人投保死亡保险，可保利益以债务额为限。

**4. 保单的储蓄性**

人身保险在为被保险人提供风险保障的同时，还兼有储蓄性质。人寿保险的保险费分为风险保费和储蓄保费两部分，在长期的缴费期间，储蓄保费以预定利率进行累积。由于保单具有储蓄性，保单的所有人可以用保单作抵押贷款，在中途退保时可以得到退保金。

**5. 保险费率确定的特殊性**

财产保险是根据风险发生的概率再加上各种业务附加费制定费率的。而人身保险费率的确定要考虑到被保险人的生命期望值以及分散风险等需要，通常采用"平准保费法"来制定费率。

## 二、人身保险的种类

**1. 按保险范围分类**

人身保险可分为人寿保险、人身意外伤害保险和健康保险。

人寿保险是以被保险人的生命为保险标的，以保险人在保险期限内死亡或生存到保险期满为给付保险金条件的人身保险。人寿保险合同期限一般较长，而且带有投资性质。根据合同规定的不同，人寿保险可以分为终身寿险、定期寿险、定期两全保险、定期生存保险、生存年金保险等。人寿保险是人身保险的主要险种。

人身意外伤害保险简称意外伤害保险，是以被保险人因在保险期限内遭受意外伤害造成死亡或残疾为保险事故的一种保险。人身意外伤害保险由于其保费较低、保障性高、投保简单、无须体检等优点，已逐渐被人们接受，投保人次逐渐增加。意外伤害可以单独承保，也可以作为人寿保险的附加责任保险。单独承保的意外伤害保险期限较短，一般不超过一年。

健康保险是以被保险人的身体为保险标的，以被保险人在保险期限内因患病、生育所致医疗费用支出和工作能力丧失、收入减少及因疾病、生育致残或死亡为保险事故的人身保险。其保险责任包括医疗、疾病造成的残疾、生育、收入损失等等。通常将不属于人身保险和人身意外伤害保险的人身保险都归为健康保险。健康保险可以单独承保，也可以作为人寿保险或意外伤害保险的附加责任保险。

2. 按投保方式分类

按投保方式不同，人身保险可分为个人保险、联合保险和团体保险。

个人保险是指单个被保险人在自愿选择的基础上投保人身保险。

联合保险是指以存在一定利害关系的两人或两人以上的人，如夫妻、父母、兄弟姐妹、子女或合作人等，作为联合被保险人同时投保的人身保险。联合保险中第一个被保险人死亡，保险金将给付其他生存的人，如果在保险期内无一人死亡，保险金将给付给所有被保险人或指定的受益人。

团体保险是以团体为保险对象，以集体名义投保并由保险人签发一份总的保险合同，保险人按合同规定向其团体中的成员提供保障的保险。它不是一个具体的险种，而是一种承保方式。团体保险一般有团体人寿保险、团体年金保险、团体意外伤害保险和团体健康保险四类。

3. 按保险期间分类

按照保险期间划分，人身保险可分为短期业务、一年期业务和长期业务三类。

短期业务是保险期间不足一年的人身保险业务，主要指意外伤害保险或短期健康保险，也有一年期以下的定期寿险业务。

一年期业务是保险期间为一年的人身保险业务，主要是意外伤害保险，短期健康保险业务，一般定期寿险都是一年期业务。

长期业务是指保险期间超过一年的人寿保险和长期健康保险业务。

4. 按投保动因分类

人身保险可以分为自愿保险和强制保险两大类。

自愿保险是保险双方当事人在公平自愿的基础上，通过签订保险合同自愿缔结保险关系，双方均可自由选择。自愿保险的投保人有选择险种、保险期间、保险金额以及退保的权利，而保险人可以选择被保险人和保险标的。

强制保险是根据国家法律规定开办的保险业务，不管被保险人是否愿意投保或保险人是否愿意承保，都必须依法建立保险关系，所以强制保险也叫法定保险。国家为了保护社会公共利益，通过立法规定一定范围内的公民或组织必须投保某种强制保险，保险金额和保险期间也是统一规定的，不能自由选择。

商业人身保险以自愿投保为基本原则，因此在人身保险业务中，强制保险只占极少数，一般只有意外伤害保险等少数险种属于强制保险，社会保险一般属于强制保险。凡是没有国家立法规定必须投保的保险都属于自愿保险。

**5. 按是否是纯保障分类**

按保单是否是纯保障，人身保险可分为纯保障保险和非纯保障型保险。

纯保障保险是指该保险只具有保障功能，仅在保险责任事故发生后进行保险赔付，不具有投资等其他功能。

非纯保障型保险是指该保险不仅具有保障功能，还具有投资等其他功能。投资连接保险及分红保险都是属于非纯保障型产品。投资连接保险是指包含保险保障功能并至少在一个投资账户拥有一定资产价值的人身保险产品，其具有投资等功能。分红保险是指被保险人可以每期以红利的形式分享保险人盈利的保险；不分红保险是指被保险人不分享保险人盈利的保险。

**6. 按被保险人的危险程度分类**

按被保险人的危险程度不同，人身保险可分为健体保险和次健体保险两种。

健体保险又称为标准体保险，是指生命危险程度可依保险公司所订标准或正常费率来承保的人寿保险，前面提及的普通人寿保险一般都是健体保险。

次健体保险又称为弱体保险，是指危险程度较高而不能按正常费率承保，除非由保险人和投保人商定以特别条件来承保的一种特殊人寿保险形式，因此该险种属于特种人寿保险。

## 三、人身保险的运行

人身保险的运行一般包括展业、承保、保全和理赔四个过程。

**1. 展业**

保险展业是保险展业人员引导具有保险潜在需求的人参加保险的行为，也是为投保人提供服务的行为，是保险经营的起点。保险展业由保险宣传和销售保单两种行为构成。保险展业的方式分为直接展业、保险代理人展业、保险经纪人展业三种。

**2. 承保**

保险承保是指保险人对投保人的保险标的给予保险保障的合同行为。保险核保是指保险人对投保申请进行审核，决定是否承保并确定保险费率的过程。核保的过程包括接受投保单、体格检查、核保调查、核保决定四个环节。

**3. 保全**

保全也就是保单售后管理，主要有两方面的工作。一是承保单证档案管理。承保单证档案是保险公司在承保过程中形成的档案材料，是阐明保险双方有关权利与义务的法律性文件，也是理赔或给付的原始法律依据。二是后续保费缴纳管理。按期缴纳保险费，是维持保单效力的基础。如果投保人不能按照保险合同的要求，及时通过约定方式向保险公司缴纳保费，保单就会失效。

### 4. 理赔

保险理赔是指保险人在保险标的发生风险事故后，对被保险人或受益人提出的索赔要求进行处理的行为。保险理赔的程序主要是保户向保险公司发出出险通知、申请人填写《理赔申请书》并提交相关材料、申请人资格认定、立案处理、领款五个环节。

## 四、人身保险合同的常见条款

### （一）不可抗辩条款

不可抗辩条款又称为不可争议条款，其内容是：在保险单生效两年之后，保险人不得以投保人在投保时的误告、漏告和隐瞒重要事实等为理由来使合同无效或拒绝给付保险金。合同订立的头两年为可抗辩期。保险人在两年内可以来调查投保人是否违反诚信原则和行使解除合同的权利，如果这两年内保险人没有提出异议，以后就不能提出争议。这项条款主要是为了保护受益人的利益，防止保险人滥用最大诚信原则，随便解除保险合同。如果保险人知道投保人隐瞒了一些真实情况，投保时不提出异议，按期收缴保险费，而一旦发生保险事故就以投保人违反最大诚信原则主张解除合同，这样显然有失公平。

### （二）年龄误告条款

年龄误告条款规定，如果投保人在投保时错报了被保险人的年龄，致使投保人支付的保险费少于或多于应付保险费的，保险合同仍然有效，但保险人有权更正并要求投保人补缴保险费或向投保人退还多缴保费，或者根据被保险人的真实年龄予以调整保险金额。如果发现投保时被保险人的真实年龄已超过可以承保的年龄限度，保险人可以解除合同，并将已收的保险费扣除手续费后，无息退还给投保人，但是自合同成立之日起逾两年后发现除外。

如果在合同有效期内发现了年龄误告，被保险人健在，可以及时调整。

$$\text{调整后的保险金额} = \frac{\text{实缴金额}}{\text{应缴金额}} \times \text{原保险金额}$$

### （三）宽限期条款

宽限期条款规定，当投保人未按时缴纳第二期及以后各期的保险费时，在宽限期内，保险合同仍然有效，若发生保险事故，保险人应承担保险责任，但要从保险金中扣回所欠的保险费。超过宽限期，则保险合同效力中止。宽限期条款的规定一般是为了防止投保人因疏忽、外出、经济变化等因素，不能及时缴纳保险费而造成保险合同失效，我国新《保险法》规定宽限期为60天。

### （四）保费自动垫付条款

保费自动垫付条款规定，投保人按期缴纳保费满一定时间以后，因故未能在宽限期内缴付保险费时，保险人可以用保单的现金价值自动垫缴投保人所欠保险费，使保单继续有效。如果垫缴后，投保人仍未缴付，垫缴应继续进行，直到累计垫缴本息达到保单的现金价值数额为止，此时若投保人仍不缴纳保险费，则保单合同效力中止。

### （五）复效条款

复效条款规定，若保单因投保人不按期缴纳保险费失效后，自失效之日起的一定时期内（一般是两年），投保人有权向保险人申请复效，经过保险人审查同意后，投保人补缴失效期间的保险费及其利息，保险合同即恢复效力。保险人对失效期间发生的保险事故不承担责任，即使复效后仍不承担失效期间的保险责任。

### （六）不丧失价值条款

不丧失价值条款规定，长期寿险合同的保单所有人享有保险单现金价值的权利，不因保险合同效力中止而丧失，保单所有人有权选择有利于自己的方式来处理保单所具有的现金价值。保险公司往往将现金价值的数额列在保单上，说明计算方法及采用的利率，使保单所有人可以随时掌握保单的现金价值量。

现金价值的处理可以有三种方式：

（1）保单所有人退保，保险人退还现金价值量。

（2）将原有保单变更为减额缴清保险，变更原保险单的保险金额，原保险单的保险期限与保险责任保持不变。

（3）将保单变更为展期保险，变更原保险单的保险期限，原保险单的保险金额与保险责任保持不变。

### （七）保单贷款条款

保单贷款条款规定，人寿保险合同生效满一年或两年后，投保人可以以保单为抵押向保险人申请贷款，金额以低于该保险单项下积累的责任准备金或退保金即保单的现金价值为限。如果在归还本息之前发生了保险事故或退保，保险人则从保险金额中扣还贷款本息。当贷款本息等于或超过保单的现金价值时，保单所有人应在保险人发出通知后的一定期限内还清款项，否则保单失效。该条款使投保人在遇到急需款项的情况时，能迅速将保险单变现以应急，增大了保险合同的灵活性。

### （八）保单转让条款

人寿保险单作为一项金融资产，是保单持有人的资产，保单持有人对其拥有财产所有权。保单转让条款规定，只要不是出于不道德或非法的考虑，在不侵犯受益人权利的情况下，保单可以转让。对于不可变更的受益人，未经受益人同意，保单不可转让。将保单所有权完全转让给一个新的所有人的转让方式称为绝对转让，转让时，被保险人必须在世。把一份具有现金价值的保单作为被保险人的信用担保或贷款的抵押品，受让人得到保单的部分权利，这一种转让类型被称为抵押转让。

### （九）受益人条款和共同灾难条款

受益人条款包括两方面内容：一是明确规定受益人；二是明确规定受益人是否可以更换。

投保人在签订合同时约定的受益人为原始受益人，当被保险人死亡后有权领取保险金。当原始受益人先于被保险人死亡，投保人或被保险人再次确定后继受益人。若投保人或被保险人没有继续指定受益人，或是受益人依法丧失受益权和主动放弃受益权而无其他受益人的，则在被保险人死亡后，保险金作为遗产由被保险人的继承人继承。

共同灾难条款是为确定在发生被保险人与受益人同时遇难的事件时使用的，如果第一受益人与被保险人同时死于一次事故中，而不能证明谁先死，则推定第一受益人先死。若保险合同中有第二受益人，则保险金由第二受益人领取；若无其他受益人，保险金则作为被保险人的遗产处理。

**（十）自杀条款**

自杀条款是包括死亡给付责任的人寿保险合同中列示的保险人的免责条款。以被保险人死亡为给付保险金条件的合同，自合同成立生效或者合同效力恢复之日起两年内，被保险人自杀的，保险人不承担给付保险金的责任，但被保险人自杀时为无民事行为能力人的除外。但对投保人已支付的保险费，保险人应按照保险单退还其现金价值。以死亡为给付保险金条件的合同，自成立之日起满两年后，如果被保险人自杀的，保险人可以按照合同给付保险金。该条款的设置是为了防止一些投保人的逆选择，为了偿还债务或是使家属获得保险金而投保高额的人寿保险。

**（十一）红利任选条款**

在分红保险中，当寿险公司经营有盈余时，投保人按照合同约定参与公司分红，领取保单红利。一般红利的领取有多种选择方式：领取现款；以红利额作为抵免费用以调整下一期保费；存在保险公司，以公司的保证利率累计生息；作为趸交保费购买增额缴清保险，使得保险金额年年递增，同时也提高保单的现金价值；获得一年定期保险选择权，并可以在以红利的一部分行使此权利后，余下部分做其他选择。

**（十二）保险金给付任选条款**

人身保险的保单中一般会列出多种保险金给付方式供投保人选择。这些条款可以扩大对投保人的服务机会，提高服务质量，增强业务吸引力。通常有以下几种：

（1）一次性给付现金方式。

（2）利息收入方式，受益人将保险金存在保险公司可以定期获得保证利率利息，也可以随时提取本金。

（3）定期收入方式，由受益人选定期间，以分期支付的方式进行给付。

（4）固定收入方式，即按受益人确定的某一金额给付，直至本息用尽。

（5）终身收入方式，即在受益人的预测终身期间按期支付年金。

**【案例5-1】**

严某于2003年4月28日为其9岁的女儿向某保险公司投保了5份少儿保险，身故受益人为严某。2004年3月22日晚，严某的妻子刘某携带其女儿从11层办公楼跳楼死亡。经公安部门现场勘察和调查询问，认定刘某及其女儿的死亡性质为自杀。事故发生后，受益人严某向保险公司申请赔付意外身故保险金。本案的被保险人在保险合同成立之日起两年内自杀，但其女儿年仅9岁，属于无民事行为能力。

试分析：其自杀是否适用责任免除条款？

资料来源：施建祥：《保险学》，上海：立信会计出版社，2005年。

【案例 5-2】

王某于 2004 年 7 月 28 日为自己向某保险公司投保了 10 年期定期寿险，保险金额为 100000 元，身故受益人为其妻刘某。投保时其年龄为 35 岁，每年应缴保费为 300 元，投保年龄为 36 岁时，每年应缴保费为 320 元。王某在投保时所报年龄为 35 岁，但在其死亡后，保险人发现他在投保时的真实年龄为 36 岁。

请问其保险金额应调整为多少？

资料来源：张洪涛：《人身保险》，北京：中国人民大学出版社，2009 年。

# 第二节　人寿保险

## 一、人寿保险的概念及特点

### （一）人寿保险的概念

人寿保险简称寿险，是以被保险人的生命为保险标的，以生存或死亡为给付保险金条件的人身保险。人寿保险是人身保险的主要组成部分，被保险人在保险期内死亡或者生存期满，都可以作为保险事故。

人寿保险的品种随着人们对寿险产品的需求越来越多而增加。从传统的寿险产品到现代新型的寿险产品，品种越来越齐全。传统的寿险产品包括为被保险人提供死亡风险保障的死亡保险；为到期被保险人仍然生存而提供的生存保险和既提供死亡保险保障又提供生存保障的生死两全保险；以被保险人生存为条件，以年金方式定期给付保险金的生存年金保险；为保障老年人的基本生活需求，为其提供稳定可靠的生活来源的养老保险。现代寿险产品包括变额寿险、万能寿险、变额万能寿险、分红保险等。

### （二）人寿保险的特点

1. 人寿保险具有长期性

人寿保险的保单，短则三五年，长则十几年、几十年甚至终身。投保期限的长短可根据个人对保险保障的需求由投保人自行决定。

2. 人寿保险合同为给付性合同

该合同是保险合同约定的保险事故发生或约定的保险责任期限届满时，由保险人支付保险金的保险合同。

3. 人寿保险不存在超额保险、重复保险、代位追偿问题

人寿保险合同的标的是人的生命或身体，其价值是无法用货币价值进行衡量的。

### 4. 部分人寿保险的保单具有投资和储蓄性

人寿保险采用均衡保费制，纯保险费中的大部分用于提取准备金，它是保险人的负债，保险人为了保证偿付能力，寿险公司必须利用这些准备金进行可靠的资产增值以取得足够的投资收益；投保人可以从保险公司得到投资收益，其中以红利和储蓄收益方式存在。终身寿险以及两全保险等保险具有储蓄性。

## 二、人寿保险的种类

人寿保险经历了从无到有、从少到多、从简到繁的漫长发展过程，随着人们对寿险产品需求的日益增加，人寿保险的产品种类也发展得越来越多。在各国，人寿保险的发展速度已远远超过了财产保险，业务繁盛，规模庞大。

### 1. 按保险性质分类

在人寿保险实务中，人们习惯上按保险的性质将传统人寿保险分为普通人寿保险和特种人寿保险。

（1）普通人寿保险是对个人或某个家庭的保险，它保障的是人的生、死等基本风险。普通人寿保险的保险品种主要有定期人寿保险、终身人寿保险和两全保险等。

（2）特种人寿保险则是指那些从普通寿险发展而来，在寿险保单条款的某一或某几方面做出特殊规定而形成的新险种，主要有年金保险、简易人寿保险、团体人寿保险和次标准体保险等。

### 2. 按保险事故不同分类

按保险事故的不同，人寿保险可以划分为死亡保险、生存保险及两全保险三种。

（1）死亡保险是指以被保险人的死亡为保险金给付条件的人寿保险，即当被保险人在保险期限内死亡，由保险人给付约定的保险金。死亡保险是人寿保险中最基本的组成部分。依据保险期限的不同，死亡保险又分两个基本种类，定期死亡保险和终身死亡保险。

（2）生存保险是以被保险人于保险期满或达到某一年龄时仍然生存为给付条件的一种人寿保险。生存保险又分为单纯的生存保险和生存年金保险两类。生存保险和生存年金保险的目的主要有，为子女的教育提供资金支持，或是为年老者提供养老保障等。

（3）两全保险是指无论被保险人在保险期内死亡或保险期满时生存，都能获得保险金给付的保险。它既为被保险人提供死亡保障，又提供生存保障。

### 3. 按保险利益分配与否分类

按保险利益的分配与否，人寿保险可以划分为分红人寿保险和不分红人寿保险两种。

（1）分红人寿保险，又称为利益分配寿险，是指保险公司在每个会计年度结束后，将上一会计年度该类保险的可分配盈余按一定比例，以现金或增值红利的方式分配给保单受益人的一种人寿保险。

（2）不分红人寿保险，又称无利益分配寿险，是指投保人缴付保险费后，无营业盈余分配的一种人寿保险。

此外，按保险金的给付方法，人寿保险还可分为一次给付保险和分期给付保险两种；按保险人年龄则可划分为儿童保险和成人保险；按投保方式可划分为个人人寿保险和团体人寿保险等。

上述对人寿保险的种类划分都是在传统型人寿保险范畴内进行的，随着人寿保险的发展，还出现了一些不同于传统型人寿保险品种的创新型品种。创新型人寿保险是保险人为适应新的需求，增加产品竞争力而开发的一系列新型的保险产品。这些产品与传统产品相比较，通常具有投资功能，是投资连结产品，或称为投资理财类保险产品。

## 三、人寿保险实务

### （一）人寿保险的展业

保险展业是指通过保险展业人员的宣传和引导，使有保险潜在需求的人购买保险的行为，也是为投保人提供投保服务的行为。

直接展业是指保险公司直接通过本公司的专职人员向顾客推销保险产品和提供服务。间接展业包括保险代理人展业和保险经纪人展业两个方面。

保险代理人展业是指代理人根据保险人的委托，在保险代理协议规定的范围内为保险人招揽业务，保险人按照保费收入的一定比例支付佣金或手续费。保险经纪人展业是指独立于保险人之外，在保险人与投保人之间专门从事保险业务联系的中介机构，能为保险双方提供服务。保险经纪人是投保人的代理人，为投保人提供各种保险咨询服务。

### （二）人寿保险的承保

保险承保是指在投保人提出投保申请后，经审核其风险，同意接受并与之签订保险合同的全过程。保险承保是保险展业的继续，是在保险展业的基础上，进一步就保险条件进行实质性谈判，签订保险合同、收取保险费等。

在人寿保险经营中，当保险人接到新的投保申请时，需要把准保户的情况与以往被保险人的患病、残疾、死亡等经验数据相比较而决定是否承保以及以什么条件承保，这个过程被称为核保。

### （三）人寿保险的理赔

人寿保险的理赔主要包括接案、立案、初审、理赔调查、理赔计算、复核审批和结案归档等几个步骤。接案是指保险事故发生后，保险人接受客户的报案和索赔申请的过程。立案是指保险公司理赔部门受理客户索赔申请，按照一定的规则对索赔案件进行登记和编号的过程，以使案件进入正式处理阶段。初审是理赔人员对索赔申请案件的性质、合同的有效性、索赔材料等进行初步审查的过程。理赔调查就是对保险事故进行核实和查证的过程，对理赔处理结果有决定性的影响。理赔计算，简称理算，是指理算人员对索赔案件作出给付、拒付、通融理赔、豁免处理和对给付保险金额进行计算的过程。复核是理赔业务处理中的一个关键环节，通过复核，能够发现业务处理过程中的疏忽和错误，并及时予以纠正。结案人员收到复核人员送交的理赔案卷后，进行案卷移交登记，并根据给付案件、拒赔案件和豁免案件分别进行处理。

## 四、传统型人寿保险

寿险分为广义的寿险和狭义的寿险,其中狭义的寿险仅仅指死亡保险,而广义的寿险包括死亡保险、生存保险、两全保险和生存年金保险。传统的人寿保险按照保险责任分为死亡保险、生存保险、两全保险和生存年金保险。

### (一)死亡保险

死亡保险是指以被保险人在保险期限内死亡为保险金给付条件的人寿保险。死亡保险是人寿保险中最基本的组成部分。在死亡保险中,保险人承担的基本责任就是当被保险人在保险期限内死亡时向受益人给付约定的保险金。按照保险期限的不同,可以将死亡保险分为定期死亡保险(或称定期寿险)与终身死亡保险(或称终身寿险)。

#### 1. 定期寿险

定期寿险是以被保险人在保险合同的保险期限内死亡时,保险人向受益人给付保险金的保险。如果被保险人在保险期间未发生死亡事故,则合同到期时终止,保险人不用给付保险金。

定期寿险通常有以下几个特点:

(1)保险期限有多种选择,可以为5年、10年、15年、20年或25年不等。

(2)保费低廉,在相同的保险金额和投保条件下,其保险费低于任何一种人寿保险,因为定期死亡保险只提供风险保障,没有储蓄功能。

(3)定期保险的低价位和高保障,使得被保险人的逆选择增加,也易诱发道德风险。

(4)定期寿险的保险期限和保险金额可以视投保人的经济状况进行变更,以灵活满足不同需要。

#### 2. 终身寿险

终身寿险与定期寿险的区别在于它的期限无限期,是以被保险人的死亡为保险事故而由保险人给付保险金的保险,期限直至被保险人死亡。

终身寿险通常有以下几个特点:

(1)终身寿险没有确定的保险期限,自保险合同生效之日起至被保险人死亡为止。

(2)几乎所有的终身寿险所使用的生命表都假设100岁为人的生命极限,当被保险人生存至100岁,从保险人的角度看相当于定期寿险到期,则被保险人被视为死亡,保险人给付全部保险金。

(3)终身寿险的保费中含有储蓄成分,保单具有现金价值,若保单所有人在保险期间中途退保,可获得一定数额的退保金。

终身寿险可分为分红终身寿险和不分红终身寿险。分红终身保险可以在每个保单周年日分享保险公司的可分配盈余,还可以抵御利率变化的风险。

### (二)生存保险

这里的生存保险也称为纯生存保险,是以被保险人在保险期满或达到某一年龄时仍然生存为给付条件,并一次性给付保险金的保险。只要被保险人生存到约定时间,保险人就给付保险金。若在保险期间内被保险人死亡，则保险人不给付保险金，且所缴保费不予退还。

### （三）两全保险

两全保险是指无论被保险人在保险期间内死亡或保险期满时生存，保险人均需给付保险金的保险。它既为被保险人提供死亡保障，又提供生存保障。如果在保险有效期内，被保险人死亡，则保险人给付死亡保险金；如果被保险人生存至保险期满，则保险人给付生存保险金。

两全保险具有以下特点：

（1）两全保险是人身保险中承保责任最全面的一个险种，被保险人无论是生是死都可以得到保险人的给付，是死亡保险和生存保险的结合。

（2）其保险费率也较高，因为两全保险每张保单的给付是必然的。

（3）无论被保险人生存与死亡，受益人都能得到保险金，因而使其具有储蓄性。该性质使保单与终身寿险一样具有现金价值，保单所有人享有由现金价值带来的权益。

## 五、生存年金保险

生存年金保险，属于广义的寿险，是指以生存为给付保险金条件，保险金以年金方式支付的保险，因此被称为生存年金保险，简称为年金保险。只要被保险人生存，被保险人就能通过年金保险在一定时期内定期领取保险金，获得因长寿所致的收入保障，达到养老的目的。

年金保险有多种分类方式：

（1）按缴费方法的不同，分为趸缴年金和分期缴费年金。

趸缴年金又称为一次缴清保费年金，投保人一次性缴清全部保费，从约定的年金给付开始日起，受益人按期领取年金。

分期缴费年金指投保人在保险金给付开始日之前分期缴纳保费，从约定的给付开始日起，受益人按期领取年金。

（2）按年金给付开始时间不同，分为即期年金和延期年金。

即期年金是指缴纳所有保费且保险合同成立生效后，保险人立即按期给付保险金的年金保险。通常即期年金采用趸缴方式缴纳保费。

延期年金是指保险合同成立生效后，经过一段时间或被保险人达到一定年龄后，保险人才开始给付年金的年金保险。这种年金保险通常在延期期间缴费。

（3）按被保险人不同，分为个人生存年金、最后生存年金和联合生存年金。

个人生存年金的被保险人为独立的一人，是以其生存为给付条件的年金。

最后生存年金是指两个或两个以上的被保险人中，在约定的给付开始日，至少有一个生存即给付保险年金，直至最后一个生存者死亡为止的年金。但通常此种年金数额在一人死亡后按约定比例减少金额。

联合生存年金是两个或两个以上的被保险人中，只要其中一个死亡则保险金给付即终止的年金，它是以两个或两个以上的被保险人同时生存为给付条件。

（4）按给付期限不同，分为定期年金、终身年金和最低保证年金。

定期年金是指保险人与被保险人有约定的给付期限的年金。

终身年金是指保险人以被保险人死亡为终止给付保险金的时间，只要被保险人生存，被保险人就可以一直领取的保险金。

最低保证年金是为了防止被保险人过早死亡而丧失领取年金的权利而产生的年金形式。最低保证年金又分为两种：一种是确定给付年金，其规定了一个最低保证确定年数，在规定期间内无论被保险人生存与否均可得到保险金。另一种是退还年金，当年金受领人死亡而其年金领取总额低于年金购买价格时，保险人以现金方式一次或分期退还其差额。

（5）按保险年金给付额是否变动，分为定额年金与变额年金。

定额年金的保险金的给付额是固定的，不因为市场通货膨胀的存在而变化。因此，定额年金与银行储蓄的性质类似。

变额年金属于新型寿险产品，设有投资账户，变额年金的保险年金给付额随投资账户的资产收益变化而不同。变额年金因与投资收益相连而可以抵消通货膨胀的影响。

## 六、创新型人寿保险

创新型人寿保险又称为非传统寿险或投资连结保险、投资理财类保险等，为了适应新的需求，增加产品竞争力而开发的一系列新型的保险产品。创新型人寿保险其最主要的特点就是除保障功能以外，还包含了投资功能，其至少在一个投资账户中拥有一定资产价值的人寿保险，这种人寿保险可以让客户直接参与由保险公司管理的投资活动。新型寿险与传统寿险的区别在于新型人寿保险具有投资功能，或者保费、保险金额可变。

现代寿险产品主要有变额人寿保险、万能人寿保险、变额万能人寿保险和分红保险。

### （一）变额人寿保险

变额人寿保险是一种投资连结保险，其保险金额随其所设的保费投资账户中投资基金投资业绩的不同而变化。

变额寿险产品与传统寿险产品相比，具有以下特点：

**1. 保险金额可以变动**

变额寿险保费的缴纳与传统寿险产品相同，是固定的，但保单的保险金额在保证一个最低限额的条件下是可以变动的。变额寿险保险金额的变动取决于投保人所选择的投资账户的投资收益。

**2. 开设投资账户**

在寿险公司内部，对应于传统寿险的保单责任准备金的资产都要计入保险公司的综合投资账户，为了使这些资金获得较为稳定的资产回报率，保险公司将这些资金投资于一些较为安全的项目；而对应于变额寿险的保单责任准备金的资产，则单独开设一个投资账户或多个不同收益、风险的投资子账户，由投保人或保单所有人自由选择，由保险公司本身或委托基金公司专业经营。投保人缴纳的保费减去费用和死亡给付分摊额后被存入选择的投资账户。在这种保单的死亡给付中，一部分是保单约定的固定的最低死亡给付额，一部分是其投资账户的投资收益额。保险人根据资产运用情况，对投资账户的资产组合不断进行调整；保单所有人也可以至少每年一次地在各种投资产品中自由选择调整组合。所选择投资账户的投资收益高，则保单的现金价值高，死亡保险金也高；反之，则保单的现金价值低，死亡保险金也低。

3. 保单的现金价值是变动的

变额寿险保单的现金价值随着客户所选择投资组合中投资业绩的状况而变动，某一时刻保单的现金价值决定于该时刻其投资组合中投资账户资产的市场价值。

变额寿险产品的投资风险是由保单所有人承担，保险人只负责管理投资账户，保单的现金价值可能因投资账户的收益不好而为零。变额寿险可以是分红的，也可以是非分红的。对于分红的变额寿险，分红的金额决定于该险种的费差益和死差益。而利差益在扣除投资管理费用后，用于增加保单的现金价值。保费的缴纳方式为规则的均衡保费，若没有按时缴纳保费，保单就会失效；但也可以选择红利抵冲保费或利用红利变更保单为减额缴清保险等红利领取方式，使保单继续有效。

**（二）万能人寿保险**

万能人寿保险简称为万能寿险，是一种缴费灵活、保险金额可调整的人寿保险。该保险产品的出现是为了满足保费支出较低、缴纳方式要求灵活的消费者的需求。万能寿险的保费缴纳方式很灵活，保险金额也可以调整，而且保险人的经营费用非常透明。投保人在缴纳首期保费后可选择在任何时候缴纳任何数量的保费，只要保单的现金价值足以支付保单的相关费用，有时可以不用缴纳保费。投保人还可以在具有可保性的前提下，提高保额或降低保额。

投保人在缴纳首期保费后，首期的各种费用、死亡给付分摊、附加优惠条件的费用等从首期保费中扣除，剩余部分为保单最初的现金价值。该部分价值按当时的利率计息累积到期末，成为期末现金价值，同时也是下一周期的起初现金价值。在第二个周期，投保人根据自己的情况缴纳或不缴纳保费，若该周期的起初现金价值足以支付第二期的费用及死亡给付分摊额，投保人就不用缴纳保费；若现金价值额不足，投保人缴纳的保费不够，则保单会因此失效。该过程不断重复。

万能寿险产品有以下几个特征：

1. 死亡给付模式

万能寿险主要提供两种死亡给付方式，投保人可以任选其一，给付方式也可以随时改变。这两种方式称为 A 方式和 B 方式。A 方式是一种均衡给付的方式，死亡保险金不变，始终等于保单保险金额。B 方式是直接随保单现金价值的变化而改变的方式，死亡保险金等于保单保额和现金价值之和。

2. 保费缴纳

万能寿险的投保人可以用灵活的方法来缴纳保费。保单持有人可以在保险公司规定的每次缴费的最高和最低限额内，选择任何一个数额，在任何时候缴纳保费。大多数保险公司仅规定第一次保费必须足以涵盖第一个月的费用和死亡成本，但实际上大多数投保人支付的首次保费会远远高于规定的最低金额。

3. 结算利率

保险公司为万能寿险设立单独账户，在此账户中，不得出现资产小于负债的情况。万能寿险的保单应该提供一个最低保证利率。单独账户的实际利率低于最低保证利率时，结算利率应当是最低保证利率。保险公司可以自行决定结算利率的频率。

4. 费用收取

万能寿险保单包括以下几种费用：初始费用，即进入个人账户之前所扣除的费用；风险保险费，即保单风险保额的保障成本；保单管理费，即为了维持保险合同有效向投保人收取的服务管理费、手续费、退保费用。

**（三）变额万能人寿保险**

变额万能寿险是一种终身寿险，是融合了保费缴纳灵活的万能寿险和投资灵活的变额寿险而形成的新险种。变额万能寿险遵循万能寿险的保费缴纳方式，而且保单持有人可以根据自己的意愿将保额降至保单规定的最低水平，也可以在具备可保性的条件下，将保额提高。但是其资产由投资账户保存，现金价值的变化与变额寿险相同，没有最低投资收益率和本金的保证，即现金价值可能降为零。

变额万能寿险也是多种投资基金的集合。保单所有人可以在一定时期内将其现金价值从一个账户转移到另一个账户，但其死亡保险金采取与万能寿险相同的方式，可由投保人选择。此外，保单所有人承担了其投资账户上资产的全部投资风险。如果投资账户的投资增值，不会发生什么收益减少，则保单也有效；但一旦保单的现金价值减少为零，若没有缴纳足够的保费，则保单将会失效。

**（四）分红保险**

分红保险，指在获得人寿保险的同时，保险公司将实际经营生产的盈余，按一定比例向保险单持有人进行红利分配的人寿保险品种。分红保险的红利来源于寿险公司的死差益、利差益和费差益。红利的分配方法主要有现金红利法和增额红利法。在现金红利的分配方式下，红利可以采取多种领取方式：现金、累积生息、抵交保费和购买缴清增额保险。

**【案例5-3】**

王某为自己投保了一份终身寿险保单，合同生效时间为2003年3月1日，因王某没有履行按期缴纳保费的义务，此保险合同的效力遂于2004年5月2日中止。2005年5月1日，王某补交了其所拖欠的保险费及利息。经保险双方协商达成协议，此合同效力恢复。2005年10月10日，王某自杀身亡。其受益人向保险公司提出给付保险金的请求，而保险公司则认为复效日应为保险合同的起算日，于是便以合同效力不足两年为由予以拒赔。

试分析：保险公司是否应予赔付？

资料来源：施建祥：《保险学》，上海：立信会计出版社，2005年。

【案例5-4】

罗某于2001年9月在某保险公司投保了6份终身寿险。2003年9月，罗某因家庭收入减少，要求退保。保险公司按照保险法合同条款的规定，认为投保两年以上的退保，应退还保单的现金价值，于是根据该险种现金价值表确定退保金为2723元。但是罗某声称自己的保单中无现金价值，签订合同时保险公司及代理人也未解释条款中现金价值的意义，自己对保单现金价值的理解是已缴全部保费，因此主张保险公司应退还已缴的全部保费7300元，双方由此发生纠纷。罗某在2004年3月将保险公司告上法庭。

试分析：保险公司应怎样退还保费？

资料来源：施建祥：《保险学》，上海：立信会计出版社，2005年。

# 第三节　人身意外伤害保险

## 一、人身意外伤害保险的概念与特点

### （一）人身意外伤害保险的定义

人身意外伤害保险，简称意外伤害保险或意外险，是指在保险期间内，被保险人由于外来的、突然的、剧烈的事故（即意外事故）造成身体的伤害，并因此致使被保险人死亡或残疾时，由保险人按合同规定向被保险人或受益人给付死亡保险金、残疾保险金或医疗保险金的一种保险。由定义我们可以看出，意外险保险人承保的危险是意外伤害事故造成的残疾或死亡。

### （二）意外伤害的含义

意外伤害包括"意外"和"伤害"两个必要条件，缺一不可。仅有主观上的意外而无伤害的客观事实，有惊无险，不能构成意外伤害；反之，有伤害的客观事实发生而无主观上的意外支持，只能是"必然伤害"或是"故意伤害"，因此在理解意外伤害的含义时必须同时考虑主观和客观两个方面。只有在意外的条件下发生伤害，才能构成意外伤害。

1. 意外

所谓意外，是指被保险人主观上没有预计会发生致伤的事故或是虽然预计到事故的发生，但由于各种约束、限制而不得不接受与自己本来的主观意愿（回避外来侵害）相反的现实结果。归纳起来，对意外的含义应从以下几个方面去理解：

（1）非本意的。非本意的是指事故的发生不是本人意志的结果。也就是说，事故发生的结果是本人不能预见的。如飞机坠毁、行道树倒下等情况；有些意外事故是被保险人应该预料到的，但由于疏忽而引致的，如在停电时未切断电源修理线路，因不久恢复供电而触电身亡；另有一些事故虽是被保险人可以预见到的，但在客观上无法抗拒或在技术上不能采取措施避免的事故，如楼房失火，火封住门口和走道，被保险人迫不得已从窗口跳下，摔成重伤；或者虽在技术上可以采取措施避免，但由于法律和职责上的规定或履行应尽义务，不去躲避的，如银行职工为保护国家财产在与抢劫银行的歹徒的搏斗中受伤。以上这些均属于意外事故。

凡是故意行为的结果或能预见行为后果并希望这个后果发生，或有意识地任其发生的事故，都不是意外事故。这主要是针对与本人行为有关系的事故而言，如自杀、自伤等。

(2) 外来原因造成的。由被保险人自身以外的偶然原因造成的伤害均属外来原因伤害。如行人被车撞伤、裁切机将工人手指切断、食物中毒、游泳溺水等意外伤害；如游泳时突发心脏病导致死亡，就不属于意外伤害，因为它是身体内部本已存在的疾病引起的。

(3) 突然发生的。突然是指意外伤害是在极短的时间内发生的，来不及预防。如行人被汽车突然撞倒。铅中毒、矽肺等职业病虽然是外来致害物质对人体的侵害，但由于伤害是逐步造成的，而且是可以预见和预防的，不属于意外事故。突然发生强调的是在事故的原因和伤害的结果之间有着直接的因果关系，而不是长期形成的。

2. 伤害

伤害是指被保险人身体遭受到外来致害物侵害的客观事实。伤害必须由致害物、侵害对象、侵害事实三个要素构成，三者缺一不可。

(1) 致害物。致害物是直接造成伤害的物体或物质。没有致害物，就不可能构成意外伤害。意外伤害保险强调的致害物是外来的，是存在于被保险人身体之外的物质，与那些在被保险人身体内部形成的内生疾病截然不同。

(2) 侵害对象。侵害对象是指遭受致害物侵害的客体，在意外伤害保险中，只有致害物侵害的对象是被保险人的身体时，才能构成伤害，即这里的伤害必须是身体或生理上的伤害。这里的身体，是指一个人的生理组织的整体，有时专指躯干和四肢。人工装置以代替人体功能的假肢、假眼、假牙等不是人身躯体的组成部分，不能作为意外伤害保险的保险对象。

(3) 侵害事实。侵害事实是指致害物以一定的方式破坏性地接触、作用于被保险人身体的客观事实。侵害方式可以有碰撞、撞击、坠落、跌倒、坍塌、淹溺、灼烫、火灾、辐射、爆炸、中毒、触电、掩埋、倾覆等多种。

**【案例5-5】**

被保险人邢某投保了一份意外伤害保险，保险金额为20万元。在保险期限内的某日，邢某突然晕倒，经医院抢救无效死亡，医院诊断为突发性脑血管破裂出血。邢某家属要求保险公司按照意外事故死亡给付20万元。经调查，被保险人生前有高血压等既往病史，且事发当时邢某坐在办公桌前打电话，突然头部侧落，脸色苍白，由同事送往医院进行抢救。

试分析：保险公司是否应该赔付保险金？

资料来源：池小萍、郑祎华：《人身保险》，北京：中国金融出版社，2006年。

### （三） 人身意外伤害保险的特点

**1. 意外伤害保险的基本特点**

（1）期限短，保险期间与责任期限不一致。意外伤害保险是短期险，通常都是一年期，也有几个月或更短的。如各种旅客意外伤害保险，保险期限为一次旅程；游泳者平安保险期限更短，其保险期限只有一个场次。但是，有些意外伤害造成的后果却需要一定时期以后才能确定，因此，人身意外伤害保险有一个关于责任期限的规定（参见"意外伤害保险的责任范围"）。

（2）灵活性较大。意外伤害保险可以量身定做，投保人可根据自身的职业特点选择投保险种。出差多的商务人士可购买交通意外、航空意外伤害险；建筑工程师、运动员等特殊职业者可购买特种意外伤害保险等。意外伤害保险中，保险金额亦可经双方协商议定（不超过最高限额），投保手续也十分简便，无须被保险人参加体检，只要有付费能力，一般的人均可参加。

（3）保费低廉。一般不具备储蓄功能，在保险期终止后，即使没有发生保险事故，保险公司也不退还保险费，所以一般保费较低，保障较高。和其他人身保险险种相比较，意外伤害保险多为纯保障型险种，客户能用较少的钱获得较高的保障。

**2. 人身意外伤害保险与人寿保险的比较**

与人寿保险相比，意外伤害保险与其共同具有的特性包括：

（1）二者同属人的保险，都以人为直接的保障对象。

（2）由于生命和身体是无法用货币衡量的，因此，二者的保险金额由双方约定，都是采用定额给付方式，保险合同都是给付性质的；投保人和被保险人都可以是同一人或两个主体，需要指定受益人来领取保险金；都不适用损失补偿原则和代位追偿原则。

二者在许多方面也存在着不同之处：

（1）二者的可保风险不同。人寿保险承保的是人的生存或死亡给付、养老年金或满期领取等；而意外险承保的则是被保险人由于意外事故造成身体的伤害，并因此而致使被保险人死亡或残疾。这种危险对每个人来说其危险程度大致相同，与年龄的关系不大。

（2）人寿保险是纯粹的定额给付保险，保险事故发生时，保险人不论有无损失或损失程度大小，都按保险合同的约定给付保险金，同时合同终止；而在意外险中，保险事故发生时，死亡保险金的给付按合同约定，残疾保险金则按保额的一定比例进行支付，而且合同也不一定终止。

（3）费率确定不同。人寿保险的纯保费依据生命表和利息率计算；而意外伤害保险承保的是意外伤害事件，费率厘定是根据过去各种意外伤害事故发生概率的经验及其对被保险人造成的伤害程度、对被保险人的危险程度等进行分类而统计计算的，尤其注重职业危险。被保险人的职业危险程度越高，则费率越高。

（4）保险期限不同。人寿保险的期限一般较长，超过一年；而意外伤害保险的期限则较短，最多三年或五年，一般不超过一年，短的甚至只有几十分钟。

（5）人寿保险的年末未到期责任准备金是依据生命表、利息率、被保险人年龄、已保年期、保险金额等因素计算的；而意外险的年末未到期责任准备金是按当年保险费收入的一定百分比（比如50%）计算的。

> **【案例 5-6】**
> 李某在游泳池内被从高处跳水的王某撞昏，溺死于水池底。事前，游泳馆为每位游客投保了一份意外伤害保险，保额2万元。事后，王某承担民事损害赔偿责任10万元。
> 试分析：
> （1）保险公司应该如何处理？说明理由。
> （2）对王某的10万元赔款应如何处理？说明理由。
> 资料来源：中央电大2003~2004第一学期开放本科期末考试金融学专业保险学概论试题。

3. 人身意外伤害保险与人身伤害责任保险的比较

两者在字面上虽有相似之处，而且都有以发生人身伤亡事故为条件进行给付保险金或赔款的保险业务，但是两者实质上却有很大的不同。前者是人身保险业务中的一种，后者是责任保险的一种。两者的区别主要表现在：

（1）合同主体不同。人身意外伤害保险合同的投保人和被保险人可以是同一主体，也可以是两个不同的主体，投保人是自然人或法人，被保险人只能是自然人，需要指定受益人；而人身伤害责任保险的投保人和被保险人必须是同一主体，法人或自然人，无须指定受益人。这种保险实际上承保的是被保险人对他人实施的伤害，即被保险人是有可能造成他人人身伤害的人。

（2）保险标的不同。人身意外伤害保险的保险标的是被保险人的生命或身体。人身伤害责任保险的保险标的是被保险人对他人的民事赔偿责任。

（3）适用的赔偿原则和赔偿金额的确定方式不同。人身意外伤害保险适用定额给付原则，赔偿金额是根据保险合同中规定的死亡或伤残程度给付标准来给付保险金；人身伤害责任保险适用补偿原则，保险赔偿是以被保险人依照法律或合同对第三者的人身伤害承担民事赔偿责任为依据，赔偿金额以保险单规定的被保险人应对第三者负责的赔偿限额为最高限额。

（4）保险责任不同。人身意外伤害保险只要被保险人在有效期内遭受意外伤害导致死亡、残疾等，就构成保险责任，保险人要依约给付保险金；人身伤害责任保险中，只有依据法律或合同的规定，被保险人应对第三者承担民事赔偿责任时，才构成保险责任，由保险人支付责任保险赔款。

## 二、人身意外伤害保险的适用范围与责任范围

### （一）人身意外伤害保险的适用范围

意外伤害保险承保的人身危险是意外伤害，按照保险人的担保能力，可以将意外伤害划分为一般可保意外伤害、特约可保意外伤害和不可保意外伤害三种。

1. 一般可保意外伤害

一般可保意外伤害是在一般情况下都可以承保的意外伤害。我国的意外伤害保单中将"意外伤害"定义为"外来的、突然的、非本意的、非疾病的使被保险人的身体遭受伤害的客观事实"。归纳来说，一般可保意外伤害主要包括以下几点：

（1）必须是被保险人身体上的伤害。伤害特指身体受到侵害造成损坏、创伤的客观事实，与精神上或心灵上的创伤没有关系。意外险的承保条件首先要求有身体伤害事实存在，而且这种伤害必须是发生在被保险人身上。

（2）必须是由外界原因、意外事故所致的伤害。①外界原因引起的伤害是相对于内部疾病而言的。但事实上，很多疾病先是从外界环境诱发的，像空气污染造成的呼吸道感染，居住环境缺碘而引发甲状腺肿大等。少数伤害也存在所谓的潜伏期，比如剧烈的碰撞使得内脏或头部受伤，当时没有任何过度不适的反应，但实质上已造成脑震荡或内脏位置偏离，在以后的某个时候会突然发作脑震荡后遗症或是由此引起内脏功能失调等，这都使得外来伤害与内生疾病的界限趋于混淆。而保险的经营原则要求必须有一定明晰的界限，所以对特种伤害或是特殊疾病在保险单中都要单独列示，以便于赔付工作的进行，避免争执的发生。②意外事故造成的伤害是指被保险人事先对伤害的发生不能预见或无法预见到，因此也无法躲避；或者被保险人虽已预见到伤害，但伤害仍然是违背被保险人的主观意愿而最终发生的。

（3）非故意诱发的伤害。意外伤害保险中强调所承保的意外伤害是偶然的、突然发生的意外事件，是被保险人主观上不曾预见或违背其主观意愿而发生的身体上的伤害事实。

故意自我伤害是指被保险人故意使自己的身体遭受伤害，比如自残、自虐行为，这不符合意外伤害的定义，因此也不属于意外伤害的承保范围；故意诱发意外伤害是指伤害的最终发生是由于被保险人的主观意识、主动行为的诱发或推动，比如故意穿得很少在冬季进行户外活动而引起冻伤。

被保险人故意使自己受到伤害，与被保险人已经预见伤害即将发生，但由于法律或职责上的规定不能躲避，或是为了抢救集体财产、他人生命而甘冒危险，性质是完全不同的。后者，被保险人并不希望自己受到伤害，只是出于责任或出于道义而没有躲避伤害的发生，这已经违背了其主观意愿，属于意外，因而可以承保。

2. 特约可保意外伤害

特约可保意外伤害是指那些理论上可以承保，但保险人出于保险责任区分的考虑、承保能力的限制或盈利的需要而一般不予承保的意外伤害危险。这类危险只有经过双方的特别约定，在另加保费或其他条件下才准予承保的意外伤害。一般包括：战争使参战、非参战的被保险人遭受的意外伤害；被保险人在从事登山、跳伞、滑雪等剧烈的体育活动、竞技性体育比赛或特别冒险活动中遭受的意外伤害；由于医生误诊、药剂师错发药品、检查中忽略了潜伏病痛、手术中错切除等医疗事故造成的意外伤害等。这些意外伤害可以通过特别约定，使之从除外责任中剔除，转为可保危险。

### 3. 不可保意外伤害

不可保意外伤害，一般是指那些因违反法律规定或违反社会公共利益的行为引发的意外伤害，这种风险，保险人一般都不予理睬。比如：被保险人在违法犯罪活动中受到的伤害。

被保险人在寻衅斗殴中受到的意外伤害也不可保。

被保险人在酒醉、吸食或注射毒品后发生的意外伤害也不予以承保。

一般来说，对于不可保的意外伤害，保险公司均要以除外责任的形式在保险条款中加以明确列示。

### （二）意外伤害保险的责任范围

意外伤害保险的保险责任是指由保险人承担的被保险人因意外伤害所导致的死亡和残废给付保险金的责任，不负责疾病所致的死亡。死亡保险的保险责任是被保险人因疾病或意外伤害所致死亡，不负责意外伤害所致的残废。两全保险的保险责任是被保险人因疾病或意外伤害所致的死亡以及被保险人生存到保险期结束。上述关系可用以表5-1表示。

**表5-1  人身意外伤害保险、死亡保险和两全保险的保险责任**

| 险 种 | 保 险 责 任 | 险 种 | |
| --- | --- | --- | --- |
| 人身意外伤害保险 | 意外伤害所致残疾 | | |
| | 意外伤害所致死亡 | 死亡保险 | 两全保险 |
| | 疾病所致死亡 | | |
| | 生存到保险期限结束 | | |

意外伤害保险的保险责任由以下三个必要条件构成，缺一不可。

### 1. 被保险人遭受了意外伤害

被保险人在保险期限内遭受意外伤害是构成意外伤害保险的保险责任的首要条件。这一首要条件包括以下两方面的要求：

（1）被保险人遭受意外伤害必须是客观发生的事实，而不是臆想的或推测的。

（2）被保险人遭受意外伤害的客观事实必须发生在保险期限之内。如果被保险人在保险期限开始以前曾遭受意外伤害，而在保险期限内死亡或残废，不构成保险责任。

### 2. 被保险人死亡或残废

被保险人在责任期限内死亡或残废，是构成意外伤害保险的保险责任的必要条件之一。这一必要条件包括以下两方面的要求：

（1）被保险人死亡或残废。死亡即机体生命活动和新陈代谢的终止。在法律上发生效力的死亡包括两种情况：一是生理死亡，即已被证实的死亡；二是宣告死亡，即按照法律程序推定的死亡。残废包括两种情况：一是人体组织的永久性残缺（或称缺损），如肢体断离等；二是人体器官正常机能的永久丧失，如丧失视觉、听觉、嗅觉、语言机能，运动障碍等。

（2）被保险人的死亡或残废发生在责任期限之内。即只要被保险人遭受意外伤害的事件发生在保险期内，而且自遭受意外伤害之日起的一定时期内（即责任期限内，如90天、180天、360天等）造成死亡残废的后果，保险人就要承担保险责任，给付保险金。即使被保险人在死亡或确定残废时保险期限已经结束，只要未超过责任期限，保险人就要负责。

责任期限对于意外伤害造成的残废实际上是确定残废程度的期限。如果被保险人在保险期限内遭受意外伤害，治疗结束后被确定为残废，且责任期限尚未结束，当然可以根据确定的残废程度给付残废保险金。但是，如果被保险人在保险期限内遭受意外伤害，责任期限结束时治疗仍未结束，尚不能确定最终是否造成残废以及造成何种程度的残废，那么，就应该推定到责任期限结束时，在这一时点上被保险人的组织残缺或器官正常机能的丧失是否是永久性的，即以这一时点的情况确定残废程度，并按照这一残废程度给付残废保险金。以后的情况既不追究也不再负责。

3. 意外伤害是死亡或残废的直接原因或近因

在意外伤害保险中，被保险人在保险期限内遭受了意外伤害，并且在责任期限内死亡或残废，并不意味着必然构成保险责任。只有当意外伤害与死亡、残废之间存在因果关系，即意外伤害是死亡或残废的直接原因或近因时，才构成保险责任。意外伤害与死亡、残废之间的因果关系包括以下三种情况：

（1）意外伤害是死亡或残废的直接原因。即意外伤害事故直接造成被保险人死亡或残废时，则构成保险责任，保险人给付保险金。

（2）意外伤害是死亡或残废的近因。即意外伤害是造成被保险人死亡、残废事件或一连串事件中最有效、起决定作用的原因。根据近因原则规定，保险人承担保险责任。

（3）意外伤害是死亡或残废的诱因。即意外伤害使被保险人原有的疾病发作，从而加重后果，造成被保险人死亡或残废时，保险人不是按照保险金额和被保险人的最终后果给付保险金，而是比照身体健康时遭受这种意外伤害会造成何种后果给付保险金。

## 三、人身意外伤害保险的保险金给付

### （一）死亡保险金的给付

1. 死亡保险责任的构成

一般情况下所谓的死亡都是指医学意义上的生理死亡，即指机体生命活动和新陈代谢的终止。如果被保险人在保险期限内遭受意外伤害，在责任期限内生理死亡，并且保险期限内的意外伤害是导致被保险人死亡的直接原因或近因，显然已经构成意外伤害保险的保险责任，保险人即当准备给付保险金。

但是，如果被保险人在保险期限内因飞机、车、船失事等原因下落不明，那么从事故发生之日起满两年，法院宣告被保险人死亡时已经超过了意外险的责任期限（一般都规定在一年以内）。在这种情况下，可以在意外伤害保险条款中订立失踪条款或在保险单上签注关于失踪的特别约定，规定被保险人确因意外伤害事故下落不明超过一定期限（如3个月、6个月等）时，视同被保险人死亡，保险人给付死亡保险金，但如果被保险人以后生还，受领保险金的人应本着诚信原则将保险金退还给保险人。

2. 死亡保险金的给付方式

在确定了被保险人死亡，的确构成意外伤害保险的保险责任之后，保险人就要按照保险单的规定履行死亡保险金给付的义务。

在意外伤害保险合同中，要规定死亡保险金的数额或死亡保险金占保险金额的比重。例如规定被保险人因意外伤害死亡时给付保险金3000元、5000元，或规定给付意外伤害保险金额的100%、70%、50%等。

另外，有些人寿保险合同的附加意外伤害保险条款将死亡保险金的给付按行业危险程度做出了规定。如将意外伤害保险金分为特殊保险金和普通保险金两种，凡从事井下作业、海上作业、航空作业及其他高危险工作的人员适用特殊保险金，其他人员适用普通保险金，特殊保险金和普通保险金的比例为1∶2，从而体现了人身保险合同权利和义务的对等原理。

**（二）残疾保险金的给付**

1. 残疾及残疾程度的评定标准

保险学所说的"残疾"是纯粹医学意义上判断人的身体组织或部分器官丧失正常活动机能，永久性地、不可挽回地缺失某种正常的生理活动能力的一种状态。意外伤害保险所指的残疾与医学意义上的基本一致，也包括两种情况：一是人体组织的永久性残缺（或称缺损），如肢体断离等；二是人体器官正常机能的永久丧失，如失去视觉、听觉、嗅觉，语言障碍或行为障碍等。

在保险期限内发生意外伤害事故，由伤害引致并且能够在此期间或规定的责任期限内，由指定医院确诊的永久性残疾构成意外伤害险的保险责任，保险人应按残疾程度的高低，根据事先约定给付全部或部分保险金。若治疗延续的时间较长，在责任期限结束时仍未能确定是否造成残疾或造成何种程度的残疾，则根据责任期限结束时被保险人的状态推定残疾程度，并以此为基础进行给付；若被保险人遭受意外伤害后通过治疗或自身修复在180天内未遗留组织器官缺损或功能障碍的，则不属于残疾。

2. 残疾程度的评定

一般来说，保险公司并不对所有的意外伤害都承担保险责任，而只对符合保险合同约定的伤残程度和给付标准的意外伤害事故，按照合同约定的给付比例承担保险责任。目前各家保险公司确定残疾保险金给付比例的重要标准是《人身保险残疾程度与保险金给付比例表》（参见附录）。该表将人身保险残疾程度分为7个等级，等级下又分有项目，共34个。第一级保险金最高给付比例为100%，分为8个项目，其中包括：①双目永久完全失明的；②两上肢腕关节以上或两下肢踝关节以上缺失的，等等。第二级保险金最高给付比例为75%，有2个项目，如十手指缺失的。第三级保险金最高给付比例为50%，有5个项目，如双耳听觉机能永久完全丧失的，十手指机能永久完全丧失的，十足趾缺失的等。第四、五、六、七级保险金最高给付比例分别为30%、

20%、15%、10%，其各级项目数分别为7个、7个、3个、2个。因此，意外伤害保险残疾保险金的数额由保险金额和残疾程度两个因素确定。其中，残疾程度的确定最为关键，也最为复杂。人身保险残疾程度与保险金给付比例详见附录。

　　3. 残疾保险金的给付

　　在残疾程度确定后，保险人应根据《人身保险残疾程度与保险金给付比例表》的规定，按照保险金额及该项残疾所对应的给付比例给付残疾保险金。也就是说，在残疾程度确定以后，计算应给付的残疾保险金事实上很简单，其公式为：

$$残疾保险金＝保险金额×残疾程度百分比$$

　　在意外伤害保险合同中，应将残废百分比列举得越详尽越好，以避免在计算残废保险金时双方发生分歧。对于《人身保险残疾程度与保险金给付比例表》中未作规定的残疾，确定是由意外伤害造成的，可以参照最相似的项目评定残疾等级，给付残疾保险金。

　　**（三）医疗保险金的给付**

　　在人身意外伤害保险中，被保险人在保险有效期内遭受承保危险事故导致身体伤害，并且因此发生了医疗费用开支，在责任期限内提出申请的，由保险人按合同约定予以补偿。严格来说，意外伤害医疗保险金的给付一般不属于人身意外伤害保险的责任范围，大多数情况下须经当事人同意，以特约条款方式附加于意外险合同中。（普通的意外险可以承担意外事故导致的身故责任、意外事故导致的高残责任，但是，并不承担意外事故导致的医疗保险责任；综合型意外险才包括意外伤害医疗费用的补偿。）

　　意外伤害医疗保险金的给付应同时具备遭受意外伤害和由此而发生了医疗费用两个条件。由于同时具备这两个条件，因此，意外伤害险医疗费用的给付较健康险医疗费用给付的比例要宽一些。保险金额包括实际医疗费用和住院费等项，前者是被保险人必须支付的合理的实际医疗费用，给付医疗保险金，但每次给付不得超过保单所规定的"每次伤害医疗保险金限额"；后者是指被保险人因意外伤害经县级及以上医院或保险人指定医院住院治疗发生的费用，由保险人按其住院日数给付保单所载的"伤害医疗保险金日额"，或按规定金额报销，但每次伤害的给付或报销天数不得超过规定时日。

## 四、人身意外伤害保险的常见险种

　　意外伤害保险包括普通意外伤害保险和特定意外伤害保险两大类。前者承保的危险是在保险期限内发生的各种一般可保意外伤害和特别约定的特约可保意外伤害，目前我国开办的学生平安保险、普通伤害保险、团体人身意外伤害保险等都属于普通意外伤害保险。所谓特定意外伤害保险是以特定时间、特定地点或特定原因发生的意外伤害为保险危险的意外伤害保险，目前主要有旅客意外伤害保险、职业意外伤害保险等大险种。

　　下面就人身保险业目前经营的几个主要意外险险种做一个简单介绍。

### （一）普通意外伤害保险

**1. 学生平安保险**

学生平安险是以在校学生为保险对象，既可以采用团体方式、也可以采用个人方式投保的一年期意外伤害险附加医疗费保险的险种。其特点是：费率低，保障广，已成为人身意外伤害保险的主要险种之一。

投保时要求被保险人是在校学生；身体健康，能正常学习和生活。保险金额一般为每位学生 3000～10000 元，保险费率在 0.025‰～3‰ 之间。保险期限为一年，期满时可办理续保。

学生平安险的保险责任包括：①被保险人在保险期限内遭受意外伤害而死亡，由保险公司给付死亡保险金；②被保险人在保险期限内因意外伤害以致残疾，由保险公司给付残疾保险金；③被保险人在保险期限内因意外伤害需要治疗时，由保险公司给付医疗保险金。医疗保险金的给付采用补偿方式，即按实际支出的医疗费用给付。

**2. 普通伤害保险**

普通伤害保险也称个人伤害保险，或一般伤害保险。这是一种独立经营的险种，适合于为被保险人为单个自然人因意外伤害事故而致身体伤害提供保险保障。这种保险的给付，通常包括因伤害致死的死亡保险金的给付和因伤害致残的残疾保险金的给付两项，而医疗保险金的给付则要经过当事人双方的协议，以特约条款方式附加于保单之中。普通伤害保险的保险期限都比较短，通常是一年以下的短期险或就某一事件的全过程投保意外险。

普通伤害保险投保时一般不需要进行严格的身体检查。出于避免道德风险发生的考虑，保险人一般要对未成年人、超高年龄者在保额上加以限制或加入相关的加费标准。

**3. 团体人身意外伤害保险**

团体意外伤害保险是以各种社会团体为投保人，以该团体的全体在职人员为被保险人的意外伤害保险。团体意外伤害保险规定：凡机关、团体、企业事业单位的在职人员，身体健康，能正常工作或劳动的，都可作为被保险人，由其所在单位向保险公司办理集体投保手续。这一险种的最大优点就是可以一定程度地减轻被保险人的保险费负担。

团体意外险一般期限为一年，期满可申请续保。保险金额根据投保单位支付保费的能力而定，一般要以每千元为单位进行增减变化。保险金额一旦确定，中途不得变更。

被保险人在保单有效期间发生意外事故而导致死亡、残疾或就医治疗的，保险人按事先约定给付全部或部分保险金。被保险人在保单有效期内无论一次或连续多次发生意外伤害事故，保险人都需按规定给付保险金，直至累计达到保险金额为止。一旦给付总额达到保险总金额，保险责任自动终止。这一点与个人意外伤害险保单的要求是一致的。

与团体寿险相类似的，参加团体意外伤害保险，投保团体要填写投保单和全体被保险人名单，给保险人核定承保后签发保险单，保单由投保团体持有，被保险人只持有保险凭证。被保险人在投保时可以指定受益人，如果没有指定受益人的，可作为遗产由法定继承人继承。在保单有效期间，投保团体如因人员变动需加保、退保，或应被保险人的要求变更受益人，投保人应填写变动通知单，送交保险人核发，并作为保单附件。被保险人中途离职，不论是否已办理批改手续，均自离职之日起丧失保险保障，保险人应退还已缴纳的未到期保险费。

被保险人发生保险事故后，可以由被保险人本人或其受益人通过投保团体向保险人申请给付保险金。如果保险事故发生之日起满一年，被保险人或受益人不提出保险金给付申请的，按自动放弃权益处理。

**（二）旅行伤害保险**

旅行伤害保险其实是将与旅行密切相关的所有意外伤害保险汇总在一起，主要险种包括：

**1. 在运输工具上的旅客意外伤害保险**

近现代旅行与交通工具有着密切的关系，远途徒步旅行只有在特定情况下才会发生，大多数情况下人们都利用各种交通工具——汽车、轮船、火车、飞机。但迄今为止还没有哪一种交通工具可以确保旅客的绝对安全。旅行者在搭乘交通工具的过程中，如果发生了因天灾人祸等造成的意外伤害事故，就由各种旅客意外伤害保险提供保障，比如公路旅客意外伤害保险、铁路旅客意外伤害保险、航空旅客意外伤害保险、轮船旅客意外伤害保险等。

**2. 旅游者意外伤害保险**

旅游是外出旅行的一个重要组成部分，这种旅游者意外伤害保险为旅游者旅行过程提供人身风险方面的保险保障，是以旅行社、机关、团体、企业事业单位组织的团体旅游者为保险对象的一种意外伤害保险。保险期限根据旅行安排可长可短，从被保险人乘上由旅行社等单位指定的汽车、火车、轮船或飞机时开始，至本次旅游结束离开相应的交通工具时为止。如遇旅游中因故延长日期，可以补交保险费，保险责任继续有效。这种保险由旅游组织单位统一代办。

保险有效期内，被保险人因意外伤害事故，由保险人一次性给付包括受伤、残疾所需的抢救及医疗费用在内的保险金，但最高不超过合同约定的保险金额。

被保险人在保险事故发生后一年内，提交有关证明，填写人身保险给付申请书，经保险人核实即可按规定领取保险金。

**3. 住宿旅客意外伤害保险**

衣、食、住、行是人们日常生活的四大要素。外出旅行中，住宿更是一个不可忽视的方面。住宿旅客意外伤害保险是以在持有合法营业执照的宾馆、饭店、招待所、旅社等登记住宿的旅客可作为保险对象的一种意外伤害保险。保险期限自被保险人办理完住宿手续开始，直至其办妥退宿手续并按退宿规定可停留在住宿地的时间结束为止。

每一被保险人的保险金额按住宿标准不同而有差异。住宿费用高的，保险金也高，反之保险金就低。被保险人的保险费包含在旅客客房的租价内。住宿单位每月按住宿营业额的一定比例计算后向保险人缴纳保费。

保险人在保险有效期内承担以下责任：被保险人无论外出或在住处因意外伤害导致死亡或残疾，或因遭受意外伤害而需要抢救治疗时，保险人都要根据保单规定给付保险金或补偿被保险人支出的医疗费。

被保险人在保单有效期内发生了保险事故的，由其本人或其受益人通过投保的住宿单位向保险人提出给付保险金的申请，并提供有关证明、凭单等供保险人审核。保险人核实无误，即给付保险金。从保险事故发生起三个月内不报案，六个月内不提供书证或一年之内不申领保险金者，视为自动弃权。

**（三）职业伤害保险**

从字面就可以看出，这是一种为那些因从事特定职业在执行公务之时遭受人身意外伤害事故，并因此暂时或永久丧失工作能力的人群提供保障的人身保险，即在被保险人遭受意外伤害之后，由保险人按规定给付保险金，以使得被保险人不因履行职责而承受身体上、精神上和经济上的多重损害。这种保险多采用团体投保的方式，如英美等国现行的职业灾害赔偿保险，就属于职业伤害保险的范畴；我国保险公司经营的外出人员和执法人员平安保险，从性质上讲也属于职业伤害保险。

我国的外出人员和执法人员平安保险又称公务人员意外伤害保险，它是面对经国家机关、政府部门、企事业单位、社会团体聘用，并经委派授权执行政策、法律、履行公共管理事务权力的专业人员，在其外出工作期间，执行政策、维护法律过程中，受到自身以外的机械力量或不法歹徒的伤害和攻击，致使残疾或死亡，而由保险公司给付保险金的一种人身保险业务。

**（四）作为附加险的意外伤害保险**

在人身保险实务中，意外伤害保险既可以作为单一的险种进行承保，也可以作为其他人身保险的附加险，还可以与其他险种合二为一。

**1. 健康保险含有意外伤害保险条款**

意外伤害保险作为健康保险的附加险，即除因病致残或致死外，被保险人遭受意外伤害导致残疾或死亡或需要就医治疗时，保险人也负责给付保险金。如医疗保险中，被保险人在保险期间因疾病或遭受意外伤害支付的医疗费用超过免赔额之后，保险人根据合同约定支付保险金，这就是健康保险包含意外伤害保险条款。个人住院医疗保险、个人住院医疗补贴保险、少儿住院医疗保险等都是此类保险。

**2. 人寿保险含有意外伤害保险**

人寿保险附加意外险的实质是人寿保险附加残疾、死亡条款的综合保险。这种保险在保险费的收取和保险金的给付上一般都有特殊的规定。被保险人因意外伤害致残时，保险人给付残疾津贴，并对分期缴付保险费的被保险人免收全残以后的保险费或减收半残以后的保险费，对因意外伤害致死的被保险人给付保险金额的两倍或三倍。

**【案例 5-7】**

　　小学生张某，男，11 岁。2002 年初参加了学校组织的学生团体平安保险，保险期限为当年 2 月 1 日至次年 1 月 31 日。当年 10 月 3 日张某在家附近的一幢住宅楼施工工地玩耍，被突然从楼上掉下的一块木板砸在头上，送医院经抢救无效死亡。

　　有人认为保险公司先给付张某死亡保险金，然后向造成这起事故的施工单位索要与此等额的赔偿金；还有人认为事故不是在校内发生的，不予赔付。

　　试分析该案例。

　　资料来源：考试大网，http：//www.examda.com/bx/Agent/moniti/20080911/094458685.html，保险代理人模拟题，选择及案例强化题集。

**【案例 5-8】**

　　2008 年 5 月，投保人王某向保险公司为自己投保了人身意外伤害保险，保险金额为 10000 元。在受益人的项目内，王某填写的受益人为"法定"。2009 年 5 月，其妻张某因家庭纠纷将王某杀害，王某的父母向保险公司提起索赔。

　　试分析：保险公司是否赔付？如何赔付？

　　资料来源：考试大网，http：//www.examda.com/bx/Agent/Instructs/20061223/085448849.html，代理人保险学概论模拟测试题。

# 第四节　健康保险

## 一、健康保险的概念与特征

### (一) 健康保险的概念

　　健康保险是指以被保险人的身体为保险标的，保险人承担对被保险人在保险期限内因患疾病、生育或发生意外事故受到伤害时所导致的医疗费用或收入损失进行补偿的一种保险。健康保险并不是保证被保险人不受疾病困扰、不受伤害，而是以被保险人因疾病等原因需要支付医疗费、护理费，因疾病造成残疾以及因生育、疾病或意外伤害暂时或永久不能工作而减少劳动收入为保险事故的一种人身保险。根据人身保险业界的习惯，往往把不属于人寿保险、意外伤害保险的人身保险业务全都归入健康保险中。

### （二）健康保险的特点

健康保险虽然与人寿保险、人身意外伤害保险同属人身保险的范畴，但健康保险也有许多不同于其他人身保险险种的特点，甚至在某些方面，与普通寿险业务有着较大的区别。一般来讲，健康保险有以下几方面的特点：

#### 1. 保险期限

保险期限除重大疾病等保险以外，绝大多数健康保险尤其是医疗费用保险常为一年期的短期合同，原因在于医疗服务成本不断上涨，保险人很难计算出一个长期适用的保险费率，而一般的个人寿险合同则主要是长期合同，在整个缴费期间可以采用均衡的保险费率。

#### 2. 精算技术

人寿保险在制定费率时主要考虑死亡率、费用率和利息率，而健康保险则主要考虑疾病率、伤残率和疾病（伤残）持续时间。健康保险费率的计算以保险金额损失率为基础，年末未到期责任准备金一般按当年保费收入的一定比例提取。此外，健康保险合同中规定的等待期、免责期、免赔额、共付比例和给付方式、给付限额也会影响最终的费率。

#### 3. 健康保险的给付

费用型健康保险适用补偿原则，是补偿性的给付；而定额给付型健康险则不适用，保险金的给付与实际损失无关。对于前者而言，强调对被保险人因伤病所致的医疗花费或收入损失提供补偿，与人寿和意外伤害保险在发生保险事故时给付事先约定的保险金不同，而类似于财产保险。

#### 4. 经营风险的特殊性

健康保险经营的是伤病发生的风险，其影响因素远较人寿保险复杂，逆向选择和道德风险都更加严重。为降低逆向选择风险，健康保险的核保要比人寿和意外伤害保险严格得多；道德风险导致的索赔欺诈也给健康保险的理赔工作提出了更高的要求；精算人员在进行风险评估及计算保费时，除了要依据统计资料，还要获得医学知识方面的支持。

#### 5. 合同条款的特殊性

健康保险的被保险人和受益人常为同一个人。健康保险合同中，除适用一般寿险的不可抗辩条款、宽限期条款、不丧失价值条款等外，还采用一些特有的条款，如既存状况条款、转换条款、协调给付条款、体检条款、免赔额条款、等待期条款等。此外健康保险合同中有较多的名词定义，有关保险责任部分的条款也显得比较复杂。

#### 6. 健康保险的除外责任

除外责任一般包括战争或军事行动；故意自杀或企图自杀造成的疾病、死亡和残废；堕胎导致的疾病、残废、流产、死亡等。

## 二、健康保险的种类与责任范围

### （一）健康保险的种类

20 世纪以来，健康保险在世界各国都得到了较大的发展，承保范围日益扩大，险种日益增多，它已成为各国福利制度不可缺少的组成部分。健康保险按照不同的标准，可以分为不同的种类。

1. 按给付方式分类

健康保险是以被保险人患疾病作为保险事故的，按给付方式划分，一般可分为三种：

给付型，保险公司在被保险人患保险合同约定的疾病或发生合同约定的情况时，按照合同规定向被保险人给付保险金。保险金的数目是确定的，一旦确诊，保险公司按合同所载的保险金额一次性给付保险金。各保险公司的重大疾病保险等就属于给付型。

报销型，保险公司依照被保险人实际支出的各项医疗费用按保险合同约定的比例报销。如住院医疗保险、意外伤害医疗保险等就属于报销型。

津贴型，保险公司依照被保险人实际住院天数及手术项目赔付保险金。保险金一般按天计算，保险金的总数依住院天数及手术项目的不同而不同。如住院医疗补贴保险、住院安心保险等就属于津贴型。

2. 按保险保障的内容分类

按照保险保障的内容不同，健康保险可划分为医疗保险、残疾收入补偿保险和护理保险。

医疗保险，又称医疗费用保险，是指提供医疗费用保障的保险，保障的是被保险人因疾病或生育而需要治疗时支出的医疗费用损失。常见的医疗保险有普通医疗保险、住院保险、综合医疗保险、重大疾病保险等。

残疾收入补偿保险，又称残疾收入保险、丧失工作能力补偿保险、收入保障保险[①]等，是指对被保险人因疾病或意外事故导致残疾后，不能正常工作而失去原来的工资收入的补偿保险。在实际生活中，残疾的原因常常是身体内潜伏病症与外在突发伤害的共同作用，因此，需根据近因原则确定责任归属。此种保险常附加有生活指数条款，这样，保险人给付的保险金可随着生活指数进行调整。

护理保险是指以因保险合同约定的日常生活能力障碍引发的护理需要为给付保险金条件，为被保险人的护理支出提供保障的保险。

3. 按损失种类分类

健康保险依此可划分为收入保险、死亡和残疾保险、费用保险三类。

收入保险是指当被保险人因患病或遭受意外伤害而丧失部分或全部工作能力时，由

---

① 20 世纪 70 年代末，美国和加拿大产生了一种特殊的残疾收入补偿保险即收入保障保险，并受到了高收入阶层的欢迎。它将全残定义为被保险人因病或遭受意外伤害致残而收入损失的情况。

保险人定期给付收入保险金。

死亡和残疾保险在被保险人意外死亡时或发生意外丧失肢体、器官等残疾时给付一次性死亡或残疾保险金。

费用保险是指当被保险人因病或遭受意外伤害导致医疗费用支出时给付医疗保险金，如住院费用保险单、普通医疗费用保险单等。

### 4. 按投保方式分类

健康保险可依此划分为个人健康保险和团体健康保险。

个人健康保险是保险公司与保单所有人之间订立的一种合同，是对某一个人或某几个人提供保障的保险。

团体健康保险则是保险公司与团体保单持有人（雇主或其他法定代表）之间订立的合同，它对主契约下的人群提供保障。团体健康保险与人寿保险中团体保险的性质相似。

团体健康保险除提供与个人健康保险相类似的医疗保障，如住院、手术、高额医疗费用保险、长期或短期残疾收入给付外，还提供一些个人健康保险所没有的保障，如牙科医疗、处方药费用等。

### 5. 按照组织性质分类

健康保险可依此划分为商业健康保险、社会健康保险、管理式医疗保险①、自保计划。

商业健康保险是指投保人与保险人双方遵循自愿原则，以双方所达成的保险合同为基础，在被保险人出现合同中约定的保险事故时，由保险人给付保险金的一种保险。

社会健康保险是指国家通过立法形式，采取强制的方式对劳动者因患病、生育、伤残等原因所支出的费用和收入损失进行物质帮助而实施的一种制度。

管理式医疗保险是指将提供医疗服务和提供医疗服务所需资金相结合的一种医疗保障管理模式或管理系统。

自保计划是指企事业单位或雇主，通过部分或完全自筹资金的方式承担其职工或雇员的医疗费用开支，并为此承担部分或全部损失赔偿责任。

除了上述比较常见的划分外，我们还可以按险种结构把健康保险划分为健康保险主险和健康保险附加险。前者即单独开办的一张保险单，保险人所承保的责任仅限于健康保险或包括健康保险在内的几项保险责任的组合。后者是附加于主险之上，并且是与主险同时投保的健康保险，如危险疾病保险、外科费用保险、意外伤害附加医疗保险等。

### （二）健康保险的责任范围

健康保险的保险责任范围主要包括：疾病、分娩、因疾病或分娩所致的残疾和因疾

---

① 20世纪60年代，美国的医疗费用成本急剧增长，产生了对能够控制成本增长的医疗保险产品的需求，管理式医疗保险应运而生。管理式医疗保险是一种特殊的医疗保险，它把管理学的理念和方法引入医疗保险领域，如组织绩效管理、质量管理、过程管理和360度管理等方法，承认"经济人"的理性选择假设，采取"疏"而不是"堵"的办法，主要对医疗服务三要素——医疗质量、医疗费用和医疗服务利用度进行管理，最终将医疗成本控制和医疗服务质量整合起来的保险方式。

病或分娩所致的死亡四项。前两项以补偿医疗费用损失为目的，属单纯的健康保险。第三项除医疗费用外，还补偿被保险人生活收入的损失，属于残疾保险。第四项弥补丧葬费用并给付遗属生活费用，类似以死亡为条件的人寿保险。因此也有人说健康保险是一种综合保险。事实上，健康保险单独承保的情况比较少，大多数时候都是作为人寿保险的附加险出现，即附加疾病保险和附加分娩保险。

概括地讲，健康保险的承保责任范围包括：工资收入损失；业务利益损失；医疗费用；残疾补贴以及丧葬费及遗属生活补贴等。从总体上看，健康保险承保的主要内容可以分为两大类，一类承保的是由于疾病、分娩等所致的医疗费用支出损失，一般称这种健康保险为医疗保险或医疗费用保险；另一类承保的是由于疾病或意外事故致残所致的收入损失，如果被保险人完全不能工作，则其收入损失是全部的；如果无法恢复所有工作，只能从事比原工作收入低的工作，那么收入损失是部分的，损失数额就是原收入与新收入的差额，一般称这种健康保险为残疾收入补偿保险（该险种目前在我国较为少见）。

## 三、健康保险合同的特殊规定

1. 责任期限

责任期限是意外伤害保险和健康保险特有的概念，是指自被保险人遭受意外伤害之日起的一定时期（90 天或 180 天等）。在此期间内，被保险人因意外伤害导致的死亡、残疾、医疗费用或收入损失由保险人承担。

2. 观察期条款

观察期，也称试保期，是指健康保险合同成立之后到正式开始生效之前的一段时间。由于保险人仅仅凭借过去的病历难以判断被保险人是否已经患有某些疾病，为防止已经患有疾病的人带病投保，保证保险人的利益，通常在首次投保的健康保险单中规定一个观察期（90 天或 180 天等）。被保险人在观察期内所患疾病都推定为投保之前已经患有，其所支出的医疗费或所致收入损失保险人不负责，只有观察期结束后保险单才正式生效。及时续保的健康保险合同不再设置观察期。

3. 等待期条款

等待期，也称待赔期，是指健康保险中因疾病、生育及其导致的疾病、全残、死亡发生后到保险金给付之前的一段时间。等待期的时间长短视健康保险种类及其规定而有所不同。

4. 犹豫期

犹豫期也叫冷静期，是指投保人签单之日起 10 日内的一段时间，投保人可以无条件地要求保险公司退还保费，但保险公司可收取最多 10 元的成本费。

5. 免赔额条款

在健康保险合同中通常对医疗费用保险有免赔额条款的规定，在规定的免赔额以内的医疗费用支出由被保险人自己负担，保险人不予赔付。

#### 6. 共保比例条款

共保比例条款，也称共同分摊条款，类似于保险人与被保险人的共同保险：它是指按照医疗保险合同约定的一定比例由保险人与被保险人共同分摊被保险人医疗费用的保险赔偿方式。例如共保比例80%，表明保险人只对医疗费用负担80%，被保险人要自负20%。

#### 7. 给付限额条款

由于健康保险的被保险人的个体差异很大，其医疗费用支出的高低差异也很大，为保障保险人和大多数被保险人的利益，在补偿性质的健康保险合同中通常实行补偿性原则，即对于医疗保险金的给付一般有最高给付限额的规定。

#### 8. 连续有效条款

为方便客户获得保险保障，对于有些希望长期投保健康保险的客户，保险人一般可以通过在保险单中设定保单连续有效的条款。

## 四、健康保险的实务

### （一）医疗保险

医疗保险，又称医疗费用保险，是指提供医疗费用保障的保险，保障的是被保险人因患疾病或生育需要治疗时的医疗费用支出，包括医生的医疗费和手术费、药费、诊疗费、护理费、各种检查费和住院费及医院杂费等。各种不同的医疗保险所保障的费用一般是其中一项或若干项医疗费用的组合。

在医疗保险中，疾病发生导致被保险人遭受的实际医疗费用损失可以用货币来衡量，所以医疗保险具有补偿性，即保险人在保险金额的限度内补偿被保险人实际支出的医疗费用。当然，医疗保险也可以采用定额给付方式，但仅适用于某些特定保障项目，如住院医疗费、手术费、护理费等。当医疗保险采用补偿方式时，保险人通常按实际医疗费用进行补偿。

医疗保险的范围很广，医疗费用则一般依照其医疗服务的特性来区分，主要包含门诊费用、药费、住院费用、护理费用、医院杂费、手术费用、各种检查费用等。各种不同的健康保险保单所保障的费用一般是其中的一项或若干项之组合。

常见的医疗保险包括普通医疗保险、住院保险、手术保险和特种疾病保险、住院津贴保险、综合医疗保险等。

#### 1. 普通医疗保险

普通医疗保险是指为被保险人提供治疗疾病相关的一般性医疗费用，主要包括门诊费用、医药费用、检查费用等。这种保险比较适用于一般社会公众，因为到医院看病是每个人经常发生的事，这种保险的保险费成本较低。由于医药费用和检查费用的支出控制有一定的难度，所以，这种保单一般也有免赔额和比例给付规定，保险人支付免赔额以上部分的一定百分比（例如80%），保险费用则每年规定一次。每次疾病所发生的费用累计超过保险金额时，保险人不再负责。

2. 住院保险

由于住院所发生的费用是相当可观的，故将住院的费用作为一项单独的保险，住院保险的费用项目主要是每天住院的床位费用、住院期间医生费用、使用医院设备的费用、手术费用、医药费等，住院时间长短将直接影响其费用的高低。由于住院费用比较高，因此，这种保险的保险金额应根据病人平均住院费用情况而定。为了控制无必要的长时间住院，这种保单一般规定保险人只负责所有费用的一定百分比（例如85%）。

3. 手术保险

这种保险提供因病人做必要的手术而发生的费用。这种保单一般是负担所有手术费用。

4. 综合医疗保险

综合医疗保险是保险人为被保险人提供的一种全面的医疗费用保险，其费用范围则包括医疗和住院、手术等的一切费用。这种保单的保险费较高。一般确定一个较低的免赔额连同适当的分担比例（例如80%）。

**（二）疾病保险**

疾病保险指以疾病为给付保险金条件的保险。某些特殊的疾病往往给病人带来的是灾难性的费用支付。例如癌症、心脏疾病等，这些疾病一经确诊，必然会产生大范围的医疗费用支出。因此，通常要求这种保单的保险金额比较大，以足够支付其产生的各种费用。疾病保险的给付方式一般是在确诊为特种疾病后，立即一次性支付保险金额。

1. 疾病保险的基本特点

（1）个人可以任意选择投保疾病保险，作为一种独立的险种，它不必附加于其他某个险种之上。

（2）疾病保险条款一般都规定了一个观察期，观察期一般为90天或180天。

（3）疾病保险为被保险人提供切实的疾病保障，且程度较高。疾病保险保障的重大疾病，均是可能给被保险人的生命或生活带来重大影响的疾病项目，如急性心肌梗塞、恶性肿瘤。

（4）保险期限较长。疾病保险一般都能使被保险人"一次投保，终身受益"。保费缴付方式灵活多样，且通常设有宽限期条款。

（5）疾病保险的保险费可以按年、半年、季、月分期缴付，也可以一次缴清。

2. 重大疾病保险

重大疾病保险在国内比较流行，保障的疾病一般有心肌梗塞、冠状动脉绕道手术、癌症、脑中风、尿毒症、严重烧伤、暴发性肝炎、瘫痪和重要器官移植手术、主动脉手术等。

（1）重大疾病保险按保险期间划分，可以分为定期和终身两类。

①定期重大疾病保险为被保险人在固定的期间内提供保障，固定期间可以按年数确定（如10年）或按被保险人的年龄确定（如保障至70岁）。

②终身重大疾病保险为被保险人提供终身的保障。"终身保障"的形式有两种：一种是重大疾病保障，为被保险人终身提供；另一种是指定一个"极限"年龄（如100

周岁），当被保险人健康生存至这个年龄时，保险人给付与重大疾病保险金额相等的保险金，保险合同终止。终身重大疾病保险产品都会含有身故保险责任，费率相对比较高。

（2）按给付形态划分，重大疾病保险有提前给付型、附加给付型、独立主险型、按比例给付型、回购式选择型五种。

①提前给付型重大疾病保险产品的保险责任包含有重大疾病、死亡和（或）高度残疾，保险总金额为死亡保额，但包括重大疾病和死亡保额两部分。如果被保险人罹患保单所列重大疾病，被保险人可以将一定死亡保额比例的重大疾病保险金提前领取，用于医疗或手术费用等开支，身故时由身故受益人领取剩余部分的死亡保险金。如果被保险人没有发生重大疾病，则全部保险金作为死亡保障，由受益人领取。

②附加给付型重大疾病保险产品通常作为寿险的附约，保险责任也包含有重大疾病和死亡高残两类。不同于提前给付型的是该型产品有确定的生存期间。生存期间是指被保险人身患保障范围内的重大疾病始至保险人确定的某一时刻止的一段时间，通常为30天、60天、90天、120天不等。如果被保险人死亡或高残，保险人给付死亡保险金；如果被保险人罹患重大疾病且在生存期内死亡，保险人给付死亡保险金；如果被保险人罹患重大疾病且存活超过生存期间，保险人给付重大疾病保险金，被保险人身故时再给付死亡保险金。此种产品优势在于死亡保障始终存在，不因重大疾病保障的给付而减少死亡保障。

③独立主险型重大疾病保险产品包含的死亡和重大疾病责任是完全独立的，各自的保额为单一保额。如果被保险人身患重大疾病，保险人给付重大疾病保险金，死亡保险金为零；如果被保险人未患重大疾病，则给付死亡保险金。此型产品较易定价，即单纯考虑重大疾病的发生率和死亡率，但对重大疾病的描述要求严格。

④按比例给付型重大疾病保险产品针对重大疾病的种类而设计，同时可应用于以上诸型产品中，主要考虑某一种重大疾病的发生率、死亡率、治疗费用等因素，被保险人罹患某一种重大疾病时按照重大疾病保险金总额的一定比例给付，其死亡保障不变。

⑤回购式选择型重大疾病保险产品针对前文述及的提前给付型产品存在的因领取重大疾病保险金而导致死亡保障降低的不足，规定保险人给付重大疾病保险金后，如被保险人在某一特定时间后仍存活，可以按照某固定费率买回原保险总额的一定比例（如25%），使死亡保障有所增加；如被保险人再经过一定的时间仍存活，可再次买回原保险总额的一定比例。最终使死亡保障可以达到购买之初的保额。此型产品最早出现在南非，在澳大利亚和英国非常普遍，在我国尚属空白。回购式选择带来的逆向选择是显而易见的，因此对于"回购"的前提或条件的设定至关重要。

3. 特种疾病保险

特种疾病保险是保险人以被保险人罹患某些特殊疾病为保险给付条件，按照合同约定金额给付保险金或者对被保险人治疗该种疾病的医疗费用进行补偿的保险。

（1）生育保险①是通过国家立法规定，在劳动者因生育子女而导致劳动力暂时中断时，由国家和社会及时给予物质帮助的一项社会保险制度。

我国生育保险待遇主要包括两项：一是生育津贴，用于保障女职工产假期间的基本生活需要；二是生育医疗待遇，用于保障女职工怀孕、分娩期间以及职工实施节育手术时的基本医疗保健需要。

生育保险关系到广大女职工的切身利益，对社会劳动力的生产与再生产具有十分重要的保护作用。我国生育保险工作的实践证明，在市场经济条件下，实行生育费用社会统筹和社会化管理服务，对于均衡企业负担、改善妇女就业环境、切实保障女职工生育期间的基本权益，发挥了重要作用。同时，对计划生育、优生优育等工作也产生了积极影响。

（2）牙科费用保险在西方发达国家十分普遍，它是为被保险人的牙齿常规检查、牙病预防、龋齿等口腔疾病治疗而提供医疗费用保障的保险。牙齿常规检查和牙病预防可以有效降低牙科医疗费用总额，因此保险人往往将此列入保障范围内。

（3）眼科保健保险是为被保险人提供接受眼科常规检查和视力矫正时所发生的医疗费用保险，如眼科检查费、眼镜配置费、隐形眼镜费等。

（4）艾滋病保险是一种专门针对普通团体提供的专项艾滋病保险产品，承保因输血导致的艾滋病病毒感染或其他因工作中的意外感染、受犯罪侵害感染等引起的赔偿责任。保险期限为一年，保险金额为每份 1 万元，总保险金额最高不超过 30 万元。

**（三）收入保障保险**

如果一个人因疾病或意外伤害事故而不能参加工作，那么他就会失去原来的工资收入。这种收入的损失数额可能是全部的，也可能是部分的，其时间可能较长，也可能较短。提供被保险人在残废、疾病或意外受伤后不能继续工作时所发生的收入损失补偿的保险即是收入保障保险。收入保障保险一般可分为两种：一种是补偿因伤害而致残废的收入损失，另一种是补偿因疾病造成的残废而致的收入损失。在实践中，因疾病而致的残废比因伤害所致的残废更为多见一些。收入保障保险的给付方式一般有以下几种：

1. **按月或按周给付**

根据被保险人的选择而定，每月或每周可提供金额相一致的收入补偿。

2. **按给付期限给付**

给付期限可以是短期或长期的。短期补偿是为了补偿在身体恢复前不能工作的收入损失；长期补偿则是补偿全部残废而不能恢复工作的被保险人的收入，通常规定给付到60 周岁或退休年龄，被保险人死亡时停止给付。短期给付期限一般为一年到两年。

3. **按推迟期给付**

在残废后的前一段时间称为推迟期，在这期间不给付任何补偿，推迟期一般为 3 个月或 6 个月，这是由于在短时间内，被保险人还可以维持一定的生活；同时，通过取消

---

① 中华人民共和国劳动和社会保障部，http：//www. molss. gov. cn/gb/ywzn/2005 – 12/05/content_ 96642. htm。

对短期残废的给付可以减少保险成本。

**（四）护理保险**

中国老龄办统计数据显示：2009 年内地 60 岁以上老龄人口已超过 1.67 亿，占总人口的 12.5%；并以每年 3% 以上的速度递增，远高于总人口 6.6‰的自然增长速度；65 岁以上老年人已超过 9 千万，其中有 960 万老年人生活不能自理。[①] 虽然我国健康保险的分类中还没有长期护理保险，但长期护理保险是健康保险非常重要的组成部分，在国外也比较流行。长期护理保险是针对那些身体衰弱不能自理或不能完全自理、需要他人辅助全部或部分日常生活的被保险人（基本是老年人），提供经济保障或护理服务的一种保险。

长期护理保险的保险范围分为医护人员看护、中级看护、照顾式看护和家中看护四个等级，但早期的长期护理保险产品不包括家中看护。

典型长期看护保单要求被保险人不能完成下述五项活动之两项即可：①吃；②沐浴；③穿衣；④如厕；⑤移动。除此之外，患有老年痴呆等认知能力障碍的人通常需要长期护理，但他们却能执行某些日常活动，为解决这一矛盾，目前所有长期护理保险已将老年痴呆和阿基米德病及其他精神疾患包括在内。

医护人员看护是最高程度的护理，需要特殊的护理专长，在医师医嘱下进行 24 小时看护，由有执照的护士或看护人员担任，或由治疗师提供康复治疗。与住院相比，选择医护人员看护会较为便宜。中级看护与医护人员看护相似，只是病人不必 24 小时接受看护，即为一种非连续性的医护人员看护。照顾式看护是最基本的看护，通常不含医疗性质，只对那些无人协助就不能做基本活动的人在日常生活上提供照顾，看护人员不需要经过专业训练。是否需要照顾式看护由医生决定，护士来监督执行。家中看护指护士或治疗师到病人家中做医疗照顾或治疗，佣人提供家政服务或外出看病购药等的交通服务。越来越多的长期护理保险保单为在家中看护提供了保障。在家中看护比在看护机构看护要便宜，较受老年人欢迎。

长期护理保险保险金的给付期限有一年、数年和终身等几种不同的选择，同时也规定有 20 天、30 天、60 天、80 天、90 天或者 100 天等多种免责期，例如选择 20 天的免责期，即从被保险人开始接受承保范围内的护理服务之日起，在看护中心接受护理的前 20 天不属于保障范围。免责期越长，保费越低。终身给付保单通常很昂贵。

长期护理保险的保费通常为平准式，也有每年或每一期间固定上调保费者，其年缴保费因投保年龄、等待期间、保险金额和其他条件的不同而有很大区别。一般都有豁免保费保障，即保险人开始履行保险金给付责任的 60 天、90 天或 180 天起免缴保费。

此外，所有长期护理保险保单都是保证续保的，可保证对被保险人续保到一特定年龄（如 81 岁），有的甚至保证对被保险人终身续保。保险人可以在保单更新时提高保险费率，但不得针对具体的某个人，必须一视同仁地对待同样风险情况下的所有被保

---

① 中新社北京，http：//nf. nfdaily. cn/ttlist/content/2010-02/07/content_ 9038675. htm。

险人。

最后，长期护理保险还有不没收价值条款的规定，当被保险人撤销其现存保单时，保险人会将保单积累的现金价值退还给投保人。

---

**【案例5-9】**

2002年11月4日张某为自己在保险公司投保了重大疾病保险10份，保险金额为10万元，根据合同约定，张某在合同生效180天后患合同列明的重大疾病或接受合同列明的重大手术，保险公司将按保险金额的3倍给付重大疾病保险金。2003年1月7日张某因多发性脑梗塞、高血压、肾上腺瘤住院治疗，1月24日好转出院；9月5日张某突发冠心病、高血压、脑梗塞、脑萎缩、肾上腺瘤，手术后再次住院治疗，20日好转出院。2003年10月10日张某向保险公司提出索赔申请，要求保险公司给付其重大疾病保险金30万元，并提供了相关索赔资料。经保险公司多方调查，发现张某曾在2001年8月1日因TIA、脑梗塞、高血压住院治疗，8月5日出院；8月21日又因同种疾病再次住院治疗。这两次住院治疗情况张某投保时均未告知保险公司。据此，保险公司根据《保险法》第十条、保险合同责任免除条款之规定拒绝给付张某重大疾病保险金。2004年6月7日张某因治疗无效死亡。

试分析：若张某之妻严某向当地仲裁委员会提出仲裁申请，要求保险公司给付重大疾病保险金30万元，仲裁委员会将如何裁决？

资料来源：我要正义网，http：//51zy.cn/125570649.html，法律文献。

---

# 第五节　团体人身保险

## 一、团体人身保险的概念与特征

### （一）团体人身保险的概念

团体人身保险是由保险公司用一份保险合同为团体内的许多成员提供保险保障的一种保险业务。在团体人身保险中，符合保险公司"团体"条件的为投保人，团体内的成员为被保险人，保险公司签发一张总保单给投保人，为其成员因疾病、伤残、死亡以及离职退休等提供补助医疗费用、给付抚恤金和养老保障计划。

团体人身保险的概念基础就是团体的含义。在实践中，各国都将对团体的有关规定作为规范团体人身保险的重要内容，往往通过立法限定其范围以及投保团体人身保险的团体应具备的条件，将具备条件的团体称为合格团体。

保险监管机构对团体的界定一般是从团体的组成、团体人数和参保比例、团体参保人员资格认定，以及投保金额的规定等方面进行的。

1. 团体组成的规定

参加团体人身保险的团体，不能是为投保团体人身保险而组成的团体，而必须是已经存在的、有特定业务活动、实行独立核算的正式法人团体。该项规定的目的在于，将以购买保险为目的而组成的团体排除在团体人身保险的承保范围之外，避免吸引大量高风险人组成团体，从而给保险公司带来"逆向选择"风险。

2. 团体人数和参保比例的规定

团体人身保险是以团体作为投保人，通过减少管理费用来降低附加费用，从而达到降低保险费的目的的，所以团体人数的规定一般为 5~8 人，若人数较少，一般要求团体内 100% 的人都应投保；若人数较多，一般要求团体内成员投保的比例应达到一定比例（75%~80%）。为了防止逆向选择的发生，在我国规定投保团体的人数等于或少于 8 人时，所有成员必须全部投保；投保人数多于 8 人的，投保成员应占团体成员总数的 75% 以上（含 75%）。保险公司可以在条款或合同中约定，被保险人数减少到团体成员总数的 75% 以下时，保险公司提前 30 天书面通知投保人后，有权解除保险合同。

3. 团体人员参保资格的认定

团体保险虽然不对单个成员进行保险选择，但是为了合理地控制理赔成本和管理费用，避免逆向选择，通常对投保团体保险中的成员参加保险的资格也有一定的限制。如雇主为雇员提供团体人身保险的情况下，通常有如下规定：

（1）全职或专职工作的规定。大部分的团体人身保险通常只针对全职或专职员工。全职上班的员工，往往健康状况较好，工作与生活较为稳定，流动率较低。

（2）正常在职工作的规定。为了避免承保在团体保险合同生效前已患疾病的专职成员，要求每一成员在保险生效日均能正常上班且实际参与工作才能取得参加保险资格。

（3）试用期间的规定。要求新进入成员必须工作一段时间后才能参加团体保险，其长短依据投保团体的流动性高低而有所不同。

4. 投保金额的规定

一般来说，团体保险对每个被保险人的保险金额按照统一的规定计算，其目的主要在于消除逆向选择的行为。具体做法有：

（1）整个团体的所有被保险人的保险金额相同。

（2）按照被保险人的工资水平、职位、服务年限等标准，分别制定每个被保险人的保险金额。

（3）对单个被保险人的投保金额设有上限，一般是以平均保险金额的数倍为上限（大多以 3.5 倍为上限）。

**（二）团体人身保险的特征**

1. 团体保险风险较为稳定

团体人身保险最显著的特点就是用对团体的风险选择来取代对个人的风险选择。团体保险投保过程中无须提供团体中个人的可保证明，保险人只需对整个团体的可保性做

出判断。

团体保险的风险比较稳定，主要原因包括：

（1）团体的风险分散，逆向选择风险小。团体规模较大，可以自动产生风险分散作用。

（2）团体保险合同再订。团体保险中风险程度高、保险保障要求高的人寿保险产品多以短期险形式出现的，在保险期结束后，往往会根据过去的赔付记录、被保险人的可保性证明来重新订立保险合同，调整费率。

（3）团体的退保风险小。

**2. 团体保险计划灵活**

与普通个人保险的保单不同，团体保险单并非必须是事先印就而一字不可更改的。较大规模的团体投保团体保险，投保单位可以就保单条款的设计和保险内容的制定与保险公司进行协商。团体保险单也应遵循一定的格式和包括一些特定的标准条款，但与个人保险合同比较，则明显具有更大的灵活性。

**3. 经营成本低廉**

对于保险人而言，团体保险的经营成本会低于个人保险，这主要是因为：

（1）单证印制和单证管理成本低。团体保险一般采取一张主保单承保一个群体的做法，节省了大量的单证印制成本和单证管理成本，简化了承保、收费等手续，获得了规模效应。

（2）附加佣金所占的比例较低。团体保险的佣金占总保险费收入的比率较个人保险的这一比率要低。许多大型的团体投保人常常直接与保险人洽谈，免除了佣金支出，从而降低了保险公司的经营成本。

（3）核保成本低。由于团体中参加保险的人员比例较高，逆向选择风险较小，体检和其他一些核保要求可以适当免除，节约了保险公司的体检费用。

**4. 服务管理专业**

团体保险的投保人是团体，其对保险的要求、谈判能力往往高于个人。因此，在团体保险市场的激烈竞争中，要获得更多的客户，就要求从业人员必须具有相关的社保、法律、财税、医疗、金融、管理等方面的知识，具有前瞻性、创造性的优势。

**5. 保费分担多元化**

团体保险的保费可以有不同的分担方式：

（1）由雇主负担全部的保费；

（2）由雇主和雇员共同承担保费；

（3）由雇员单独负担保费。

## 二、团体人寿保险

团体人寿保险通常可分为团体定期人寿保险、团体信用人寿保险、团体养老保险、团体终身保险、缴清退休后终身保险、团体遗属收入给付保险和团体万能寿险等险种。

### 1. 团体定期人寿保险

绝大部分团体定期寿险以年更新式的定期保险单方式承保，实际上是以团体方式投保的一年定期的死亡保险。由于保险期限只有一年，所以采用自然保险费，保单没有现金价值。投保最初以及续保时无须体格检查。每年更新合同时，剔除已脱离企业的职员，增加新雇员，而且保险人有权根据投保团体的年龄结构、性别等方面的变化，调整费率。

### 2. 团体信用人寿保险

团体信用人寿保险是指为保全住宅贷款、定期付款销售等分期偿还债权，由贷款提供机构或信用保证机构作为投保人和受益人，以与其发生借贷关系的众多分期付款债务人作为被保险人，同保险人签订的一种团体保险合同。团体信用人寿保险合同以未清偿的债务额为合同的保险金额，在债务清偿前，如果被保险人死亡或达到合同预定的高度残障状态致使其收入中断，由保险人给付相当于未清偿债务额的金额给受益人。

### 3. 团体养老保险

由于考虑员工在退休后的生活保障需要，团体向保险人购买一份生存保险合同，员工退休后，由保险人一次性按保险金额向退休员工支付一笔款项，供其养老所用，这种团体保险称为团体养老保险。

### 4. 团体终身保险

团体终身保险则是指以团体或其雇主为投保人，团体员工为被保险人，以死亡为保险责任，由保险人负责给付死亡保险金的一种保险产品。团体终身保险可以为团体员工提供退休后的死亡保障，以弥补团体定期保险期限较短的不足。

### 5. 缴清退休后终身保险

这是一种以企业年金方式设立的团体终身保险，团体的员工自行负担保险费，逐年约定缴清，每年保障的差额由团体的雇主以购买定期保险的方式来弥补。随着缴清保险保额的不断累积，团体定期保险的保额越来越小，雇主负担也越来越轻，当员工退休时，保险单具有现金保值。在缴清退休后终身保险中，团体保险合同逐渐变成了缴清保险合同，团体保险的性质已非常少。

### 6. 团体遗属收入给付保险

以团体或其雇主作为投保人，团体所属员工为被保险人，员工的遗属作为受益人，团体或其雇主与保险人签订保险合同，约定在员工死亡时，由保险人向死亡员工的遗属给付死亡保险金。保险金的给付方式通常按月给付，给付金额通常按该死亡员工的原工资额确定。

## 三、团体人身意外伤害保险

团体意外伤害保险是团体保险最早的形式之一，它是指当被保险人遭遇意外事故导致死亡或残疾时，由保险人负责给付死亡保险金或残疾保险金的一种团体保险。团体意外伤害保险常常与团体短期丧失工作能力收入保险等一起附加于团体人寿保险合同之中，当被保险人在残疾医疗期间丧失收入所得，其应缴付的部分保险费可以由附加的意外伤害保障来提供。

## 四、团体健康保险

团体健康保险是指以团体或其雇主作为投保人，同保险人签订保险合同，以其所属员工作为被保险人（包含团体中的退休员工），约定由团体雇主独自缴付保险费，或由雇主与团体员工分担保险费，当被保险人因疾病或分娩住院时，由保险人负责给付其住院期间的治疗费用、住院费用、看护费用，以及在被保险人由于疾病或分娩致残疾时，由保险人负责给付残疾保险金的一种团体保险。

1. 团体基本医疗费用保险

当被保险人在保险责任期开始后，因疾病而住院治疗时，保险人将负责给付其住院费用、治疗费用、医生出诊费用以及透视费用和化验费用等。其中，住院费用的给付按照住院天数乘以每日住院给付金额进行计算。

2. 团体补充医疗保险

团体补充医疗保险也称团体高额医疗保险。由于大部分基本医疗保险对于药品、器材、假肢、假牙、血或血浆、诊断服务、预防性药物、门诊治疗、护理及其他很多费用均不予承保，基本医疗保险对于各种医疗费用也有许多限制，团体补充医疗保险以排除基本医疗保险中的诸多限制为主要目的而开始出现。团体补充医疗保险通常由团体或雇主与保险人共同协商医疗费用的限额。保险人为了规避医疗费用过高的风险，在团体医疗保险合同中，还常常附加有免赔额条款及共同保险条款。

3. 团体特种医疗费用保险

团体特种医疗费用保险主要包括团体长期护理保险、团体牙科费用保险、团体眼科保健保险等。长期护理是帮助那些因为残障或老年痴呆症等慢性病而生活不能自理的人完成诸如吃饭、洗澡、穿衣和移动等日常活动。传统的医疗保险一般不对与长期护理相关的费用进行保障，而团体长期护理保险就是以团体或团体雇主为投保人，以团体下属员工（包括退休员工）及其眷属、年长的家庭成员为被保险人，承担被保险人的长期护理服务费用，保障他们退休后的财产或生活的一种团体保险。

4. 团体丧失工作能力收入保险

团体丧失工作能力收入保险又称为团体残疾收入保险，它是以团体或雇主作为投保人，以团体下属员工为被保险人，由保险人承担补偿被保险人因遭遇意外伤害或疾病而丧失收入的责任的一种团体保险。一般情况下，团体丧失工作能力收入保险合同按月提供给付金额，此金额的高低与被保险人的正常收入呈一定比例。

**【案例 5-10】**

2001 年，小张所在的公司为员工投保了团体健康保险，保险金额为 10000 元，保险期限为 3 年，保费是由公司从工会经费中开支。加入团体保险 1 年后，小张离开公司另谋高就。于是，该公司在没有通知小张的情况下，以书面形式向保险公司提出了变更申请，并到保险公司办理了变更手续，以在团体健康保险合同中备注批单的形式将小张删除。在该合同变更半年后，小张不幸患了条款规定的大病。病床上的小张想到了 2 年前的那份团体保险，于是他向保险公司提出了理赔申请，保险公司拒赔。小张将保险公司告上了法庭。

试分析：小张原公司与保险公司的做法是否合理？团体保险合同是否可以擅自变更？

资料来源：百度文库，http://wenku.baidu.com/view，保险案例分析。

# 附录

## 人身保险残疾程度与保险金给付比例表

中国人民银行（1998 年颁布）

| 等级 | 项目 | 残疾程度 | 最高给付比例 |
|------|------|----------|--------------|
| 第一级 | 1 | 双目永久完全失明的（注 1） | 100% |
| | 2 | 两上肢腕关节以上或两下肢踝关节以上缺失的 | |
| | 3 | 一上肢腕关节以上及一下肢踝关节以上缺失的 | |
| | 4 | 一目永久完全失明及一上肢腕关节以上缺失的 | |
| | 5 | 一目永久完全失明及一下肢踝关节以上缺失的 | |
| | 6 | 四肢关节机能永久完全丧失的（注 2） | |
| | 7 | 咀嚼、吞咽机能永久完全丧失的（注 3） | |
| | 8 | 中枢神经系统机能或胸、腹部脏器机能极度障碍，终身不能从事任何工作，为维持生命必要的日常生活活动，全需他人扶助的（注 4） | |
| 第二级 | 9 | 两上肢、或两下肢、或一上肢及一下肢，各有三大关节中的两个关节以上机能永久完全丧失的（注 5） | 75% |
| | 10 | 十手指缺失的（注 6） | |
| 第三级 | 11 | 一上肢腕关节以上缺失或一上肢的三大关节全部机能永久完全丧失的 | 50% |
| | 12 | 一下肢踝关节以上缺失或一下肢的三大关节全部机能永久完全丧失的 | |
| | 13 | 双耳听觉机能永久完全丧失的（注 7） | |
| | 14 | 十手指机能永久完全丧失的（注 8） | |
| | 15 | 十足趾缺失的（注 9） | |

续表

| 等级 | 项目 | 残 疾 程 度 | 最高给付比例 |
|---|---|---|---|
| 第四级 | 16 | 一目永久完全失明的 | 30% |
| | 17 | 一上肢三大关节中，有二关节之机能永久完全丧失的 | |
| | 18 | 一下肢三大关节中，有二关节之机能永久完全丧失的 | |
| | 19 | 一手含拇指及食指，有四手指以上缺失的 | |
| | 20 | 一下肢永久缩短5公分以上的 | |
| | 21 | 语言机能永久完全丧失的（注10） | |
| | 22 | 十足趾机能永久完全丧失的 | |
| 第五级 | 23 | 一上肢三大关节中，有一关节之机能永久完全丧失的 | 20% |
| | 24 | 一下肢三大关节中，有一关节之机能永久完全丧失的 | |
| | 25 | 两手拇指缺失的 | |
| | 26 | 一足五趾缺失的 | |
| | 27 | 两眼眼睑显著缺损的（注11） | |
| | 28 | 一耳听觉机能永久完全丧失的 | |
| | 29 | 鼻部缺损且嗅觉机能遗存显著障碍的（注12） | |
| 第六级 | 30 | 一手拇指及食指缺失，或含拇指或食指有三个或三个以上手指缺失的 | 15% |
| | 31 | 一手含拇指或食指有三个或三个以上手指机能永久完全丧失的 | |
| | 32 | 一足五趾机能永久完全丧失的 | |
| 第七级 | 33 | 一手拇指或食指缺失，或中指、无名指和小指中有两个或两个以上手指缺失的 | 10% |
| | 34 | 一手拇指及食指机能永久完全丧失的（注13） | |

注：

（1）失明包括眼球缺失或摘除、或不能辨别明暗、或仅能辨别眼前手动者，最佳矫正视力低于国际标准视力表0.02，或视野半径小于5度，并由本公司指定有资格的眼科医师出具医疗诊断证明。

（2）关节机能的丧失系指关节永久完全僵硬、或麻痹、或关节不能随意识活动。

（3）咀嚼、吞咽机能的丧失系指由于牙齿以外的原因引起器质障碍或机能障碍，以致不能做咀嚼、吞咽运动，除流质食物外不能摄取或吞咽的状态。

（4）为维持生命必要之日常生活活动，全需他人扶助系指食物摄取、大小便始末、穿脱衣服、起居、步行、入浴等，皆不能自己为之，需要他人帮助。

（5）上肢三大关节系指肩关节、肘关节和腕关节；下肢三大关节系指髋关节、膝关节和踝关节。

（6）手指缺失系指近位指节间关节（拇指则为指间关节）以上完全切断。

（7）听觉机能的丧失系指语言频率平均听力损失大于90分贝，语言频率为500、1000、2000赫兹。

（8）手指机能的丧失系指自远位指节间关节切断，或自近位指节间关节僵硬或关节不能随意识活动。

（9）足趾缺失系指自趾关节以上完全切断。

（10）语言机能的丧失系指构成语言的口唇音、齿舌音、口盖音和喉头音的四种语言机能中，有三种以上不能构声、或声带全部切除，或因大脑语言中枢受伤害而患失语症，并须有资格的五官科（耳、鼻、喉）医师出具医疗诊断证明，但不包括任何心理障碍引致的失语。

（11）两眼眼睑显著缺损系指闭眼时眼睑不能完全覆盖角膜。

（12）鼻部缺损且嗅觉机能遗存显著障碍系指鼻软骨全部或二分之一缺损及两侧鼻孔闭塞，鼻呼吸困难，不能矫治或两侧嗅觉丧失。

（13）所谓永久完全丧失系指自意外伤害之日起经过一百八十天的治疗，机能仍然完全丧失，但眼球摘除等明显无法复原之情况，不在此限。

### 重要概念

人身保险　人寿保险　健康保险　意外伤害保险　疾病保险　医疗保险　收入保障保险　护理保险　定期寿险　终身寿险　两全保险　年金保险　变额寿险　万能寿险　变额万能寿险　分红保险　风险保费　储蓄保费　保全　责任期限　观察期　等待期　犹豫期　团体保险　团体人寿保险　团体意外伤害保险　团体健康保险

### 思考题

1. 简述人身保险的特点。
2. 简要介绍人身保险合同中的常见条款。
3. 简述人寿保险的特点。
4. 简述人寿保险的主要种类。
5. 试比较变额人寿保险、万能人寿保险与变额万能人寿保险的区别。
6. 简述意外伤害保险与人寿保险的联系与区别。
7. 简述意外伤害保险的可保风险。
8. 简述意外伤害保险责任的判定。
9. 简述健康保险的含义及基本内容。
10. 健康保险的主要特点是什么？如何对其业务进行分类？
11. 健康保险合同有哪些特殊条款？
12. 简述医疗保险的主要种类。
13. 疾病保险承保的"疾病"应具备的基本条件是什么？
14. 护理保险的主要承保内容是什么？
15. 简述团体人身保险的特点。
16. 简述团体人寿保险的主要种类。
17. 简述团体健康保险的主要种类。

# 第六章　财产保险

【学习目的】
　　掌握财产保险的相关概念、特征以及种类；熟悉和掌握财产损失保险中主要险种的业务运作规程；重点掌握家庭和企业财产损害保险、机动车辆保险及其第三者责任险的内容；理解运输损失保险、海上保险、工程保险、农业保险的有关内容。

## 第一节　财产保险概述

### 一、财产保险的概念及特点

#### （一）财产保险的概念

根据《保险法》第十二条规定，"财产保险是以财产及其有关利益为保险标的的保险"，可将财产保险定义为：财产保险是指以各种财产物质和有关利益为保险标的，以补偿因在保险期限内发生合同约定的保险事故而造成被保险人的经济损失为目的的一种保险业务。

财产保险有广义和狭义之分。《保险法》第九十五条规定，"财产保险业务，包括财产损失保险、责任保险、信用保险、保证保险等保险业务"。即广义的财产保险是以财产及其有关经济利益和损害赔偿责任为保险标的的保险，是人身保险以外各种保险业务的统称，包括有形的物质财产和在物质财产基础上派生出来的相关利益、责任和信用等。而狭义的财产保险也称为财产损失保险，是指以有形物质财产为保险标的的保险，如一般财产损害保险、运输损失保险、工程保险、农业保险等。

#### （二）财产保险的特点

我国保险立法按保险业务范围将保险划分为两类，即人身保险和财产保险。由于两者承保的保险标的性质不同，这两类保险存在着许多差异。因此，财产保险的主要特点可以从与人身保险的对比中反映出来。

#### 1. 保险标的的特殊性

财产保险承保的标的包括有形财产、无形财产或有关利益，是对法人或自然人所拥有的物质利益提供风险保障；而人身保险只能针对自然人的寿命或身体提供风险保障。

#### 2. 保险利益的特殊性

从保险利益的产生来看，财产保险的保险利益来源于人与物之间的关系，这种利益必须能用货币来衡量；人身保险的保险利益来源于人与人之间的关系，而人的寿命或身体却不能用货币衡量。从保险利益量的限定来看，财产保险的保险利益要以投保人实际利益的金额为限；人身保险的保险利益除了债权人与债务人之间的保险利益外，一般都没有保险金额的限制。从保险利益的时效来看，财产保险的保险利益要求在保险合同订立时到损失发生时的全过程中都存在；而人身保险的保险利益仅要求在保险合同订立之时存在。

#### 3. 保险金额确定的特殊性

确定财产保险的保险金额一般以保险标的的价值为基础；而由于身体或寿命都无法用货币来衡量，人身保险的保险金额一般根据被保险人的需求和投保能力或者投保人与保险人双方协商确定。

#### 4. 保险期限的特殊性

财产保险的保险期限较短，通常为一年或者一年以内；而人身保险的保险期限少则几年，多则几十年乃至终身。

#### 5. 保险合同的特殊性

就合同主体而言，财产保险合同主体相对简单，其投保人、被保险人和受益人高度一致；而人身保险合同中的各主体往往不是同一人，其法律关系的主体结构十分复杂。就理论依据而言，财产保险合同以损失补偿原则为依据；人身保险合同却因为保险标的的特殊性而不能以此作为理论依据。

## 二、财产保险的种类

通常按照保险标的对财产保险的种类进行划分，然后又可将属性相同或相近的归于同一业务种类，每一个业务种类由不同的保险险种构成，从而构成了四个层次的财产保险业务体系。表6-1为广义上的财产保险的分类。

表6-1　广义上的财产保险分类

| 第一层次 | 第二层次 | 第三层次 | 第四层次 |
|---|---|---|---|
| 财产损失保险<br>（狭义的财产保险） | 财产损害保险 | 企业财产损害保险 | 财产保险基本险等具体险种 |
| | | 家庭财产损害保险 | 普通家财险、家财两全保险 |
| | 运输损失保险 | 机动车辆保险<br>船舶保险<br>航空保险 | 车身险、第三者责任险<br>普通船舶险等<br>机身险、旅客责任险等 |
| | | 货物运输保险 | 航空货运险等 |
| | 工程保险 | 建筑工程险<br>安装工程险<br>科技工程险 | 建筑工程保险<br>安装工程保险<br>航天保险、核电保险等 |
| | 农业保险<br>（标的性质特殊） | 种植业保险 | 各种农作物险、林木保险等 |
| | | 养殖业保险 | 各种禽畜保险、水产养殖险 |
| 责任保险 | 公共责任保险 | 场所责任保险<br>承包人责任险<br>承运人责任险<br>环境责任保险 | 商场、影院等公共场所<br>建筑工程承包人责任险等<br>货物承运人责任险等<br>水、土地、空气污染等事故 |
| | 产品责任保险 | | 各种产品责任保险 |
| | 雇主责任保险 | | 普通雇主责任保险等 |
| | 职业责任保险 | | 医生职业、律师责任险等 |
| 信用保证保险 | 信用保险 | 出口信用险<br>个人信用险 | 短期、中长期出口信用保险 |
| | 保证保险 | 合同保证保险<br>忠诚保证保险 | 建筑工程承包合同保证保险<br>雇员忠诚保证保险等 |

由表6-1可以看出，广义上的财产保险是由多个保险类别和诸多险种所组成的。但不论是从国际保险市场还是从我国保险市场来看，财产损失保险都是非寿险保险公司的主要业务来源。2005～2008年，我国财产损失保险保费收入占财产保费总收入的比例维持在94%左右。本章主要阐述的是狭义的财产保险即财产损失保险，主要包括财产损害保险、运输损失保险、工程损失保险和农业保险。

## 三、财产损失保险的运行

实际操作表明，财产损失保险在运行过程中因涉及的保险标的种类繁多，导致整个经营环节十分复杂。但总的来说，财产损失保险的运行可概括为展业、承保、再保险（如有需要）、防灾防损和理赔五大环节。图6-1为财产损失保险业务运行的一般程序。

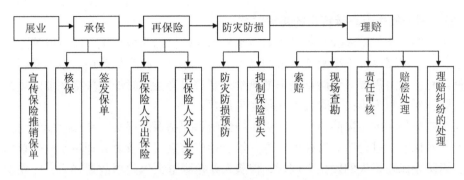

**图6-1　财产损失保险业务运行程序**

### （一）财产损失保险的展业

展业是财产损失保险运营的基础。展业宣传应结合本地区的经济发展情况和特点、人们的心理状况及保险需求，运用广播、电视、报刊等传媒工具进行宣传，广泛深入地宣传参加保险的目的、意义、条件、手续等内容，然后采取合适的营销渠道和方式达到销售目的。

### （二）财产损失保险的承保与核保

首先，投保人必须亲自填写投保单，以此作为保险合同的一部分，然后保险人开展核保工作。对投保申请的审核主要包括对投保人资格的审核、对保险标的的审核和对保险费率的审核等几项内容。审核投保人的资格是为了确定投保人对保险标的是否具有可保利益。对保险标的的审核，即对照投保单或其他资料核查保险标的使用性质、结构性能、所处环境、防灾设施等情况，例如，在承保企业厂房时，需要了解厂房结构、占用性质、建造时间、使用年限等，并对照事先掌握的信息资料核实。保险费率则根据保险标的的具体情况进行确定。在核保过程中，保险人可通过识别逆向选择和认清自身的承保能力来控制保险责任，以防止对不良业务进行承保或超出自身能力而加大了承保风险。因此，核保不仅是承保环节的关键，也是确保该项业务效益的关键。

经过保险人的核保以后，若保险人同意了投保人的投保要求，则须决定承保并签发保险单。在填制保险单或保险凭证的过程中，一定要注意单证相符、合同要素明确和数字的准确性。签单的流程包括缮制保单、复核签章、收取保险费并出具收据、单证签收等基本程序。保险单的签发标志着保险人对投保人风险转嫁的承诺开始生效，该笔保险业务真正开始。

### （三）财产损失保险的再保险

保险业务建立在大数法则理论基础之上，但是在实际经营中，保险人承保的财产保险标的在数量上有多有少，价值上也有大有小。例如，有价值量较小而危险单位众多的家庭财产保险，也有价值量大而危险单位数量小且风险特殊的核电站保险、海洋石油开发保险等科技损失保险。虽然并非每一笔财产保险都需要分保，但是由于财产保险公司可能存在"长尾巴业务"，一旦发生重大损失事故就会影响到保险公司的财务稳定性。所以保险公司需根据具体情况安排再保险，以对风险进行分散，从而达到控制损失的目的。

#### （四）财产损失保险运行中的防灾防损

防灾防损是指保险人和被保险人对所承保的保险标的采取措施，减少或消除风险发生因素，防止或减少灾害事故所造成的损失。由于在财产损失保险中，不仅需要在承保前控制风险，而且需要对保险期间内的风险控制和灾害发生时的损失抑制加以重视，因此防灾防损对于财产损失保险而言显得尤为重要。

财产损失保险的防灾防损包括防灾防损预防和抑制保险损失。在保险期间内，保险人需要对被保险人进行防灾宣传和检查并给出相应的建议，及时处理不安全因素和事故隐患，以防止保险损失的发生。同时，保险人在接到重大保险事故通知后，应立即采取措施对保险财产进行施救、整理和保护。此外，保险公司还可以通过加强同各防灾部门的联系与合作，充分学习防灾技术知识，在自身积累灾情信息资料的基础之上，运用防灾知识向社会提供各种防灾防损服务。

#### （五）财产损失保险的核赔与理赔

在保险经营中，保险核赔就是保险事故发生后，对标的产生的损失进行定责定损，确定是否理赔、赔付多少的行为。保险理赔是保险补偿职能的具体体现，因为投保人投保的主要目的就是为了在保险事故发生后能够得到保险理赔。《保险法》第二十三条就明确规定："保险人收到被保险人或者受益人的赔偿或者给付保险金的请求后，应当及时作出核定；情形复杂的，应当在三十日内作出核定，但合同另有约定的除外。保险人应当将核定结果通知被保险人或者受益人；对于属于保险责任的，在与被保险人或者受益人达成赔偿或者给付保险金的协议后十日内，履行赔偿或者给付保险金义务。"自《保险法》修订以来，该条款备受关注，被认为是保障消费者权益的"典范"，但该条款无疑给保险公司戴上了"紧箍咒"。所以当被保险人提出索赔申请以后，保险人应迅速开展调查、定责定损、积极核赔，按有关规定和程序及时履行赔偿保险金的责任。

## 第二节 财产损害保险

## 一、财产损害保险的概念及特征

财产损害保险是指以存放在固定场所并处于相对静止状态的财产为保险标的，由保险人承担保险财产遭受保险事故损失的经济赔偿责任的一种财产保险。财产损害保险是在传统火灾保险的基础上演变和发展起来的。在火灾保险产生之初，其风险保障范围仅是火灾，承保对象也只限于不动产。但随着社会经济的发展，物质财富日益丰富起来，且财富面临的风险也在不断扩大，因此，火灾保险随着投保人需求的增长而逐渐发展起来。直到现在，火灾保险的承保范围由火灾扩展到各种自然灾害（包括水灾）和意外事故，承保标的也包括了各种不动产和动产。至今仍有许多学者沿用了火灾保险这一术语。由于传统的火灾保险的内容有了重大改变和极大扩充，因而原来的称谓已不合时宜了。鉴于此，本书改称火灾保险为财产损害保险。

财产损害保险较其他财产保险而言，主要有以下特征：

第一，从保险标的的状态角度出发，财产损害保险的保险标的只能是存放在固定场所并处于相对静止状态下的各种财产物质，包括固定资产、流动资产和生活资料等，而不是处于流动状态的货物、运输工具和处于生长期的农作物与养殖对象。

第二，从保险标的所处环境角度出发，财产损害保险承保的财产的地址不能随意变动。鉴于财产损害保险的承保范围，若未获得保险人的同意而随意变更保险标的的位置，很可能会导致标的面临的风险增加，因此保险财产必须要存放在保险合同约定的固定地址范围之内。

第三，从保险标的的表现形式角度出发，财产损害保险承保的保险标的形式复杂多样。例如，一份财产保险综合险的保险标的可能有厂房、土地、机器设备等固定资产，还可能有产品、商品及生活消费资料等，而其他保险的保险标的结构则较为单一。

## 二、财产损害保险的适用范围与责任范围

### （一）财产损害保险的适用范围

就保障对象而言，任何组织或个人都有自己的或者代替他人管理的合法财产，因此财产损害保险的保障对象十分广泛，各种企业、团体、机关单位、家庭、个人等都可以投保相关险种。

就保险标的而言，财产损害保险的保险标的范围主要包括：

1. 可保财产

凡是投保人具有可保利益的财产均可投保：房屋及其他建筑物和附属装修设备；各种机器设备、工具、仪器及生产用具；管理用具及低值易耗品、原材料、半成品、在产品、产成品库存商品；各种生活消费资料等。

2. 特约可保财产

特约可保财产是指必须经保险双方当事人特别约定，并在保险单上载明才能成为保险标的的财产。这类财产分为三种：一类是市场价格变化大，保险金额难以确定的财产，例如，金银、珠宝、古玩、艺术品等；另一类是价值高、风险较为特别的财产，例如，铁路、水闸、道路、桥梁等；还有一类是风险较大、费率较高的财产，例如，矿井、矿坑内的设备和物资等。

3. 不保财产

不保财产是保险人不予承保的财产。一般保险条款不予承保的财产主要有：第一，不属于一般性的生产资料或商品，如土地、矿藏等；第二，缺乏评估价值的依据或很难鉴定其价值的物质，如票证、文件、电脑资料等；第三，与法律法规相抵触，如违章建筑、非法占用的财产等；第四，不属于财产损害保险的承保范围的财产，如运输过程中的货物应该投保运输货物损失保险，生长期的农作物应投保农业保险等。

### (二) 财产损害保险的责任范围

虽然财产损害保险的保险标的种类繁多,其承保的责任范围各有不同,但是就整个财产损害保险市场而言,财产损害保险承保的保险责任概括起来通常包括以下四项内容:

1. 火灾、爆炸、雷电

2. 各种自然灾害

包括洪水、台风、龙卷风、暴风、暴雨、泥石流、海啸、雪灾、冰雹、冰凌、崖崩、滑坡等。地震也是可以承保的风险,但是许多国家的保险公司往往将其单列出来承保,以便控制这类特殊风险。

3. 意外事故

包括飞行物体及空中运行物体的坠落,冲撞打击,灾害及意外事故引起被保险人的设备停电、停水、停气而造成保险标的的损失。

4. 施救费用

即采取必要的、合理的施救措施造成保险财产的损失和进行施救、整理所支付的合理费用。

市场上不同的财产损害保险所承保的风险责任通常包括上述风险的一部分或大部分,但保险人为了满足投保人的需求或使产品差异化,还可以对上述承保的风险进行扩展,例如承保盗窃风险等。

一般而言,财产损害保险的除外责任主要包括以下几条:

(1) 战争、敌对行为、军事行动、武装冲突、罢工、政治恐怖活动等。

(2) 被保险人的故意行为或纵容所导致的损失。

(3) 核反应、核子辐射和放射性污染。

(4) 保险标的遭受保险事故引起的各种间接损失。

(5) 保险标的本身缺陷、保管不善导致的损失,以及变质、霉烂、受潮及自然磨损等原因所造成的损失。

## 三、财产损害保险的实务

在本节中,财产损害保险实务是指保险公司在运营中需要特别注意的地方,主要考虑防灾防损和理赔这两个经营环节。

财产损害保险的防灾防损不仅要将预防火灾及有关灾害事故发生的各项措施费用贯穿于设计条款、厘定费率、承保与理赔等保险业务的整个工作中,而且还要促进被保险人加强防灾工作,消除各种危险因素,从而达到降低损失发生率的目的。就保险实务技术而言,其预防措施主要包括:在保险条款中注明被保险人有关防灾的义务;在保险费率上体现优待或限制的原则;在保险责任上剔除人为事故因素;在承保管理上实行承保控制。就保险人对危险单位的预防措施而言,包括:调查分析危险产生的因素;加强防灾检查;增强被保险人的防护能力。

发生财产损害保险赔案时,保险人须依照财产保险的一般理赔程序和赔偿原则开展理赔工作。但同时须注意下列事项：一是对于固定资产分项计赔，每项固定资产仅适用于自身的赔偿限额；二是要注意残值和免赔额；三是对于企业与团体财产损害保险的理赔一般采取比例赔偿方式处理，对个人与家庭财产损害保险采取第一危险赔偿方式。

## 四、财产损害保险的主要险种

从承保对象上来划分，财产损害保险可分为企业与团体财产损害保险和个人与家庭财产损害保险；按照财产损害保险所承保的保险责任来划分，可分为基本险、盗抢险、特种险和综合险。

### （一）基本险

财产损害保险基本险是承保由于火灾及其他自然灾害、意外事故的发生而使保险标的遭受直接损失的财产保险。基本险在保险责任条款中将所承保的风险一一列明，保险标的只有在遭受保险条款中列明的自然灾害和意外事故造成的损失时，保险人才承担赔偿责任。基本险条款列明的承保风险有以下几项：

1. 火灾、爆炸、雷击

2. 飞行物体及其他空中运行物体坠落

凡是在空中飞行或运行物体的坠落，包括陨石、飞机、人造卫星等坠落，以及起重机、吊车在使用时发生所吊的物体坠落等造成保险财产的损失，都属于承保范围之内。此外，在施工过程中，因人工开凿或爆破致使石块、土方等飞射塌下而造成保险标的的损失，亦视同空中运行物坠落责任，保险人可以先予以赔偿，然后向负有责任的第三者追偿。

3. 灾害事故引起的"三停"损失

"三停"损失即被保险人拥有的并自己使用的供电、供水、供气设备因遭受保险事故而导致被保险人的机械设备、在制品和在库品等保险标的的损坏或报废。

4. 施救、抢救造成保险标的的损失

此项损失是指在已经发生保险责任范围内所列明的灾害事故，被保险人为抢救保险财产或防止灾害蔓延而造成保险财产损失扩大的部分。

5. 必要的合理费用支出

该笔费用是指在已发生保险责任范围内的灾害事故时，被保险人为了防止灾害事故蔓延扩大，以避免或减少保险财产的损失，采取施救、保护和整理措施所产生的费用。保险人应衡量该笔费用是否必要和合理，然后按照实际情况处理。

由于基本险的责任采取一一列明的方式，所以除了上述责任以外，其他都属于财产损害保险基本险的除外责任。

### （二）盗抢险

盗抢险一般不属于保险人的承保范围，盗抢险也不能单独承保，而只能作为财产损害保险基本险的附加险的形式存在。在投保人投保了附加盗抢险后，存放在保险地址室内的保险标的，因遭受外来的、明显的盗窃或抢劫行为所致的损失，并报公安部门立案的，保险人应承担赔偿责任。但是保险人对下列各项不负赔偿责任：

（1）被保险人或其代表的故意行为或重大过失所造成保险财产的损失。

（2）被保险人的家属、雇佣人员、同住人员、寄宿人员盗窃等，或纵容他人盗窃保险财产所造成的损失。

（3）在保险财产存放处无人居住或看管超过 7 天的情况下保险财产被盗抢所造成的损失。

（4）在发生地震、台风、洪水等自然灾害或发生火灾时保险财产被盗抢所造成的损失（这种损失应归结为相应灾害所造成的损失）。

另外，根据损失补偿原则，若保险人在赔款后保险财产经破案追回，那么被追回的保险财产应当归保险人所有。

**（三）特种险**

特种险是根据对规避某种特殊风险的需求而开发的保险产品，其所占的市场份额较小。例如，地震虽然是自然灾害的一种，但是由于其破坏性极强，且据国外发达国家保险经验显示，地震保险具有政策性，因此国内的财产保险通常将地震风险列为除外风险。但是，随着人们保险意识的逐步提高，对地震保险的需求逐渐增加。还有诸如恐怖袭击风险等在以前都属于不保风险，但是现今保险公司为吸引客户，将以前的不保风险变成可承保的特种风险，吸引了不少人的眼球。特别是在美国发生"9·11"恐怖袭击事件以后，保险公司为了规避由恐怖袭击造成的重大损失而出台了相应的限制措施。为了填补当前保险市场上的空缺，2003 年成立的"卢森堡特别风险保险及再保险"公司成为世界首家承保恐怖袭击险的公司。

**（四）综合险**

财产损害保险综合险与财产损害保险基本险在保险对象、保险金额的确定和赔偿处理等内容上基本相同，只是财产损害保险综合险的保险责任在基本险的基础上有所扩展。综合险的保险责任范围可归纳为：基本险承保的风险+12 种自然灾害+各种附加险种。这 12 种自然灾害分别是暴雨、洪水、台风、暴风、龙卷风、冰雪灾、雹灾、冰凌、泥石流、崖崩、突发性滑坡、地面突然塌陷。

财产损害保险综合险的除外责任为财产损害保险的一般除外责任，即从基本险的除外责任内容中除去各种自然灾害。可见，综合险的责任范围比基本险的责任范围广泛得多。

# 五、企业与团体财产损害保险

企业与团体财产损害保险（简称企财险）是承保企业、事业单位、机关或团体的财产物质和有关经济利益，由于火灾及其他自然灾害、意外事故的发生而遭受损失的财产损害保险。

企财险是财产保险公司的第二大业务来源，不仅在保险公司占有极其重要的地位，而且对企业规避风险作用巨大。企业在生产经营活动中面临着各种风险，一旦发生自然灾害或意外事故，企业的日常经营活动就可能因为灾害事故造成的损失而停顿。为了转移不确定的风险损失，企业通过保险的方式保障自身在遭受损失后还能持续运营。

## （一）企业与团体财产损害保险的特征

企业财产损害保险与其他财产损害保险相比，主要有以下几个特点：

### 1. 保险标的处于相对静止状态

企财险承保的保险标的是以企业的厂房、机器、设备等固定资产和原材料、半成品、商品物资等流动资产为主，这些财产的共同特点之一在于它们都处于相对静止的状态，而与运输货物损失保险和运输工具损失保险的保险标的——处于运动状态的财产（运输中的货物和运输工具）有明显不同。

### 2. 保险标的的存放地点相对固定

企财险的标的相对固定地坐落或存放在陆地上的某个位置，从而既与处于水上和空中的标的（如水险的标的是船舶或货物；航空保险的标的是机身及其责任等）相区别，又与处于运动状态的标的（如运输工具险和货物运输险的标的）相区别。

### 3. 以团体为投保单位

财产损害保险按照承保对象可划分为企业与团体财产损害保险和个人与家庭财产损害保险。企财险以企业或团体的财产为承保对象，而个人与家庭财产损失保险则以城乡居民个人及其家庭为投保单位。

此外，企财险的标的结构、承保风险及费率立定等较为复杂，核保、核赔的难度也较大。

## （二）企业与团体财产损害保险的基本内容

### 1. 保险价值和保险金额的确定

企财险的保险金额一般分项确定，主要分为以下三大类：

（1）固定资产的保险价值与保险金额的确定。固定资产的保险价值一般按照出险时的实际价值确定。其保险金额的确定通常有以下几种方式：①按照账面原值确定，账面原值即指在建造或购置固定资产时所支出的货币总额。②按照重置价值确定，重置价值即重新购置或重建某项财产所需要支付的全部费用。③按照账面原值加成数确定，即在固定资产账面原值基础上再附加一定成数，使其接近重置价值，适用于保险标的的账面原值与实际价值差额较大的情况。④按其他方式确定，包括被保险人依据估价或评估后的市价确定保险金额。

（2）流动资产的保险价值与保险金额的确定。流动资产的保险价值是按出险时的账面余额确定。流动资产保险金额的确定方式一般包括以下两种方式：一是由被保险人按最近12个月的账面平均余额确定；另一种是由被保险人自行确定，即以最近12个月中任意月份的账面余额确定保额。

（3）账外财产和代保管财产的保险价值与保险金额的确定。账外财产和代保管财产的保险价值是按照出险时重置价值或账面余额确定的，其保险金额一般可以由被保险人自行估价或按重置价值确定。

### 2. 保险费率

保险费率是保险人向被保险人收取保险费的计算标准。

（1）影响保险费率的因素。由于承保标的形式和性质的多样化，在厘定企财险的保险费率时，主要应该考虑以下因素：投保险种、房屋的建筑结构和建筑等级、建筑的使用性质、地理位置、周围环境、被保险人的安全管理水平、历史损失数据、市场竞争环境等。

（2）保险费率的分类。企财险的保险费率采用分类级差费率制，分类是指将保险费率分为工业险费率、仓储险费率和普通险费率三大类；级差则是指每大类再细分为不同档次的费率。一般而言，保险标的所面临的风险越高，保险费率就越高。企财险的保险费率一般以每年、每千元保额为计算单位，即年费率的表达形式为千分率。

3. 赔偿处理

企财险赔偿金额的计算应该按照损失补偿原则以及对保险标的和损失程度加以区别处理。

（1）固定资产（或流动资产）全部损失。当受损财产的保险金额等于或高于出险时的重置价值（或账面余额）时，其赔偿金额以不超过出险时的重置价值（或账面余额）为限；受损财产的保险金额低于出险时的重置价值（或账面余额）时，其赔款不得超过该财产的保险金额。

（2）固定资产（或流动资产）部分损失。受损财产的保险金额等于或高于出险时的重置价值（或账面余额）时，按照实际损失计算赔偿金额；受损财产的保险金额低于出险时的重置价值（或账面余额）时，应根据实际损失或恢复原状所需修复费用，按保险金额与出险时的重置价值（或账面余额）的比例计算。

4. 企业与团体财产损害保险的种类

在目前的国内财产保险市场上，企财险的险别主要包括基本险种和附加险种。企财险的基本险种包括基本险和综合险，它们的保险责任和除外责任在前文中已有阐述。其附加险种主要有利润损失保险，又称为营业中断保险，是对企业遭受灾害事故并导致正常生产或营业中断造成的利润损失进行赔偿。该险种既可是主险，也可以是基本险或综合险的附加险种。此外，为了迎合投保人的某些特殊需求，保险人还可以在企财险基本险种的基础上承保诸如露堆财产保险、橱窗玻璃意外险等附加险种。

# 六、个人与家庭财产损害保险

个人与家庭财产损害保险（简称家财险）是面向城乡居民并以其住宅及存放在固定场所的物质财产为保险对象的保险，属于财产损害保险的范畴。近年来，我国家财险的保费收入占财产保险公司保费收入的比例在不断下滑，该比例从1998年的2.5%到2002年的3%而达到顶峰，从此不断下滑至2008年的0.5%。但我国家财险面对的是几亿个家庭的潜在市场，并且城乡居民收入稳步增长，在某些地区甚至呈两位数增长态势，因此保险公司应抓住机遇深度挖掘该市场。

## （一）个人与家庭财产损害保险的特征

家财险的保险标的、地理位置、保险责任等和企财险具有共同点：一是保险标的都属于具有实体的财产物质；二是都要求存放在固定处所；三是保险人承保的风险均包括若干自然灾害和意外事故。但是，家财险相对于企财险而言还有自身的特点。

1. 风险结构不同

无论是企业团体还是个人家庭，都面临着火灾、各种自然灾害和意外事故给保险财产造成损失的风险，即企财险的承保风险也适用于家财险。但是，就现实生活和家财险经营实务出发，除火灾以外，盗窃却是家庭财产面临的主要风险之一。

2. 风险管理有特色

由于家财险所面临的投保对象是广大的城乡居民，其业务和风险相对分散，并且单笔业务的保险金额也较少，所以保险公司的经营风险相对较小，不必采取再保险的方式分散风险。另外，保险人不仅重视对投保人所在地区自然环境风险的调查，而且还十分重视投保人所处社会环境的调查。

3. 赔偿方式不同

在对家财险进行赔偿处理时，采取第一损失赔偿方式，即在保险金额范围内，无论是否足额投保，都要按照实际损失进行赔偿；若实际损失超过保险金额，由被保险人自己承担超出部分的损失。但是在企财险中，如果被保险人是不足额投保，则不论是全损还是部分损失，只能按照保险金额占保险财产实际价值的比例分摊损失。

**（二）个人与家庭财产损害保险的基本内容**

1. 保险金额与保险费率

确定家财险保险金额的方式主要有两种：一是房屋及室内附属设备、室内装修的保险金额由投保人根据财产的购置价或市场价自行确定，而室内财产的保险金额由被保险人根据当时的实际价值自行确定，并且按照保险单规定的保险财产项目分别列明。但是对于难以具体分项的财产，则按大类财产在保险金额中所占的比例确定。一般室内财产中的家用电器及文娱用品占40%（农村占30%），衣物及床上用品占30%（农村占15%），家具及其他生活用具占30%，农村农机具等占25%。二是由保险人提供以千元为单位设置保险金额档次的方式，投保人可以根据自身需求进行选择，如10000元、50000元、100000元等。

家财险的保险费率是计算并收取保费的直接依据，是建立在家财险损失率等因素的基础上厘定的，而家财险保险标的的损失率又受房屋建筑物结构与等级、家庭财产的结构及社会治安状态等因素的影响。

2. 赔偿处理

家财险对室内财产的损失赔偿一般采用第一危险赔偿方式。保险人按照保险财产损失时的市场价格以及对损失财产的新旧程度进行折旧后的实际价值计算赔偿金额。一般采取分项投保、分项赔偿的原则，最高以不超过保险单载明的分项保险金额为限。

3. 个人与家庭财产损害保险的种类

（1）普通家庭财产保险。此种保险是保险人专为城乡居民家庭设计的一种通用型家财险业务，保险期限通常为一年，是最基本的险种，其他家财险基本上都是在普通家财险的基础上衍生而来。普通家财险的保险责任与企财险的责任基本相同，且以上阐述的就是普通家财险的内容，在此不再赘述。

（2）家庭财产两全保险。与普通家财险相比，家庭财产两全保险具有经济补偿和到期还本的双重性质,即保险人用被保险人所缴纳的保险储金的利息作为保险费,在保险期满时,无论是否发生过保险事故或是否进行过保险赔偿,保险人都须将保险储金全额返还给被保险人。此外,其保障功能与家财险相同。

(3)团体家庭财产保险。团体家庭财产保险由整个团体组织其成员集体投保,用一张保单为该团体的各成员提供家财险或附加险。

(4)投资保障型家庭财产保险。随着保险创新步伐的不断加快,市场上涌现了不少以投资功能为卖点的创新型产品,即此种保险集保障性、储蓄性和投资性于一身,满足了消费者的保障和投资的双重需求。例如,中国人民财产保险股份有限公司推出的"金牛第三代投资保障型家庭财产保险",有三年期和五年期两种,该产品以收益率高于同期国债0.03个百分点、在保险期间内收益率随银行利率同幅调整、客户收益免税为其鲜明特点。

(5)家财险的各种附加险。盗窃是家庭面临的主要风险之一,许多家庭在投保家财险时都会选择附加盗窃保险。另外还有附加管道破裂及水浸保险、附加自行车盗窃保险等。

(6)专项家庭财产保险。除上述险种外,保险人还可以根据投保人的要求开设一些专项保险业务,如家用煤气或液化气设备专项保险、家用电器用电安全保险、房屋装潢保险等。

【案例6-1】

### 无人看守财产被盗 保险公司该不该赔

2006年6月,上海某制衣厂与保险公司签订了企业财产保险合同,附加盗抢保险特约条款,保险期限从2006年6月起至2007年6月,保险金额为40万元,并于次日缴清了所有保费。2006年国庆期间,该制衣厂员工全部放假,仅剩值班人员留下看厂。一天晚上,该值班人员在值班查岗期间擅自离开工厂,直到第二天中午才重新回到工厂。当他回到工厂清点物品时,发现原本于次日发货的一部分成品制衣被盗,厂门有明显被撬的痕迹,除制衣被盗外,他自己放在抽屉里的2000元现金也同时被盗。该值班人员随即向公安部门报案,经现场查勘,该制衣厂共损失财产约25万元。由于此案一直未破,制衣厂于2006年12月向保险公司提交书面索赔报告。

保险公司勘察后,随即向制衣厂发出《拒赔通知书》,通知书称根据双方签订的《企业财产保险条款附加盗窃险特约条款》的约定,"由于保险地址无人看守而发生的被盗窃损失,保险人不负赔偿责任"。而制衣厂负责人坚持认为:"保险公司应该给予赔偿,否则还用得着买盗抢险吗?"

问题:

1. 企财险的盗抢险是如何规定的?

2. 制衣厂有理由向保险公司索赔吗?

3. 本案给我们的启示是什么?

资料来源:中国证券网,http://www.cnstock.com/tzlc_new/2007-01/16/content_1799209.htm。

【案例 6-2】

### 如何对家财险进行理赔

　　2008 年 1 月 5 日，某单位职工方某投保了该市保险公司开办的统保家庭财产保险，保险金额 27 万元，其中房屋 20 万元，家用电器 5 万元，床上用品及衣物 2 万元，保险期限自当年 2 月 1 日至次年 1 月 31 日。当年 3 月 16 日，方某决定重新装修房子，花钱请了一个路边装修队。施工过程中，一装修工人休息时抽烟，随手将烟头扔在木屑堆上，不慎引起火灾，方某的房屋损失 4 万元，家用电器损失 2 万元，床上用品及衣服损失 1 万元，不久，被保险人方某向保险公司报案并提出索赔。

　　问题：

　　1. 对家财险进行理赔的原则是什么？

　　2. 请问保险公司具体应如何处理该案件？

　　资料来源：找法网，http://china.findlaw.cn/info/minshang/baoxian/42755.html。

# 第三节　运输损失保险

## 一、运输损失保险的概念及特征

　　运输损失保险是以处于流动状态下的财产为保险标的的一种保险，包括运输货物损失保险和运输工具损失保险。运输损失保险与财产损害保险同属财产保险范畴，所以在经营业务上存在一定的共性。但两者又有显著的区别：运输损失保险的保险标的处于流动状态，而财产损害保险的标的处于相对静止状态。

　　在实际经营中，运输损失保险业务是财产保险公司的主要业务来源，其主要包括机动车辆保险、船舶保险、航空保险、运输货物损失保险等几类业务。其中，机动车辆保险保费收入在财产保险公司保费收入中占据半壁江山，其中 2005 ~ 2008 年这 4 年间的机动车辆保险保费收入占财产保险公司保费收入比例的 70% 左右。

　　运输损失保险的险种各不相同，其标的的性质也不一样，因此每种保险产品都有自己的特色，但同时也具有一些共同特征，主要体现在：

　　第一，保险标的的流动性。这是运输损失保险区别于其他财产保险的主要特征之一。由于运输货物和运输工具都处于流动状态，因此决定了保险标的及其风险很难为保险人所控制，甚至货物运输中的风险连被保险人也无法控制。

　　第二，保险风险大而复杂。保险人在承保运输损失保险时，不仅需要承担该标的在固定场所时可能遇到的风险（如货物在转运中需要在仓库或码头存放、运输工具在停驶时需要停放在车库、机场、港口等），更需要承担运行过程中的风险，从而扩大了相应的责任风险。

第三，异地出险现象。由于保险标的的流动性，许多保险事故往往发生在异地，即远离保险合同签订地或被保险人所在地。因此，运输损失保险异地出险的现象给保险人理赔带来了麻烦。

第四，第三者责任保险。一方面，在运输货物损失保险中，货物一旦受损，首先被追究责任的往往是保险人与被保险人之外的第三方——直接控制货物的承运人，如果承运人确有责任，则保险人通常要行使代位追偿权；另一方面，各种运输工具在运行中一旦发生事故，通常会损害第三者或公众的利益，如果受害人索赔属于保险责任范围，保险人则需要承担起对第三者的赔偿责任。因此，运输损失保险表面上涉及的是保险人和被保险人的关系，但实际上还涉及第三方的责任或利益。

## 二、运输损失保险主要险种

运输损失保险的内容包括运输货物损失保险和运输工具损失保险两大类，而这两类保险按保险标的的性质的不同又可划分为众多险种。根据业务习惯，运输货物损失保险中的国际运输货物保险业务和运输工具损失保险中的远洋船舶保险业务被纳为海上保险业务范畴。也就是说，国际保险市场的业务种类包括普通财产保险市场、人寿保险市场、意外伤害保险市场及海上保险市场，如图6-2所示。

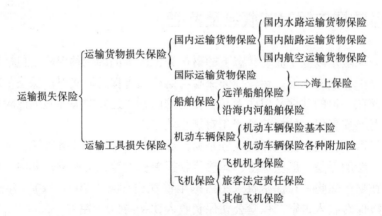

图6-2 运输损失主要险种

## 三、运输货物损失保险

### （一）运输货物损失保险的概念及特点

运输货物损失保险以运输过程中的货物为保险标的，承保其因自然灾害或意外事故所造成的损失的一种财产保险。货物在流转途中遭受自然灾害或意外事故总是不可避免的，通过运输货物损失保险转嫁风险，不仅有利于加强企业的经济核算，而且有利于调节各方关系，维护贸易活动的秩序。

运输货物损失保险属于运输保险的范畴，具有运输保险的共性，例如保险标的处于流动状态等，但是其还有自身的特点。

第一，保险单可以随提货单的转移而转让。在一般财产保险业务中，被保险人对保险标的所拥有的保险利益不仅要在投保时存在，而且还要贯穿于整个保险期限中，倘若保险财产的所有权转移，需要经过保险人的同意。由于运输过程中的货物可能会随时易主，为了提高贸易效率，保险合同可以随着提货单的转移而转让，无须另行通知保险人。

第二，保险标的可与被保险人分离。在商品贸易中，运输货物的主体并非都是商品所有人，更多的是通过委托承运人来进行货物的运输转移。因此，在运输货物的过程中，若被保险人是货物所有人，且通过承运人来运输货物，则货物的风险与承运人的服务质量密切相关，此时承运人也成为了运输货物损失保险中的重要关系人。

第三，运输货物损失保险一般为定值保险。运输货物损失保险金额的确定采用定值保险方法，因为不同的地域之间货物市场价格可能不一，由此会影响保险金额的确定。倘若不采取此方法，则极易滋生道德风险。

第四，对于运输货物航程保险，保险责任开始后，合同双方当事人不得解除合同。

第五，保险期限的特殊性。一般财产保险合同具体规定了保险责任起讫时间，如一份财产损害保险合同就会规定某年某月某日某时生效。但是运输货物航程保险的承保期限一般不受时间限制，而是以一次运程所需时间为准，并且受"仓至仓条款"的约束。

第六，业务规则的国际性。不仅有针对对内贸易的国内运输货物保险，还有针对对外贸易的国际运输货物保险。在经济全球化的洪流下，对外贸易乃是一国经济发展的重要基础，运输货物损失保险在对外贸易中扮演着重要角色。由于国际贸易、国际运输牵涉的各方当事人均分属不同国家，各方当事人基于国际贸易、运输形成的法律关系具有国际性，因此运输货物损失保险的业务规则也具有国际性。

### （二）运输货物损失保险的基本内容

#### 1. 运输货物损失保险的分类

运输货物损失保险的划分标准主要有以下几种：

第一，按照适用范围，运输货物损失保险可划分为国内运输货物保险和国际运输货物保险。前者应用于我国境内的货物运输业务，而后者所涉及不同的国家和地区，在实际经营中一般遵循国际法规条例。按照业内惯例，国际运输货物保险归入海上保险业务范围。

第二，按照运输工具，运输货物损失保险可划分为陆路（包括铁路和公路）运输货物保险、水路运输货物保险、航空运输货物保险等。

第三，按照运输方式，运输货物保险可分为直运险和联运险。前者是针对只需要一种主要运输工具就可以直接将货物从起运地运送到目的地的情况；后者是针对需要经过

两种或两种以上不同的主要运输工具联运的情况。

第四，按照险别，运输货物损失保险可以分为基本险、综合险和附加险三类。

2. 保险标的

运输货物损失保险所承保的货物主要是商品性质的贸易货物，但是贵重财物（如金银、珠宝、钻石、首饰、古玩、艺术品等）和鲜活品（如活牲畜、禽鱼类、蔬菜和水果等），需要被保险人和保险人特别约定，而非法财物、武器弹药等属于不能承保的物质。

3. 保险期限

根据运输货物损失保险合同，其保险期限可以分为以下两种：一是一年期定期保险，即承保被保险人一年内所有运输货物的保险，适用于制造商、批发商、零售商等经常有大量货物运输的运输者；另一种是航程保险，保险责任开始于保险货物运离保险单所载明的起运地仓库或存储处所，终止于该保险货物运至保单上所载明目的地收货人的最后一个仓库或存储处所或被保险人用作分配、分派或非正常运输的其他储存处所，即"仓至仓条款"。

4. 保险金额和保险费率

运输货物损失保险一般采用定值保险方式，以避免受市场价格变动的影响。国内运输货物保险的保险金额依据起运地成本价、目的地成本价、目的地市场价等确定；国际运输货物保险的保险金额的确定依据包括离岸价 FOB、成本加运费价 CFR、到岸价 CIF 等。运输货物损失保险的保险费率取决于货物在保险有效期内可能遭受损失的概率和程度。具体而言，运输方式、运输工具、货物的性质与包装、运输途程、保险险别等都综合影响着保险费率。

5. 责任范围

按照运输货物损失保险的险别可分为基本险、综合险和附加险，综合险包括基本险的内容，其责任范围比基本险要广，附加险可根据投保人需求而投保。一般而言，基本险的保险责任包括以下内容：一是因火灾、爆炸及相关自然灾害所导致的货物损失；二是因运输工具发生意外事故而导致的货物损失；三是在货物装卸过程中的意外损失；四是按照一般惯例或法律法规应当分摊的共同海损费用；五是合理的、必要的施救费用等。综合险除承担上述风险责任外，还承保盗窃、雨淋等原因造成的货物损失。但是不论是基本险还是综合险，保险人都对下列原因所导致的损失不负责任：一是战争或军事行动等；二是被保险货物本身的缺陷或自然损耗；三是被保险人的故意行为或过失；四是核事件或核爆炸；五是其他不属于保险责任范围内的损失等。

## 四、运输工具损失保险

运输工具损失保险按照保险标的的不同可分为机动车辆保险、船舶保险和飞机保险。此外，还有运输工具航程保险。

### （一）机动车辆保险

机动车辆保险是承保汽车、拖拉机、摩托车等各种机动车辆因遭受自然灾害和意外事故造成车辆本身的损失，以及车辆在使用过程中造成第三者人身伤亡或财产损失而应由被保险人依法承担赔偿责任的保险，亦称之为汽车保险。机动车辆保险的基本内容包括车辆损失险和第三者责任险，是一种综合性保险。

在2003年1月1日以前，我国实行的机动车辆保险是1999年由中国保监会统一颁布并实施，又于2000年重新修订的。当时的车险条款分为两部分，即基本险部分和附加险部分，其中基本险由车辆损失险和第三者责任保险构成。从2003年1月1日起，中国保监会对我国机动车辆保险实行全面改革，由各保险公司自主制定车险条款和费率。

2004年5月1日，《中华人民共和国道路交通安全法》正式实施，其中明确了将第三者责任险列入法律强制保险范畴。2006年7月1日起正式实施的《机动车交通事故责任强制保险条例》再次以法律明文规定的方式强制实行机动车辆交通事故责任强制保险，以保障机动车道路交通事故中的受害人依法得到赔偿，以促进社会和谐安定。

机动车辆保险与其他运输工具损失保险相比，有以下几个特点：

第一，赔偿方式主要是修复。在财产保险中，保险人对被保险人的赔偿方式主要有三种，即现金赔付、修复和重置。在机动车辆保险的理赔实践中，保险人通常要求被保险人将因遭受合同约定事故而受损的车辆送到指定修理厂进行维修，以此来恢复车辆的原有功能或面貌。但是车辆全损时的赔偿还是采用现金赔付的方式。

第二，采用绝对免赔额赔偿。为了控制保险财产的自然损耗，促进被保险人在投保以后加强对保险车辆安全的维护和保养，保险人采取每次保险事故的赔款计算应按绝对免赔额的方法，以此让被保险人和保险人共同承担损失。

第三，实行无赔款优待方式。为了鼓励被保险人及其驾驶人员严格遵守交通规则和安全行车，保险人对保险期内安全行驶无赔款的保险车辆在续保时给予无赔款优待。

第四，机动车辆第三者责任险为强制保险。机动车辆现已进入了千家万户，它在为人类提供方便的同时，却也给人类的身体和财产带来风险，特别是对第三者的生命财产安全带来了巨大威胁。因此从法律上强制车主投保机动车辆第三者责任保险可以使无辜的车祸受害者得到经济上的补偿。

由于机动车辆保险业务是财产保险公司重要的业务来源，限于篇幅，其具体内容于后文介绍。

### （二）船舶保险

船舶保险是承保船舶因遭受自然灾害和意外事故造成船体、船上机器设备等损失以及碰撞责任的保险。船舶保险根据其承保船舶航行区域不同，分为沿海内河船舶保险和远洋船舶保险。前者是以我国境内水域、依照我国法律法规从事合法运营的船舶为保险标的；而后者承保在国际航线上航行的船舶，与国际运输货物保险一并纳入海上保险范畴，一般按照国际惯例经营。

**1. 船舶保险的标的和险别**

船舶保险适用于团体单位、个人所有或与他人共有的机动船舶与非机动船舶以及各种水上装置等。但是投保人必须有港务部门签发的适航证明和营业执照等。船舶保险的可保标的包括运输船舶、渔业船舶、工程船舶、特种船舶及其设备、各种水上装置和碰撞责任。在实务中，船舶保险的险别分为全损险和一切险以及附加险。全损险承保被保险船舶因遭受保险范围内的风险而导致的全部损失；一切险不仅承保全损险责任范围内的风险所致被保险船舶的全部损失，而且还负责因这些风险造成船舶的部分损失以及碰撞责任、共同海损分摊、救助和施救费用等。由于船舶保险是高度综合的险种，所以其附加险并不发达。

**2. 保险金额和保险费率**

船舶保险的保险金额通常采取一张保单一个保险金额的形式，承保船舶本身的损失、碰撞责任和费用损失，即上述三项均分别以船舶保险的保险金额为最高赔偿限额。船舶保险费率厘定应综合考虑船舶的种类和结构、船舶的新旧程度、航行区域、吨位大小、使用性质等因素，同时还要参照历史损失记录和国际船舶保险界的费率标准。

**3. 保险责任**

船舶保险的保险责任可以划分为碰撞责任和非碰撞责任。碰撞责任是指保险标的与其他物体碰撞并造成对方损失且应由被保险人承担经济赔偿责任的责任；非碰撞责任包括自然灾害、火灾、爆炸等以及共同海损分摊、施救费用、救助费用等。船舶保险的全损险和一切险都对以下原因造成的损失不负赔偿责任：战争、军事行动和政府征用；不具备适航条件；被保险人及其代理人的故意行为；正常维修；因保险事故导致停航、停业的间接损失；由浪损、超载等引起的损失。

**（三）飞机保险**

飞机保险是承保飞机因遭受自然灾害和意外事故造成机身及其附件的损失，以及因飞机失事而产生的对所载乘客、货物及第三者的损害赔偿责任的保险。飞机保险是综合性保险，它既包括财产保险，如飞机及其设备为保险标的的飞机零备件保险；又包括责任保险，如承保承运人对机上乘客及第三者的法定责任保险；还包括人身意外伤害保险，如航空人身意外伤害保险等。

**1. 飞机保险的种类**

飞机保险主要包括飞机机身保险、旅客法定责任保险、战争和劫持险以及其他一些险种。其中飞机机身保险包括机身一切险这一主险，还有机身免赔额保险、飞机试飞保险等附加险种；战争和劫持均是航空中的特殊风险，该险种可以作为附加险投保，也可单独投保；其他险种还包括机场经营人责任保险、机组人员人身意外伤害保险、飞机承运货物责任保险等。

**2. 保险金额和赔偿限额**

对于飞机机身保险而言，其保险金额可以以账面价值、重置价值、双方协定价值等方式来确定；其费率厘定通常要考虑飞机的类型、飞行范围、航空公司内部管理制度、国际市场的行情等因素。对于飞机责任保险而言（包括飞机第三者责任险、飞机旅客法定责任险），其赔偿限额是按每一次事故来确定的；其厘定费率也要考虑到飞机飞行的范围路线、飞机的类型等因素，还要考虑有关国家对人身伤亡赔偿限额的规定。

3. 保险责任

飞机机身保险主要承保飞机机身及零备件的损坏、灭失、失踪以及飞机碰撞、跌落、爆炸、火灾等造成的飞机全部或部分损失以及相关的修理费用。另外，飞机责任保险的保险责任是承保被保险人在使用或维修保养过程中，由于疏忽、过失或意外事故的发生，依法应对飞机给地面、空中或机外的第三者，或者给乘客所造成的意外伤害、死亡事故、财产损失而承担的经济赔偿责任。

### （四）运输工具航程保险

针对某一次运输旅程的运输工具损失保险，称为运输工具航程保险。该险种的保险期限确定规则与运输货物航程保险一致，保险责任范围确定规则与运输工具保险一致。此外，保险责任开始后，合同双方当事人不得解除合同。

# 五、海上保险

### （一）海上保险的概念及特征

1384 年，在佛罗伦萨诞生了世界上第一份具有现代意义的保险单，该保险单承保从法国运送到意大利的一批货物。这张保单明确记载了保险标的和保险责任，因此海上保险被公认为是现代商业保险的起源。海上保险是以保险标的的风险发生于海上而命名的一种保险业务，以海上财产诸如船舶、货物以及与之有关的利益，如租金、运费等作为保险标的，承保自然灾害或其他意外事故造成被保险人经济损失的一种财产保险。通常所说的海上保险业务主要是指以船舶和货物为保险标的的业务。

海上保险的特征体现在以下几个方面：承保风险的综合性，不仅包括自然灾害、意外事故和责任风险，还有可特约承保军事政治、国家政策法令及行政措施等特殊外来原因引起的风险；承保标的的流动性，船舶以及所载货物不仅在行驶中体现流动性，而且对货物采取必要的装卸也体现其流动性；保障对象的多变性，在国际贸易中，被保障货物的所有权经常会发生转移，所以国际货物运输保险的被保险人也不断变更；保险关系的国际性，国际贸易、国际运输牵涉各方当事人均属于不同国家，因此海上保险业务依赖的法律背景具有极强的国际性。

### （二）海上保险的基本内容

1. 海上保险业务分类

传统的海上保险是一个单独的险种，但经过多年的发展，已经形成了以海洋运输货物保险和远洋船舶保险为主要业务的保险体系。具体而言，海上保险业务可以分为以下几类：海洋运输货物保险、远洋船舶保险、海洋工业保险和其他一些保险。其中，海洋运输货物保险即国际运输货物保险，可分为平安险、水渍险、雨淋险、一切险；远洋船舶保险可分为船舶保险、运费保险、船舶责任保险等；海洋工业保险如海洋石油开发保险等因其科技含量高而纳入到科技损失保险的内容中；其他一些保险包括各种附加险和

单独开办的诸如邮包险、集装箱保险等。

2. 海洋运输货物保险

海洋运输货物保险是指保险人对于保险货物在运输途中因海上自然灾害、意外事故或外来原因而导致的损失承担经济赔偿责任的一种财产保险。我国海洋运输货物保险主要分为三类，如图6-3所示。

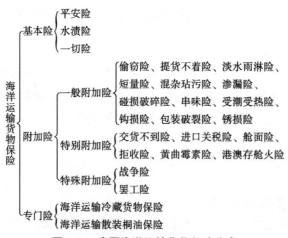

**图6-3　我国海洋运输货物保险分类**

基本险是主险，包括平安险、水渍险和一切险，它们的保险责任范围是递增的，投保人可根据自身需求自由选择，如图6-4所示。

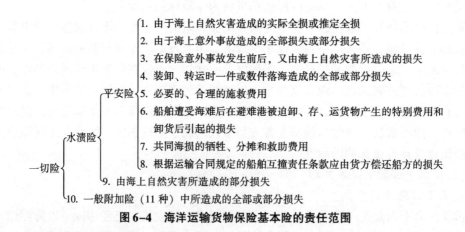

**图6-4　海洋运输货物保险基本险的责任范围**

3. 远洋船舶保险

远洋船舶保险是以从事远洋运输的船舶为保险标的的一种海上保险业务，主要承保船舶的物质损失、有关利益和对第三者的赔偿责任，是海上保险的主要业务之一。在理论上，沿海内河船舶保险与其共同构成船舶保险，因此它们之间有共同性，但是因面临的风险种类不同而互有区别。在远洋船舶保险实务中，通常可分为全损险和一切险两个主要的险种，全损险主要承保保险风险造成被保险船舶的全部损失（包括实际全损和推定全损）；一切险的责任范围比全损险的责任范围广泛，它不仅承担全损险的全部保险责任，而且还负责保险风险给船舶造成的部分损失、责任和费用，如图6-5所示。

1. 海上自然风险，包括地震、火山爆发、雷电及其他自然灾害所造成保险标的的全损

2. 海上意外事故，包括搁浅、碰撞、触碰任何固体或浮动物体或其他物体或其他海上灾害所造成保险标的的全损

全损险
3. 火灾、爆炸造成保险标的的全损

4. 来自船外的暴力盗窃或海盗行为

5. 抛弃货物

6. 核装置或核反应堆发生的故障或意外事故

一切险
7. 疏忽风险和油污风险

8. 全损险中列明风险所造成的部分损失

9. 碰撞责任中由被保险人承担的责任

10. 共同海损和救助中由被保险人承担的责任

11. 合理的、必要的施救费用

**图6-5　远洋船舶保险一切险的责任范围**

# 六、汽车保险

## （一）保险标的

在我国，机动车辆保险的保险对象是经交通管理部门检验合格并具有有效行驶证和号牌的机动车辆，包括汽车、电车、电瓶车、摩托车、拖拉机、各种专用机械车以及特种车等。车辆损失险的保险标的是各种机动车辆；第三者责任险的保险标的是保险车辆因意外事故致使他人遭受人身伤亡或财产直接损失而依法应负的赔偿责任。

## （二）机动车辆保险的种类

机动车辆保险具体可分商业险和交强险，商业险包括车辆基本险和附加险两个部分。其中，基本险一般分为车辆损失险（车损险）和第三者责任险（三责险）；附加险的险别分为车辆损失险附加险和第三者责任险附加险。车辆损失险附加险又包括全车盗抢险、玻璃单独破碎险、车辆停驶损失险、自燃损失险、新增加设备损失险、不计免赔险等；第三者责任险附加险包括车上责任险、无过失责任险、车载货物掉落责任险等。

## （三）保险期限

机动车辆保险的保险期限通常为1年，自保单载明之日起到保险期满24时为止。另外，保险期满若要续保，则要另行办理投保手续。

**（四）保险金额和保险费率**

车辆损失保险的保险金额由投保人和保险人选择按新车购置价、投保时车辆的实际价值、投保人和保险人协商三种方式确定。其中，投保人和被保险人协商确定的保险金额不得超过新车购置价。若被保险人在保险车辆内添置了新的设备，其保险金额在实际价值内由投保人和保险人进行协商确定。

第三者责任险的责任限额是保险人承担每次事故赔偿的最高限额，也是保险人计算保费的依据，由投保人和保险人自行协商选择确定。

**（五）责任范围**

车辆损失保险的保险责任范围包括：一是碰撞责任，指保险人承担因被保险车辆及其所装货物与外界物体意外碰撞所造成被保险车辆的直接损失，如车辆与车辆、车辆与建筑物、车辆与行人等碰撞，均属于碰撞责任的范围之列。二是非碰撞责任，包括自然灾害和意外事故两类，自然灾害一般包括雷击、暴风、台风、龙卷风、洪水、海啸、地震、地陷、冰陷、崖崩、雪崩、泥石流、滑坡等；意外事故包括倾覆、火灾、爆炸、坠落以及外界物体的倒塌或坠落等。三是合理的施救、保护费用，即保险车辆在发生保险事故时，被保险人为了减少损失，对保险车辆采取施救、保护措施所支出的合理费用，但此项费用要以保险车辆的保险金额为限。

第三者责任险的保险责任包括被保险人或其允许的合格驾驶员在使用保险车辆过程中发生意外事故，致使第三者遭受人身伤亡或财产损毁，依法应由被保险人支付的赔偿金额，保险人依据相关法律法规和保险合同的规定给予赔偿。但是事故产生的善后工作，由被保险人自行负责处理。

在我国境内道路上行驶的机动车的所有人或管理人，应当依照《中华人民共和国道路交通安全法》的规定投保机动车交通事故责任强制保险（以下简称"交强险"），因此，第三者责任保险在我国有商业第三者责任保险（以下简称"三责险"）和交强险之分。

虽然交强险与三责险属于同一保险险种，即都是保障第三方受害人获得及时有效赔偿的险种，但由于交强险具有社会性、公益性和强制性的特点，商业性质的三责险与强制性质的交强险还是存在着本质的不同，主要区别在于：

（1）三责险采取的是过错责任原则，即保险公司根据被保险人在交通事故中所承担的责任来确定其赔款金额；而交强险实行的是"无过错责任"原则，即无论被保险人是否在交通事故中负有责任，保险公司都要给予相应的赔偿。其中机动车在道路交通事故中无责任的赔偿限额包括：死亡伤残赔偿限额为11000元人民币，医疗费用赔偿限额为1000元人民币，财产损失赔偿限额为100元人民币。

（2）由于商业性质的保险具有营利性，为控制风险，三责险规定了较多的免责事项和免赔额；而交强险由于其公益性，为使第三者被害人能获得经济赔偿，交强险的责任范围基本上囊括了所有的道路交通风险。

（3）两者目的不同。三责险是商业性质的保险业务，保险公司在为其定价时会考虑利润因素；而交强险遵循着"不盈利不亏损"的原则。另外，保险公司经营的交强险业务与其他的商业保险业务须分开管理，单独核算，不论该业务是亏是盈，都不参与保险公司的利润分配。

（4）目前各保险公司三责险的条款、费率等存在差异，并设有5万元、10万元、20万元乃至100万元以上等不同档次的责任限额；而交强险的责任限额由2008年2月1日以前的6万元提升至12.2万元，并在全国范围内统一保险条款、赔偿限额和基础费率。

（5）交强险体现了强制性投保和强制性承保。交强险的强制性不仅体现在所有上道路行驶的车辆必须投保，还体现在有经营该险种资格的保险公司不能拒绝承保、不得拖延承保和不得随意解除合同。

---

**【案例6-3】**

### "一切险"一切风险都保吗

A进出口公司曾就一批进口大米在B保险公司投保货物运输一切险。保险单背面印备的海洋运输货物保险条款规定的"一切险"保险责任范围为："除包括上列平安险和水渍险的各项责任外，本保险还负责被保险货物在运输途中由于外来原因所致的全部或者部分损失。"货到后发现部分大米变质，经了解，航行途中没有遇到恶劣天气，货轮舱底及舱壁也没有发现异常情况，鉴定认为上述货物变质系货物在装船前的运输过程中发生的。随后，A公司向B公司提出保险理赔申请，B公司拒赔。双方因此发生争议。

问题：

1. 我国海洋货物运输保险一切险条款是怎么规定的？
2. 保险公司是否该承担责任？

资料来源：大连保险网，http：//www.dlbxxh.com/Article/ShowArticle.asp？ArticleID=203。

---

**【案例6-4】**

### 保险公司对醉酒驾车是否承担交强险责任

2007年7月26日21时40分，冯小龙醉酒后驾驶川R62356号长安牌小轿车，将通过人行横道的行人张群辉撞倒。交警部门认定，张群辉不承担交通事故责任，冯小龙酒后驾车，应承担全部责任。张群辉被鉴定为十级伤残。肇事车已在中国人民财产保险股份有限公司南充市顺庆支公司投保了交强险，事发时仍在保险期内。张群辉诉至南充市顺庆区人民法院，请求判令冯小龙和保险公司赔偿其各项损失59919.89元。

对于该诉讼，一审判决认为保险公司对受害人身体受到伤害的各项损失44814.89元中的40730.2元在交强险范围内承担保险责任。该判决生效后，保险公司以冯小龙系醉酒驾车，保险公司不应承担交强险赔付责任为由向一审法院申请再审。一审再审依据《机动车交通事故责任强制保险条例》第二十二条和《机动车交通事故责任强制保险条款》第九条之规定，判决：张群辉所受损失由冯小龙承担，驳回受害人要求保险公司承担交强险赔付责任的诉讼请求。冯小龙不服，提起上诉。南充市中级人民法院经审判委员会讨论后判决：撤销一审再审判决，扣除冯小龙已给付的 7050 元，受害人其余损失 37764.89 元由保险公司赔付。

问题：

1. 交强险与三责险的联系与区别。

2. 试问保险公司对醉酒驾车是否承担交强险责任？

资料来源：中国法院网，http://www.chinacourt.org/html/article/200907/02/363657.shtml。

# 第四节　工程保险

## 一、工程保险的概念及特征

工程保险是指以各种工程项目为主要承保对象的保险。在早期，传统的工程保险仅指建筑工程保险和安装工程损失保险，但是，随着科学技术飞速发展，工程项目的种类和规模不断扩大，这些工程所面临的风险也在扩大。因此，各种工程损失保险应运而生。工程损失保险大致上包括传统的建筑工程损失保险和安装工程损失保险，以及因科技发展而诞生的科技工程损失保险等。

由于工程建设本身的特点，其不仅关系到各行为主体的利益（所有人、承包人和其他利益相关者），而且关系到第三者的人身财产安全。虽然工程损害保险属于财产保险领域，但较其他财产保险而言，它还有以下几个特征：

### （一）保障对象的多元化

在一般的财产保险中，企业团体或个人家庭为自身所拥有的保险利益的财产投保，被保险人的组成结构相对简单。然而，在一项工程建设过程中会涉及很多关系方，并且各方因与工程自身的关系不同（投资、租赁、设计、承包建设等）而利益也不同，所以他们对同一项工程都具有保险利益。因此，上述相关者都可以成为工程损失保险的被保险人。

### （二）承保风险的特殊性

工程建设本身是一个动态的过程，在此过程中所涉及的风险极为广泛，包括物质损失风险，第三者责任风险，业主有因工程延期完工而遭受损失的风险，设计者有因设计缺陷而遭索赔的风险等。此外，风险的大小在工程建设的不同时期也不相同，例如，在试车期风险更为集中。

**（三）保险期限的特殊性**

建筑、安装工程损失保险一般采用的是工期保险单，即保险期限从工程动工之日起，到工程竣工验收合格之日止；科技工程损失保险则多是采用分阶段承保的方法。这与其他财产保险业务采取一年期定期保险单或一次性航程保险单有明显差异。

**（四）工程损失保险的内容相互交叉**

在建筑工程损失保险中，通常也承保相关安装项目，例如，房屋建筑中的供水、供电设备安装等；而在安装工程损失保险中一般也包含着建筑工程项目。虽然各工程损失保险业务相互独立，但是内容有交叉，在经营上有一定的相关性。

## 二、建筑工程保险

建筑工程保险主要承保以土木建筑为主体的工程在整个建筑期间内因自然灾害或意外事故造成的物质损失和费用，以及被保险人依法因承担的对第三者人身伤亡或财产损失的赔偿责任。各类民用、工业用和公共事业用的土木建筑工程项目，如住宅、旅馆、商店、工厂、道路、码头、仓库、桥梁都可以投保建筑工程损失保险。

**（一）适用范围**

由于在一项建筑工程中涉及多个经济主体，他们都是对建筑工程具有保险利益的当事人，不同于一般财产保险的是，建筑工程损失保险的被保险人可以是一人或多人，主要包括以下各方：一是工程所有人，即建筑工程的最后所有者；二是承包商，即负责承建该项工程的施工单位；三是技术顾问，包括工程所有人雇用的建筑师、设计师、监理人员等，他们对工程进行咨询、设计或监督；四是其他关系方，如贷款银行或债权人。当存在多个被保险人时，为了避免有关各方相互之间的追偿责任，通常在建筑工程损失保险上附加交叉责任条款，即被保险人之间发生的相互责任事故造成的损失，均由保险人负责赔偿，无须根据各自的责任进行相互追偿。

**（二）保险标的**

虽然建筑工程损失保险的承保范围广泛，但总体上可分为三类，一类是物质损失，即物质财产和列明的费用；一类是第三者责任部分，即承保被保险人对第三者所负的赔偿责任；另一类是特种风险赔偿。

1. 物质损失部分

（1）建筑工程。这是建筑工程损失保险的主要保险项目，有永久性和临时性工程及工地上的物料之分，具体包括建筑工程合同所规定建造的建筑主体，建筑物内部的装修设备，配套的道路、桥梁、水电设施等土木建筑项目，存放在土地上的建筑材料、设备和临时的建筑工程等。

（2）所有人提供的物料及项目。指未包括在建筑工程合同金额之中的所有人提供的物料及负责建筑的项目。

（3）施工机具设备。指配置在施工场地作为施工用的机具设备，如吊车、叉车、挖掘机。这些机具设备不论为哪方主体所有，都要在施工机具设备一栏予以说明并附上清单。

（4）安装项目工程。指未包括在承包工程合同金额内的机器设备的安装工程项目，如写字楼的供水、供电、空调等机器设备的安装项目。若这些设备安装工程已经包括在承包合同内，不用另行投保，但应该在投保单中予以说明。

（5）工地内现成的建筑物。指不在承保工程范围内的，且归业主或承包人所有的或由其保管的工地内已有的建筑物。

（6）场地清理费用。指发生保险事故并造成损失后，为拆除受损标的、清理灾害现场和运走废弃物等以便进行修复工程所发生的费用。

（7）所有人或承包人在工地上的其他财产。指不能包括在以上六项范围之内的其他可保财产，若需要投保，则应列明名称或附清单于投保单上。

2. 第三者责任部分

建筑工程损失保险第三者责任实质上是以工地为场所的公共责任，它是指被保险人在工程保险期限内因意外事故造成工地以及工地附近的第三者人身伤亡或财产损失而依法应负的赔偿责任。这里的"第三者"是指除所有被保险人以及与工程相关的雇员以外的任何自然人和法人。

3. 特种风险赔偿

特种风险是指保单明细表中列出的地震、海啸、洪水、暴雨、风暴。一般而言，保险人为了控制建筑工程中因巨灾风险而造成的损失，通常对保单列明的特种风险单独规定赔偿限额。

**（三）保险责任**

建筑工程损失保险的保险责任包括物质损失部分的保险责任和第三者责任部分的保险责任。

就物质损失部分的保险责任而言，主要可归纳为以下三个方面：第一类是保险单上列明的各种自然灾害，如洪水、风暴、暴雨、地震等；第二类为意外事故，包括火灾、爆炸、飞行物体坠落等；第三类是人为过失，包括盗窃、工人或技术人员过失等人为风险。另外，建筑工程损失保险还有多种附加险和适应工程项目特点的特约条款。建筑工程损失保险除外责任的一部分与财产损害保险的除外责任相同，另一部分是属于它特有的，包括由于错误设计引起的损失、费用或责任，换置、修理或校正标的本身原材料缺陷或工艺不善所支付的费用，非外力引起的机械或电器装置的损坏或建筑用机器、设备损坏，以及停工引起的损失等。

就第三者责任部分的保险责任而言，包括建筑工程因意外事故造成工地以及邻近地区第三者人身伤亡或财产损失而依法应当由被保险人承担的赔偿责任，以及实现经保险人书面同意的被保险人因此而支付的诉讼费用。另外，第三者责任保险的除外责任包括工程所有人、承包人以及在现场从事工程的有关职工的人身伤亡和疾病，工程所有人、承包人以及他们的职工所有的或由其照管、控制的财产的损失，由于震动、移动或减弱支撑而造成的财产损失和人身伤亡等。

**（四）保险期限和保险金额**

建筑工程损失保险承保从开工到完工过程中的风险，保险期限按照工程工期来确定。对于大型或综合性工程，由于其中各个部分的工程项目分期施工，如果投保人要求分别投保，可以分别签发保单和规定保险期限。

建筑工程损失保险的物质损失部分的保险金额为保险建筑工程完工时的总价值；而特种风险的赔偿不仅规定了免赔额，而且还规定了赔偿限额；第三者责任险的赔偿限额是依据责任风险的大小所确定的，一般采取规定每次事故赔偿限额和规定保险期间累计赔偿限额这两种方法。

## 三、安装工程保险

安装工程保险承保新建、扩建、改建的工矿企业的机器设备或钢结构建筑在整个安装、调试期间由于保险责任而导致保险财产的物质损失、列明费用以及安装期间造成第三者财产损失或人身伤亡、依法应由被保险人承担的经济赔偿责任。它以各种大型机器设备的安装工程为保险对象，包括成套设备、生产线、大型机器装置、管道安装等。

安装工程保险与建筑工程保险的投保结构、条款内容、保险项目有许多相似之处，两者是为工程项目提供保险保障的两个相辅相成的险种，只是安装工程保险针对机器设备，另外它们在保险责任和除外责任上还有些区别。

**（一）安装工程保险物质损失部分的保险责任与除外责任**

安装工程保险的风险责任范围只有两条与建筑工程保险相区别，其余均相同，即安装工程损失保险的保险责任还包括以下两条：第一，由于超负荷、超电压、碰线、电弧、漏电、短路、大气放电与其他电气引起其他财产的损失；第二，存在设计错误、铸造或原材料缺陷或工艺不善的被保险机器设备造成其他财产的损失。以上两条所述原因所引起的自身设备的损失属于安装工程损失保险的除外责任，其余与建筑工程损失保险的除外责任相同。

**（二）安装工程保险第三者责任部分的保险责任与除外责任**

安装工程保险的第三者责任保险主要承保被保险人在安装工程期间，因意外事故造成安装场所以及附近区域第三者的人身伤亡或财产损失，依法应由被保险人承担赔偿的责任。安装工程保险的第三者责任部分的除外责任与建筑工程保险绝大部分相同，但是建筑工程保险的第三者责任部分对"由于震动、移动或减弱支撑而造成的损失"是不负责任的，但是安装工程保险没有此规定。

此外，安装工程保险的保险金额是按保险工程安装完成时的总价值确定的。其保险期限的起讫与建筑工程保险相同，一般还包括试车期。实践证明，试车期是安装工程中风险最大的阶段，因此保险人必须重视此阶段的风险。

## 四、科技工程保险

科技工程保险是以各种重大科技工程或科技产业为保险标的的综合性财产保险，它是随着科学技术的发展而逐渐兴起的一类特殊工程损失保险业务，同时又能为科技产业提供风险保障，从而有效地促进现代科技产业的发展。

### （一）科技工程保险的特征

较传统的工程保险业务而言，科技工程保险主要有以下几个特征：

第一，保险标的的特殊性。保险标的为各种重大科技工程，其价值高、规模大、性质特殊，并且还涉及当代高、精、尖科学技术，是一项专业技术极强的财产保险业务。

第二，承保风险的特殊性。从科技工程损失保险的经营实践来看，其承保风险责任具有显著的综合性、人为性和难以预测性等特征。

第三，风险管理的特殊性。由于一项重大的科技工程关系着一个地区甚至整个国家的经济社会发展大局，所以国家往往会采取政策性手段去干预保险事务，例如，为保险人提供政策上的或经济上的支持。另外，保险人也需要聘请有关方面的专家来加强风险管理。

由此可见，科技工程保险不是一般的保险公司所能够承保的，往往只有大公司才能涉足该领域。在实际经营中，一笔科技工程保险业务甚至需要多家有实力的大公司联合承保。就目前的业务情况来看，科技工程保险主要包括航天保险、核电站保险和海洋石油开发保险。

### （二）科技工程保险的种类

航天保险是指为航天产品包括卫星、航天飞机、运载火箭等提供风险保障的保险。航天工业是一项耗资巨大、风险很高的科技活动，一旦活动失败，造成的直接经济损失数额巨大，而且还会产生重大的责任事故。因此，航天保险主要承保航天产品进入太空遇挫或遭受灾害事故而导致的经济损失，包括航天产品发射前的制造、运输、安装过程，发射时和发射后的轨道运行过程，使用寿命以及责任等方面的风险损失。根据其承保风险内容的不同，航天保险可以分为卫星及火箭或其他运载工具的工程保险、发射前卫星及火箭保险、卫星发射保险、卫星运行寿命保险、卫星及发射责任保险等。

核电站保险是以核能工程项目为保险标的的、以核能工程中的各种核事故和核责任风险为保险责任的科技工程保险。核电工业是随着核能技术的进步及由军用转向民用方向发展而出现的新兴科技产业，是各国为了解决本国能源不足的问题所采取的重要措施，因此，核电站保险的重要特征之一即它是一种政策性极强的保险。从建设伊始到运行，整个过程都充满风险，保险市场为核电站从建设期到营运期提供了各种产品，主要包括核电站建筑安装工程保险、核电站海运险、核电站机器损坏保险、核电站物质损失保险、核电站责任保险等。

海洋石油开发保险是以海上石油开发过程中的财产、责任、费用为保险标的的一种保险。海洋石油开发行业是一个投资巨大、技术性强、风险集中的行业，在海洋石油钻探和开发过程中发生的诸如海上井喷、起火、溢油等风险事故损失不是一般的海洋石油开发商和承包商所能承担的，所以海洋石油开发保险得以诞生。目前我国开办的海洋石油开发保险主要有以下几个险种：勘探作业工具保险、钻探设备保险、费用保险（控制井喷、重钻、清理等费用）、责任保险（油污责任、第三者责任等）、建筑安装工程保险等。

---

**【案例6-5】**

### 保险公司是否该赔不是"自然灾害"造成的损失

2006年12月26日，长汀某投资有限公司就省道205线长汀境内一、二期公路改建工程C合同段向某保险公司投保建筑工程一切险，保险期限为2006年12月26日至2008年2月26日。2007年6月4日，因连续降雨，造成河水水位上涨，导致该公司所投保的改建工程围堰筑岛1000多立方米砂砾、草袋被冲毁，钻孔等财产被泥沙淹没。事故发生后，该公司及时向某保险公司报案，并经保险公司有关人员查勘现场，确定长汀某投资公司本次事故损失为304241元。该公司向某保险公司索赔但遭到拒绝，于是起诉至法院。

经调查认为：2007年6月1日至5日的连日降雨中，最大日降水量为6月1日66毫米，最高水位307.44米，而该地警戒水位为307.80米，水位属正常偏高。此次保险事故发生在当年的6月4日，而在此期间，长汀相关部门未接到本案保险标的所在地人员伤亡和房屋倒塌的报告。因此，此次事故尚未构成自然灾害，未具备自然灾害的构成要件。

问题：

1. 建筑工程损失保险的保险责任有哪些？

2. 针对于不是由"自然灾害"所造成的损失，保险公司是否该赔？

资料来源：中国法院网，http://www.chinacourt.org/html/article/200906/12/360722.shtml。

---

# 第五节 农业保险

## 一、农业保险的概念及特征

### （一）农业保险的概念

农业保险有广义和狭义之分。狭义的农业保险与农业相对应，即为种植业和养殖业提供保险；而广义上的农业保险除了种植业保险和养殖业保险外，还包括从事广义农业生产的劳动力及其家属的人身保险和农场上的其他物质财产保险，一般称其为农村保险。本节讨论的乃是狭义的农业保险，即为农业生产者在从事种植业和养殖业生产、初加工的过程中，遭受自然灾害或意外事故所造成的损失提供经济补偿的保险保障制度。

### （二）农业保险的特征

农业保险虽是财产损失保险，但由于其标的十分特殊，它具有许多不同于一般财产保险的特点：

**1. 保险标的的特殊性**

农业保险的标的具有生命性，因而使农业保险与其他财产保险大不相同。主要体现在以下几个方面：一是农业保险标的价值的变动性，因为农作物或禽畜处于不断生长的状态，只有当收获或成熟时，其价值才能最终确定；二是农产品的鲜活性特点使农业保险受损现场易灭失，对农业保险勘察时机和索赔时效产生约束；三是种植业保险的某些标的在一定的生产期内受到损害后有自我恢复能力，使得定损变得复杂。

**2. 较强的地域性**

农业生产和农业灾害的地区差异性，决定了农业保险的地域性，即农业保险在标的类别、灾害种类及频率和强度、保险期限等各方面在不同的地区表现不同，因此需要花更多的成本进行差异经营。另外，农业生产在野外进行，种植业保险往往是大面积成片投保，养殖业也要大规模成批投保，由此决定了农业保险所涉及的地域范围广、承保数量大。

**3. 风险结构的特殊性**

农产品不仅面对着各种气象灾害和生物灾害，如水灾、旱灾、病虫害等，而且还受到市场经济风险的影响。另外，农业保险的承保、理赔工作需要考虑到标的物的生长规律等众多因素，在此过程中极易受到道德风险的影响。可见，农业保险的风险结构十分特殊和复杂。

**4. 经营风险高、难度大**

农业生产自身的特点，即季节性、地域性、风险大、损失率高等，决定了农业保险的高赔付率，也使得农业保险的展业、承保、理赔等工作变得十分困难。由于经营成本高，绝大多数商业性保险公司对该业务望而却步。

**5. 具有极强的政策性**

农业是国民经济命脉的基础，且易受各种风险的影响，因此农业生产需要得到政府的保护与支持。但按照世界贸易组织规则，各世界贸易组织成员必须逐步开放农产品市场并减少对农业的直接补贴，但与农业生产相关的自然灾害保险作为"绿箱"政策则不受限制。因此，农业保险制度受到热捧。目前，世界上已有40多个国家建立了有政策支持的农业保险体系。许多世界贸易组织成员都通过政府支持积极开办农业保险，加强对农业的保护，农业保险因而成为政府支持农业生产的普遍做法。

农业保险作为扶持农业发展的政策工具，是解决我国"三农"问题的一项重要措施。近年来，我国政府十分重视农业保险工作，2004～2009年的中央"一号文件"，都对农业保险工作提出了明确要求。财政部在深入研究国外经验和国内部分省区市开展农业保险试点的基础上，从2007年开始选择部分省份开展了中央财政农业保险保费补贴试点，有力地推动了农业保险业务的发展，不仅有效地分散了农户经营农业的风险，而且大大提高了财政资金的支农效率，为农业保险在我国的稳步开展积累了宝贵的经验。正确认识并逐步发挥农业保险对防范农业风险、稳定农业生产、增加农民收入的积极作用，对于发挥财政支农资金的杠杆效应，更好地解决"三农"问题具有重要的现实意义。

## 二、农业保险的基本内容

### （一）农业保险的分类

（1）按照确定保险金额的方式可分为成本保险和产量（产值）保险。前者是根据生产成本确定保险金额，这是因为农业生产成本是随生长期而逐渐投入的；后者是根据产品产出量确定保险金额，一般采取定额承保方式。

（2）按照保险标的所处生长阶段划分为生长期农作物保险和收获期农作物保险，这种划分方式主要适用于农作物保险。前者是针对农作物在生长过程中因保险灾害事故造成的减产损失的一种保险；后者是针对农作物成熟收割及其初加工期间所受灾害损失的一种保险。

（3）按保险责任范围分类可分为单一风险保险、综合风险保险和一切险保险三类。单一风险保险只能承保一种责任的保险，如小麦雹灾保险、林木火灾保险等；综合风险保险承保一种以上可列明责任的保险；一切险保险列明了不保风险外，其余责任都可承保。

（4）按照承保对象可将农业保险分为种植业保险和养殖业保险，这也是我国学术界和商界的通行划分方法。前者承保植物性生产的保险标的；后者承保动物性生产的保险标的，如图6-6所示。

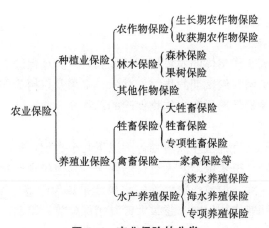

**图6-6 农业保险的分类**

**（二）农业保险的保险金额**

根据农业保险的特点，其保险金额主要有以下几种确定方式：

1. 保产量

保险人根据各地同一风险区域同类标的的一定时期平均产量确定保险保障的产量水平，再根据事先选定的价格确定保险金额，它适用于生长期农作物保险和水产养殖保险。

2. 保成本

保险人通过各地同类保险标的生产的平均成本确定保险金额，它适用于生长期农作物保险、森林保险和水产养殖保险。这里的成本有时采用完全成本，但更多的是采用费用成本以控制道德风险。

3. 估价或按市场价确定

由保险人和被保险人双方协商确定保险标的的保险金额。在大牲畜保险业务中，可以根据投保牲畜的年龄、用途、价值等进行估价或按照市场平均价格水平进行确定。

**（三）农业保险的保险期限**

农作物保险的保险期限与农作物生产特点联系在一起。生长期农作物保险一般从作物出土定苗后起保，至成熟收割时截止；分期收获农作物的保险期限应到收完最后一期产品为止；收获期农作物的保险期限到初加工离场入库前为止。而林木是多年生植物，所以其保险期限从林木栽植成活后开始，整个期限可长可短。

养殖业保险的保险期限一般与动植物养殖的生产周期一致。保险责任期限长短因标的而异，即使为同一标的，还可能因为地域、气候差异而不同，因此，养殖业保险的保险期限应遵循养殖对象的特点而确定。

# 三、种植业保险

## （一）种植业保险概述

1. 种植业保险的概念

种植业保险是以国有或集体的农牧场、林场和农户为被保险人，以其生产经营的生长期、收获期、初加工期、储藏期的作物、林木、水果及果树为保险标的，以各种自然灾害和意外事故为保险责任的所有农作物保险的总称。

2. 种植业保险分类

按照保险标的的类别将种植业保险划分为以下几个类别：第一，粮食作物保险，包括稻谷保险、小麦保险、玉米保险、大豆作物保险、其他粮食作物保险等；第二，经济作物保险，包括棉花保险、油料作物保险、水果和果树保险等；第三，其他作物保险，包括蔬菜作物保险、饲料作物保险、蔬菜大棚种植保险等；第四，农作物火灾保险；第五，林木保险。

按照农作物生长周期，可划分为生长期农作物保险和收获期农作物保险，该划分方法只适用于农作物保险。

## (二) 种植业保险的风险控制

根据各国实践, 控制种植业保险经营中风险的技术措施主要有:

### 1. 因地制宜地选择保险风险

就我国农业生产经验来看, 洪水和旱灾是我国农业面临的主要风险, 发生范围广、出现频率高、损失强度大, 商业性保险公司则不宜承担该风险, 而是选择损失概率较低的风险。

### 2. 合理确定保障水平

为了防止被保险人的道德风险, 促进被保险人加强管理, 应该由保险人和被保险人共同承担保险金额范围内的风险损失。一般而言, 保险人承担保险保障产量的60% ~ 80%。

### 3. 尽力扩大承保范围

承保范围越广, 风险就能得以更好地分散。国家通过强制投保和费用补贴等措施扩大保险覆盖面, 以达到有效分散风险的目的。

### 4. 实行无赔款优待

无赔款优待策略是财产保险业务经营中常用于鼓励被保险人防灾防损的重要措施, 养殖业保险业亦可运用, 以提高保户投保和管理的积极性。

# 四、养殖业保险

## (一) 养殖业保险概述

### 1. 养殖业保险的概念

养殖业保险是以有生命的陆生动物或水生生物为保险标的, 保险人对保险标的遭受保险责任范围内的自然灾害、意外事故和疾病给被保险人所造成的损失给予经济补偿的一种保险制度。

### 2. 养殖业保险分类

养殖业保险通常可以分为以下几类: 第一, 家畜养殖保险, 包括大家畜养殖保险 (如马、牛、驴等) 和小家畜养殖保险 (如猪、羊、兔等); 第二, 家禽养殖保险, 包括以鸡、鸭、鹅等为保险标的的保险; 第三, 水产养殖保险, 具体分为淡水养殖保险和海水养殖保险; 第四, 特种养殖保险, 其保险对象为近年来在市场上发展起来的经济动物饲养业, 包括鹿、水貂等。

## (二) 养殖业保险的风险控制

养殖业保险标的本身的特点和所面临的风险与种植业保险标的有很多相似之处, 因此, 控制它们风险的手段类似, 但方法上也有独特之处。

### 1. 实行承保观察期

养殖业承保标的的死亡和疾病责任, 就如人身保险中的健康保险一样, 可设定一定的观察期。在此观察期内保险标的因疾病死亡的, 保险人不负责任; 观察期满时, 若保险标的正常, 则保险责任从观察期满的次日开始。

### 2. 实行差别费率

养殖业保险标的的疾病发病率和死亡率不仅与标的的种类有关，而且与饲养管理状况有紧密联系。因此，保险人在根据平均死亡率制定费率时还应根据标的种类、同种标的的年龄、饲养管理状况实行差别费率以控制风险。

---

**【案例6-6】**

### 农业保险赔款额的计算

种植大户老王要给自己种植的 50 亩水稻投保，每亩保险金额为 400 元，每亩保险费率为 2.5%。每亩所缴纳的保费中，政府财政补贴 60%，老王个人自付 40%。假如老王的稻田因台风造成其中 30 亩苗期后的稻苗 40% 倒伏死亡。

请问老王应自负多少保费？老王可获得的赔款额是多少？（生长期赔款比例：苗期 50%；苗期后 100%）

资料来源：中国风险管理网，http://www.chinarm.cn/Insurance/2010/0412/21241.html。

---

### 重要概念

财产损害保险  基本险  盗抢险  特种险  综合险  企业财产损害保险  家庭财产损害保险  运输损失保险  运输货物损失保险  运输工具损失保险  海上保险  汽车保险  工程保险  建筑工程保险  安装工程保险  科技工程保险  农业保险  种植业保险  养殖业保险

### 思考题

1. 试说明广义财产保险的划分。
2. 财产损失保险的运行包括哪些程序？
3. 试比较交强险和三责险的异同。
4. 工程损失保险的特点有哪些？
5. 农业保险经营需要注意哪些事项？

# 第七章 责任保险

【学习目的】

  理解责任保险的概念、分类和特征，了解责任保险的承保和赔偿方式，把握企事业责任保险和个人责任保险的主要险别，熟悉公众责任保险、环境责任保险、产品责任保险、雇主责任保险、职业责任保险的基本概念及其具体内容。

## 第一节　责任保险概述

  2010 年，中国取得了世博会的举办权。在这个伟大盛会的举办过程中，中国人保财险上海市分公司为世博会 5.28 平方公里园区以及相关水域提供了总保额高达 10 亿元的综合责任保险保障。责任保险涉及我们生活中的各个方面，投保责任保险对于日常的生产生活具有重大的意义。那么什么是责任保险？它有哪些具体的险别？与一般的保险相比它有哪些特殊之处？下面将对责任保险做具体的认识。

### 一、责任保险的概念与分类

  责任保险是指以被保险人对第三者依法应承担的法律赔偿责任为承保对象的一类保险。在日常生产生活中，人们常常会因为疏忽或者过失而对他人造成人身伤害或者财产损失，通过投保责任保险，以风险转嫁的方式将经济赔偿责任转嫁到保险人身上，由保险人代被保险人承担对于第三者的赔偿，从而可以更好地保护被保险人的利益。责任保险属于广义财产保险的范畴。广义的财产保险是以财产及其相关利益为保险标的的保险，包括财产损失保险、责任保险、信用保险、保证保险等业务。责任保险起源于 19世纪初期的欧美国家，在第二次世界大战结束后得到了发展。尽管发展时间不是很长，但是无论在规模还是影响力上都有重大的突破，近年来成为财产保险业最为活跃和最有潜力的险种之一。

  依据不同的分类标准，可将责任保险分为不同的种类。根据保险合同的效力不同，可以将责任保险分为自愿责任保险和强制责任保险；根据责任保险承保的对象不同，可以将责任保险分为企事业单位责任保险、个人责任保险等；根据业务内容的不同，可以将责任保险分为公众责任保险、产品责任保险、雇主责任保险、环境责任保险、职业责任保险、第三者责任保险等。这些分类标准都是责任保险最常见的分类标准。

## 二、责任保险的特征

责任保险作为一种独成体系的保险业务，是从传统的火灾保险中分离出来的。它属于广义财产保险的范畴。因此，对于广义财产保险的一般经营理论而言，责任保险也同样适用。但是责任保险又有其独特而明显的特征。

### （一）责任保险产生与发展基础的特征

责任保险产生于19世纪的欧美国家，在20世纪70年代发展迅速。无论从产生还是发展上，责任保险都是以法律制度的不断完善为基础的。最早出现的责任保险是雇主责任保险，随后其服务领域发展广阔、种类繁多，到现在已经成为非寿险业最为重要的险种之一。对于普通的财产保险而言，其产生和发展的基础是自然风险和社会风险的客观存在、商品经济的不断发展；人身保险的产生和发展是建立在社会经济的发展和人们生活水平不断提高的基础上的。而责任保险承保的是各种责任事故风险，它的产生和发展就必定要建立在一定的法制基础之上。

在人们的日常生活中，人们的日常行为往往在一定的法律制度规范之内，而人们有可能由于故意或者过失对他人造成人身伤害或者财产损失。对于由过失责任造成的经济赔偿，人们想到了要通过一定的方式转嫁风险，责任保险由此被人们所认识和接受；同时伴随着法律法规的不断健全和完善，对于在各种责任事故中致害方的责任规定越来越明晰，客观上促进可能发生民事责任事故的单位或者个人自觉参加责任保险。不容忽视的是，在当今社会，责任保险发达的地区或者国家，往往也是各种民事法律制度比较完备和健全的国家。这些都表明责任保险的产生和发展的基础是健全的法律制度，特别是民法和各种专门的民事法律或者经济法律制度。

### （二）责任保险补偿对象的特征

在一般的财产保险或者人身保险中，保险合同规定的赔偿或者给付责任发生以后，保险金往往归被保险人或者受益人所有；责任保险虽然保障的是被保险人的利益，但被保险人的利益损失首先表现为因被保险人的行为导致第三方的利益损失而应该承担的经济赔偿责任，因此，尽管在责任保险中承保人的赔款是支付给被保险人的，但是间接地对被保险人之外的第三人进行了补偿。因此责任保险不仅直接保护了被保险人的利益，而且间接地保障了受害人的利益，是一种双重保障机制。

### （三）责任保险承保标的的特征

一般的财产保险承保的是实体的财产物资，人身保险承保的是人的身体和生命，而责任保险承保的是没有实体的各种民事法律赔偿责任。这是责任保险区别于其他类保险的重要特征。

对于每一个投保责任保险的人，其责任风险一般是不确定的，可能是数十元，也可能是数百元、数千元、数万元，这些事先无法预料到的民事赔偿责任的大小往往不容易用保险金额的方式来确定。如果在责任保险中没有赔偿限额的限制，保险人就会陷入自身的经营风险中。因此，保险人在承保责任保险时，通常对于每一种责任保险业务规定了不同等级的赔偿限额。这些赔偿限额可以由被保险人自己选择。被选定的赔偿限额便是保险人承担赔偿责任的最高限额，对于超过最高限额的部分，由被保险人自己承担。可见，责任保险的承保标的是没有实体的各种民事法律风险，保险人承担的责任只能采取赔偿限额方式来确定。

**（四）责任保险承保方式的特征**

在实务中，责任保险的承保方式体现出多样化的特征。在承保过程中，一般根据责任保险业务的种类或者被保险人的要求，采取独立承保、附加承保或者与其他保险业务组合承保的方式，如图7-1所示。

责任保险的承保方式 {独立承保方式（如公众责任保险、产品责任保险）
附加承保方式（如建筑工程保险附加第三者责任保险）
组合承保方式（如船舶的责任保险）

**图7-1　责任保险的承保方式**

独立承保方式就是保险人签发专门的责任保险单，它与特定的物没有保险意义上的直接联系，而是进行完全独立操作的保险业务。如公众责任保险、产品责任保险等。责任保险的主要业务来源就是采取独立承保方式承保的责任保险。

附加承保方式就是被保险必须先参加一般的财产保险，在这个前提下保险人才可以签发专门的责任保险单。在这种方式下，一般财产保险是主险，责任保险是没有独立地位的附加险。如建筑工程保险中的第三者责任保险，一般就是建筑工程保险附加第三者责任保险。与独立承保方式相比，附加承保方式只是承保的形式方面有所区别，而在业务性质和业务处理上则是完全一致的。

组合承保方式是参加了财产保险以后相应的责任风险就得到了保险保障，无须保险人和投保人签订单独的责任保险合同，也无须签发附加或者特约条款。如船舶的责任保险就是与船舶财产保险进行组合承保的。

**（五）责任保险赔偿处理中的特征**

同一般的财产保险相比，责任保险的赔偿处理要复杂得多。首先，责任保险保险标的的特殊性决定了在进行保险金赔付时要涉及受害的第三方，因此在进行赔付时也要比一般的财产保险复杂得多；其次，在进行保险金的赔付时，要严格按照法院的判决或者执法部门的裁决为依据，从而要依托完善的法律制度；最后，由于在责任保险中保险人代替致害人承担民事赔偿责任，因此，被保险人对责任保险事故处理的态度往往关系到保险人的利益，从而使得保险人有参与处理责任事故的权利。由此可见，由于责任保险标的的特殊性，使得其在进行赔偿处理时比较复杂。

### 三、责任保险的承保与赔偿

#### (一) 责任保险的承保适用范围

责任保险作为一个独成体系的保险业务，适用范围十分广泛。它适用于一切可能造成他人财产损失与人身伤亡的各种单位、家庭或者个人。具体来说，包括各种公众活动场所的所有者、经营者，各种产品的生产者、销售者、维修者，各种运输工具的所有者、经营者或驾驶员，各种需要雇用员工的单位，各种提供职业技术服务的单位，城乡居民家庭、个人等。此外，在众多的工程项目的建设中也存在民事责任事故风险，各种非公众场所也存在公众责任风险，由此，工程的承包者、所有者以及企业单位也有必要投保相应的责任保险，从而使责任保险的适用范围几乎覆盖了所有的团体组织和所有的社会成员。

#### (二) 责任保险的责任范围及除外责任

对于责任保险而言，其承保的责任主要是被保险人的过失行为所致的责任事故风险，其责任范围包括：①被保险人依法对造成他人财产损失或者人身伤亡应承担的经济赔偿责任。这一项责任是基本的保险责任，以受害人的损害程度及索赔金额为依据，以保险单上的赔偿限额为最高赔付额，由责任保险人予以赔偿。②因赔偿纠纷而引起的由被保险人支付的诉讼、律师费用以及其他事先经过保险人同意支付的费用。

保险人承担上述责任的前提条件是，责任事故的发生应符合保险条款的规定，包括事故原因、发生地点、损害范围等，保险人均应审核清楚。

在责任保险的理赔过程中要注意，不存在施救费用这一表达方式，保险人的责任除了经济赔偿责任、诉讼费用以外，就是必要的、合理的费用。这种必要的、合理的费用发生的前提条件是发生保险事故时为了减少被保险人的损失而发生的费用，不包括预防性费用和非为了减少损失而发生的费用。这里的合理性是指在事故发生时，所能挽回的损失要大于费用的支出；必要性是指如果不支付这些费用，会造成更大的保险损失。

# 第二节　企事业单位责任保险

## 一、公众责任保险

#### (一) 公众责任和公众责任保险

公众责任是指公民或法人在公众场所中因为意外事故导致他人的人身或财产遭受损失，依法对受害者应当承担的经济赔偿责任。公众责任构成的前提是在法律上负有经济赔偿责任，并且将各国的民法及各种单行法规视为其法律依据。

各种公众场所，如工厂、办公楼、体育场馆、医院、商场、车站、动物园、宾馆、歌舞厅、影剧院、旅店等都存在着公众责任风险。

公众责任保险，又称为普通责任保险或者综合责任保险，是指被保险人在公众场所由于发生意外事故致使社会公众的人身伤亡或者财产损失，并依法应该承担的经济赔偿责任。由此可见，通过投保公众责任保险可以替被保险人分散和转嫁公众责任风险，从而在保护被保险人利益的同时也间接地保障了受害的第三者的利益，有利于社会的稳定。在 20 世纪 80 年代初我国开始试办场所责任保险，在此之后，公众责任保险逐渐在我国发展了起来。目前，随着公众维权意识的增强，在我国先后出现了餐饮场所责任保险、电梯责任保险、公众营业场所火灾责任保险、停车场责任保险等险种。但是由于各种因素的制约，目前公众责任保险在我国还不够普及。

**（二）公众责任保险的主要内容**

**1. 责任范围**

公众责任保险的保险责任是保障被保险人在保险期内、在保险地点因发生意外事故对被保险人之外的第三者造成的人身伤害或者财产损失应承担的经济赔偿责任和相关的法律诉讼费等。

由于公众责任保险的适用范围很广泛，要制定出一张适合所有保险条款和保险责任的除外责任表是很困难的。一般国际上常见的公众责任保险的除外责任有：

（1）被保险人的故意行为所导致的赔偿责任，如罚金、罚款或惩罚性赔款。

（2）被保险人本人及其职工所遭受的人身伤害或财产损失。

（3）由人力不可抗拒的原因引起的损害赔偿。

（4）存在有缺陷的卫生装置或任何类型的中毒或任何不洁或有害的食物和饮料。

（5）核事故引起的损害。

（6）震动、移动或者减弱支撑引起土地、财产或者房屋的损坏责任。

（7）各种运输工具的第三者或公众责任事故，由专门的第三者责任保险或其他责任保险险种承保。

（8）战争、入侵、外敌行为、敌对行动、内战、叛乱、革命、起义、军事行动或篡权行为直接或者间接所导致的损失。

（9）保险合同中列明的其他除外责任。

**2. 公众责任保险的赔偿限额、免赔额和费率**

公众责任保险的赔偿限额是对保险人承担的赔偿责任数量上的限制，一般采用每次事故赔偿限额的方式。这种方式只规定了每次公众责任事故混合赔偿限额，没有分项限额和累计限额的规定。保险人和投保人根据被保险人可能发生的赔偿责任的风险大小确定赔偿限额的大小。在规定每次事故赔偿限额的前提下，又分别确定了每次事故的人身伤亡的赔偿限额和财产损失的赔偿限额，在每次事故人身伤亡的赔偿限额下，又规定了每人的人身伤亡赔偿限额。

公众责任保险的免赔额一般以承保业务的风险大小为依据来确定，并且会注明在保险单上。在我国，一般只对财产损失责任有免赔额的规定，对于人身伤害没有此规定。

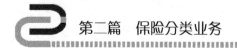

我国规定的免赔额通常为绝对免赔额。

一般而言，公众责任保险没有固定的保险费率表，而是要视每个被保险人的不同风险状况制定不同的费率。在厘定保险费率时一般要考虑责任限额和免费额的高低，被保险人的产品、服务或者职业的性质等可能引起的风险状况，承保区域的大小，同类业务历史的经营状况，市场情况以及保险人的经营规模等。原则上，保险人在签发保单时将保险费一次收清。

公众责任保险的保险费的计算通常包括以下两种计算方法：

$$应收保险费=累计赔偿限额\times适用费率$$
$$应收保险费=保险场所占用面积（平方米）\times每平方米保险费$$

除上述两种方法以外，有时也采用其他的办法，如饭店公众责任险可以按床位数计收保险费。

**3. 公众责任保险的主要险种**

（1）综合公共责任保险。综合公共责任保险是一种综合性的责任保险事故，是以公众责任为主要的保险风险。它承保被保险人在任何地点因非故意行为或活动所造成的他人的人身伤害或财产损失依法应承担的经济赔偿责任。在国外，保险人除了要承担一般的公众责任风险以外，还要承担合同责任、产品责任、业主及工程承包人的预防责任、完工责任和个人伤害责任等风险。

（2）场所责任保险。场所责任保险是公众责任保险中最具代表性的业务来源，也是公众责任保险中业务量最大的险种。主要承保因固定场所存在结构上的缺陷或者被保险人管理不善，或被保险人在规定场所进行生产经营活动时因疏忽发生意外事故，造成他人人身伤害或财产损失而依法应由被保险人承担的经济赔偿责任。具体的场所责任保险的险种有宾馆责任保险、展览会责任保险、电梯责任保险、车库责任保险、机场责任保险以及各种公众体育、娱乐活动场所责任保险等。

（3）承包人责任保险。承包人责任保险主要是对承包各种建筑工程、安装工程、修理工程施工任务的承包人的损害赔偿责任进行保险。

（4）承运人责任保险。承运人责任保险是承保各种客、货运输任务部门或个人在运输过程中可能发生的损害赔偿责任，包括旅客责任保险、货物运输责任保险等险种。尽管承运人的保险责任时刻处于流动状态，但由于运行途径固定，因此可以将其视为固定场所的责任保险业务。

## 二、环境责任保险

### （一）环境责任保险的概念

环境责任保险，俗称绿色保险，是指以被保险人由于污染环境而应当承担的赔偿责任或者治理责任为保险标的的责任保险。环境责任保险是由公众责任保险发展形成的新险种。由于环境污染引起的损失往往是从量变到质变的渐进过程，因此对于环境污染造成的非突然性损失往往被排除于公众责任保险承保的范围之外。随着人们生活水平的不断提升，对于环境的重视程度逐步增强，环境责任保险应运而生。对于环境责任保险，西方国家一般实行强制环境责任保险、任意环境责任保险、强制责任保险和任意责任保险相结合的制度。从国际上的环境责任保险的发展来看，环境保险的发展必须以健全的环境保护法律、法规和完善的监督管理体制为基础。

对于环境责任保险，有事故型责任保险和索赔型责任保险两种。所谓的事故型责任保险是在保险合同中约定自保险单失效之日起最长 30 年的时间，为被保险人向保险人索赔的最长期限，超过此期限，保险人不再向被保险人承担保险责任。而索赔型责任保险则是只要在保单的有效期限内，发生对被保险人的环境责任索赔事件，保险人都应承担保险责任。现在的环境责任保险已经逐步发展成了索赔型责任保险，只要是在保险单的有效期内被保险人要求索赔，保险人都应承担赔偿责任。

在国际上，环境责任保险制度运用广泛，许多发达国家也形成了自己独特的保险体系，如美国、瑞典形成了以强制责任保险为主、自愿责任保险为辅的体制，英国、法国形成了以自愿责任保险为原则、特殊领域实行强制保险的体制，德国、意大利形成了以国家利益和公众利益为目的的强制责任保险与财务保证或担保相结合的体制。在我国，环境责任保险尚属于新生事物，还没有具体的法律规范。2008 年 2 月，国家环保总局和中国保监会联合制定了《关于环境污染责任保险的指导意见》，标志着我国的环境保险制度迈出了重要的一步。在保险公司方面，美亚保险公司首次在我国推出了污染责任保险，2007 年底华泰保险公司推出了"场所污染责任保险"和"场所污染责任保险（突发及意外保障）"两款环境污染责任保险。从以上可以看出，环境责任保险在我国尚且属于起步阶段，具有很大的发展空间。

**（二）环境责任保险的内容**

由于环境责任保险要求的技术水平高，赔偿责任范围广，各个企业的生产经营模式各不相同，因此对于环境污染造成的危害程度也不一样。这就要求保险公司在承保相关业务时要进行实地调查和评估，单独确定保险费率。环境责任保险的责任范围不仅包括因被保险人污染环境导致的他人人身或者财产的损害赔偿，而且应当包括被保险人根据法律规定应当承担的治理污染的责任。在投保时或者保险期限之内，被保险人要严格履行如实告知义务，对于可能影响环境污染评价的事项要及时通知保险人。

环境责任保险一般将被保险人自己的财产损失作为除外责任来处理。也就是说，如果被保险人所有或者照管的财产因为环境污染受到损害，保险人一般不承担赔偿责任。

**（三）环境责任保险的主要险种**

**1. 油污责任保险**

主要承保被保险船舶漏油、或其混合物污染沿海、或可能产生严重危险污染沿海时，被保险人消除污染所支付的合理的费用以及对第三者的损害赔偿责任。

**2. 渗漏污染保险**

主要承保因在生产作业时产生渗漏污染而直接或者间接造成的损失赔偿责任，此外，还包括被保险人消除渗漏污染物所支出的费用以及为防止该物质接近海岸所支出的合理费用。

3. 其他环境责任保险

除了以上两种环境责任保险以外，还有其他种类的环境责任保险，如辐射污染险、声震污染险、水污染险、核事故污染险等。

# 三、产品责任保险

## （一）产品责任和产品责任保险

产品责任是指产品供给方（包括制造者、销售者、修理者等）对产品在使用过程中因其自身缺陷造成消费者、公众的人身伤亡或者财产损失而应承担的损害赔偿责任。最初，产品责任是以合同为基础和条件，是一种合同责任。只有受害者与生产者有直接的合同关系时，生产者才对其缺陷产品造成受害者的人身伤害和财产损失有赔偿责任。社会在不断进步，经济迅速发展，产品侵权责任应运而生。产品侵权责任不受合同关系的限制，主要赔偿缺陷产品引起的他人人身伤害和财产损失。

产品责任保险是以产品生产者或者销售者等的产品责任为保险标的，承保因其产品责任给消费者或他人造成的人身伤害或者财产损失依法应承担的赔偿责任及其相关费用支出。在早期，产品责任保险主要涉及一些直接与人体健康有关的产品，如食品、饮料药品等。后来逐步扩大到日用品、轻纺、机械、石油、化工、电子工业、大型飞机、船舶、成套设备、钻井船、核电站、航天产品等。近年来，随着人们维权意识的不断加强，越来越多的企业和个人意识到产品责任保险的重要性。例如，2008 年的"三鹿奶粉"事件引起广泛的关注，同时也触发了人们对产品的信任危机，产品责任保险业又逐步被重视起来。

在国外，发达国家的产品责任法律制度相当严格。美国是世界上产品责任保险最为发达的国家，实务中采取严格或无过失责任原则，其赔偿金额往往也很高。在我国，在20 世纪 80 年代中期以来有所发展，但到目前为止尚未形成自己独立的业务体系，其发展前景相当广阔。

## （二）产品责任保险和产品质量保证保险的区别

在日常生活中，人们往往会将产品责任保险和产品质量保证保险混为一谈。产品责任保险以各国的民事法律制度为法律依据，承保的是被保险人的侵权行为，不以致害人与受害人之间订立合同为条件。产品质量保证保险是保证保险的一种，以经济合同的法律制度为法律依据，承保的是被保险人的违约行为，是以产品的供应方或者消费方签订的合同为条件的。虽然这两种保险都和产品的质量有关联，都承担产品的制造者、销售者、修理者对于产品本身的风险所应承担的法律责任，但其有本质的区别：

1. 性质不同

产品责任保险是一种责任保险，产品质量保证保险是一种保证保险。

2. 处理原则不同

在许多国家，对于产品责任保险的处理原则是严格责任原则，而产品质量违约责任则采取无过错责任的原则进行处理。所谓严格责任原则，是指只要不是被保险人的故意或自伤所导致的损害赔偿责任，受害人均能从产品的制造者、销售者、修理者等那里获得赔偿，并受法律保护；而过错责任原则则是产品制造者、销售者、修理者等存在过错时才承担赔偿责任。

3. 赔偿范围不同

对于产品本身的损失，产品责任保险并不进行赔偿。而产品质量保证保险则只赔偿由于产品质量问题导致的产品本身的损失，不负责由于产品缺陷导致第三方的损失。

4. 赔偿金额的计算方法不同

产品责任保险在进行赔偿时，一般规定了责任限额，保险人所承担的经济赔偿责任一般不会受到产品本身实际价值的制约。产品质量保证保险的赔偿金额则不会超过产品的实际价值。

5. 合同权利方不同

产品责任保险的赔偿与产品消费者和购买者没有直接的关系，而产品质量保证保险则是消费者通过销售者或生产者向保险公司进行索赔。

**（三）产品责任保险的主要内容**

**1. 产品责任保险的责任范围和除外责任**

产品责任保险的保险责任主要包括两部分：①在保险有效期内，承保被保险人在固定的场所内所生产、销售、维修、分配的产品由于存在缺陷而造成他人的人身伤害或者财产损失赔偿；②被保险人因为产品事故所支付的诉讼、抗辩费用及其他经保险公司事先统一支付的必要支出，保险公司予以赔付。保险人在承担以上责任时有一些限制条件，造成他人责任事故的产品必须是供给他人使用的产品，事故的发生地点是在生产、销售这些产品的场所之外。

产品责任保险的除外责任一般包括以下几项：一是根据合同或协议应该由被保险人承担的其他人的责任；二是被保险人根据《劳动法》或雇佣合同对其雇员及其有关人员应该承担的责任；三是被保险人所有、照管控制的财产的损失；四是被保险人违法生产、销售的缺陷产品造成他人的人身伤害或财产损失；五是被保险产品本身的损失；六是不按照被保险产品的说明去安装和使用，或者在非正常状态下使用时造成的损害赔偿，保险人不予负责；七是对被保险人的罚金、罚款及惩罚性赔款造成的损失赔偿，保险公司不予负责。

**2. 产品责任保险的费率**

对于产品责任保险而言，在厘定保险费率时，要考虑以下几个因素：

①产品本身的特点和可能对人体或者财产造成的风险大小。如烟花爆竹的危险性比较大，相应的费率也比较高。②产品的数量和产品的价格。③承保的区域范围，及产品销售地区的范围大小。④产品制造者的技术水平和质量管理情况。一般情况下，产品的合格率越高，优良产品越多，那么其费率就越低。⑤赔偿限额的高低。在其他条件相同的情况下，通常赔偿限额越高，那么其费率越高。

综合考虑以上因素，就能比较全面地把握产品责任保险的费率。

### 3. 产品责任保险的赔偿

被保险人在发生保险事故时，应及时通知保险人，保险人得到索赔要求后，应及时调查处理赔案。在产品责任保险中，只要是产品在保险期限内发生事故，不论产品在保险期限内生产还是销售，保险人都要承担相应的风险责任。在产品责任保险的赔偿中，要注意保险人有赔偿限额、免费额、事故次数的规定。其中，免赔额的规定只适用于财产损失，且是每次事故的绝对免赔额。在以事故次数进行赔偿时，一般将同一批产品由于同样的原因造成一人或者多人的伤害或财产损失视为一次事故。

## 四、雇主责任保险

### （一）雇主责任和雇主责任保险

雇主责任是指雇主对其雇员在受雇期间从事业务活动时因为遭受意外而导致的伤、残、死亡或患职业性疾病而依法根据雇佣合同应由被保险人承担的经济赔偿责任。只有雇主和雇员之间存在着直接的雇佣合同关系，雇主责任才可以成立。其中，这种雇佣关系通过书面形式的劳动关系来确定。一般来说，雇主对雇员所承担的责任包括雇主自身的故意行为、过失行为乃至无过失行为所致对雇员的人身伤害赔偿。

雇主责任保险，又称为劳工灾害赔偿保险，是以雇主与雇员之间订立的雇佣合同为基础，承保雇主对雇员在受雇期间从事业务时因为意外事故所致的伤、残、死亡或患有与职业有关的职业性疾病而依法应承担的经济赔偿责任的风险。需要注意的是，雇主责任保险的保险人主要承担被保险人的过失行为所致的损害赔偿或者无过失损失赔偿，并非包括了雇主对雇员所承担的所有责任。对于雇主的故意行为导致对雇员的赔偿责任被列入了除外责任的范围。一般雇主的过失或者疏忽责任包括三个方面：一是雇主提供危险的工作地点、机器工具或者工作程序；二是雇主的管理人员不称职；三是雇主本身的疏忽或者过失行为。雇主对雇员的无过失责任是指无论是不是雇主故意行为，只要是雇员在工作中受到伤害，雇主就应该承担赔偿责任。在国外，许多国家都将雇主责任保险作为一种强制实施的保险业务，有些国家还将类似业务纳入了社会保险的范围。雇主责任保险在我国已经开办了几十年，由于是一种非主流的保险险种，其业务发展一直很缓慢。

### （二）雇主责任保险的主要内容

#### 1. 雇主责任保险的保险责任和责任免除

雇主责任保险的保险责任是承保雇主根据劳工赔偿法等法律规定或者劳动合同中的规定对雇员在受雇期间因遭受意外事故所导致的伤、残、死亡、患有职业病以及应承担的相关医疗、诉讼等费用。

一般来说，对于以下原因导致的责任事故保险人通常除外不保：

（1）战争、军事行动、罢工、民众暴动、骚乱、核辐射等引起的对雇员的人身伤害。

（2）雇员由于职业性疾病以外的疾病、传染病、分娩、流产以及因此而实行的手术所致的伤残或者死亡。

（3）被保险人的故意行为或者重大过失行为对雇员所致的人身伤害。

（4）被保险人的雇员自身的故意行为导致的伤害，如雇员自我伤害、自杀、违法行为所致的伤残或者死亡。

（5）被保险人对其承包商所聘用员工的责任。由于承包人所聘用员工与承包人是直接的雇佣关系，故应由承包人投保雇主责任保险来获得赔偿。

（6）除一些特别的规定以外，在中国境外所发生的被保险人所雇佣员工的伤残或者死亡。

（7）其他不属于保险责任范围内的损失和费用。

**2. 雇主责任保险的保险费率和保险费**

决定雇主责任保险的保险费率主要有以下因素：①所属行业种类和雇员的工种类别；②保险人承担的责任限额；③是否有附加的扩展责任保险。

雇主责任保险的保险费采取预收保险费制，其保险费的计算公式为：

$$应收保险费 = A 工种保险费 + B 工种保险费 + C 工种保险费 + \cdots$$

$$A 工种保险费 = A 工种年工资总额 \times 费率$$

$$A 工种年工资总额 = A 工种人数 \times 月平均工资 \times 12$$

如果有扩展责任，则还要另行计算，一并相加。

**3. 雇主责任保险的赔偿处理**

在国外，雇主责任保险大多采用无限赔偿的方式；在我国，并没有对赔偿的标准有明确的规定，通常是由保险人根据雇佣合同的要求，根据雇员若干个月的工资（12个月、24个月或36个月）、薪金总额来确定赔偿。在进行索赔处理时，保险人首先要确立的是受害人和致害人之间的雇佣关系。在接到被保险人赔偿申请和各项证明材料以后，保险人应该立即进行审核，然后确定赔偿责任并履行审批和报批相关手续，对于被保险人的赔偿无异议以后在10天内作赔付结案。需要注意的是，在进行赔付时通常受害员工或者其家属向雇主的索赔在先，雇主向保险人的索赔在后。

雇主责任保险的责任期限通常为一年，期满可以续保。在一些特殊情况下，雇主也可以投保不足一年或一年以上的雇主责任保险。雇主责任保险的保险人承担赔偿的最高限额是以雇员月或年工资收入为依据的，由保险合同当事人在签订保险合同时确定并载入保险合同中。具体的赔付金额要视雇员的月工资收入和伤害程度来确定。所赔偿的责任限额的计算公式为：

$$责任限额 = 雇员月平均工资收入 \times 规定月数$$

**（三）雇主责任保险的附加险**

为了满足客户多样化的需求，保险人往往在主险的基础上推出了若干超越了雇主责任保险范围的附加险种。这些附加险种主要包括：

**1. 附加第三者责任险**

附加第三者责任保险属于责任保险的范围，主要承保雇主在保险责任期限内由于疏忽或者过失行为导致雇员以外的其他人的人身伤害或者财产损失时的法律赔偿责任。

### 2. 附加雇员第三者责任险

附加雇员第三者责任保险主要承保雇员在执行公务时因其疏忽或者过失行为导致的对第三者的人身或财产损失依法应该承担的法律赔偿责任。

### 3. 附加医药费保险

附加医药费保险承保雇员在保险责任期限内因患有疾病等所需要的医疗费用支出，它属于普通人身保险和健康医疗保险的范畴。

除此以外，保险人可以根据被保险人的多样化要求设计其他的附加条款，如附加战争或疾病引起的雇员人身伤亡的保险等。

---

**【案例 7-1】**

2005 年 11 月 13 日，中国石油天然气股份有限公司吉林石化分公司双苯厂发生爆炸，导致松花江发生重大水污染事件。国家环保总局副局长张力军指出，"这次污染事故的责任是非常明确的，应该由吉化公司双苯厂负责"。如何具体追究法律责任——刑事责任和行政责任相对比较明确，但在民事责任的承担方面却存在着问题。面对天文数字的索赔，吉化公司双苯厂根本不具备足够的赔偿能力。而重大环境污染事故引发的受害人的赔偿问题，如果不能及时解决，极易导致社会纠纷，影响社会安定。松花江污染事件发生后，在环境污染赔偿中引入风险分摊机制，构建适合我国国情的环境责任保险制度，引起了社会前所未有的关注。但在我国的保险市场中，环境责任保险几乎是空白，而环境责任保险制度作为首选的保障机制，在西方发达国家已得到了广泛的应用。

问题：

1. 什么是环境责任保险？

2. 以上的案例中对你有何启示，设立环境责任保险有何意义？

资料来源：中国网，http：//www.china.com.cn/chinese/difang/1038662.htm。

---

**【案例 7-2】**

一个两岁的小孩因使用由主电源控制的电视计时器而导致心脏衰竭和大脑损伤。因为计时器并没有附带任何警告说它可带电，小孩的父母于是根据严格侵权责任向电视计时器的制造商提出诉讼。日本制造商强烈反驳纽约法庭的司法管辖权。但十年之后，就在审判开始之前，他们还是同意偿付 2700 万美元作庭外和解。这个赔偿是由日本制造商的产品责任保险承担的。

问题：

1. 产品责任保险的承保范围是什么？

2. 在以上的案例中制造商能否得到保险公司的赔偿，为什么？

资料来源：卓小苏主编：《国际贸易风险与防范》，中国纺织出版社，2007 年。

**【案例 7-3】**

2008 年 6 月以来，随着各地纷纷上报婴幼儿患肾结石的案例，河北石家庄三鹿集团股份有限公司生产的三鹿牌婴幼儿奶粉受污染事件渐渐浮出水面。据目前有关部门调查掌握的情况看，问题出在原奶收购过程中，不法奶农为了增加交奶量以获利而在原奶中添加了三聚氰胺。三聚氰胺是一种化工原料，作为添加剂，可以使原奶在掺入清水后，仍然符合收购标准，但造成的危害就是导致大量食用此奶粉的婴幼儿泌尿系统受到严重损害，甚至危及生命。

问题：

1. 分析厂商在生产产品过程中面临何种风险？

2. 面临巨额的赔偿，你认为厂商可以通过投保哪种责任保险获得赔偿？

3. 此次"三鹿奶粉"事件暂未听到任何关于投保责任保险向保险公司索赔的声音，由此可充分证实产品责任保险对这一领域的保障力度还有待开发，市场可挖掘空间仍然存在。对此谈谈你的看法？

资料来源：搜狐新闻，http://news.sohu.com/s2008/babyshenjieshi/。

**【案例 7-4】**

A 公司为其员工在保险公司投保雇主责任保险，在保险责任期限内，其雇员刘某在驻地突然昏迷倒地，经抢救无效死亡。后经调查发现，刘某为 A 公司外派常驻销售代表，在事发前一晚饮酒后一直处于熟睡状态，直到第二天才倒地昏迷。医院的抢救报告显示"意外猝死，死亡原因待查"。通过向当地公安部门申请尸检，出具的"居民死亡法医学证明书"确定其死亡原因为"猝死"，保险公司以不在工作时间、非意外事故及酗酒为理由对本案实行拒赔。你觉得保险公司的做法是否合理？谈谈你的看法。

资料来源：宁雪娟主编：《财产保险》，清华大学出版社，2006 年。

# 第三节　个人责任保险

## 一、个人职业责任保险

### （一）职业责任和个人职业保险

职业责任是指各种从事专业技术的人员（如设计师、医生、律师、会计师、药剂师、监理工程师、幼师等）在履行自己的职责过程中因为疏忽或者过失行为造成他人的人身伤害或者财产损失依法应当承担的经济赔偿责任。

个人职业责任保险是指承保各种专业技术人员在从事职业工作时因疏忽大意而造成合同对方或者他人的人身伤害或者财产损失。在国外，职业责任保险市场比较发达。

最早的个人职业责任保险是在 1890～1900 年间出现在欧美国家保险市场上的医生职业保险。随后在 20 世纪初期会计师责任保险等业务得到了发展，直到 20 世纪 60 年代以后，个人职业保险业务才得到了全面迅速的发展。到 20 世纪 80 年代，随着业务量的增加，职业责任保险成为了西方国家普及性的保险项目。在我国，职业责任保险尚未形成自己独立的体系，其发展空间相当广阔。1995 年，深圳试办了律师责任保险。随后，中国平安保险公司在上海为一些律师事务所承保了职业责任保险，中国人民保险公司相继推出了律师职业责任保险、建设工程设计责任保险、注册会计师职业责任保险和医疗责任保险、美容师职业责任保险等业务，美亚保险公司推出了电脑顾问职业责任保险、传媒业职业责任保险等保险业务。

**（二）个人职业责任保险的主要险种**

**1. 医疗职业责任保险**

又称医生失职保险，承保医务人员或其前任由于疏忽或者过失发生医疗责任事故致使病人死亡或者伤残、病情加剧等的法律赔偿责任。医疗保险的被保险人，必须是依法设立、有固定场所的医疗机构及其经国家有关部门认定合格的医务人员。这里的医疗机构是政府、企业、集体或者个人所开办从事疾病诊断、治疗活动的医院、疗养院、卫生院、诊所、卫生所等。医疗职业责任保险以期内索赔的方式进行承保，保险费的计收是以医疗机构的类别和医务人员的岗位为依据，免赔额的计算也是针对每次索赔而言的。在西方国家，医疗职业责任保险是职业责任保险中最主要的业务来源。

**2. 律师责任保险**

主要承保被保险律师或其前任在保险有效期内执业过程中由于疏忽或者过失行为导致的法律赔偿责任。律师职业责任保险的开办是以一般民事责任规定、相关的律师法律法规以及其他的法律法规为依据。律师责任保险以被保险人的不诚实、欺诈犯罪、居心不良为除外责任。

**3. 建筑工程技术人员责任保险**

主要承保建筑师、工程技术人员在保险责任期间内进行从业工作时由于疏忽或者失职所造成他人的人身伤亡、财产损失，依法应该承担的经济赔偿责任。建筑工程技术人员责任保险的开办是以一般的民事责任法律法规、相关的建筑法律法规以及其他的法律法规为依据的。

**4. 会计师责任保险**

主要承保被保险人或者其前任因违反会计业务上应尽的责任义务而对他人造成损失依法应当承担的经济赔偿责任。需要注意的是，会计师责任保险不包括身体伤害、死亡及实质财产的损毁。

## 二、个人其他责任保险

从国外个人责任保险的发展来看，除了个人职业责任保险以外，比较流行的个人其他责任保险业务通常包括以下几种：

### （一）住宅责任保险

这种保险业务主要承保的是被保险人的住宅及其住所内的景物（如家用电器、液化气灶等）发生意外事故致使其雇佣人员或他人在住宅内部或者附近遭受人身伤害或财产损失，依法应当承担的经济赔偿责任。由此看来，这种保险是一种个人静物责任保险。

### （二）农民个人责任保险

这种保险业务是一种专门为农民提供保障的综合性保险业务。它是承保农民在生活或者劳动过程中因故致使他人遭受人身伤害或者财产损失依法应该承担的经济赔偿责任。这种保险业务的保险责任包括农民及其家庭成员的意外或过失行为导致的损害赔偿责任，以及被保险人的静物责任、动物责任，如被保险人饲养的牲畜毁坏他人的庄稼而导致的损害赔偿责任，保险人也要承担赔偿责任。

### （三）运动责任保险

这种保险业务主要承保的是个人或其家庭成员在运动时由于意外事故或者过失行为导致他人的人身伤害或者财产损失，依法应当承担的经济赔偿责任。

### （四）综合个人责任保险

这种保险业务是一种综合性的个人责任保险业务，有广泛的承保区域，承保范围也很大。主要承保个人或其家庭成员在其居住、从事体育活动或者其他日常活动中由于过失或者意外行为致使他人人身伤害或者财产损失，依法应当承担的经济赔偿责任。

**【案例 7-5】**

　　某医院向保险公司投保了医疗责任保险，保险合同规定每起事故赔偿限额为5000元。在保险期内，该医院为孕妇李某做胎儿性别鉴定，结论是"胎儿性别为女性"。结果，孕妇生产时却发现生下的是男孩，孕妇遂以医院医疗责任事故为由向法院起诉，要求院方赔偿损失。该孕妇患有"杜氏进行性肌营养不良症"家族病，生女为阴性带菌不发病，生男为阳性带菌必发病，目前无医可解救，故男性一般会在成年前发病致死。因此，全家人认为医院应该承担赔偿责任。医院认为，李某接受检验时可能怀的是双胎，另一胎为女性已被男性胎儿吸收，故导致诊断出错，因此，不承认是医疗责任事故，而只承认是一般的医疗差错。

　　根据我国《医疗事故处理办法》第二条和第三条的规定，医疗事故是指医务人员在诊疗护理工作中的过失行为直接造成病人死亡、残废、组织器官损伤导致功能障碍的情形，而医疗差错则指医务人员在工作中虽有诊疗护理过失，但尚未造成上述严重后果的情形。法院经过法庭调查判决医院赔偿李某的损失 80000 元，诉讼费用 2600 元由被告承担。由于医院承担的是法院判决的法律责任，且属检验人员失职行为所造成，符合医疗责任保险赔偿规定。

问题：

1. 如何区分医疗事故和医疗责任？

2. 医疗责任保险的保险责任包括哪些范围？你对法院对本案的判决有何看法？你认为保险公司应该赔付的金额为多少？

资料来源：池小萍主编：《保险学案例》，中国财政经济出版社，2008 年。

## 重要概念

责任保险　公众责任保险　环境责任保险　产品责任保险　雇主责任保险　个人职业责任保险

## 思考题

1. 什么是责任保险？与一般的财产保险相比，责任保险有何特征？

2. 什么是公众责任保险，简述公众责任保险的主要内容。

3. 试述环境责任保险的重要性。

4. 区分产品责任保险和产品质量保证保险。

5. 列举几种职业责任保险及其具体内容。

# 第八章 信用保证保险

**【学习目的】**

　　理解和掌握信用保证保险的概念，掌握信用保险和保证保险的重要特征，能够区分信用保险和保证保险，了解信用保险和保证保险的运行实务，把握信用保险和保证保险的主要险别。

## 第一节 信用保证保险概述

### 一、信用保险与保证保险的概念与特征

　　信用保险和保证保险，同属担保性质的保险业务，是伴随着商业信用的发展而产生出来的新兴业务。信用、保证保险产生于美国，随后在西欧各国和日本等经济发达的国家逐步发展开来。

　　所谓信用保证保险，是指以经济合同所制定的有形财产或预期应得的保险利益为保险标的的保险。按担保对象不同，信用保证保险可分为信用保险和保证保险。

　　**（一）信用保险概念**

　　信用保险是权利人（投保人）要求保险人担保对方（义务人）的信用的一种保险。具体来说，信用保险是承保权利人投保义务人（对方）未能履行义务而导致的损失赔偿的保险。该保险的保险标的为对方（义务人）的信用，这个义务人也就是保险人担保的被保证人，权利人是投保人，也是被保险人。在信用保险业务的运作过程中，存在着义务人对权利人履行义务的责任和保险人根据义务人的全部或部分责任设定的向权利人进行赔偿的责任。

　　信用保险产生于 19 世纪中叶的欧美国家，由一些私营保险公司限于本国范围内经营信用保险，在当时被称为商业信用保险。在第一次世界大战以后，逐步出现了专业的商业信用保险公司，私人的保险公司也联合组织成立了专门机构。后来在 1929 年出现

的全球性经济大危机严重冲击了信用保险市场，经过进一步整合以后，少数实力雄厚、经营管理相对完善的保险公司保存了下来，大部分私营保险公司被迫破产。1934年国家信用保险协会成立，旨在交流出口信用保险承保技术支付情况和信息，并在追偿方面开展国际合作。随后，各国的信用保险业务逐步发展了起来。

20世纪80年代初期，我国的信用保险开始发展。1983年初，原中国人民保险公司上海市分公司与中国银行上海分行达成协议，对一笔出口船舶买方信贷提供中、长期出口信用保险，1986年试办短期出口信用保险。1988年，国务院正式决定由当时的中国人民保险公司试办出口信用保险业务，并在该公司设立了信用保险部。1994年以后，中国进出口银行开始经办各种出口信用保险业务。2001年，中国出口信用保险公司正式揭牌运营，它是我国唯一承办出口信用保险业务的政策性国有保险公司。在社会发展和政策的不断推动下，我国的出口信用保险进入了崭新的发展时期。

**（二）保证保险的概念**

保证保险是义务人（被保证人）根据权利人的要求，请求保险人担保自己信用的一种保险。如果是由于义务人不能履行合同义务或者有过失行为而遭受经济损失，则保险人向权利人负责赔偿责任。保证保险的被保证人可以是法人，也可以是自然人。该保险中义务人就是投保人，权利人是被保险人，保险标的为自己（义务人）的信用，这个义务人也就是保险人担保的被保证人。

保证保险的发展与信用保险的发展紧密联系。保证保险起源于由个人、公司或银行办理的担保函。忠诚保证保险是最初的保证保险，起初由一些个人、商行或银行办理。稍后出现了合同担保。1901年，美国马里兰州的诚实存款公司首次在英国提供合同担保。随后，英国的几家保险公司也相继开办了此业务。1914年诚实存款公司在欧洲撤回，几家英国的保险公司则继续开辟了欧洲合同担保的保险市场。

在我国，20世纪80年代初，中国人民保险公司开始办理保证保险业务。90年代以后，条款形式的保证保险获得了一定的发展。这种条款是由一定时期内国内经济发展和社会法律环境所决定的具有中国特色的险种。

**（三）信用保险和保证保险的特征**

1. 信用保险和保证保险的特点

与一般的财产保险相比较，信用、保证保险具有如下的特点：

（1）保险合同要涉及三方当事人。一般的财产保险在签订保险合同时，通常不涉及第三方，信用和保证保险的保险合同要涉及三方当事人，即保证人（保险人）、权利人（被保险人）、义务人（被保证人）。信用保险的投保人是权利人，保证保险的投保人是义务人。

（2）信用和保证保险承保标的的特殊性。信用和保证保险承保的是一种信用风险，而不是由于自然灾害或者意外事故造成的风险损失。信用风险的预测难度比较大，其经营具有不稳定性和复杂性。因而，在承保信用保证保险业务时，保险公司要事先对义务人的资信情况进行严格审查，在确定有把握的情况下才能进行承保。

（3）保险费的特殊性。在保证保险中，保险人支付的赔款要由被保证人如数退还，理论上保险人收取的保险费实际上是一种手续费或服务费。

（4）业务处理的特殊性，专业性要求很强。信用保险和保证保险承保的是信用风险，这种风险预测的难度比较大，因此，在经营管理过程中要采取一些特殊的业务处理方式，这些业务处理方式包括资信调查、反担保和再保险等。

2. 信用保险和保证保险的区别

信用保险和保证保险都是保险人对义务人的作为或者不作为导致权利人遭受损失而承担的赔偿责任进行保险。对于保险人而言，信用保险是权利人向保险人投保义务人信用的，而保证保险是义务人向保险人担保自己信用的。具体来说，它们的区别具体表现在以下几个方面：

（1）在信用保险中，被保险人将风险转移到了保险人身上，当赔付发生后，担保人（保险人）是否能向义务人追偿到所支付的赔偿损失，存在一定的风险。而在保证保险中，保险人在签发保证书（保单）之前就已经安排了反担保，排除了可以预见的风险，对保险人而言属于"零风险"。

（2）在信用保险中，义务人和保险人之间没有任何的合同关系，当发生保险赔付时，保险人需要通过对义务人的追偿来减少损失；在保证保险中，义务人是保险合同中的投保人，在保险人发生赔付时，首先会运用反担保来弥补损失，当不足时由义务人无条件补偿差额。所谓反担保是指第三人在为债务人向债权人提供担保时，由债务人向第三人提供的确保第三人追偿权实现的担保。

（3）在实务中，信用保险同财产保险一样，是以保险单形式来承保的，这个保险合同和被保险人与第三方所签署合同无直接的联系；而保证保险是通过出具保证书或保函来承保的，保证保险的合同依附于被保险人和保证人所签署的主合同的从合同。

## 二、信用保证保险的作用

信用保证作为一种广义的财产保险，除具有一般保险的作用以外，自身还具有一些独特的用途：

首先，信用保证保险有利于贸易活动的健康发展。在商业贸易活动中，存在着商品转移和货款回收两个重要方面。在这些活动中蕴涵有众多的风险，一旦在贸易中出现了问题，就会造成巨大的损失，最终影响商业贸易的健康发展。例如在贸易中很容易出现买方的信用危机，这样就会造成贸易的中断，通过信用保险可以为卖方提供货款回收的保障。

其次，信用保证保险可以帮助企业加强自身的风险管理，提高竞争能力。在企业的实际生产中，往往会面临着大量的风险因素，信用风险是主要的风险之一。企业在经营活动中，通过投保信用保证保险可以有效地防范信用风险。而保险公司在提供信用保证保险服务中，要对企业的资信和履约能力进行调查，协助企业进行销售分账户管理、应收账款的催收和信用风险控制等，通过这些活动能够有效促进和改善企业的信用风险管理状况，保障企业的稳健经营。同时，在保险公司的有力支持下，企业可以积极开拓新的业务，制订灵活、便利的销售计划，提高其市场竞争能力。

再次，可以有效地为企业融通资金。通常，在投保信用保证保险以后，企业可以将被保险范围内的应收账款作为保证手段向银行申请贷款或者直接将应收账款出售给银行。这样可以更加广泛地扩展其融资渠道，并且很有效地取得廉价的资金，从而对于缓解资金短缺和促进生产经营的发展具有很好的保障作用。

最后，通过投保信用保证保险，可以强化损失追偿机制，保证市场的正常运行和发展。信用保证保险区别于其他保险的一个重要特点就是保险人对权利人履行代偿责任以后，有权向未尽义务的义务人进行追偿，通过履行追偿义务不仅没有中断企业的经营活动，还进一步保证了市场的健康运行和发展。

## 三、信用保险与保证保险的运行与实务

### （一）信用保险的运行与实务

#### 1. 信用保险的承保

承保是保险经营的重要环节，承保质量的好坏直接影响到保险合同的顺利履行与否。信用保险作为一项特殊的保险合同，与其他保险不同，它不是以数理统计为基础进行承保，而是保险人根据与风险相关的各方面信息来做判断的。在承保过程中，为了确保保险人经营的稳定性，被保险人必须保证将其所有的以商业信用方式的销售按销售额进行全额投保，不能只投保风险比较大的业务。信用保险的承保可以分为四个步骤：第一，投保人填写投保单，提出投保申请。第二，保险人审核投保单并据此签发保险单。在接到投保申请以后，保险人除了要对投保人的投保申请进行认真查勘，还要对被保险人的资信情况进行多次调查，最后做出是否承保的决定。第三，保险人签发保险单，被保险人就其保险合同项下的信用销售为不同的买方申请不同的信用限额。第四，被保险人定期向保险人逐笔申报保险合同项下的实际销售，并据此缴纳保险费。

#### 2. 信用保险费率的厘定

信用保险费率的厘定参照一般保险费率的厘定，但其又有自己的特殊性。通常而言，影响信用保险费率厘定的因素主要有以下几个方面：①被保险人的资信状况。保险人在确定是否接受投保人的投保申请时，要对被保险人的资信状况进行认真的调查。对于资信水平比较高的被保险人，保险人会降低其保险费率；而对于资信状况比较差的被保险人，保险人会相应地提高其费率。②还款期限。通常来说，还款期限越长，费率越高；期限越短，费率越低。③被保险人以往的赔付记录。被保险人的赔付记录对保险人对保险费率的厘定有一定的影响。④同类风险的保险损失统计。⑤不同的支付方式。在国内贸易中有银行结算和非银行支付方式；在出口信用保险中的支付方式有信用证支付方式、付款交单、承兑交单、赊账销售方式。支付方式不同，则收汇的风险不同，从而保险费率也不同。

#### 3. 资信调查和信用限额

资信调查的内容包括评估买方的偿付能力、付款记录、经营情况、法庭记录等，保

险人要定期跟踪买方的付款表现以及突发事件引起的风险变化等。

在保险单中，通常有两种限额：一是对于买方的信用限额，二是对于保单的累积责任限额。其中，买方的信用限额是对保险人对每一买方造成卖方的损失承担的最高赔偿限额。对保单的累积责任限额是保险人对于被保险人都在 12 个月内对于保单累计的最高赔偿限额。信用限额的申请是被保险人根据保险条款的规定，为其特定买家的信用向保险公司申请的信用限额。经批准后的买方信用限额为保险人对被保险人向该买方销售承担赔偿责任的最高限额。在整个保险过程中信用限额发挥着重要的作用，因此被保险人应该正确、及时地调整信用限额。

在进行资信调查与限额审批过程中，要慎重考虑一些风险因素，包括机构风险和国家风险。机构风险包括买方商业资信、法律记录、历史情况、业务规模大小、财务分析、信用等级状况、以往的理赔记录等各方面。国家的风险要考虑国家政治形势、国家经济状况、对外经济政策等。

### 4. 信用保险的申报和保险费

在投保信用保险以后，被保险人应该根据规定将其保险单项下的全部销售按月向保险公司如实申报实际销售限额，保险公司应该根据被保险人的申报和保险明细表列明的费率，计算被保险人应该缴纳的保险费。通常，保险费按以下公式计算：

$$保险费 = 信用销售额 \times 相应的保险费率$$

被保险人应在保险公司发出保费计算书之日起 10 日内交付保险费。在调整保险费时保险公司要书面通知被保险人。

### 5. 信用保险的保险期限和等待期

在信用保险中，保险责任的生效期间为信用保险的保险期限。保险期限通常在保险合同中列明，由保险合同双方当事人在订立保险合同时达成协议。信用保险的保险期限通常以 1 年为限（出口信用保险和投资保险有短期保险和中长期保险之分），保险期满以后按年续保。按照保险合同约定生效日的午夜 0 时开始至到期日午夜 24 时止为保险合同期限的起止日期。

在被保险人提出索赔申请并提交必要的证明文件以后，保险人通常不会立即进行定损核赔，而是要等待一段时间后再做处理，这段等待时间叫做赔款等待期。对等待期进行规定的原因是在商品交易中拖欠一两个月付款的现象很常见，被保险人的货款有被回收的可能性，为了避免频繁划账，所以保险公司要在赔偿等待期结束以后，才定损核赔。各国的信用机构对于等待期的规定不同，一般为 4~6 个月，但是对于能够立即进行定损核赔的信用保险业务，则不需要等待期。

### 6. 赔偿处理

在信用保险中，赔偿处理的步骤通常有损失通知、被保险人的索赔、保险人的理赔和欠款追讨等。被保险人在获知保险标的遭受损失以后，应该立即通知保险人，并且填报损失通知书。保险人接到通知以后，应该立即要求并配合被保险人采取必要合理的措施减少损失，进行积极的损失控制。在确认保险条款规定的保险标的遭受损失以后，被保险人会根据条款的规定，向保险人提出赔偿要求。保险人根据保险合同条款的规定，核定损失并且及时向被保险人支付保险金。

通常，在保险人向被保险人支付了赔偿金之后，被保险人就保险人的赔偿金额出具赔款收据及权益转让书，将追偿权转让给保险人，协助保险人向有关责任方追偿。保险人在取得了被保险人的代位追偿权之后，便可以在赔偿金额范围内行使追偿的权利。

### （二）保证保险的运行与实务

保证保险的承保是以"零风险"为基础的，所收取的保险费是保险人以自身信誉提供保证而获得的手续费。保证保险的保险费一般要按照担保金额的一定百分比来进行收取。在进行承保以前，保险人也要对被保证人及其关系方的资信进行调查，必要时要采取反担保、再保险等风险防范措施。

#### 1. 对被保证人及其他关系方的资信审查

承保保证保险时保险人必须要考察影响被保证人的履约能力的各种因素。若是没有充分地对被保证人的相关信息作了解，那么就会对保险业务产生重大的影响，有可能造成保险人的巨额赔付。

#### 2. 反担保

在信息不足、时间紧迫等各种限制条件下，保险人通常无法进行全面的风险评估和资信调查，这时就需要反担保条件来防范承保风险的发生。反担保是债务人或第三人向担保人作出保证或设定物的担保，在担保人因清偿债务人的债务而遭受损失时，向担保人作出清偿。

通常可以通过抵押、质押、保证、保证金等方式进行反担保。所谓抵押，是债务人或第三者不会转移对有关财产的占有，而是将这种财产作为债权进行担保，当债务人不按时履行债务时，债权人会依法通过折价、拍卖、变卖等获得价款，并有优先受偿的权利。在以抵押的形式办理反担保时必须订立书面抵押合同。可以进行抵押的财产包括房屋、固定的土地使用权、抵押人所有的机器等。质押是指债务人或者第三者将其动产移交债权人占有，将该动产作为债权的担保。当债务人不履行义务时，债权人有权依法将该动产以折价、拍卖、变卖等方式获得的价款优先受偿。保证是保证人和保险人约定，当保证保险发生赔偿时，保证人按照约定赔偿债权人的损失或者承担责任的行为。通常情况下，保险人可以接受的反担保保证形式包括专业机构提供的担保、大型公司提供的担保和被保证方所在国政府机构提供的担保。保证金是一种方便而且安全性比较高的反担保方式。这种方式是被保证人按照保险人的要求交存一笔现金或者将存款存入保险人指定的银行账户，若是发生保证保险的赔款，保险人有权直接取得补偿。

## 第二节 信用保险

信用保险是权利人向保险人投保债务人信用风险的一种保险。其实质是将债务人的保证责任转嫁到保险人身上，当债务人不能如期履行义务时，保险人代为承担赔偿责任。信用保险被广泛地运用于国际贸易、国际投资、国内赊销等领域，其险种主要有出口信用保险、贷款信用保险、一般信用保险等。

# 一、出口信用保险

## （一）出口信用保险的概念及特点

出口信用保险是最重要，也是占比最大的信用保险业务。出口信用保险是承保出口商在经营业务时，由于进口商方面的商业风险或进口国方面的政治风险而遭受经济损失的保险。由于这种保险业务的承保风险较大，保险公司一般都不愿意经营，通常由政府指定的机构承办。出口信用保险是各国的出口贸易业务发展的产物，是各国政府推动本国出口业贸易发展的重要经济保障措施。

出口信用保险产生于19世纪末的西欧各国，后来美国和日本也开办了相应的业务。早期的出口信用保险被定为政策性保险业务，是在政府的扶持下开展起来的。第一次世界大战以后，随着承保技术的不断提高，许多国家的私营保险公司进入了该市场，一些旧的出口信用保险机构进行了私有化改造，从此信用保险逐渐进入了商业化的发展领域。出口信用保险一般分为商业性出口信用保险和政策性出口信用保险两种类型。在经营的过程中，经过长期的演化，几乎所有的信用保险公司都逐渐被大型的商业保险集团控股，从而在世界范围内已不存在专营的政策性信用保险公司。

我国的出口信用保险起始于20世纪80年代初期。2001年11月，随着中国出口信用保险公司的成立，标志着出口信用保险政策和商业性业务开始分离。目前，中国大陆的出口信用保险由中国出口信用保险公司一家经营，其经营的主要产品包括：短期出口信用保险、中长期出口信用保险、投资保险、国内贸易信用保险、担保业务等。到2008年底，中国出口信用保险公司承保金额已累计高达1749.2亿美元。其中，在2008年短期出口信用保险业务全年实现承保金额364.7亿美元，保险费2.3亿美元；中长期出口信用保险业务全年实现承保金额26.4亿美元，保险费1.7亿美元。[1]

出口信用保险作为一种占比最大的信用保险业务，主要有以下特点：

### 1. 出口信用保险离不开政府的参与

由于出口信用保险承保风险很大，对保险公司的经营规模要求比较高，所以经营这种保险的机构一般都为国营机构，包括政府机构或者由国家财政直接投资设立的公司或国家委托独家代办的商业保险机构。这种保险的经营侧重社会效益，与其他的商业保险业务相比，它具有明显的社会性，离不开政策的支持。从以上可以看出，除了经济波动以外，出口信用保险业务同时受到政策性变动的影响。

### 2. 出口信用保险要求出口商全额投保

出口商必须向保险公司投保其所有合格的出口业务。全额投保的要求主要是用来约

---

[1] 中国出口信用保险公司官网：http://www.sinosure.com.cn/sinosure/index.html。

束出口商，对投保人来说，并不要求全部投保。保险人一般会根据市场风险的变化、地区风险的大小等来决定是否承保。

3. 出口信用保险要求经营此业务的机构必须实行风险评估

经营出口信用保险业务的机构，必须对买方风险和国家风险进行评估。其中对于买方信用要结合国家的风险来评估企业的性质、经营管理人员、经营管理范围、经营能力等方面。对于买方国家的评估决定了买方信用限额的制定、保险费率的厘定等方面。

与一般的财产保险相比，出口信用保险主要有以下不同：

1. 经营目的不同

一般的保险是为了稳固国内生产和生活，与此不同的是，出口信用保险的经营目的是为了鼓励和扩大出口，保证出口商以及与之融通资金的银行因出口所导致的损失，体现了国家的产业政策和国际贸易政策。

2. 经营方针不同

对于出口信用保险，由于其具有明显的政策性特征，因而在经营上实行非营利的方针，由财政补贴作为后盾；而一般的商业保险则具有营利性。

3. 经营机构不同

经营出口信用保险业务的保险公司通常为国营机构，具有明显的政府经营下的非企业化经营的特征；其他财产保险业务通常由商业保险公司经营。

4. 费率厘定不同

一般的财产保险，保险业务的费率以概率论和数理统计为基础，大数法则是基本的定律之一。在确定费率时往往要参考和分析以往若干年的损失统计资料，来确定未来年度的保费标准。而出口信用保险则在厘定费率时要参考众多的信息，不仅包括以往的赔付记录，还要考虑出口商的资信情况、规模和经营出口贸易的历史情况、所在国的政治情况等来综合厘定费率。

5. 投保人不同

出口信用保险的投保人是本国的国民或者本国企业，在进行投保时，出口的产品一般要由本国生产。

**（二）出口信用保险的分类**

通常，将出口信用保险分为短期出口信用保险、中长期出口信用保险和特约出口信用。

短期出口信用保险业务适用于持续性的出口消费性货物、信用期限不超过180天的短期信用贸易。短期出口信用保险适用于出口企业从事信用证、付款交单、承兑交单、赊销结算方式出口或转口的贸易。其承保风险包括商业风险和政治风险。其中商业风险包括：①买方破产或无力偿付债务；②买方拖欠货款；③买方拒绝接受货物；④开证行破产、停业或被接管；⑤单证相符、单单相符时开证行拖欠或在远期信用项下拒绝承兑。政治风险包括：①买方或开证行所在国家、地区禁止或限制买方或开证行向被保险人支付货款或信用证款项；②禁止买方购买的货物进口或撤销已颁发给买方的进口许可证；③发生战争、内战或者暴动，导致买方无法履行合同或开证行不能履行信用证项下的付款义务；④买方支付货款须经过第三国颁布延期付款令。

中长期的出口信用保险适用于半资本性的或资本性的货物、信用期限超过180天的信用贸易。其作用有：①转移收汇风险，避免巨额损失；②提升信用等级，为出口商或进口商提供融资便利；③灵活贸易支付方式，增加成交机会；④拓宽信用调查和风险鉴别渠道，增强抗风险能力。实务中常见的中长期出口信用保险主要有延期付款出口信用保险、出口卖方信贷信用保险、出口买方信贷信用保险。其中延期付款出口信用保险是承保出口商中长期延期付款出口的商业信贷因政治风险或商业风险导致出口商无法收回部分或者全部款项的风险。出口卖方信贷信用保险是承保银行对本国出口商的卖方信贷因政治风险或商业风险而导致出口商无法收回部分或者全部款项而使得银行遭受损失的风险。出口买方信贷信用保险是承保银行对外国进口商或者进口商银行的买方信贷因政治风险或者商业风险而导致无法收回部分或者全部贷款的风险。

特约出口信用适用于资信程度较高的被保险人由于业务需要，临时性或比较特殊的在其他出口信用保险中可能承保的业务。

### （三）出口信用保险承保的风险

通常，出口信用保险所承保的风险包括商业风险和政治风险。

商业风险是指买方付款信用方面的风险，包括：①买方由于破产或其他债务方面的原因而无能力支付贷款的风险；②买方收到货物后，虽有能力支付但故意长期拖欠货款的风险；③在卖方发货后，买方违反合同规定，拒收货物并拒交事先约定的罚金的风险。

政治风险是指与被保险人进行贸易的买方所在国或第三国发生政治、经济状况的变化而导致买卖双方都无法控制的收汇风险，包括：①买方所在国发生战争、内战、暴乱、革命、敌对行为或其他骚乱；②买方所在国通过颁布各种法律、命令、条例，撤销了买方进口许可证或禁止卖方的货物进口；③所在国通过颁布各种法律、命令、条例，限制买方汇出买卖双方约定的货币或其他自由兑换货币；④其他不可控事件，买方无法履行合同。

## 二、贷款信用保险

贷款信用保险是保险人对贷款人与借款人之间的借贷合同进行担保并承保借款人信用风险的保险。银行对放出的款项具有保险利益，在贷款信用保险中，贷款方是投保人，在保险单成立后成为被保险人。在签发保险单以后，银行对贷出的款项具有保险利益，当企业由于经营管理不善而无法偿还贷款时，银行可以从保险人那里得到赔偿。银行得到赔偿以后，就将债权转让给了保险人，保险人从而可以履行代位追偿权。实行贷款信用保险的目的是保证银行信贷资金的安全。在国外，这项保险是比较常见的信用保险业务。主要的贷款信用保险有中小企业贷款信用保险、助学贷款信用保险、农业贷款信用保险等。

在厘定保险费时，保险人一般要考察企业的资信情况、企业的经营管理水平与市场竞争、贷款项目的期限和用途、不同的经济地区等因素。贷款信用保险的保险责任通常包括决策失误风险、政府部门干预风险、市场竞争风险等。若是由于投保人或被保险人的故意行为导致银行无法收回贷款时，保险公司通常不予赔偿。

## 三、一般信用保险

### （一）商业信用保险

商业信用保险是在商品的赊销活动中，保险人为卖方的应收账款提供的保险。这种保险是最早的信用保险方式，承保当企业在延期付款或者分期付款时，卖方因为到期收不到买方全部或者部分的货款时遭受的损失。这样不仅延长了商业信用链条，而且保障了商业贸易的顺利进行。在实际的操作过程中，商业信用保险将所承保的商业信用通过列明的方式在合同中予以明确，根据商业合同的标的的价值来确定保险金额。

### （二）雇员忠诚保险

雇员忠诚保险是指雇主作为被保险人因雇员的不诚实行为遭受损失时由保险人承担赔偿责任的一种信用保险。其中，不诚实行为包括盗窃、贪污、侵占、非法挪用、伪造、欺骗等行为。在这种保险中，雇主是投保人，保险人以雇员对雇主的诚实信用行为为保险标的。

在这种保险业务中，保险人在承保前要对雇员和雇主情况进行调查，如调查雇员的工作经历、有无不诚实的信用记录情况。雇主在保险责任期间有以下义务：第一，如果发现雇员存在不诚实行为可能造成损失时，雇主应该及时通知保险人；第二，雇员应及时协助保险人进行追偿；第三，当雇主和雇员的雇佣条件发生变更时，雇主应事先通知保险人；第四，雇主提出索赔的期限一般是六个月，最迟从该雇员退休、离职或死亡之日被注销时起六个月或保单终止六个月，这两者以先发生为准。

雇员忠诚保险的保险责任是承保被雇佣员工的不诚实行为所导致的被保险人财产的直接损失，这些财产包括被保险人的货币和有价证券、被保险人所有的财产、被保险人有权拥有的财产或对此负有责任的财产、保险单指定区域内的可移动财产等。对于雇主因未采取安全预防措施和监督检查造成的财产损失，保险人不负责损失赔偿。雇员忠诚保险的适用地区必须在保险条款中明确规定，出险地点在投保的风险地点之外的保险人不负责赔偿责任。关于适用地区，可以是指定的被保险人的营业场所，也可以是限定的相关行政区域。

### （三）信用卡保险

信用卡保险是伴随着信用卡的广泛使用而发展和产生的新型保险业务。这种保险业务的承保范围包括持卡人使用信用卡时由于恶意透支所造成的损失、信用卡遗失或被盗以后被他人冒用所造成的损失、被保险人的职工单独或与其他人串通利用信用卡营私舞弊或贪污挪用公款造成的损失等。通常信用卡保险有一年的有效期，并有累计赔偿限额的规定。如果一年内损失赔偿额超过累计赔偿额，保险人对于超出部分不予赔偿。

信用卡保险的保险费是以当年预计总交易额为基础预收。当年预计总交易额是使用被保险人签发的所有的信用卡在保险有效期内提取现金、购买货物和获得服务的总发生额。

# 第三节　保证保险

　　保证保险是保险公司所经营的一种担保业务，债权人是被保险人，保险人所承保的是被保险人的信用风险。通常保证保险包括投资保证保险、忠诚保证保险、产品质量保证保险、履约保证保险、消费贷款保证保险等具体的险种。

## 一、投资保证保险

### （一）投资保险的概念和特点

　　投资保证保险简称为投资保险，也称为政治风险保险，是指承保投资人在外国进行投资期间由于投资所在国的政治风险而可能造成资本和利益损失的风险。

　　投资保险源于第二次世界大战后美国根据《对外援助法》制定的《经济合作法》中的"欧洲复兴计划"。20世纪60年代以后，许多国家纷纷效仿美国，通过本国的出口信用机构或其他政府代理机构代理开展投资保险业务。投资保险制度由此广泛建立。进入20世纪90年代，全球经济迅猛发展，国际资本流动加快，客观上使得对投资保险的需求增大，从而推动了投资保险业务的发展。如今，投资保险已经被主要资本输出国在支持跨境投资方面广泛应用，在国际投资活动中扮演着重要的角色。

　　通常，投资保证保险有以下特点：

（1）投资保险一般是由国家特设机构来办理的。因为投资保险制度具有明显的国营性质，因此一般由国家特设机构来办理。同时，它可以和国与国之间的双边或者多边政府投资保证协定相互补充。

（2）投资保险的承保范围只限于投资者的直接投资，而不包括间接投资。

（3）投资保险只承保政治风险，这些政治风险包括：外汇风险、征用风险、战争、革命内乱风险等。外汇风险又称为禁止汇兑的风险，是投资者由于东道国的突发事件而无法转移可兑换的货币和与投资有关的款项等风险；征用风险，又称为国有化风险，是投资者在国外的投资资产被东道国政府或者地方政府团体所征用或国有化的风险；战争、革命、暴乱风险又称为战争风险，是指由于战争、革命、内乱而致使被保险财产客观上遭受损失、破坏、丧失或者被夺取、留置，或者为了应付紧急的或者预期的敌对行为而采取阻止、抗击或防御行为在客观上使得保险财产遭受损失、破坏、丧失或被夺权、留置等。

（4）海外投资保险有政府间的投资保证协定作为保障。

**（二）投资保险的责任范围和除外责任**

一般来说，投资保险承保的责任包括外汇风险，征用风险，战争、革命、暴乱风险等。投资者投保投资保险的除外责任包括：被保险人的投资项目受损后造成被保险人的一切商业损失、被保险人及其代理人不履行投资契约或者故意违法等行为导致政府有关部门的征用或没收造成的损失、被保险人未按照规定期限汇出汇款而造成的损失、核武器造成的损失等。

**（三）海外的投资保险**

经过几十年的发展，海外投资保险发展迅速，尤其是那些世界主要资本输出国如美国、日本、德国、荷兰等，已经形成了一整套完善的海外投资保险制度。其中，美国采取的是双边保证制度，就是以美国同其他国家签订的双边投资保证作为投资保证制度的适用前提；日本的投资保证制度采取的是单边保证制，就是根据国内法律的规定便可以适用保险制度，不要求接受投资国出具的投资安全保证；而在德国，联邦政府为法定保险人，要求保险责任和承保通过财政部的批准，具体业务由德国信托监察公司及黑姆斯信用保险公司执行。

在国外，关于投资保险的保险期限规定不尽相同，其中，日本规定为 5 ~ 10 年，一般不能延长；美国规定最长不能超过 20 年，德国的保险期限一般为 15 年，可以根据需要延长至 20 年。

**（四）我国的投资保险**

我国在 1979 年以来开办了投资保险，伴随着近年来的对外开放，这项业务变得越来越重要。许多外商因为其资金和利润有了安全保障，都积极来华投资。在我国的承保实务中，投资保险的保险期限分为长期和短期两种类型。其中，短期为 1 年，长期最长为 15 年，最短为 3 年。在投保人投保 3 年之后，被保险人有权要求注销保单，如果需要提前注销，则须交足 3 年的保险费。保险人对于投资保险不接受单独承保，要和财产保险或工程保险一起来投保。如果发生保险损失，一般保险公司会按投资金额和保险金额的比例进行赔偿。对于保险费率的规定，各种险种规定不相同，一般在 40% 的幅度上下浮动。

## 二、忠诚保证保险

忠诚保证保险，又叫诚实保证保险，是雇员向保险人就自己的信用进行投保的保险。雇员的不诚实行为包括盗窃、贪污、侵占、非法挪用、伪造、欺骗等行为。在保险关系中，雇主是权利人，雇员是义务人，保险人以雇员对雇主的诚实信用行为为保险标的。

忠诚保证保险的责任范围包括被保险人的货币和有价证券、被保险人所有的财产、被保险人有权拥有的财产或对此负有责任的财产、为保险单指定区域的可移动财产等。忠诚保险是承保雇员的欺诈或者不法行为所导致的雇主的损失，其除外责任主要包括：①雇员的欺诈或者不诚实行为在超过发现期或雇员死亡、被解雇或退休后超过了 6 个月被发现；②雇主的营业性质或雇佣职责或条件有变更，或者减少雇员的报酬；雇主对账目没有采取合适的检查和安全防范措施；③赔偿金额超过每一雇员的特别限额和赔偿期的赔偿总限额的部分。

忠诚保证保险的形式主要有承保特定个人的保证、承保特定职位的保证和总括保证。承保特定个人的保证是以某个特定雇员为保证对象，当一张保险合同中含有两个或者两个以上的特定雇员时，采用姓名表列式保证，将每个参加保证保险的雇员用表格形式列明；承保特定职位的保证是强调保证某特定的职位，无论由谁来担任这个职位，保险人都承担经济赔偿责任；总括保证是承保被保险人的所有正式雇员，不具体强调个人或者特定的职位。无论是个人保证保险，还是职位保证保险或者总括保证保险，均由雇主与保险人商定一个固定的保险金额，保险期限通常为一年，期满可以续保。

在忠诚保证保险中通常有发现期的规定。发现期不是从损失发生时开始，而是从保证合同终止时开始；任何不诚实的行为均应该发生在雇员连续无中断的工作期间；任何不诚实行为引起的损失均应在雇员被辞退或退休或死亡后 6 个月或者合同期满 3 个月内发现。

忠诚保证保险在承保期间，雇主有义务在发现雇员有某种欺骗行为或者不诚实行为时向保险人通告，在变更雇佣条件或者减少雇员报酬前应该优先征得保险人同意，雇主有协助保险人进行调查和向雇员进行追偿的义务。

## 三、产品质量保证保险

产品质量保证保险是根据《产品质量法》关于生产者、销售者的产品质量责任和义务的规定，承保产品生产者、销售者对其产品的修理、更换、退货的"三包"责任的保证保险。该险种是用来保证批量生产或销售的产品在一段既定时间内的质量标准和使用性能为特性的保险产品。产品质量保证保险和产品责任保险在保险责任界定上有着本质的区别，其中产品质量保证保险是承保发生保险责任事故以后产品本身的损失，而产品责任保险则是承保发生保险责任事故以后被保险人因自己的产品造成事故对他人带来损害而依法应承担的经济赔偿责任。

## 四、履约保证保险

履约保证是担保人向投资方或业主保证，承包商将履行合同的一切条款，按时、按质、按量完成承包工程。一旦承包商违约，担保人就要代为履约或赔偿。目前，在我国最普遍的是建筑工程承包合同的保证保险。通常它包括以下项目：

（1）投标保证保险。它是承保工程所有人因中标人不继续签订合同而遭受的损失。

（2）履约合同保证保险。它是承保工程所有人因承包人不能按时、按质或按量交付工程而遭受的损失。

（3）预付款保证保险。它是承保工程所有人因承包人不能履约而受到的预付款的损失。

（4）维修保证保险。它是承保工程所有人不履行合同规定的维修任务而导致的损失。

在承保履约保证保险时，保险人必须严格审查承包人的资格、财力，从而能够确定他是否有能力进行承包。在进行审查时，保险人通常要求承包人提供上年度的财务报告，以往和目前所承包工程的情况资料，往来银行的名称以及投保工程的合同副本等。

履约保证保险承保的范围以工程合同规定的承包人应对工程所有人承担的经济责任为限。通常国内的工程项目符合以下的规定才能承保：

（1）投资项目得到政府有关部门的批准，工程列入国家计划。施工力量、设备材料和市政配套工程等均已落实可靠。

（2）承包人要提供反担保或者签订"偿还协议书"。

（3）项目已经投保工程险。

履约保证保险的保险金额一般不超过工程总造价的80%，赔偿金额以工程承包合同中规定的承包人应赔偿的责任为限。

## 五、消费贷款保证保险

### （一）个人消费贷款保证保险

个人消费贷款保险，是为了配合金融机构的个人消费贷款业务而开办的，主要承保投保人不能按贷款合同约定的期限偿还所欠的款项时所造成的损失赔偿。这里所提及的个人消费贷款保证保险业务是针对机动车辆和个人住房消费贷款之外的其他个人消费信贷业务。这项保险业务的承保风险和个人的信用状况紧密相关，对于保险人来说，承保以前最为重要的就是要准确地评估借款人的信用状况。这种保险业务的适用范围包括个人住房装修贷款、个人旅游贷款、个人大额耐用消费品贷款等。在我国，市场上真正推广个人信用贷款的银行并不多，较高的门槛和较低的额度将大多数人拦在了门槛之外，但是这个市场的发展潜力是不容小视的。目前，保监会只批复了中国平安一家保险公司从事此类业务。

### （二）机动车辆消费贷款保证保险

机动车辆消费贷款保证保险（简称"车贷险"）是为那些通过贷款购买汽车的个人或法人提供还款保证的保险。在这项保险中，借款购车的人为投保人，为借款人提供汽车消费贷款的商业银行或其他金融机构为被保险人。目前各保险公司主要经营针对个人购车的贷款保证保险，对于法人的贷款，由于风险比较大，所以保险公司在承保前要做慎重考虑。我国的车贷险业务经历了较为跌宕起伏的发展过程。国内的车贷险最早开办于1998年，随着国内汽车消费需求的增长，一度发展迅速，2002年下半年达到高峰，随后在2003年止步，2004年4月1日旧车贷险被保监会叫停，第一代车贷险彻底退出市场。2009年6月5日，保监会发布《关于促进汽车消费贷款保证保险业务稳步发展的通知》，车贷险再次回到了大众的视野。

1. 机动车辆消费贷款保险的保险责任和除外责任

机动车辆消费贷款保险的保险责任是购车人如果连续三个月未履行或未完全履行《购买机动车辆借款合同》所约定的还款义务，当贷款人依据《购买机动车辆借款合同》的规定宣布贷款全部提前到期，而借款人仍未在规定期限内履行还款义务时，保险人承担赔偿责任。

对于以下情况造成的损失，保险人不负责损失的赔偿：

（1）政府征用；

（2）购车人的违法行为使其所购车辆及其他财产被罚没、查封、扣押、抵债及车辆被转卖、转让等；

（3）所购车辆损毁或灭失，且无法得到机动车辆保险的赔偿；

（4）由于车辆出现质量问题使得投保人不履行还款义务；

（5）贷款人没有按照保险人备案的贷款审核标准发放贷款。

2. 机动车辆消费贷款保证保险的赔偿处理

贷款人向借款人要求索赔时，应该先行处置抵押物。保险人的赔款通常以处置抵押物所得抵减所欠贷款本息和处置抵押物所需要的合理费用为限。如果贷款人不能处置抵押物，应当在《贷款提前到期通知》规定的期限结束之日起95日内，向保险人提出赔付所欠全部贷款本息的书面索赔申请。在保险人将全部保险赔款支付后的三个工作日之内，贷款人应当将抵押权转让给保险人，并且依法办理抵押转让登记手续。

### （三）个人购房抵押贷款保证保险

个人购房抵押贷款保证保险是承保个人以贷款购买商品房向银行进行抵押提供还款保证的险种。实务操作中，通常有两种做法：一种是保单约定在一定的条件下，保险人代替拖欠贷款的购房人还款；另一种是借鉴国外的做法，在购房人因意外事故或疾病导致死亡或者高度残疾，保险人代其偿还全部未还贷款，或者购房人因所在单位破产、改组、被兼并、政策性裁员而失业1年以上，保险人代其偿还失业期间应还款项。

住房抵押贷款保险制度起源于美国，其发展初期被列为政策性保险业务，后来商业保险公司逐渐介入。伴随着这项保险制度传播到世界各国，目前个人购房抵押贷款保证保险已经成为保险市场上较为普遍的险种。在我国，这项保险业务尚处于起步与摸索阶段，在发展中还存在许多问题，需要不断地完善。

---

**【案例8-2】**

　　现在还在上初中的小张，她的母亲多年前去世，父亲为了把她抚养成人，一直没有再婚。2006年，小张的父亲为了她有一个好的学习环境，便倾囊和贷款在市区买下了一套95平方米的商品房，贷款共为20万元，贷款期限20年。今年某月的一天，小张的父亲在外出办事时，不慎骑摩托车坠崖而意外身亡。在父亲过世3个月后，作为房产继承人的小张便收到了贷款银行的书面催贷函。可是由于小张没有了父亲这个经济支柱，没有能力归还银行的贷款，在万不得已的情况下，小张想到了父亲投的房贷险。于是，她向保险公司提出了房贷险的理赔事宜，没想到保险公司却指出，她的父亲已经死亡，如果想理赔，只剩下银行可以作为受益人，只有银行才可以提出理赔请求。处于当前这种情形，如果小张再还不出房贷，她可能就会面临流离失所的窘况。那小张真的没有办法了吗？如果银行不向保险公司索赔，保险公司就不需要进行还贷理赔吗？

　　问题：

　　1. 什么是房贷险？

　　2. 你觉得保险公司的看法是否正确，小张能否获得理赔，为什么？

　　资料来源：浙江保险网，http://www.zjtxw.cn。

---

## 重要概念

信用保险　出口信用保险　贷款信用保险　保证保险　投资保证保险
履约保证保险　消费贷款保证保险

## 思考题

1. 信用保险和保证保险有何区别？
2. 简述消费贷款保证保险的种类。
3. 什么是投资保险，有何特点？
4. 简述出口信用保险和一般财产保险的区别。

# 第九章　再保险

┌─────────────────────────────────────────────────┐
【学习目的】
　　理解再保险的概念及运行机制，掌握再保险的分类以及各种再保险类型的特点，掌握再保险的经营和管理，包括分入业务和分出业务的经营管理。
└─────────────────────────────────────────────────┘

## 第一节　再保险概述

### 一、再保险的概念

再保险也称分保，是保险人在原保险合同的基础之上，与另一个保险人签订协议，将原保险合同的部分风险或责任进行转嫁的行为。我国新修订的《保险法》第二十八条指出："保险人将其承担的保险业务，以分保形式部分转移给其他保险人的，为再保险。"

保险合同是投保人（保户）与保险人（保险公司）之间所签订的协议：投保人按照约定向保险人缴纳保险费，保险人根据保险单规定，在发生保险责任范围内的损失时，履行经济补偿责任。这种保险可称为直接保险。再保险是保险人与投保人签订合同后，再与另一个保险人签订保险合同，所以被称为再保险或分保。

在国际上，再保险被称为"保险的保险"。这是由于有些损失对于单个的保险人来说也是难以承受的，在一些巨灾损失中，甚至可能会出现保险公司的全部资本用于赔付尚不够的情况。保险人为了避免这种情况出现，往往采取分保的方式来分散自身业务的风险。

再保险可以发生在一国范围内，也可以发生在国家与国家之间。尤其是对于一些超过国内市场承受能力的巨额风险，如航天飞机、核电站等在实验和运行过程中的风险，通常要超越国界进行分保。因此，再保险还具有明显的国际性。

在再保险交易中，分出业务的公司被称为原保险人或分出公司；接受业务的公司被称为再保险人、分保接受人或分入公司。再保险还可以一保再保接连再保，即第一家再保险公司可将分入风险再向另一家再保险公司分出部分风险，形成二度转嫁。第二家再保险公司还可以继续向第三家再保险公司分出部分风险，如此等等。

和直接保险转嫁风险一样，再保险转嫁风险也要支付一定保险费，这种保险费称为分保费或再保险费；同时，由于分出公司在招揽业务过程中支出了一定的费用，分入公司应当支付一笔费用加以补偿，这种费用报酬称为分保佣金或分保手续费。

如果再保险接受人将其接受的业务再分给其他保险人，这种做法称为转再保险或转分保，双方分别称为转分保分出人和转分保接受人。

## 二、危险单位、自留额与分出额

在再保险业务中，分保双方责任的分配与分担都是通过确定的自留额与分保额来体现的，而自留额和分保额则是按危险单位来划分的。

### （一）危险单位

所谓危险单位，就是保险标的发生一次灾害事故可能造成的损失范围。

危险单位的划分比较复杂，在实际业务操作中往往根据不同的险别和保险标的来决定。比如：人寿保险以一个人为一个危险单位，汽车保险以一辆车为一个危险单位，船舶保险以一艘船为一个危险单位，而在火灾保险中，通常以一栋独立的建筑物为一个危险单位，但如果数栋建筑物毗连在一起或一个高层建筑中承保了若干楼层，如何划分一个危险单位，就要考虑建筑物的等级、使用性质、有无风火墙隔开、周围环境和消防设备等各种因素才能决定。

危险单位的划分并不是一成不变的。比如两栋建筑物相互独立，但是后来在二者之间建立起了天桥，这样两栋建筑物就相互联接起来了，这样，就使得原本相互分割的两个危险单位变成了一个危险单位。

危险单位的划分有时需要专业知识。如一家生产太阳能玻璃管的大型工厂，其布局和结构、规格都有一定的规范，决定危险单位时要结合具体的建筑物和设施，经过实地查勘分析，方能确定危险单位的划分。

再保险合同中通常规定，危险单位的划分通常由分出人决定。

危险单位划分得恰当与否，直接关系到再保险业务双方当事人的经济利益，甚至影响到被保险人的利益，因此它是再保险实务中一个非常重要的问题，同时也是一个技术性很强的问题。我国新修订的《保险法》第一百零四条规定："保险公司对危险单位的划分方法和巨灾风险安排方案，应当报国务院保险监督管理机构备案。"

### （二）自留额与分保额

对于每一危险单位，分出公司根据自己能承担责任的能力而确定的承担限额，称为自留额。任何一项再保险业务，分出公司都必须要有自留额，再保险的成交，首先要确定自留额。

为了确保保险企业的财务稳定性及其偿付能力，许多国家通过立法形式限制保险公司的自留额。我国新《保险法》第一百零二条规定："经营财产保险业务的保险公司当年自留保险费，不得超过其实有资本金加公积金总和的四倍。"第一百零三条规定："保险公司对每一危险单位，即对一次保险事故可能造成的最大损失范围所承担的责任，不得超过其实有资本金加公积金总和的百分之十；超过的部分应当办理再保险。"

经过分保由接受公司所承担的限额，称为分保额。

在再保险实务中，自留额和分保额都是按危险单位来确定的。

## 三、再保险与原保险的比较

### （一）再保险与原保险的关系

再保险与原保险具有既互相联系又互相区别的关系，其联系表现在：

（1）原保险是再保险的基础，是再保险存在的前提，再保险合同不能离开原保险合同而单独存在。

（2）再保险支持、促进原保险业务的发展，是原保险业务发展的有力后盾。在现代保险经营中，再保险的地位与作用已经越来越重要，尤其是对于一些风险较大的保险业务，如果没有再保险的支持，保险交易往往难以达成。

再保险与原保险的区别在于：

（1）主体不同。原保险合同的主体分别是保险人和投保人；再保险合同主体双方均为保险人。

（2）保险标的不同。原保险的标的可以是财产、责任或者信用，也可以是人的身体和生命，而再保险的标的则是原保险人承担风险的部分赔付责任，属于责任保险。

（3）合同性质不同。原保险合同中的财产保险合同属于补偿性合同，而人身保险合同通常属于给付性合同；再保险中再保险人对原保险人支付的赔款和给付的保险金进行补偿，因此属于补偿性合同。

### （二）再保险与共同保险的关系

所谓共同保险，是指保险人与多家保险公司之间，以同一保险利益，对同一保险标的的同一风险，所共同缔结的保险合同，即多家保险公司对同一风险单位共同承担损失补偿的责任。

再保险与共同保险都具有分散风险、扩大承保能力的功效，但是，共同保险从本质上看仍属于直接保险，是风险的第一次分散，而再保险则是风险的第二次分散。在共同保险中各家保险公司是横向关系，即并联关系；在再保险中各家保险公司是纵向关系，即串联关系。

另外，在实务中，相对于再保险而言，共同保险使用起来费时费力，一般较少采用。

## 四、保险原则在再保险中的运用

原保险合同必须遵循最大诚信原则、保险利益原则和损失补偿原则，这些基本原则也同样适用于再保险。

**（一）最大诚信原则**

最大诚信原则就是要求保险合同当事人必须向对方提供与合同有关的全部重要事实，不得隐瞒欺诈订立合同的任何一方，对于实质性的情况如有隐瞒或误报，将使合同无效。

我国新修订的《保险法》第五条规定："保险活动当事人行使权利，履行义务应当遵循诚实信用原则。"第十六条规定："订立保险合同，保险人就保险标的或者被保险人的有关情况提出询问的，投保人应当如实告知。""投保人故意或者因重大过失未履行前款规定的如实告知义务，足以影响保险人决定是否同意承保或者提高保险费率的，保险人有权解除合同。""投保人故意不履行如实告知义务的，保险人对于合同解除前发生的保险事故，不承担赔偿或者给付保险金的责任，并不退还保险费。""投保人因重大过失未履行如实告知义务，对保险事故的发生有严重影响的，保险人对于合同解除前发生的保险事故，不承担赔偿或者给付保险金的责任，但应当退还保险费。"

作为保险合同的一种，再保险合同同样适用最大诚信原则，而且比一般保险合同要求的诚信程度更高。因为保险业务是在原保险人方面进行的，再保险人由于距离遥远往往无法了解业务的具体情况，只能依赖当事人的品德、诚信行为，所以再保险合同具有高度的属人性。

最大诚信原则的核心是履行如实告知义务。原保险人履行告知义务是再保险合同成立的基本条件，也是再保险人进行风险估算的依据。因此，订立再保险合同时，分出人必须向再保险接受人告知实质性事实，并且不仅在订立合同时，而且扩展到再保险合同的整个有效期间。实质性事实是指分出人的承保条件、经营方法，以及再保险合同的自留额、保险费、以往赔款记录等有关影响再保险人是否接受分保和接受分保额的重要情况。原保险人必须将这些资料和数据，尽量充分地提供给再保险人。再保险合同成立后，有关再保险的危险发生变更或危险增加，原保险人有及时通知的义务。

**（二）保险利益原则**

所谓保险利益原则，是指在签订和履行保险合同的过程中，投保人或被保险人对保险标的必须具有保险利益。我国新修订的《保险法》第十二条规定："人身保险的投保人在保险合同订立时，对被保险人应当具有保险利益。""财产保险的被保险人在保险事故发生时，对保险标的应当具有保险利益。"

原保险合同要求投保人或被保险人对保险标的具有保险利益，再保险合同也要求原保险人对再保险标的具有保险利益。再保险合同的标的就是分出人在原保险合同项下所承担的责任。原保险人对保险标的的存在或灭失具有经济补偿与否的利害关系，这种经济利益就是再保险的保险利益。

原保险合同是再保险合同的前提与基础，因此，再保险的保险利益范围是以原保险责任范围为限，即再保险合同项下的损失应与原保险合同的承保条件相符合。

**（三）损失补偿原则**

损失补偿原则是指保险人对被保险人的赔偿不得超过保险标的的实际损失，被保险人不能由于保险人的赔偿而额外获利。

在原保险合同中，损失补偿原则仅适用于财产保险，对给付性的人身保险合同不适用。在再保险合同中，由于保险标的是原保险人对被保险人的损失补偿或者给付责任，所以损失补偿原则不仅适用于财产保险分保合同，也同时适用于人身保险分保合同。在再保险合同中，损失补偿原则要求再保险人对分出人的赔款支出应该以分出人的实际赔款为限。

虽然再保险的损失补偿是源于原保险合同，但再保险合同是脱离原保险合同的独立合同，因此被保险人无权直接向再保险人要求赔款，再保险人对原被保险人也没有损失补偿的义务。同时，原保险人不能以再保险人没有履行赔偿责任而拒绝履行其对被保险人的赔偿义务；不管原保险人是否履行了对被保险人的赔偿义务，再保险人都应当向原保险人履行赔偿义务。

## 五、再保险的职能和作用

再保险的基本职能是分散风险。再保险的产生，主要是基于保险人分散风险的需要。它是保险人的保险，其基本的职能同直接保险一样，就是分散风险。

再保险的作用主要包括以下方面：

第一，分散风险，避免巨额损失，保证保险公司的财务稳定性。保险作为风险的承担者，在它直接承保的大量业务中，不可避免地会有一些巨额责任保险，特别是随着现代化生产和科学技术的高度发展，财产价值越来越昂贵，使保险人承担了前所未有的巨额风险。例如核电站保险、大型海上石油钻井平台保险的保险金额往往非常巨大。同时，由于生产的扩大、财富的增加、人口的集中，一次大的自然灾害如地震、洪水所造成的损失往往高达几亿、几十亿甚至是几百亿美元，这都不是一家保险公司或一国保险市场的资金或财力所能承担的。而通过再保险，将巨额的保险责任分给几个再保险人，再保险人再通过转分保，实现风险在全球范围内的分散，这样，一旦巨额损失发生，由于有众多的保险人共同承担，其损失对各保险人带来的冲击就小得多了。保险公司因为巨灾风险的发生而陷入财务困境甚至破产的几率也会大大降低。

第二，扩大承保面，增加业务量，促进原保险业务的发展。保险公司，尤其是中小保险公司，因受其资本和财力的限制，无法承保保险金额较大的保险标的，从而失去承保大额业务的机会，这势必影响保险人的业务来源和业务量，也难以和其他保险人竞争。而再保险的风险分散功能可以使中小保险公司通过分保的方式承保超过自身财力的大额业务，从而提高承保能力。所以，有了再保险的支持，保险公司可以扩大承保面，增加业务量，加快原保险业务的发展速度。

【案例 9-1】

**"瑞再"预计年初受天灾影响损失 6 亿美元**

网易财经 3 月 11 日讯：瑞士再保险今日宣布，初步估计智利地震给公司造成的保险损失将达到 5 亿美元；估计欧洲冬季风暴"辛西娅"（Xynthia）造成的保险损失约为 1 亿美元。

智利于 2010 年 2 月 27 日发生 8.8 级特大地震，导致数百人死亡，并在沿海长达 600 公里的地区内造成了严重的财产损失。瑞士再保险的初步估计结果显示，保险行业因智利地震而蒙受的保险损失总额介于 40 亿~70 亿美元之间。

瑞士再保险预计公司与地震相关的税前理赔额（扣除转分保收益后）约为 5 亿美元。这种灾难事件的损失估算存在巨大的不确定性，所以该项初步估计可能需要随着新消息的发布而调整。

"辛西娅"是 2010 年 2 月 26 日至 28 日侵袭西欧的一场强烈的欧洲冬季风暴。在受到"辛西娅"影响的国家中，对风暴和洪水损失进行投保是常规做法。这些保险保障是由国家保障计划（法国的 CatNat 计划和西班牙的 Concorcio 计划）以及私营保险业所提供的。瑞士再保险预计冬季风暴"辛西娅"给公司带来的税前理赔额（扣除转分保收益后）约为 1 亿美元。

资料来源：http://www.jfdaily.com/a/962522.htm。

# 第二节　再保险的种类

再保险按照不同的分类标准，可以划分为不同类别。最常见的有以下几种分类标准：按责任限额、按分保安排方式和按原保险业务种类。

## 一、责任限额分配方式

按责任限额，通常可以把再保险分为比例再保险和非比例再保险。其中，比例再保险包括成数再保险、溢额再保险以及成数和溢额混合再保险。非比例再保险可分为险位超赔再保险、事故超赔再保险和赔付率超赔再保险三种。

### （一）比例再保险

比例再保险是以保险金额为基础来确定分出公司自留额和分入公司承保额的再保险方式。在比例再保险中，分出公司的自负责任与分入公司的分保责任都表现为保险金额的一定比例。分出公司与分入公司按这一比例分割保险金额，分配保险费和分摊赔款。比例再保险包括成数再保险、溢额再保险与成数和溢额混合再保险。

## 1. 成数再保险

成数再保险是指原保险人与再保险人在合同中约定保险金额的分割比率，将每一危险单位的保险金额，按照约定的比率在分出公司和分入公司之间进行分割的再保险方式。按照成数再保险方式，不论分出公司承保的每一危险单位的保额大小，只要是在合同规定的限额之内，都按约定的比率进行分配和分摊。因此，成数再保险是最典型的比例再保险。

在成数再保险条件下，分出公司与分入公司之间所承担的每一危险单位的责任划分都是按保险金额的一定比率进行的，所以在遇到保险金额巨大的保险业务时，双方各自承担的风险责任也是巨大的，为了限制双方承担的风险责任，在签订成数再保险合同时一般要规定每一危险单位的最高限额，即合同限额。分出公司与分入公司在这个最高限额中各自承担一定的份额。

例如，有一份成数再保险合同，合同限额为 500 万元，自留 40%，分出 60%，则合同双方的责任分配表如表 9-1 所示。

表 9-1　成数分保责任分配　　　　　　　　　　　单位：万元

| 保险金额 | 自留部分40% | 分出部分60% | 其他 |
| --- | --- | --- | --- |
| 80 | 32 | 48 | 0 |
| 100 | 40 | 60 | 0 |
| 500 | 200 | 300 | 0 |
| 600 | 200 | 300 | 100 |

在本例中，当原保险金额为 600 万元时，由于保险金额为 500 万元，剩下的 100 万元的责任需寻求其他方式处理，否则，这 100 万元的责任只能由原保险人承担。

一旦分出公司与分入公司承担责任的百分比率确定，则保费和赔款也可按该比率计算出来。如表 9-2 所示。

表 9-2　成数分保计算　　　　　　　　　　　单位：万元

| 船名 | 总额 100% | | | 自留 40% | | | 分出 60% | | |
| --- | --- | --- | --- | --- | --- | --- | --- | --- | --- |
| | 保险金额 | 保费 | 赔款 | 自留额 | 保费 | 自付赔款 | 分保额 | 分保费 | 摊回赔款 |
| A | 8 | 0.8 | 5 | 32 | 0.32 | 2 | 48 | 0.48 | 3 |
| B | 100 | 1 | 0 | 40 | 0.4 | 0 | 60 | 0.6 | 0 |
| C | 500 | 5 | 100 | 200 | 2 | 40 | 300 | 3 | 60 |

成数再保险的特点包括两个优点与两个缺点。具体如下：

第一，手续简便，节省人力和费用。成数再保险是典型的比例再保险，分出公司和接受公司之间的责任，保费和赔款分别都按事先约定的同一比例进行计算，使得分保实务和分保账单编制方面手续简化，可以节省人力、物力，减少费用开支。

第二，合同双方的利益一致。由于成数分保对每一危险单位的责任均按保险金额由分出公司和分入公司按比例承担。因此，无论业务良莠、大小，合同双方的命运始终紧密相连，存在真正的共同利益；无论经营的结果是盈是亏，双方利害关系一致。在各种再保险方式中，成数再保险是保险人与再保险人双方利益完全一致的唯一方式。因此，成数再保险合同双方很少发生争执。

第三，缺乏弹性。在成数再保险中，对于分出公司来说，只要属于合同的承保范围，任何业务都应按约定的比例自留和分出，没有选择的余地，这样的规定，一方面，对于质量好而且保额不大的业务，本来没有分保的必要，也要按比率分出，不能多作自留，从而使分出公司支付较多的分保费；另一方面，当业务质量较差时，分出人又不能减少自留，缺乏弹性。因此，这种分保安排方式对分入人有利，对分出人不利。

第四，不能均衡风险责任。因为成数按保险金额的一定比率来划分双方责任，故所有业务的保险金额，每一笔均按再保险的比率变动，但对于危险度的高低、损失的大小，并不加以区别而作适当的安排，因而它不能使风险责任均衡化。也就是说，如果原保险合同保险金额存在高低不齐的问题，在成数分保后仍然存在。虽然有合同限额的限制，也是为了防止责任累积而设置的，并非为了使风险责任均衡化，而且有了这种限制，对于超过限额部分势必要安排其他的再保险。因此，成数再保险还必须借助其他形式来分散风险。

2. 溢额再保险

溢额再保险是指分出公司先确定每一危险单位自己承担的自留额，当某笔业务保险金额超过分出人的自留额时，才将超过部分分给再保险人。保费的分配和赔款的分摊亦按自留额和分出额对于保额的比例来进行。因此，溢额再保险属于比例再保险。

例如，某一溢额分保合同自留额为60万元，现有三笔业务，保险金额分别为50万元，100万元和200万元，第一笔业务的保险金额在自留额内，无需分保；第二笔业务自留60万元，分保40万元；第三笔业务自留60万元，分保140万元。本例中第二笔业务自留比例为60%，分保比例为40%；第三笔业务自留比例为30%，分保比例为70%，每笔业务按照实际形成的分保比例分配保险费和分摊赔款。具体见表9-3。

表9-3　溢额再保险合同保险费和赔款计算　　　　　单位：万元

| 业务 | 总额 | | | 自留部分 | | | 分保部分 | | |
|---|---|---|---|---|---|---|---|---|---|
| | 保额 | 保费 | 赔款 | 保额 | 保费 | 赔款 | 保额 | 保费 | 赔款 |
| 1 | 50 | 0.5 | 0.1 | 50 | 0.5 | 0.1 | 0 | 0 | 0 |
| 2 | 100 | 1 | 0 | 60 | 0.6 | 0 | 40 | 0.4 | 0 |
| 3 | 200 | 2 | 3 | 60 | 0.6 | 0.9 | 140 | 1.4 | 2.1 |

从上例可以看出，溢额再保险与成数再保险相比较，其最大的区别在于：如果某一业务的保险金额在自留额之内时，就无须办理分保，只有在保险金额超过自留额时，才

将超过部分分给溢额再保险人。也就是说，溢额再保险的自留额，是一个确定的数额，不随保险金额的大小变动，而成数再保险的自留额表现为保险金额的固定百分比，随保险金额的大小而变动。

在溢额再保险下，超过自留额的保险金额可以被分保合同吸收承受，但溢额再保险的吸收承受，并非无限制，而是以自留额的一定倍数为限度。这种自留额的一定倍数称为线数。如一份自留额为 60 万元，分保额 5 线的溢额再保险合同，可以承受最高保险金额为 360 万元的保险业务，其中自留 60 万元，分出额为 300 万元。如果某笔保险业务的保险金额为 400 万元，则超出的 40 万元责任应安排其他再保险，否则，只能由原保险人承担。

溢额再保险的优缺点主要表现在以下几个方面：

第一，可以灵活确定自留额，均衡风险责任。溢额再保险的优点在于能根据业务种类、质量、性质和自身承担风险的能力确定最佳自留额。凡是在自留额以内的业务则不必分出，具有很大的灵活性。对于业务质量不齐，保险金额不均匀的业务，采用溢额再保险可以均衡风险责任。换句话讲，原保险合同保险金额高低不齐的问题，在溢额分保后可以得到解决，使风险责任均衡化。

第二，比较繁琐费时。溢额再保险的业务账单按逐笔保险单计算其自留比例和分保比例，并按各自比例计算保险费和赔款支出。因此，在编制账单时比较复杂，费时费力，所以，办理溢额再保险需要严格的管理和必要的人力来进行，因而可能增加管理费用。

### 3. 成数和溢额混合再保险

成数和溢额混合再保险属于比例再保险，是将成数再保险和溢额再保险组织在一个合同里。在实际运用中有两种方式，即成数合同之上的溢额合同和溢额合同之内的成数合同。这种混合合同通常只适用于转分保和海上保险业务，多于特殊情况下采用。这种成数和溢额混合分保可以弥补成数和溢额两种方式单独运用时的不足，取长补短，既解决成数分保付出的分保费过多的弊端，又拥有溢额分保项下保费和责任相对均衡的优势，对于缔约双方都有利。

### （二）非比例再保险

非比例再保险以损失为基础来确定再保险当事人双方的责任，又称为损失再保险。它包括险位超赔再保险、事故超赔再保险和赔付率超赔再保险。

### 1. 险位超赔再保险

险位超赔再保险是以一次事故中每一危险单位所发生的赔款金额为基础，来确定分出公司的自负责任和分入公司最高责任限额的再保险方式。如果某一危险单位的赔款金额不超过自负责任额，则全部损失由分出公司赔付；如果赔款金额超过自负责任额，则超过部分由接受公司承担，但不超过合同规定的最高责任限额。

关于险位超赔再保险在一次事故中赔款的计算，有两种情况：一是按各危险单位分别计算，对赔款总额没有限制；二是对危险单位的赔款分别计算，但对每次事故的总赔款有额度限制。

例如，有一份 20 万美元的财产险位超赔合同。在某一次事故中共有 4 个危险单位受损，损失金额分别为 30 万美元、40 万美元、50 万美元和 60 万美元。

如果每次事故对总赔款额没有限制，则赔款分摊如表 9-4 所示。

表 9-4　险位超赔再保险合同项下的赔款分摊　　　　　　　　单位：万美元

| 危险单位 | 发生赔款 | 分出公司承担赔款 | 分入公司承担赔款 | 其他 |
| --- | --- | --- | --- | --- |
| A | 30 | 10 | 20 | 0 |
| B | 40 | 10 | 20 | 10 |
| C | 50 | 10 | 20 | 20 |
| D | 60 | 10 | 20 | 30 |
| 共计 | 180 | 40 | 80 | 60 |

如果每次事故分入公司的总赔款责任限额为险位责任限额的 3 倍，那么分入公司只负责上例中 3 个险位限额的赔款，即 60 万美元即可，其少赔的 20 万美元由分出公司自己负责。

### 2. 事故超赔再保险

事故超赔再保险是以一次事故发生的赔款总额为基础来确定分出公司自负责任额与分入公司最高责任限额的再保险安排方式。对于分出公司而言，该再保险方式主要用于巨灾事故的保障，避免一次事故造成过大的责任累积。因此，它又称为巨灾超赔保障再保险。

事故超赔再保险责任的计算，关键在于一次事故的划分。巨灾事故如台风、洪水和地震，通常以时间条款来规定多少时间作为一次事故。例如，规定台风、飓风、暴风连续 48 小时内为一次事故；地震与洪水连续 72 小时内为一次事故。对于事故持续较长时间的，按一次事故还是按几次事故，在责任分摊上是不同的。

例如，有一超过 200 万元的巨灾超赔分保合同，一次台风持续时间为 6 天，共损失 800 万元，如果按一次事故计算，原保险自负 200 万元后，再保险承担 200 万元，还剩 400 万元仍需原保险人承担。若按两次事故计算，假设损失均匀分布，则第一次事故和第二次事故均损失 400 万元，原保险人和再保险人每一次事故各承担 200 万元，最终，再保险人共承担 400 万元损失，原保险人承担 400 万元损失，而不是 600 万元损失。

### 3. 赔付率超赔再保险

赔付率超赔再保险也称损失中止再保险，是指按年度赔款与保费的比率来确定自负责任和再保险责任的一种再保险方式。在约定的年度内，当赔付率超过分出公司自负责任比率时，超过部分由分入公司负责。赔付率超赔再保险的赔付按年度进行，有赔付率的限制，并有一定金额的责任限制。

赔付率超赔再保险合同中，分出公司的自留额和分入公司的再保险责任，都是受双方协议的赔付率标准限制的，因此，正确地、恰当地规定这两个标准，是该再保险的关键。议定的标准既能够在分出公司由于赔款较多，遭受过重损失时给予保障，又能使分出公司无法借此从中牟利，损害再保险人的利益。通常，在营业费用为30%时，赔付率超赔再保险通常负责赔付率在70%～130%部分的赔款。

**（三）比例再保险与非比例再保险的比较**

比例再保险与非比例再保险相比，二者有以下不同之处：

第一，比例再保险是以保额为基础分配自负责任和分保责任；而非比例再保险是以赔款为基础，根据损失额来确定自负责任和分保责任。

第二，比例再保险按原保险费率计收再保险费，且再保险费为被保险人所支付原保险费的一部分，与再保险业务所占原保单责任保持同一比例。非比例再保险采取单独的费率制度，再保险费以合同年度的净保费收入为基础另行计算，与原保险费无比例关系。

第三，比例再保险通常都有再保险佣金的规定，而非比例再保险中，接受公司视分出公司与被保险人地位相等，因此，不必支付佣金。

## 二、再保险安排方式

按分保安排方式的不同，再保险可以分为临时再保险、合同再保险和预约再保险。

临时再保险是指事先不安排分保合同，当保险人有分保需要时，临时同分保接受人达成协议的再保险行为，因此又被称为选择性再保险和自愿再保险，也就是说，保险人对某一风险是否安排分保、自留额多大、分出额多大、分保条件等的具体要求，完全由保险人视风险特点和自身财务能力，以及接受公司的有关情况等而定。保险人以一张保单或一个危险单位为基础，逐笔与再保险人洽谈，再保险人根据风险承保情况，如风险性质、责任大小、与保险人关系等因素，确定接受金额或婉言拒绝。由此可见，临时再保险可以自由安排和选择，在业务成交前无约束力。

合同再保险是分出公司和接受公司双方事先通过契约将业务范围、地区范围、自留额、合同限额、分保佣金等各项分保条件进行约定，明确双方权利和义务，合同一旦签订，便对双方都产生强制性，凡属合同规定范围内的业务，分出公司自动分出，分入公司必须如数接受。

预约再保险是指分出公司对于一张保单或一个危险单位可以自行选择是否分保以及分保多少，而再保险必须接受的一种再保险安排方式，是介于临时再保险和合同再保险之间的一种再保险安排方式，对分出人相当于临时再保险，不具备强制性，而对于分入人则相当于合同再保险，具有强制性。

## 三、再保险业务种类

根据原保险业务的不同，再保险可以划分为财产再保险和人身再保险。

财产再保险即对财产保险合同安排的再保险。主要包括火灾再保险、水险再保险、汽车再保险和责任再保险。

人身再保险即对人身保险合同安排的再保险。人身再保险包括寿险再保险、健康险再保险和意外险再保险。

# 第三节 再保险的经营与管理

## 一、分出业务的经营与管理

分出业务的经营与管理是指分出公司为了实现分出业务活动的合理化，降低费用成本，提高经济效益，稳定保险业务经营而实施的计划、组织、指挥、协调和控制的一系列动态的活动过程。

分出公司对分出业务管理的一个重要方面，就是正确识别承保业务的风险，客观地评估累积责任，特别要防止巨灾事故的累积责任，避免因一次巨灾事故的出现而危及自己的财务稳定的情况发生。分出业务管理的范围包括：确定自留额、制订分保规划、分保业务流程、分保手续、分保账单编制及分保业务的统计分析。

分出公司对分出业务管理要遵循的一般准则有以下三个方面：

第一，稳定公司业务经营，实现最佳经济效益。分出公司一方面要认真研究国际保险市场行情变化，选择理想的分保经纪人和接受人；另一方面要准确把握拟分出业务的构成情况，确定每年重点分出的险种，尽可能将高风险业务分出，而将风险小、保费收入多的业务留下。同时，对于需要安排分保的业务，要合理确定自留比例和需要分出的比例及适当的分保方式，从而稳定公司经营，提高经济效益。

第二，管理现代化原则。分出公司对分出业务的管理要体现现代化原则，包括管理思想现代化、管理手段现代化和管理方法现代化。

第三，面向国际市场的原则。即在维护本国、本公司利益不受侵害的前提下，按照国际同业间遵循的原则办事，遵循国际再保险业的一般惯例。

通常，分出业务人员由设计人员、推销人员和辅助人员三部分构成。设计人员根据公司对业务的总体设计方案和再保险规划，对分出业务做出具体安排及设计构思。推销人员则在设计人员完成业务计划后，立即将条件提供给参加这项业务的公司，并尽量寻求资信好的大公司积极参与。辅助人员的工作主要是配合、协助设计和推销人员处理日常事务。

分出业务的内部管理一般包括三个方面：第一，明确分出部门的职责。分出部门不仅要了解其所安排的分出业务的有关情况，而且对同类业务在国际市场的相关情况也应该了解，在此基础之上安排好业务的分出。第二，协调分出部门和直接业务承保部门的关系，分清各自责任。直接业务是分保业务的基础，二者联系密切，协调好两个部门之间的关系，理清各自责任，分保业务的效率和质量才能有保证。第三，密切分出部门和账务部门之间的关系。分出部门完成分保安排后，通常要将合同摘要表、分保成分表及账务的结算事项通知账务部门，分保业务的顺利完成离不开账务部门的支持。因此，密切分出部门和账务部门之间的关系对分保业务的顺利完成至关重要。

**（一）分出业务的规划**

分保业务规划是指在再保险合同订立之前，分出公司根据不同类别业务和自身财务状况及市场状况，选择恰当的再保险方式，将其承担的风险责任进行转让和分散，以稳定经营，取得最佳经营效果。其核心是合理制定自留责任额，选择合适的分保方式，加强费用核算，实现业务扩展，稳定经营成果。其中，自留额的确定不仅要考虑资本规模、保费收入量、赔款和费用等自身因素，还要考虑政府相关政策和市场情况等外部因素，是一项比较复杂的工作。分出公司选择再保险方式，必须要对供选择的再保险方式进行经营收益的匡算，选择最合适的再保险方式。

**（二）分出业务的流程和账单编制**

1. 分出业务的流程

无论是合同分保还是临时分保，分出业务的流程可分为三个阶段：提出分保建议，完备手续和赔款处理。

首先，当合同分保条件确定，分保接受人拟定后，分出公司应将分保条件尽快发送给拟定的分保接受公司，即为提出分保建议。分保建议一般应将接受人需要了解的事实详细列明。其次，对分保建议，双方进行谈判，分出人和接受人双方应尽快完备缔约手续。最后，若办理了分保的原保险业务发生了赔款，按分保合同约定，分入公司应摊回赔款的，分出公司应计算出分入公司应承担责任的比例和金额，并尽快向分入公司发送出险通知。

2. 分保账单的编制

分出分保账单的编制是分出分保管理程序中很关键的一环，也是分保实务中最繁重的一项工作，是履行分保协议和条款的凭据。分出分保账单能否及时、准确地编制出来，反映了分出公司的管理水平和技术力量。分出分保账单有季度账单、半年账单和全年账单三种。在合同中一般均表明账单的编制方法、时间。账单项目大致如表9-5所示。

表9-5 账单项目

公司名称：　　　　　　　　接受人名称：
账单期：　　　　　　　　　业务年度：
险别：　　　　　　　　　　货币单位：
合同名称：

| 借方 | | 贷方 | |
|---|---|---|---|
| 项目 | 金额 | 项目 | 金额 |
| 分保手续费 | | 分保费 | |
| 原保险费 | | 未满期保费转入 | |

续表

| 借方 | | 贷方 | |
|---|---|---|---|
| 项目 | 金额 | 项目 | 金额 |
| 转分手续费 | | 利息 | |
| 已付赔款和费用 | | 上年度保费准备金退还 | |
| 保费准备金扣存 | | 赔款追回款 | |
| 赔款准备金扣存 | | 退回分保手续费 | |
| 税款及杂项 | | 退回转分保手续费 | |
| 原纯益手续费 | | 返还现金赔款 | |
| 未满期保费转出 | | 返还赔款准备金 | |
| 未决赔款转出 | | 准备金利息 | |
| 分保费退回 | | | |
| 纯益手续费 | | | |
| 应付你方余额 | | 应付我方余额 | |

你方成分% =

未决赔款 =

### （三）分保手续

由于分保安排的方法不同，分保手续也不同。

1. 临时分保手续

当某种业务确定办理临时分保之后，分出公司首先要根据自身业务情况和市场状况，选择分保接受人，并向分保接受人提供分保条件。实务中不是所有的分保接受人都能在接到分保条件后立刻明确表示接受与否，通常会有一个"讨价还价"的接洽过程，对于这种情况，分出公司可根据自身情况作出决定是修改分保条件还是坚持原分保条件。

当分保接受人表示承诺，双方达成分保协议后，分保双方的权利义务便开始生效。为完备手续，分出公司应向分入公司发送正式的分保条。

临时分保如有赔款发生，无论赔款金额大小都应通知分保接受人。在赔款确定后，分出人可在给付保户的同时要求分保接受人摊付部分赔款。

临时分保账单是由分出公司根据不同项目逐笔编制和发送的项目较少，但时间性比较强，一般不迟于业务起期后的两周。

临时分保的有效期限一般都在协议或分保条件中加以明确，到期则责任终止。根据原保单，临时分保的许多业务都是 12 个月为一期。

2. 合同分保手续

合同分保的手续与临时分保大致相同。向拟定的分保接受人提出分保条件，双方协商达成分保协议。其不同之处主要表现在两个方面：一是合同分保以年度为期限安排分保，而临时分保则要逐笔安排，因此，合同分保简单，省时省力，但合同分保的协商也因此要比临时分保复杂得多；二是在合同分保业务中，并不是每一个原保险合同的损失无论数额大小一律通知接受人，一般只有当损失超过某一额度后，才要求立即通知接受公司，对于小额损失，分出人以月报或季报通知接受人。

3. 预约分保手续

预约分保主要适用于火险和水险的比例分保业务。对分出公司而言，主要可以增加承保能力，在合同分保限额不足的情况下，运用预约分保方式作为合同分保的自动补充。在实务中，遇有大额业务，超过合同分保限额时，则能运用预约分保的限额，而不用与接受人临时接洽，逐笔分保。基于预约分保对于分出人具有临时分保性质，分出人将分入合同的业务，每月或每季须提供业务清单，列明每笔业务的保户、保额和保费项目以及赔款清单，以便接受人了解所承担的责任和对赔款的审核处理。

**（四）分出业务的统计与分析**

分出业务的统计分析就是把实际发生的分出业务的各类数据汇总起来，加以归纳整理，用来分析分出业务的发展状况和发展趋势，从而总结出分出业务的发展规律供决策者参与。

分出业务的统计可分为两类：原始数据统计和参考数据统计。原始数据是以业务报表和合同账单为基础统计出来的，供分出人自己记账、划分业务、确定保费及赔款摊分比例时使用。参考数据则是分出公司分保统计人员根据各种资料及信息中的数字提炼出来的与业务相关的统计分析数据，它依据基础统计所提供的资料，按一定的分类或层次将其汇总以反映全面的和各种业务的经营状况。

分出业务的统计是实现具体管理目标的手段，对统计进行分析、使用才是真正的目的。分保业务的统计分析主要有两方面的内容：一是业务的损益分析；二是分保费和赔款的现金流量和资金效益分析。需要注意的是，分出业务的统计分析师建立在一系列统计资料的基础上的，单凭某一年份的基础数据是不足以得出结论的，还必须对历史资料进行统计分析。

## 二、分入业务的经营与管理

分入业务的经营管理是指对分入业务的性质做全面细致的分析，并在实践中逐笔考察，其内容包括承保前对分保建议的审查，承保后的核算与考察，对已经接受业务的管理，对已经注销业务的未了责任及应收未收款项的管理。

分保前对分入业务质量的审核是决定分保业务能否成交的决定性工作。分入业务质量审核的一般内容包括：分入业务来源的国家或地区的政治、经济和有关法律环境状况及业务所在地区的市场行情和趋势，保险费率和佣金等情况。承保后的管理主要是对业务成绩的考核和保费支付情况的检查。要严格检验接受业务的质量，核对和审查合同文本，做好摘要表，审核账单和结算情况，做好登记和业务统计，做好出险通知、赔款处理、未决赔款和未了责任以及开出信用证的记录，并将有关资料输入电脑。要注意与分出公司和经纪公司核对账务和办理结算，并注意分出公司账单寄送是否及时，有关截留应支付保费和拖延返还准备金的情况。

**（一）承保额的确定与运用**

承保额是分入公司对于分出公司转让的危险或责任所能接受或承担的限额。承保额与自留额性质相同，因此确定承保额所考虑的因素，大致也与自留额相同，但由于分保业务是间接承保，分保接受人对于承保风险的情况并不直接掌握，所以，一般承保额要比直接业务的自留额低，掌握更加严格。

确定承保额要考虑的因素很多，但最基本的因素就是资本金和保费收入。例如，某公司的资本金为1000万元，年保费收入为3000万元，如果确定每一危险单位的承保额为资本的3%，保费的1%，则每一危险单位的承保额以30万元为限。但对于不同的分保方式和业务种类，所考虑的因素还是有所不同的。现主要就分保方式问题予以说明。

1. 比例合同的承保额

对于比例合同如财产险的承保额的确定，应从两个方面考虑：一是合同的分保限额；二是业务量，即保费和所估计的赔款额。具体步骤是，先按规定的承保额分别计算出这二者的百分率，从中选择比较低的百分率对分保限额加以计算，将所得的金额作为所接受的实际承保额。现举例说明，接受公司对财产险比例合同的业务所规定的承保额为30万元，现由经纪公司介绍两笔财产险的分保建议，对于所接受的实际承保额的计算如下：

第一笔，合同分保限额600万元，按规定的承保额30万元，为限额的5%。估计保费200万元，据分保建议中所提供的资料，赔付率估计可高达150%，据此，估计赔款为300万元，承保额30万元是赔款的10%。据此，选择这两者中较低的百分率，即5%，对分保限额600万元加以计算，算出金额为30万元，即实际承保额为30万元。

第二笔，合同分保限额600万元，按规定的30万元同样是限额的5%。估计保费300万元，最高赔付率估计可达250%，故赔款额可高达750万元，承保额30万元为估计赔款的4%。因此，可按较低的百分率，即4%，对分保限额600万元加以计算，所得金额为24万元作为所接受的实际承保额。但在实际工作中，对于这笔业务，因赔付率过高，应拒绝接受。

根据上述例子，可以发现一个规律：如果合同对于每个危险单位的分保限额较大，而业务量即保费较小，则可按分保限额来考虑接受的实际承保额；如果合同的分保限额较小而业务量较大，则应当按业务量和所估计的赔款额来考虑所接受的实际承保额。

2. 非比例合同的承保额

（1）险位超赔。关于财产险、水险、航空险及各种意外险的险位超赔，虽然合同的分保责任额是按每个危险单位或每次损失规定，但所接受的承保额度的确定也应从两个方面去考虑：一是按分保责任额，二是按所估计的年度最高损失额减去分保费后的可能亏损额。

例如：有一财产险的险位超赔合同建议，分保责任额为超过50万元的150万元，按每次损失计算而无责任恢复限制，分保费为100万元，接受人所规定的承保限额是30万元，那么分保接受人实际应接受的承保限度的确定有两种计算方法：

一是按承保额度对分保责任额的百分率。本例分保责任限额是 150 万元。规定的承保额度 30 万元，是限额的 20%。

二是按承包额度对可能亏损额的百分率。如本例估计年度的最高损失为三个责任限额，计 450 万元，从中减去分保费 100 万元，所余为可能亏损额，计 350 万元，规定的承保额度 30 万元是亏损额的 8.5%。按分保责任额 150 万元的 8.5% 计算，实际承保额为 12.75 万元。

虽然这种合同的分保责任是按每个危险单位或每次损失规定的，但接受人应以合同作为一个整体或危险单位来考虑。因此，对该建议所要接受的承保额不应是责任额 150 万元的 20%（30 万元），而应是分保责任额的 8.5%（12.75 万元），且后者较为合适。

（2）事故超赔。事故超赔一般是按层次安排分保，接受人为了分保的目的，可将事故超赔分为高、中、低三个层次，分别考虑确定所要接受的承保额度。低层，预计有损失发生，并且可能每年有一次赔付发生；中层，仅在有较大的巨灾事故时才会有对损失的赔付，预计在 10 年至 39 年的时间可能发生一次；高层，当在有严重的巨灾事故时才会有对损失的赔付，预计在 40 年或 40 年以上的时间可能发生一次。

根据对超赔层次的分类，如接受公司对承保额度的规定一般为 30 万元，最高为 35 万元，则对各层次所能接受的承保额度的确定大致如下：

低层应在 10 万元至 15 万元之间，一般为 10 万元。如果没有接受中层和高层而直接接受 30 万元，则是不合适的。因为一年内可能有两个或更多的全损发生。

低层和中层同时接受，则承保额度共计应在 15 万~25 万元之间，一般为 20 万元；如低层接受 10 万元，则中层是余下的 10 万元。

对于高层，在没有接受低层和中层的情况下，可接受 30 万元或 35 万元。

如果所有的层次都接受，则累计承保额度最高不超过 35 万元，一般应为 30 万元。

此外，还必须考虑到累计责任因素。当认为有可能时，应对上述所确定的承保额度做适当的降低调整，以便将所承担的责任控制在责任累积的限度内。

（3）赔付率超赔。从接受公司的承保目的出发，可将赔付率超赔分为两层：低层和高层。低层所接受的承保额度可确定为 10 万元；低层和高层同时接受，则承保额最高不能超过 30 万元。

赔付率超赔合同一般适用于赔付率波动大的农作物冰雹保险和医疗事故保险，在实际工作中，尤其是在当前国际市场赔付率普遍上升的情况下，对这种业务的接受应从严掌控。

**（二）对分保建议的考虑**

对于具体的分保建议，主要考虑如下几个问题：业务种类、分保安排方式方法及承保范围和地区等；分出公司的自留额与分保额之间的关系；分保额与分保费之间的关系；分保条件；对分入业务收益的估算。

在比例合同方面，分保额与分保费这两者之间的相互关系大致有三种情况。由于情况的不同，对接受公司的承保也就有所不同，现分述如下：

第一种情况：分保费过分小于合同分保额。例如，分保额为 10 万元，分保费为 2

万元，是分保额的 20%。如果接受 10%，则承保额为 10000 元，分保费收入为 2000 元。由于保费过少，危险不够分散，如有一个危险单位发生全损，就需 5 年的时间才能得到偿还，而且还要 5 年的时间内保持同样的保费水平，而再无赔款发生。

上例说明，如果分保费与分保额之间的关系是分保费过分小于分保额，那么这种合同是不平衡的。因为，如果有一个危险单位的全损就造成严重的亏损。但正因为保费较小，故如不发生全损而赔付率较高以致有亏损，或者赔付率较低有收益，其金额均较小，所以对整个业务的影响不大。因此，对于这种情况，应着重从每个危险单位的分保额这一方面考虑。

第二种情况：分保费过分大于合同分保额。例如：分保额为 3.5 万元，分保费为 26 万元，分保费是分保额的 8 倍。赔付率为 130%，则赔款为 33.8 万元，约为 10 个危险单位的全损。如果接受 10%，则承保额为 3500 元，分保费为 26000 元，赔款为 33800 元，业务损失计 7800 元。由于保费较多而赔款金额较大，故对整个业务是有影响的。虽然分保费过分大于分保额，但不能认为分保费可赔付几个全损就可能有较大收益，而应注意到会产生严重的亏损，在这种情况下，应着重从分保费这一方面考虑。

第三种情况：分保费与合同分保额大致相当。可以举两个例子来分析这一情况。

例 1：合同分保额 10 万元，分保费 25 万元，为限额的 2.5 倍，赔付率为 103%，计赔款 25.75 万元，亏损 3%，为 7500 元。如果接受 10%，责任为 10000 元，保费 25000 元，赔款 25750 元，业务亏损 750 元。

例 2：合同限额 100 万元，分保费 250 万元，为限额的 2.5 倍，赔付率为 103%，计赔款为 257.5 万元，亏损 3%，为 7.5 万元。如果接受 10%，责任为 10 万元，保费 25 万元，赔款 25.75 万元，业务亏损 7500 元。

上述两个例子中，分保费与分保额的比例关系是相同的，是较平衡的，区别在于：例 2 中分保费和分保额的金额相对于例 1 都要大，所以在例 2 中，无论是收益或损失，对整个业务的影响都要比例 1 的大。所以，在这种情况下，对于分保费和分保额这两方面都应注意考虑。

在非比例合同方面，分保费与分保责任限额二者之间的关系，也可以分为三种情况：

第一种情况：合同责任限额较大，分保费较小。这种情况的出现往往是由于损失率较低，因而分保费对限额的百分率也较低。这一般是事故超赔合同，其对于责任恢复次数是有规定的。所以对于这种合同的分保建议，应着重考虑分保责任限额和责任恢复的规定。

第二种情况：合同限额责任小，分保费较多。这种情况往往是由于损失发生率较高，因而分保费对限额的百分率也高。这一般为险位超赔合同，其对责任的恢复次数，有的是无限制的。所以，对于这种分保建议，应着重考虑分保费方面和责任恢复的规定。因而保费越大，赔款可能越多，从而造成的亏损越严重。

第三种情况：分保限额较大，分保费较多。这是由于损失发生率较高，因而分保费对限额的百分率也高。这一般为中间层次的合同，由于分保责任限额和分保费都较高，所以对报废、分保责任限额及恢复的规定都应该注意考虑。

在分保建议中，分出公司一般应提供有关该业务过去的赔款和经营成果的统计资料。如果建议中缺少这些资料，接受公司可要求提供，以便对所建议的业务进行估算。接受公司应根据建议中所提出的分保条件和资料，如果是续转业务还应结合自己的统计数字，对所建议的业务进行估价并结合对其他因素的考虑最后做出是否接受，以及如果接受，接受多少为宜的判断。

**（三）分入业务经营管理的原则**

在分入业务中，由于要约方是分出公司，分入公司处于相对被动的地位。所以，分入公司要经常总结业务经营中的经验与教训，加强管理，才能取得更好的经济效益。在实务中，分入公司往往会遵循以下一些在实践中总结出来的经验和原则，加强对分入业务的经营管理，提高经济效益。

（1）首先要确定是在业务当地还是在其他地方接受业务。

（2）要充分了解市场和分出公司的各项情况，加强人员之间的往来和接触，了解对方的作风、特点和技术水平等。

（3）对分入业务的接受应采取谨慎的态度。对确定接受业务的承保额度，一定要控制在资本额的1%左右。

（4）要对经纪人进行详细的审查。

（5）要认真审核每一笔赔款是否属于承保范围，是否符合承保年度等，不应盲从首席接受人的决定。

（6）要有清楚的统计和分析。

（7）要提存充足的准备金。

（8）对分入业务要有超额赔款的分保安排，对于易受巨灾袭击的地区性业务，要安排巨灾超额赔款的保障。

（9）对代理人承办的分入业务应拒绝接受。

（10）对转分保的分入业务应尽可能少接受或不接受。

（11）拒绝将承保权交由经纪公司、分出公司或代理人等承办。

（12）严格审核合同文件的规定、严格控制批改和附约要求扩展的各项内容。

（13）制定全面的年度业务计划，建立在业务年度结束时进行核算的制度。

（14）制定和建立较为完备的业务统计制度，包括对每个合同的业务情况的统计和管理，以及各种业务的综合统计制度。

**重要概念**

再保险 分出公司 分入公司 危险单位 自留额 分保额 成数分保 溢额分保 险位超赔分保 事故超赔分保 临时分保 合同分保 预约分保

**思考题**

1. 比例再保险与非比例再保险有何联系与区别？

2. 如何理解危险单位、自留额和分保额？

3. 如何理解原保险与再保险之间的关系？

4. 成数分保合同有什么特点？

5. 根据溢额分保合同，如何分配再保险双方的责任？

6. 根据事故超赔分保合同，如何分配再保险双方的责任？

7. 再保险分出业务管理的内容有哪些？

# 第十章　社会保险与政策保险

【学习目的】

　　重点掌握社会保险、政策保险、社会养老保险、社会医疗保险、失业保险、工伤保险、生育保险、死亡与遗嘱保险等概念。领会社会保险和政策性保险的特点、原则以及它们与商业保险的关系。熟悉社会养老保险、社会医疗保险体系结构，城镇基本养老保险、企业年金保险筹资与保障模式，政策保险的主要种类。了解我国农村基本养老保险体系和农村合作医疗保险体系。

## 第一节　社会保险概述

### 一、社会保险的概念及种类

　　社会保险是一种社会保障制度，它以建立社会保险基金的方式，保障劳动者的基本生活需要。即社会保险是指国家通过立法形式，建立社会保险基金，对劳动者在年老、疾病、失业、伤残、生育、死亡等情况下的基本生活需要，给予经济帮助的一种社会保障制度。

　　社会保险是社会保障的核心组成部分，是人类步入现代社会的产物，它起源于德国，迄今已有一百多年的历史。我国社会保险制度的建立源于 1952 年《劳动保护条例》的颁布，经过不断变革，形成了当前社会统筹与个人账户制度相结合的社会保险制度体系。

　　根据具体保障范围的不同，社会保险主要分为：社会养老保险、社会医疗保险、失业保险、工伤保险、生育保险、死亡与遗嘱保险等（见图 10-1）。

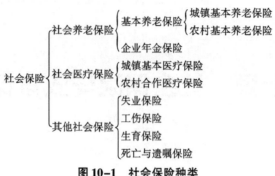

**图10-1 社会保险种类**

# 二、社会保险的特点及原则

## （一）社会保险的特点

由于世界各国政治制度、经济发展水平和文化传统不同，社会保险涵盖的内容也不尽相同，但各国社会保险具有一定的共性，如参保对象是全体劳动者，实施手段具有强制性，保障标准是满足劳动者基本生活等。总的来说，社会保险主要有以下几个方面的特点：

### 1. 保险经营具有非营利性

作为政府一项重要的社会政策，社会保险不以营利为目的，不以经济效益决定保障水平。社会保险通常由政府设立专门机构来管理和经营，以保障劳动者基本生活需要为经营方向，以社会效益作为实施重点，以维护社会稳定作为总体目标，其保障水平的高低取决于经济发展水平、国家财政状况以及政府政策目标等因素。

### 2. 保险实施具有强制性

社会保险的强制性主要体现在社会保险由国家通过立法方式强制实施，一方面，凡符合条件的企业和个人都必须依法参加社会保险，并按规定履行缴纳保费的义务；另一方面，社会保险保障对象、保障范围、缴费标准以及给付水平等内容，都由国家立法确定，具有统一性，任何企业和个人均无权变更。

### 3. 保险保障具有普遍性

依法享受社会保险是每位劳动者的一项基本权利，社会保险不仅对所有参保劳动者具有普遍的保障责任，而且把劳动者普遍面对的危险都列入相关的保险项目，劳动者依法缴纳了保险费后，如果丧失劳动能力或失去劳动机会，就能够依法获得收入损失补偿，保障其维持基本生活。

### 4. 经济上具有互济性

由于社会保险覆盖面广，承保人数多，承保风险可以在全国范围内充分分散，危险损失能够由全体劳动者共同承担，从而表现出在职者与退休者代际之间、高收入与低收入者之间、健康者与体弱者之间经济上互济互助的特点。

### （二）社会保险的原则

#### 1. 强制性原则

强制性原则是指社会保险由国家通过立法的形式强制实施，符合条件的企业和劳动者个人必须无条件参保，并按规定缴纳保险费。强制性原则是社会保险的首要原则，保证了社会保险具有广泛的承保范围和庞大的被保险人群体，既有利于充分分散危险，保障劳动者的基本生活需要，又有利于防止逆向选择的发生。

#### 2. 基本保障性原则

基本保障性原则是指社会保险以满足劳动者的基本生活需要为目标，致力于保障劳动者老有所养，病有所医，伤有所疗，育有所护，失业有所扶助，死亡有所安顿，遗属有所安排，从而稳定其基本生活，促进社会安定。

#### 3. 公平性原则

公平性原则是指社会保险具有明显的社会福利性和政策性，通过国民收入的再分配促进社会公平。社会保险一般由政府举办，体现政府的职能和责任，往往更倾向于保障低收入者的基本生活，通常劳动者缴纳的保费与收入正向相关，收入高则缴费多，但其受益并不一定等量上涨，差额的积累由低收入者分享，保障水平具有一定的统一性，从而有利于社会公平。

#### 4. 互助共济性原则

互助共济性原则是指通过社会保险基金的筹集和分配，实现劳动者空间上和时间上的互助共济。空间上的互助共济是指社会保险基金在不同行业、不同地域范围内调剂资金，实现全国范围内劳动者间的互助共济。时间上的互助共济是指劳动者工作时缴费、退休后受益，健康时缴费、生病后受益，未孕时缴费、受孕后受益的原则。

## 三、社会保险的功能与意义

### （一）社会保险的功能

社会保险是社会保障体系的核心组成部分，是国民收入再分配的重要手段。具有分散劳动风险、补偿经济损失、促进社会经济发展和社会公平等功能。

#### 1. 分散劳动风险的功能

社会保险通过收取保费的形式，实现劳动风险在空间上和时间上的分散。空间上将集中在劳动者个人或单位上的，因遭遇劳动风险而造成的经济损失，分摊给每位劳动者。时间上将集中在劳动者某一时间段因年龄、健康状况、生理情况或偶然事故失去劳动收入而造成的经济损失，在劳动者工作的不同时间段内加以分散。

#### 2. 补偿经济损失的功能

社会保险补偿损失的功能表现为，在特定情况下为劳动者补偿收入和提供服务。补偿收入是指当劳动者暂时或永久丧失劳动能力以及暂时失去劳动机会时，为其或者遗属提供经济补偿。提供服务是指在劳动者患病、伤残、生育或失业过程中为其提供治疗、护理、就业指导等特殊服务。

3. 促进社会经济发展的功能

社会保险促进经济发展的功能表现在两个方面：一方面，社会保障制度可以平滑经济周期。当经济萧条，就业率下降，出现需求不足时，社会保险基金的发放会增加有效需求；相反，当经济繁荣时，失业救济金等会自动减少。另一方面，社会保险基金的有效利用能够促进资本市场的发展，从而促进经济的持续繁荣。

4. 促进社会公平的功能

社会保险作为国民收入再分配的重要渠道之一，具有调节社会成员收入差距，实现社会财富公平分配的功能。社会保险基金的分配以公平为主，兼顾效率，通常对高收入者加以一定限制，对低收入者给予一定保证，从而促进收入再分配，缩小收入差距，减轻由贫困引起的社会困难。

### （二）社会保险的意义

1. 社会保险的微观意义

第一，有利于维持家庭基本生活。劳动是人们获得物质生活来源的主要手段，一旦丧失劳动能力或失去劳动机会，劳动者本人及其家庭的正常生活也难以维持。社会保险作为劳动者家庭的最后一道防护网，通过经济补偿和提供服务，能够保障劳动者或家属的基本生活需要，维持其家庭基本生活。

第二，有利于优化企业人力资源队伍。建立完善的社会保险，充分解决职工的养老、医疗、失业、工伤、生育、死亡等保障问题，不仅有利于维持职工队伍的稳定，增强企业凝聚力，而且有利于吸引优秀人才的加盟，优化人力资源队伍，增强企业竞争力。

第三，有助于促进企业结构调整。社会保险可以通过向职工提供再就业补助金帮助职工就业，可以通过向职工提供转业培训费、向雇主提供职业发展费等方式，对职工技术培训和教育方面给予帮助，以提高劳动者素质，从而促进企业发展和企业结构调整。

2. 社会保险的宏观意义

第一，有助于促进社会和谐。由于社会保险覆盖面非常广泛，参保人群特别多，不仅能够促使劳动风险在全国范围内充分分散，提高劳动者防范化解风险的意识，而且有利于团结劳动者，增强社会凝聚力，促进社会和谐。

第二，保障劳动力再生产顺利进行。劳动危险是客观存在的，劳动者由于遭遇劳动危险而丧失劳动能力或失去劳动机会，会直接影响劳动力再生产过程。社会保险通过补偿劳动者失去劳动后的收入，来保障劳动力扩大再生产的正常运行。社会保险的这一功能弥补了当劳动者退休、失业、患病、负伤或死亡等情况下，工资无法继续保障劳动力扩大再生产的缺陷。

第三，有助于促进经济发展。社会保险通过积累劳动者和企业缴纳的保险费以及政府拨款，形成规模巨大的社会保险基金。通过强化社会保险基金的管理，提高其投资经营效果，将有效带动国家基础产业的成长，促进金融市场的发展与完善，促进经济发展。

第四，有助于促进社会财富的公平分配。社会保险促进社会财富再分配，推进社会公平，主要表现在以下两个方面：首先，从企业与劳动者方面讲，由于企业或雇主也缴纳了一定比例的保险费，而且此比例通常高于劳动者个人缴纳的比例，但他们并不享有社会保险金给付，他们缴纳的保险费带来的利益由全体劳动者分享，即国民收入向更有利于劳动者的方向进行了重新分配。其次，在劳动者之间，由于保费的缴纳比例通常与工资正向相关，高收入的劳动者所缴纳的保险费比低收入者多，但劳动者是否能受益或受益多少取决于其是否满足某些条件，缴税多的人受益并不一定等量上涨，即国民收入向更有利于低收入者的方向进行了重新分配。

## 四、社会保险与商业保险的关系

### （一）社会保险与商业保险的区别

第一，保险关系建立的依据不同。社会保险保险人与被保险人权利与义务关系的建立，以有关社会保险的法律法规政策为依据，双方权利与义务关系并不对等，劳动者缴纳保费的多少取决于投保时的收入水平。商业保险保险人与投保人权利与义务关系的建立，以签订保险合同为依据。保险人与投保人之间是对等关系，体现等价交换，即多投多保，少投少保，不投不保。

第二，保险目的不同。社会保险是一项社会保障制度，基本目的是保障劳动者及其家庭的基本生活需要，具有明显的社会福利性和政策性，要求在体现社会公平的同时兼顾效益。商业保险是一种商业行为，通过提供保险服务获取利润，遵循等价有偿的商业原则，根本目的是追求利润最大化。

第三，实施方式不同。社会保险一般是由国家通过立法强制实施，主要服从国家社会政策的支配，其保险保障范围、缴纳保费标准、给付水平等都依法规定，被保险人无权选择，社会保险出现赤字，由国家财政负最终责任。商业保险作为一种商业活动，遵循投保自愿的原则，被保险人对保险人、投保险种、保险金额等都有一定自主选择权，商业保险受市场竞争和价值规律的制约，自负盈亏。

第四，保费来源与计算方法不同。社会保险保费一般由企业和劳动者个人缴纳的保险费以及政府拨款组成，各方承担的比例，因险种不同、经济承受能力不同而各异。由于对工资水平、利率变动、人口数量等指标难以进行长期有效的准确预测，社会保险一般事先测算出当前或以后的给付需求总额，然后按一定比例强制分摊给每位参保人。商业保险保险费完全由投保人承担，同时投保人还负担了保险人的营运管理费用，因此商业保险的收费标准一般高于社会保险。商业保险保险费率是严格按照数理统计理论，用精算方法计算出来的。

第五，保险金额与给付标准不同。社会保险的保险金额由国家立法统一规定，只提供基本的生活费、基本医疗保健费用，保险给付的多少并不取决于劳动者个人负担保费的多少，给付金额与所缴纳的保费额无绝对联系，而以被保险人基本生活需要为标准。商业保险中的财产保险保险金额由保险利益的价值决定，人身保险保险金额由投保人的需要及其支付能力所决定，而且被保险人未来享有保险金额的多少，一般由投保人所缴纳保费数额的多少和投保期限的长短决定。

第六，保障范围与保障水平不同。社会保险具有普遍性特点，其保障范围是社会保险法律法规范围内的所有劳动者，其保障水平一般在贫困线以上，而在一般水平以下，过低无法满足劳动者的基本生活需要，过高则容易产生依赖和懒惰的副作用，社会保险有利于低收入阶层及退休者保障其基本生活。商业保险遵循投保自愿原则，保障水平是满足人们对保障的特殊需要，投保人可根据其面临的风险和经济承受能力确定险种和保险金额，保障水平高低悬殊，有利于高收入阶层巩固自己的生活保障。

**（二）社会保险与商业保险的联系**

社会保险与商业保险虽然有很大区别，但二者稳定社会生活、促进经济发展的作用是相同的。从它们的社会角色来看，二者既有明确分工，又相互合作。

第一，在保障目标和险种设置上二者相互补充。一方面，社会保险开设了商业保险所不宜承保的险种，如失业保险，有助于解决失业产生的家庭生活危机和由此引发的社会问题，有助于社会稳定。另一方面，社会保险作为一种社会保障制度，主要目的是保障劳动者的基本生活，其险种项目较少；商业保险作为一种商业行为，其根本动机是获得利益的最大化，因而要求各保险人提供全面性、差异化的产品，从而弥补了社会保险在保险产品上的不足，满足了社会成员更高层次的风险保障需求。

第二，在保障水平上二者相互补充。商业保险属于商业行为，主要适用于有经济条件参加保险的人，实施范围比较窄，高收入者一般能得到较好保障，而低收入者往往无力参加。社会保险具有社会性特点，面向全体劳动者，保险范围广泛，对象众多，而且往往更有利于保障低收入阶层及退休者，能很好地弥补商业保险在保障水平上的不足。

第三，在实施过程中二者相互促进、共同发展。一方面，社会保险实施具有强制性，保障对象具有普遍性，要求符合条件的劳动者都参加保险，这有助于劳动者在实践中提高对保险的认识和理解，增强保险意识，从而有助于商业保险的开展和普及。另一方面，商业保险的发展，为社会保险的实施过程，提供了投资技术、管理经验等方面的借鉴。此外，由于社会保险的发展直接或间接地降低了商业保险的利润水平，削弱了商业保险的发展，因而刺激了商业保险为寻找、弥补社会保险之不足而不断设计新险种，创造新业务，从而进一步推动了商业保险更加迅速地发展。

**【案例10-1】**

### 农民工的社会保险费能否发给个人

某铁路建工集团公司招用了不少农民工，由于农民工流动性较大，他们对依法参加社会保险的积极性并不高，希望把社会保险费纳入工资发给个人。因此，该集团公司人力资源部打算把企业应按规定缴纳的社会保险费，折合成农民工工资20%的社保费和工资一起发给本人，由本人自愿去办理社会保险，并在劳动合同中明确列入约定条款，认为这样不但省事，而且受农民工欢迎。

问题：

1. 农民工能否参加社会保险？

2. 社会保险费能否当作单位福利发放给个人？

资料来源：四川财经职业学院网站。

# 第二节　社会养老保险

## 一、社会养老保险体系结构

### （一）社会养老保险定义及特点

#### 1. 社会养老保险的定义

社会养老保险，又称老年社会保险或退休收入计划，是指国家通过立法，对于劳动者在达到法定退休年龄退休后的基本生活需要，给予一定的经济保障、物质帮助和服务的一种社会保险制度。

社会养老保险的保障对象是社会中的老年者。对于老年者的衡量一般以法律制度规定的年龄为标准确定。出于促使社会劳动力不断更新，保证社会生产正常发展的目的，社会保险在给付条件上，一般除了规定被保险人必须达到法定的退休年龄、必须缴足一定期间的保险费外，还要求被保险人完全退休。即劳动者到达退休年龄后，无论其实际劳动能力是否丧失，都应按时退休，这是他们在享有社会养老保险待遇时应该放弃和解除劳动义务的前提。社会养老保险的给付方式有一次性给付和年金给付两种，多数国家采取按照劳动者工资收入的一定比例，按年、半年、季度或月分期支付的方式，并适时调整社会养老保险保险金给付标准，避免劳动者老年生活水平因通货膨胀等因素的影响而降低。

#### 2. 社会养老保险的特点

第一，社会养老保险是一种最普遍、最重要的社会保险险种。社会养老问题关乎国家的安定，几乎所有开展社会保险的国家都设置了社会养老保险项目，把发展养老保险项目作为建立社会保险制度的重要突破口。社会养老保险项目是社会保险的核心，也是整个社会保障制度中最为重要的项目之一。

第二，社会养老保险保障的是全体劳动者，对象极其广泛。社会保险保障的是劳动者在年老、疾病、失业、伤残、生育、死亡等情况下的基本生活需要，其中年老退休是每一个劳动者都无法回避的事实，因此全体劳动者都属于社会养老保险的保障对象。

第三，社会养老保险具有积累性。社会养老保险缴费期限长，劳动者参保后即开始缴费，一直到退休止。劳动者退休后受益的保险金实际上是个人缴费、企业缴费及政府补贴的长期积累。社会养老保险的积累性与商业人寿保险相似。

第四，社会养老保险负担重。一方面，庞大的社会养老基金的保值增值，加重了资金运营的困难。另一方面，随着社会人口老龄化程度的不断加深，赡养率不断提高，社会养老开支逐年增加，大大加重了国家财政负担，甚至出现基本养老保险基金入不敷出的状况。

### （二）社会养老保险体系结构

社会养老保险是社会保险体系的核心，它的影响面大、社会性强，直接关系到社会的安定和经济的发展。纵观各国社会养老保险制度，其体系结构一般包括基本养老保险和企业年金，其中，根据经济发展水平的不同和保障需求的差异，基本养老保险又分为城镇基本养老保险和农村基本养老保险。社会基本养老保险、企业年金以及商业养老保险，构成了我国养老体系的三大支柱。

1. 城镇基本养老保险

城镇基本养老保险是国家通过立法制定的，以保障城镇劳动者依法退休后的基本生活需要为目的的社会养老保险制度。城镇基本养老保险是各国社会养老保险体系的主体。

2. 企业年金保险

企业年金保险即企业补充养老保险，是指企业在国家有关政策和法规指导下，根据自身经营状况和发展需要而建立的，旨在为企业员工提供一定程度退休收入保障的一种补充养老保险制度。

3. 农村基本养老保险

农村基本养老保险是国家通过立法制定的，以保障农村居民老年基本生活需要为目的的社会养老保险制度。农村养老保险是对土地保障、家庭代际养老等农村传统养老保障方式的有效替代，是对城镇基本养老保险的有效扩充，在农村人口老龄化趋势不断加深、农村城镇化进度不断加快的时代背景下，发挥着越来越重要的作用。

## 二、城镇基本养老保险的筹资与保障模式

### （一）城镇基本养老保险筹资模式

目前世界各国城镇基本养老保险筹资模式主要有现收现付模式和基金模式，其中基金模式又分为完全积累模式和部分积累模式。

1. 现收现付模式

现收现付模式是指在一段时期内，政府根据城镇基本养老保险支出的需求，按照收支平衡的原则，筹集本期基本养老保险资金的制度安排。现收现付模式主要有以下特点：

第一，即收即付。该模式下城镇基本养老保险金根据每年实际需求从在岗劳动者工资中计提，本期征收，本期使用，不积累基本养老保险储备资金。

第二，期限不长，操作简单。该模式下预测期一般较短，因此养老金测算、养老保险费率制定等过程相对简单，易于操作。

第三，筹资规模不大，负担较轻。该模式下城镇基本养老保险筹资规模不大，无论劳动者还是用人单位，承担的费用都不大，当期不形成缴费负担。

第四，不留存积累资金，管理较为方便。该模式下城镇基本养老保险无须为以后时期养老金支付留存大笔积累资金，只留有少量储备金以供周转使用，因此不涉及资金投资运用等问题，管理较为方便，且不受经济波动或通货膨胀的影响。

第五，属于"代际赡养"，实现横向平衡，利于收入再分配。该模式下城镇基本养

老保险以同一时期正在工作的一代人的缴费来支付已经退休的一代人的养老金支出，体现了世代互助互济的特征，有利于实现收入再分配。

第六，难以适应人口老龄化的趋势。该模式下随着人口老龄化趋势的加大，在岗劳动者的负担日益加重，容易影响劳动者工作积极性，可能出现基本养老基金收不抵支的现象，从而引发养老金支付危机。

2. 完全积累模式

完全积累模式是政府在综合考虑死亡率、出生率、退休率、工资增长速度和物价指标等社会经济发展指标的基础上，对未来时期城镇基本养老保险金支出进行预测，确定一个能够在相当长时间内保持相对稳定的总保费率，并以此筹集基本养老保险基金的制度安排。完全积累制遵循先积累、后受益的原则，从长远目标考虑养老保险金收支平衡，并对已经积累起来的基本养老保险基金进行有计划的投资运营，再将征缴的基本养老保险费和投资回报返还给投保人。完全积累模式具有以下特点：

第一，有稳定可靠的资金来源，不会出现寅吃卯粮、收不抵支的问题。劳动者一般从工作的第一天起，就必须依法定期缴纳一定的基本养老保险费，一些国家还规定企业或雇主也必须为职工缴纳一定的基本养老保险费，保费积累形成社会养老保险基金，通过投资运营保值增值。

第二，有较强的激励作用。该制度强调"谁积累谁受益"，劳动者依法缴纳保费后，退休后定期或一次性获得基本养老金，受益的多少与缴纳的数量相关，这有利于调动人们劳动和参保的积极性。

第三，期限长，指标多变，操作复杂。该模式要求对未来很长一段时期内的通货膨胀率、利息率、死亡率、生活费用指数等指标做出准确预测，以此评估未来对于基本养老保险金的需求，计算平均缴费率。由于这些指标本身很难预测、难以控制，易受经济波动的影响，因此该模式下保险费率的预测和养老金给付额度的确定都非常复杂。

第四，筹资规模大，管理较为困难。该模式在实施初期一般费率相对较高，保费收入大于支出，出现顺差，形成储备金。积累的基本养老保险储备金可用于弥补支大于收的年份出现的逆差，但其庞大的数额为资金的保值升值带来了压力，使得资金的投资管理较为困难。

第五，属于"同代自养"，即本代人养本代人，年轻时积累资金年老时受益。这种模式一般缴费率较高，能够积累巨额基金以保证充足的支付能力，因此不必担心人口老龄化的影响，但易受经济波动尤其是通货膨胀的冲击。

3. 部分积累模式

部分积累模式是以上两种模式的结合。该模式以保证基本养老保险基金在一段时期内的收支平衡为重点，在确保养老金充分给付的条件下，按照偏低的积累率，计提一部分基本养老保险储备金，以应对退休高峰期和意外风险条件下对保险资金的需求。与现收现付模式和完全积累模式相比，部分积累模式有以下特点：

第一，当期筹集的资金一部分用于已退休劳动者的养老金支付，另一部分用于在岗劳动者将来退休后的支付，既能实现同时期本代人与上代人收支的横向平衡，又能达到本代人年轻时与年老时的纵向平衡。

第二，既能实现现收现付模式下养老金的代际转移、收入再分配功能，又继承了完全积累模式刺激缴费、提高工作效率的优点。

第三，既保留现收现付制操作简单、管理方便的优点，又继承完全积累模式积累资本、应付老龄化危机的制度优势。

第四，既能够减轻现收现付模式福利支出的刚性，又能够化解完全积累模式下企业缴费负担过重问题与基金保值增值的压力。

**（二）城镇基本养老保险保障模式**

目前，世界各国现行的城镇基本养老保险保障模式，主要有三种：普遍保障模式、强制储蓄模式和收入关联模式。

1. 普遍保障模式

普遍保障模式也称全民保险模式或国家型养老保险，该模式下劳动者无须缴纳任何费用，只要达到规定的年龄条件后，均可依法享受基本养老保险待遇。普遍保障模式资金主要来源于国家财政补贴，养老金按统一水平支付，与个人收入状况无关。该模式强调政府责任，政府负担重，不利于调动劳动者的工作积极性。

2. 强制储蓄模式

强制储蓄模式也称公积金模式，一般采用固定缴费模式，由国家立法要求企业和劳动者各缴纳定额保险费存入银行，缴费及利息计入个人账户，专款专用，当投保人年老或死亡时，个人账户上的资金按月支付或用于继承。该模式透明度高，政府责任小，负担轻，充分体现了权利与义务相结合，突出了个人自我保障，实质上是一种储蓄制度。该模式的缺点是缺乏互济性，不利于保障低收入者的老年生活需求。

3. 收入关联模式

随着人口老龄化程度的不断加深，社会养老压力逐渐增大，出于节省开支、合理分担养老责任的目的，多数国家采取收入关联模式，由国家、企业和劳动者个人三方负担社会养老保险费用，其中企业往往承担大部分，国家财政给予一定的补贴，个人在不影响其生活水平的条件下也承担一定的比例。收入关联模式保险金的给付结构和水平受收入替代率（即劳动者领取的养老保险金占退休前收入的比例）制约，保险金与物价波动、工资增长水平等建立某种关联，一方面使养老保险金随在职劳动者平均工资的提高而提高，另一方面防止养老保险金因通货膨胀而贬值。

**（三）我国城镇基本养老保险模式**

我国城镇基本养老保险最初实行现收现付制，由于该模式弊端不断显现，1993年中共十四届三中全会决定，我国的城镇基本养老保险实行个人账户与社会统筹相结合的模式。2005年12月，《国务院关于完善企业职工基本养老保险制度的决定》发布实施，进一步调整了相关机制，扩大了养老保险覆盖范围。

一方面，要求建立个人养老账户。规定用个人投保费的全部和企业投保费的一部分，组建成为劳动者每人持有的个人养老账户资金。2010年1月1日起基本养老保险关系可以随工作调动跨省转移，在转移个人账户储存额的同时，还转移部分单位缴费；

个人账户资金属于个人财产，死后可由法定继承人享有。个人养老账户实行长期积累，主要用于解决退休劳动者所尽的缴费义务不同，从而养老金收入不同、生活宽裕程度不同的问题。

另一方面，要求建立社会账户。社会账户以企业缴费为主，此外，如果投保人过世且无继承人，那么应当继承的个人账户资金也一律归入社会账户。与个人账户资金不同，社会账户表现基本养老保险公平的一面，用于发放基础养老金以及救助基本养老金不敷晚年享用的受保人。社会账户实行当年现收现付，主要用于解决退休劳动者最基本的生活来源问题。

我国城镇基本养老保险承保对象是城镇一切国有企业和非国有企业的员工，以及工商个体劳动者，由法律强制实施，违者受罚。城镇基本养老保险基金由个人投保、企业投保、资金运营增值以及企业欠缴基本养老保险费导致的滞纳金、利息及罚款收入等部分组成。

基本养老金的给付由基础养老金和个人账户养老资金两部分组成。基础养老金按退休前当地职工平均工资的20%给付，体现公平原则。个人账户养老资金由缴费记录在15年以上的，投保人历年累计连本带利的个人账户资金除以120，作为月养老金。此外，为保证养老金分享在业者的经济成果，我国政府规定只要在业者工资提高，一律按后者的平均水平适度提高退休金。

## 三、企业年金保险的筹资与保障模式

### （一）企业年金的定义

企业年金保险是企业在国家有关政策和法规指导下，根据自身经营状况和发展需要而建立的，旨在为企业员工提供一定程度退休收入保障的一种养老保险制度。企业年金保险是一种辅助的养老金计划，是对国家法定基本养老保险的一种有效补充，通常要求以建立个人账户的方式，实行规定缴费制，用于增加实力雄厚企业的退休员工的养老金收入，它是企业树立良好形象、增加吸引力、招揽人才的有效措施。

（1）对于劳动者个人而言，参与企业年金计划主要有两点作用：第一，有效分散风险，改善老年生活质量。企业年金保险作为辅助养老金计划，为职工建立了社会基本养老保险之外的第二道养老保障，它使得养老责任在国家、企业和个人之间得到更加均衡合理的分担。同时能够有效弥补基本养老保险替代率下降、基金空账等不足，有利于改善劳动者退休后的养老生活水平。第二，保障养老资金安全。企业年金基金运作采用信托方式，通过钱、权分离，能够有效降低运营管理风险，确保资金安全。同时企业年金基金专款专用，只能用作养老金给付，且不因公司管理层变更或企业破产等而改变其支付目的，有利于维护劳动者合法权益。

（2）对于企业而言，企业年金有助于优化企业人力资源。第一，企业建立完善的企业年金，能够提高职工综合福利保障水平，有利于吸引优秀人才的加盟，增强企业竞争力。第二，差异化的福利保障体系有利于在企业内部形成良好的激励机制，充分调动职工工作的积极性，激励其最大限度地发挥自身的潜力，为企业发展做出贡献。第三，企业年金制度，特别是与职工期权计划融合的企业年金计划，可起到维系人才、减缓企业劳动力流动的作用，从而有利于稳定企业职工队伍，增强企业的凝聚力。

（3）对社会和国家而言，企业年金具有以下作用：第一，企业年金保险的建立，既能充分分散养老风险，有助于适应人口老龄化的趋势，又能完善多层次养老保障体系，有助于促进社会稳定和经济持续发展。第二，企业年金保险的建立有助于降低基本养老保险替代率，实现养老保障责任由国家向企业和个人的部分转移，减轻国家财政负担。第三，企业年金基金是一国长期资金的主要来源，且其投资运用相对自由，有助于优化资金配置，促进资本市场发展。

**（二）企业年金保险筹资保障模式**

目前，纵观世界各国企业年金保险，根据缴费方式的差异，可以将其分为现收现付模式和基金模式；根据实施方式的差异，可分为自愿模式和强制模式；根据支付和保障方式的差异，可以分为待遇确定型模式（Defind Benefit，DB）和缴费确定型模式（Defind Contribution，DC）。

1. 现收现付模式与基金模式

与城镇基本养老保险一样，现收现付模式企业年金，采取以支定收、即收即付的筹资模式；基金模式企业年金，采取收支平衡、略有结余的筹资模式。现收现付与基金模式的特点在城镇基本养老保险筹资模式中已介绍，在此不再赘述。

2. 自愿模式与强制模式

自愿模式企业年金，一般通过国家立法制定企业年金基本规则，企业自愿参加，凡参加的企业必须按照规定的方式运作，但具体实施方案、待遇水平、基金模式、筹资方法可由企业根据实际情况制定或选择。

强制模式企业年金，由国家通过立法强制实施，所有企业都必须为其雇员投保，年金待遇水平、基金模式、筹资方法等完全由国家立法规定。

3. DB 模式与 DC 模式

DB 模式是指政府和企业作为企业年金计划管理人或企业年金计划的发起人，向计划参与者做出承诺，保证按照约定标准向其发放养老金的企业年金模式。该模式的给付确定，以支定收，而缴费是不确定的。

DC 模式是指企业年金计划的参与者，定期按照约定向养老金计划缴费的企业年金模式。该模式的缴费确定，以收定支，缴费纳入每个职工的个人账户，养老金待遇水平具有不确定性，由个人账户的缴费金额及其投资收益的积累额决定。

这两种模式对职工和企业而言，具有不同的特色：

第一，DB 模式中，企业的责任和风险较大，企业需要承担投资风险或者承担经济不景气时大量支付养老金的风险；而职工的养老金待遇相对比较有保障。DC 模式中，企业只履行缴费义务，对职工将来的养老金水平没有任何承诺，风险相对较小，而职工的风险相对较大，其将来的养老金依赖于缴费资金投资回报的高低，具有不确定性，养老金受金融环境的影响存在缩水的风险。

第二，DB模式中所有权不明晰，待遇确定型计划的流动性不足，职工流动时企业年金积累额不太容易随同转移。DC模式采用个人账户式管理，企业年金的所有权明晰，便于职工流动时转移。

目前世界上大部分基本养老保险都采用自愿模式下的现收现付制，企业年金保险中几乎所有的DB计划也都采用现收现付制，而DC计划则大多采用基金制。

**(三) 我国企业年金保险**

我国企业年金制度的发展起步于20世纪90年代，国家通过税收优惠政策鼓励、支持有条件的企业建立企业年金制度，并在2004年5月1日起施行的《企业年金试行办法》中明确规定企业年金实行缴费确定型模式，即企业年金基金实行完全积累，采用个人账户方式进行管理。

企业建立企业年金必须具备以下条件：

第一，依法参加基本养老保险，并能按时足额缴纳基本养老保险费。企业年金保险是对基本养老保险的补充，应以基本养老保险的建立为基础，并根据基本养老保险保障水平确定企业年金保障水平。

第二，依法履行纳税义务。企业只有在依法履行了纳税义务的前提下，才能进行企业和职工之间的内部分配，包括建立企业年金为职工提供补充养老保险。

第三，具有经济承受能力。这是建立企业年金最重要或最根本的条件。企业的经济承受能力和经济效益状况，直接决定着企业是否具备建立企业年金的条件和所建立年金保障水平的高低。

第四，具有现代企业制度管理体系和较好的劳动关系协调机制。健全的企业内部职工代表大会和工会组织以及集体谈判制度，是建立企业年金的必要条件。

## 四、农村基本养老保险体系

根据党的十七大和十七届三中全会精神，我国从2009年开始，逐步开展新型农村社会养老保险试点工作。

我国新型农村社会养老保险，简称新农保，指政府根据农村实际情况，以保障农村居民老年基本生活为目标，按照低水平起步，筹资标准和待遇标准与经济发展和各方承受能力相适应的要求，以政府主导和农民自愿相结合，个人缴费、集体补助、政府补贴相结合，社会统筹与个人账户相结合的方式建立的一种社会保险制度。

新农保承保对象是：年满16周岁（不含在校学生）、未参加城镇职工基本养老保险的农村居民。符合要求的农村居民可以在户籍地自愿参加新农保。

新农保基金由个人缴费、集体补助、政府补贴构成。国家为每个新农保参保人建立终身记录的养老保险个人账户。个人缴费，集体补助及其他经济组织、社会公益组织、个人对参保人缴费的资助，地方政府对参保人的缴费补贴，全部记入个人账户。个人账户储存额目前每年参考中国人民银行公布的金融机构人民币一年期存款利率计息。

新农保养老金给付由基础养老金和个人账户养老金组成，支付终身。参保人死亡，个人账户中的资金余额，除政府补贴外，可以依法继承，政府补贴余额用于继续支付其他参保人的养老金。

改革开放以来我国大量农民工进城务工，针对农民工的劳动就业特点，按照低费率、广覆盖、可转移和能衔接的要求，制定了《农民工参加基本养老保险办法》，对于在城镇就业并与单位建立劳动关系的农民工参加基本养老保险的缴费比例、转移接续和待遇计发等问题做了相关规定，以有效维护广大农民工的养老保险权益。

总的来说，我国新型农村社会养老保险的实施坚持以下基本原则：第一，坚持参保农民自愿参加，被保险人先缴费后受益，责任共担，权利与义务相适应的原则；第二，坚持以保障农民年老后基本生活为目的，保障水平与农村经济发展水平相适应的原则；第三，坚持政府组织引导和农民自身经济承受能力相匹配的原则；第四，坚持保险资金由个人缴费、政府补贴共同筹集的原则；第五，坚持建立基础养老金与个人账户相结合的原则；第六，坚持社会养老保险与家庭养老互为补充的原则；第七，坚持自助为主，互济为辅，采取储备积累，略有结余的原则；第八，农村务农、务工、经商等各类人员社会养老保险制度一体化。

新农保与家庭养老、土地保障、社会救助等社保措施，共同构成了我国多层次的农村居民社会养老保障体系。建立农村社会养老保险制度，是逐步健全和完善社会保障体系，切实解决农村老年人老有所养问题，促进我国社会主义新农村建设，实现城乡统筹协调发展的一项重要举措。

【案例 10-2】

### 高薪能替代养老保险吗

某外商独资公司，高薪聘用了一位博士毕业生赵某，担任副总经理。当时，在谈到工资待遇时，公司说："董事会给你定的月薪为 1.2 万元，再没有其他福利待遇了，医药费报销、养老等问题都得自己解决，公司概不负责。"工作以后，赵博士为了解除自己的后顾之忧，每月从工资中拿出 1000 元，向保险公司投了一份养老保险。几个月后，由于赵博士与董事长在公司的经营管理等重大问题上产生了分歧，被董事长炒了"鱿鱼"。赵博士不服，双方为此打官司到了劳动争议仲裁委员会。

在劳动争议仲裁委员会，赵博士提出公司未给他缴纳养老保险，是侵犯他合法权益的行为。但公司认为：不为你缴纳养老保险，是事先跟你讲好的，协议已经达成，你现在无权反悔，再说，你不是自己已经向保险公司投了养老保险了吗？

问题：

1. 赵博士自己向保险公司投保的养老保险，能代替社会养老保险吗？

2. 外商公司必须为职工缴纳社会保险吗？

3. 本案给我们的启示是什么？

资料来源：北京劳动法律网，http://www.laborhr.com/article11691.aspx。

# 第三节 社会医疗保险

## 一、社会医疗保险体系结构

### (一) 社会医疗保险定义及特点

1. 社会医疗保险定义

社会医疗保险是指国家通过立法，由国家、企业和劳动者个人集资建立社会医疗保险基金，向遭遇疾病风险的劳动者提供基本医疗服务，帮助其恢复劳动能力，并提供疾病津贴，以满足其基本生活需要的一种社会保险制度。这里的疾病指一般疾病，发病原因与劳动无直接关系。

社会医疗保险的目的在于保障劳动者患病后能尽快得到医治，恢复劳动能力，重新从事劳动，取得经济收入。有关医疗保险的给付条件，各国虽有不同规定，但大致都有以下几项：

第一，被保险人必须因病而失去劳动能力并停止工作进行治疗。

第二，被保险人因患病不能从原雇主方获得正常工资或病假工资。

第三，被保险人必须到达国家规定的最低工作期限和缴足最低期限的保险费。

社会医疗保险保险金的给付方式分为现金给付和医疗给付两种：现金给付就是以现金形式给予被保险人保险保障，包括疾病现金给付、残疾现金给付和死亡现金给付；医疗给付是指以医疗服务的形式给予被保险人保险保障，包括各种疾病的治疗、住院治疗、供应必需的药物以及提供专门的人员服务等。由于各国经济发展水平和医疗水平的不同，医疗服务的期限、范围、水平也各不相同，各国根据自己的实际情况也都有不同的规定。

2. 社会医疗保险的特点

第一，承保风险具有普遍性、频仍性、致命性。

与其他社会保险项目承保的诸如年老风险、失业风险和工伤风险等相比，社会医疗保险承保的疾病风险更具普遍性、频仍性和致命性的特点。

第二，保障对象更具普遍性。

社会医疗保险的保障对象比其他保障项目更为广泛，原因在于影响健康的因素主要是疾病，它对每个人来说都是难以避免的，因此每个人都会成为医疗保险的对象。

第三，与其他保险项目紧密联系。

社会医疗保险常与其他保障项目交织在一起。任何社会保险项目的内容都与社会医疗保险的内容有联系，其他保险项目的运转均离不开医疗保障。

第四，保险待遇更具公平性。

对于被保险人来说，享受社会医疗保险的机会和待遇是平等的，接受治疗和用药都是依据病情而定的，不受其他因素，如收入、职业和社会地位的限制。

第五，保障手段具有服务性。

除了对享受医疗保险的人补偿医疗费用外，医疗保险还以提供医疗服务的方式为社会成员服务。

第六，保险金支付采取第三方付费的独特做法。

社会医疗保险保险金的支付过程中，保险人不是把享受基本医疗服务需要支付的医疗费用直接提供给受保患者，而是采取绕过受保人，与医疗机构，即医疗服务提供者结算的方式。

**（二）社会医疗保险体系结构**

由于城市与农村经济发展水平差别大，城乡居民社会保险保障需求也存在较大差别，因此社会医疗保险通常根据城乡实际情况制定有差异的医疗保险计划。

1. 城镇基本医疗保险

城镇基本医疗保险是国家通过立法制定的，以保障城镇劳动者遭遇疾病风险后的基本生活需要为目的的社会医疗保险制度。城镇基本医疗保险是各国社会医疗保险的主要形式。

2. 农村合作医疗保险

农村合作医疗保险是国家通过立法制定的，以保障农村居民遭遇疾病风险后的基本生活需要为目的的社会医疗保险制度。农村合作医疗保险是对城镇基本养老保险的有效扩充，是实现医疗保险全民覆盖的重要手段。

# 二、城镇基本医疗保险体系

**（一）国外医疗保险模式**

根据支付模式及基金筹集方式的不同，国外医疗保险制度大体上可分为四种模式：国家医疗保险模式（免费型）、社会医疗保险模式（现收现付型）、储蓄医疗保险模式（个人累积型）以及商业医疗保险为主导的混合型医疗保险模式。

1. 国家医疗保险模式

国家医疗保险模式由国家或政府直接管理医疗卫生事业，以税收形式筹集资金，通过国家财政预算拨款向医疗服务机构提供资金，由医疗服务机构为国民提供低收费甚至免费医疗服务。

该模式具有以下特点：第一，政府起主导作用，计划性较强；第二，资金主要来自国家财政预算，来源稳定；第三，医生及其他医务人员的工资待遇由国家统一规定，国民享受医疗保健服务仅少量承担或不需承担医疗费用。

2. 社会医疗保险模式

社会医疗保险模式是一种雇主和雇员按一定比例缴纳保险费，由依法设立的医疗保险机构作为"第三方支付"组织，代表参保人向提供医疗服务的机构或个人支付医疗费用的医疗保险形式。一般按"现收现付"的原则筹集资金，并按"以收定支，收支平衡"的原则支付。

### 3. 储蓄医疗保险模式

储蓄医疗保险模式即个人累积型医疗保险模式，是一种政府强制雇主和雇员向公积金管理机构缴费，建立一个以个人或家庭为单位的医疗储蓄账户，用以支付家庭成员医疗费用的医疗保险形式。

此模式是一种强制性的定期储蓄模式，以个人或家庭为单位，强调个人（家庭）的责任感。医疗储蓄账户中的保险金只能用于本家庭成员，而不允许他人使用，所以不具备共济性的特点，缺乏社会公平性。

### 4. 商业医疗保险模式

商业医疗保险模式是一种商业保险公司以营利为目的，与被保险人签订保险合同，缔结契约关系，约定由商业保险公司支付医疗费用的医疗保险形式。几乎世界各国都有商业医疗保险模式，但主要是起一种补充作用，只有美国等少数国家将这种模式作为本国医疗保险的基本制度模式。

### （二）我国城镇基本医疗保险

我国城镇基本医疗保险最初采用国家医疗保险模式，1998年底，经过多年的摸索和研究，结合国外传统社会医疗保障模式与个人医疗账户的优势，我国政府推出在世界范围内独树一帜的基本医疗保险模式——个人账户与社会统筹相结合的模式。

我国城镇基本医疗保险基金由个人账户和统筹基金构成，保险费由用人单位和职工共同缴纳。职工个人缴纳的基本医疗保险费，全部计入个人账户，用人单位缴纳的基本医疗保险费一部分划入个人账户，一部分用于建立统筹基金，划入个人账户的比例一般为用人单位缴费的30%左右。

我国城镇基本医疗保险目前只在城市企事业单位实施，要求参保人按照属地管理原则参加所在统筹地区的基本医疗保险，执行统一政策，并遵从下列四项准则：

### 1. "广覆盖"原则

我国城镇基本医疗保险覆盖城镇一切企业的职工以及个体劳动者，包括企业、相关事业单位、社会团体、民办非企业单位及其职工。

### 2. "基本医疗"原则

由于受保人医疗需求是无限的，所有基本医疗保险提供的医疗服务只能"量入为出"，即受保人能享受到的医疗服务，无论诊断、治疗、用药、手术，抑或检查、护理、病房等都限定在基本水平的范围之内。

### 3. "双向负担保费"原则

我国城镇基本医疗保险基金建立在互助与自助结合的"双向负担"原则之上，采取强制企业投保和受保个人投保的方式共同建立医疗保险基金。

### 4. "统账结合"原则

个人账户和统筹基金划定各自的支付范围，分别核算，防止相互挤占。个人账户主要用于门诊就医，超额个人自理；统筹基金用于住院治疗和慢性病治疗，并规定起付标准和最高支付限额，起付标准以上、最高支付限额以下的医疗费用，主要由统筹基金支付，个人账户也负担一定比例，超过最高支付标准的医疗费用可以通过投保商业医疗保险来获得补充。

我国统账结合的城镇基本医疗保险模式既能实现医疗费用共享，疾病风险共担，又能达到使受保人年轻时积累资金，年老多病时享用的目的；既体现了公平，又有利于激励投保人提高工作效率；既有助于一切受保人渡过疾病风险，又能培养人们节约和适度使用医疗卫生资源的意识。

## 三、农村合作医疗保险体系

中国传统的农村医疗制度属于自费医疗制，新中国成立后，在广大农村地区兴办了合作医疗制度，但 20 世纪 80 年代以来，随着农村联产承包制的建立和发展，以集体经济为基础的合作医疗制度大部分解体。进入 21 世纪以后，我国农村医疗体制改革得到了进一步发展，改革的总方向是在保留自费医疗的基础上，更迅速地发展农村集资合作医疗制度。

我国农村合作医疗保险采用"三三制"筹资比例，筹措农村合作医疗保险资金，即：中央政府、地方政府或基层政权机构以及投保农民个人各按资金需要的 1/3 投保。坚持自愿原则，即建立在农民自愿参保的基础上，实现投保农民相互之间的互助共济。

我国目前农村合作医疗保险大致有三种形式：

第一，由乡合作医疗管委会统一举办的合作医疗服务，资金来源于农民个人、村经济组织和乡经济组织三方，乡负责统一规定医疗服务范围和服务标准。

第二，乡和村联合举办的合作医疗服务，乡负责管理，资金来自三方，医疗费用由全乡各村分摊，超支自负，医疗服务范围和享受标准则由乡和村共同商定。

第三，村办村管的合作医疗服务，经费来自村经济组织以及农民个人的缴纳，医疗服务范围和标准由村统一规定。

向农民筹集的医疗保险费，一般以户为单位，按村核算，按乡实行统筹。村及乡筹建医疗基金保险管理机构，负责基金的筹措、运营、给付和管理。

我国农村合作医疗保险大致有以下几点内容：

第一，由农民个人和农村集体单位定期缴纳医疗保险费形成医疗保险基金。

第二，在缴纳一定数量保险费之后，农民有权领取医疗证并到指定医疗机构就诊。

第三，就医农民有享受医药费部分补偿的权利，至于补偿范围和标准，取决于各地农村医疗基金的状况。

【案例10-3】

### 住院期间企业能否以缴纳了医疗保险为由停发工资

李某大学毕业后到 A 公司工作，公司为所有员工按时足额缴纳了医疗保险费。2008 年 3 月初，李某因患上了一场大病而住院治疗。住院期间，A 公司以已为李某按时足额缴纳了医疗保险费为由，停发了李某的工资，要求李某到医疗保险经办机构申请有关医疗待遇。6 月中旬，A 公司决定发给尚在住院的李某相当于 5 个月工资的经济补偿金并与李某立即解除劳动关系。

问题：

1. 企业给员工缴纳的医疗保险是什么性质的？

2. 企业能否以缴纳医疗保险为由停发工资？

资料来源：北京劳动法律网，http://www.laborhr.com/article11691.aspx。

# 第四节　其他社会保险

## 一、失业保险

### （一）失业保险的定义

失业保险是指国家通过立法，对于劳动者因受本人所不能控制的社会或经济原因的影响而失业时的基本生活需要，给予经济帮助的一种社会保险制度。

### （二）失业保险金给付

失业保险的目的是保障非自愿失业者的基本生活，促使其重新就业。为了避免逆向选择，失业保险通常具有较严格的给付条件，包括：

第一，失业原因是非自愿的。即失业者失业并非出于自身意愿，而是由于本人所不能控制的社会或经济因素的影响，包括季节性失业、摩擦性失业、结构性失业和不景气失业等情况。

第二，失业者必须具有劳动能力。一般由失业保险主管机构根据失业者的申请报告和体检报告确定其是否具有劳动能力。

第三，失业者必须符合劳动年龄的限制。即失业者的真实年龄必须在法定劳动年龄段内。

第四，失业者必须满足一定的资格条件。包括投保年限的限制，缴纳保费期限的限制，就业期限的限制等。

第五，失业者必须具备就业愿望。一般规定失业者在失业期间必须定期向失业保机构报告个人情况；必须在规定期限内到职业介绍所或失业保险机构进行登记，要求重新就业，并接受职业训练和合理的工作安置。

失业保险津贴的支付主要遵循需求原则和激励原则。需求原则指尽量满足失业者的基本生活需求，以避免其陷入贫困。激励原则指失业津贴的给付不能造成失业者就业欲望的抑制，而是促使其积极地寻找工作，尽快实现再就业。

失业保险津贴支付时间分为等待期和支付期，即失业者失业后并不能马上领取失业津贴，而需要等待一段时间。设置等待期的原因主要有四点：

第一，从失业保险保障目标考虑，失业保险是为了保障失业者短期内的收入能维持在一定水平，而不是解决长期失业者的问题。

第二，从资金供给考虑，失业保险基金不具有无限的支付能力。

第三，避免大量小额津贴的烦琐支付，减轻管理负担。

第四，防止道德风险。

（三）失业保险的特点

与其他社会保险项目相比，失业保险具有以下特点：

第一，风险因素具有特殊性。失业保险受经济形势波动或社会政策变化的影响较大，而其他社会保险项目风险因素大多属于自然原因。

第二，风险事故具有特殊性。其他社会保险项目均以失去劳动能力作为风险事故，而失业保险的风险事故是劳动者具有劳动能力的情况下失去劳动机会，因丧失劳动能力而失去劳动机会不属于失业保险的保障范围。

第三，筹资方式具有特殊性。大多数国家失业保险都采取现收现付制的筹资方式，不需计提责任准备金，并随着给付情况的变化而调整费率。

第四，失业保险的给付具有特殊性。为了防止失业者滋生懒惰和依赖心理，减少逆向选择，失业津贴的给付除了在数额上规定给付标准低于失业者的在职工资水平外，还将给付时间划分为等待期和给付期，给付期限有限。

第五，保险职能具有特殊性。失业保险除了具有为失业劳动者提供基本生活保障，维持劳动力再生产的职能外，还通过提供就业指导、就业培训等方式，积极促进失业人员再就业，促进劳动力资源合理配置。

【案例10-4】
**失业保险金能不能折抵解除劳动合同的经济补偿金**

李某是某厂职工，在企业工作了7年，2004年9月，由于企业减员，经协商后，李某同意与单位解除劳动合同。该厂在失业保险业务经办机构给包括李某在内的解除劳动合同的职工备案时，发现李某在与单位解除劳动合同后，可每月从失业保险经办机构领取失业保险金，单位遂以此为由拒绝支付李某的经济补偿金。李某就单位拒付经济补偿问题诉至当地劳动争议仲裁委员会。劳动争议仲裁委员会经审理认定李某与单位解除劳动合同的行为有效，该厂已按照国家规定缴纳了失业保险金，且李某符合领取失业金资格，按规定应该享受失业保险待遇，同时，判决该厂支付李某4970元经济补偿金。

问题：

1. 什么情况下员工能依法获得经济补偿金？

2.《失业保险条例》对失业人员领取失业保险金的规定是什么？本案中李某符合领取失业保险金的条件吗？

资料来源：北京劳动法律网，http://www.laborhr.com/article7288.aspx。

## 二、工伤保险

### (一) 工伤保险的定义

工伤保险也称职业伤害保险，是指国家以立法形式，对劳动者因工作原因受伤、患病、致残乃至死亡，暂时或永久丧失劳动能力时，由国家和社会给予医疗、生活保障及必要的经济补偿的社会保险制度。

### (二) 工伤保险金的给付

工伤保险的给付过程中，要严格区分工伤与非工伤，对于前者采取工伤给付补偿，对于后者实行社会救济。

工伤保险中的工伤一般是指职业伤害，即劳动者由于工作直接或间接引起的事故而造成的伤残或死亡。通常劳动者在维护社会秩序、参加抢险救灾以及上下班途中因非本人过失而遭受的伤害也属于工伤。

工伤保险给付通常采取年金形式，为避免由于企业破产或停业而造成支付危机，工伤保险一般依靠国家制定完备的相关政策、法规和强有力的行政手段贯彻执行。

### (三) 工伤保险的特点

与其他社会保险项目相比，工伤保险具有以下特点：

第一，保费缴纳具有特殊性。工伤保险中劳动者个人一般不需缴费任何费用。由于工伤事故属于职业性伤害，是在生产劳动过程中，劳动者为社会和企业创造物质财富而付出的代价，属于企业生产成本中的劳动力再生产投入，因而工伤保险中保险费一般都由雇主或企业独立承担。

第二，待遇标准具有特殊性。由于工伤保险是对劳动者的身体损失进行补偿，所以待遇标准一般根据劳动者的伤害程度及医疗费用等确定，待遇给付遵循从优原则，一般较其他社会保险项目待遇更优厚，服务项目也较多。

第三，补偿给付具有特殊性。工伤保险遵循"无过失补偿"原则。劳动者在生产和工作过程中遭遇工伤事故，无论事故责任属于企业、本人还是相关第三者，均可享受工伤保险待遇，而且只要是因工负伤、致残或者患职业病，则不论年龄和工龄长短，都享受同等的待遇。待遇给付与责任追究相分离，保险事故责任的追究与归属不影响保险待遇给付，而且在企业劳动者工伤事故中，企业通常应承担经济赔偿责任。

---

**【案例10-5】**

**因私推迟下班遭遇车祸属于工伤吗**

本该18点下班的居某，为等在同一公司上夜班的妻子，22点和妻子一起乘坐摩托车回家，半路发生了车祸，造成妻子死亡、自己重伤的重大交通事故。劳保部门不认定居某发生交通事故所受到的伤害属于工伤。居某因此提起行政诉讼，将该县劳动和社会保障局告上了法庭。12月6日，该县人民法院一审判决：维持融劳社工伤字［2006］06号《工伤认定书》；同时驳回原告要求法院判决确认其所受机动车事故伤害属工伤的诉讼请求。

问题：

1. 因私推迟下班遭遇车祸属于工伤吗？为什么？

2. 社会保险中工伤的定义是什么？

资料来源：北京劳动法律网，http://www.laborhr.com/article11635.aspx。

---

# 三、生育保险

## （一）生育保险的定义

生育保险是国家以立法形式，针对女性劳动者因生育子女而暂时丧失劳动能力时，由国家和社会给予医疗保健服务和物质帮助的一种社会保险制度。

## （二）生育保险金给付

生育保险以弥补妇女因生育期间停止工作所导致的收入损失为保障内容，其给付条件一般有以下几点：

第一，被保险人的缴费时间必须达到规定标准。

第二，被保险人产前的工作时间必须达到一定的年限。

第三，产假期间雇主停发工资收入且被保险人不得从事任何有关报酬的工作。

生育保险保险金的给付一般分为现金给付和医疗给付两种：现金给付主要包括生育津贴、生育补助费和看护津贴，其数额大多为工资的100%。医疗给付是为产妇提供的各种助产医疗服务，包括产前检查、住院治疗、生育照顾、家庭护理等。

## （三）生育保险的特点

生育保险在保障对象、保障待遇、保障时间和给付方式上与社会保险其他险种相比具有明显不同：

第一，生育保险的保障对象具有特殊性。生育保险的保障对象是已婚且即将生育，并参加了社会保险的女性劳动者。

第二，生育保险的保障待遇具有特殊性。生育保险的待遇不仅仅是为了弥补劳动妇女的收入损失，更重要的是保障了劳动力再生产和人类社会的延续，因此，生育保险的待遇水平要高于其他险种。

第三，生育保险的保障时间具有特殊性。与其他险种都带有的善后特点不同，生育保险以产前产后都享有为原则。在临产分娩前一段时间，由于行动不便，女性劳动者已经不能工作或不宜工作，而分娩以后，需要一段时间休假，恢复健康和照顾婴儿，因此生育保险期限明确划分为产前和产后。

第四，生育保险给付具有特殊性。一方面生育保险的给付既包括现金给付又包括医疗给付。另一方面生育保险的给付与国家的生育政策和人口政策密切相关，鼓励生育，期望人口增加的国家，通常采取生育给付随生育数量递增的做法；控制人口增长的国家，如中国，则一般通过生育保险控制生育。

## 四、死亡与遗属保险

### （一）死亡与遗属保险的定义

死亡与遗属保险又称"遗属给付"或"遗属保险"，是指国家通过立法，当受保劳动者不幸逝世使其遗属的经济收入受到影响时，向他们提供全部或部分丧葬费用，并按规定在法定时间内补贴其部分经济收入，从而保障亡者的善后事宜及其遗属基本生活的社会保险制度。

### （二）死亡与遗属保险金给付

遗属保险的目的是保障劳动者家庭的基本生活，对劳动者生前所作的贡献表示酬报，从而安定社会生活。

社会保险制度中的遗属仅仅指受保死者生前抚养和赡养的直系亲属，一般包括祖父母、父母、配偶和子女；也有部分发达国家规定遗属仅仅指生前抚养过的配偶和未成年子女；但法定继承人属于合法的遗属，这一点是国际共通的。

遗属保险除了提供必要的丧葬费用外，最主要的目的是保障不幸逝世的劳动者的已经丧失劳动能力的亲属和未成年子女的基本生活，有时也包括其亲属和子女的一些特殊需要，如子女受教育的费用等。遗属保险可以以定期定量的方式给付，也可以以一次性的方式给付。

遗属保险中丧葬费用的给付分因工死亡和非因工死亡两类，因工死亡的丧葬金高于非因工死亡的丧葬金。丧葬金一般以死者生前个人或所在单位，或当地社会平均工资作为计发依据，有的国家规定按死亡前1个月的工资给付，有的国家规定按死亡前几个月的工资给付，如法国规定丧葬金按死者生前90天的工资数额给付，荷兰按3个月给付。丧葬金除按工资作为基础计发外，有些国家也按绝对金额采取一次给付的形式。

遗属保险中遗属恤金一般分为一次性和经常性两类。一次性遗属恤金是向死者生前抚养的家属的一次性给付，或按绝对金额给付，或按死者生前月工资的倍数给付。经常性遗属恤金即逐月给付的定期恤金。

### （三）死亡与遗属保险的特点

第一，给付具有特殊性。给付包括丧葬费也包括遗属恤金，给付方式既可按年金给付也可实行一次性给付。

第二，实施具有特殊性。在实践中，遗属保险很少单独作为一个社会保险项目来实施，一般都与养老保险或工伤保险组合成一个系列。一方面，考虑到参加养老保险的人逝世后其受赡养的亲属的基本生活也应该予以保障，所以将其归入"老、残、遗保险"系列中一同实施。如，美国把它与老年社会保险、老年健康社会保险、残障社会保险合并一起，称为老遗残健社会保险制度；欧洲许多国家把遗属与老年、残障险种合并，统称为老年残障遗属社会保险制度。另一方面，因工或因公死亡者的受赡养亲属的基本生活保障，则归入工伤保险的系列中。

# 第五节　政策保险概述

## 一、政策保险的概念

政策保险是指国家出于某种特定政策目的，参照商业保险的一般做法，运用政策支持或财政补贴等手段针对某些领域的风险给予保护或扶持的保险。政策保险通常由国家设立专门机构或委托官方或半官方的保险公司具体承办，并对承办方有强制性。

政策保险一般用于商业保险无法满足需求而政府力图对其进行扶持的行业领域。商业保险在风险低、经营效益好的领域竞争激烈，但对于一些风险较大、损失额度高、赔付高的行业领域，如农业、出口信用、海外投资等缺乏经营积极性。而这些领域对国家经济和人民生活有重要影响，因此，政府需要对这些领域开办政策保险。

## 二、政策保险的特点

政策性保险由于自身的特殊性，介于商业保险和社会保险之间。与后两者相比，政策保险具有以下的特点：

### 1. 非营利性

政策保险的基本出发点在于为实施特定的产业政策服务，促进国民经济稳健发展，维护社会生活安宁稳定。维护社会稳健发展，不以营利为目的。政策保险所经营的险种，大多危险系数高且利润极低，一般商业保险公司不愿或者无力承办此类业务，但是国家为了支持相关产业的发展，保障其产业发展所带来的宏观效应，通常会专门设置机构对该产业的危险予以相应的政策保障和财力支持。换言之，为了落实和发展国家的相关产业，国家会充当经营主体的后盾，对经办主体予以经济上的支持和补偿，通过提供补贴与免税的形式，即便利润低甚至负利润都会继续开展此业务。

**2. 政策性目的**

政策保险具有浓厚的社会政策性目的。一方面，政策保险通常不受商业保险法的具体规范和约束，也与社会保险的法规规章没有关系，而是由单独制定的专门政策法规来提供立法保护和法律约束。另一方面，国家根据一个时期的社会经济等国情来决定将何种保险业务列为政策保险，在什么时候将其列为政策保险，以及哪些人群是政策保险的保护对象，享受国家直接的政策财力的支持。这些安排同样与国家的商业保险和社会保险制度不是同一体系，突出表现在相关政策对政策保险的经营内容、方式、费率、承包金额及赔偿方式等的规范上。

**3. 业务经营有特色**

政策保险基于与商业保险不同的目的，在其经营活动中也有其独特之处，主要表现在以下几个方面：

（1）政策保险业务的经营主体，一般是国家或由国家确定的特定保险机构，国家可以在政府职能部门中设置专门机构，也可以单独成立专营的保险公司，也可以委托商业保险公司经营此类业务。以出口信用政策保险为例，我国设有专门的出口信用政策保险公司，而英国的出口信用担保局和日本通产省的输出保险课，则是由政府的一个部门来承担。

（2）政策保险的实施方式具有强制性，对承保方强制而投保方自愿。在一般情况下，政策保险为投保人提供风险保障，但并不强制投保人的投保行为，但对承保方则加以强制，即政策保险经营主体不得拒绝保险客户的投保意愿，从而保障投保人的利益，是一种一方强制而另一方自愿的保险方式。此外，值得一提的是，也存在对投保方强制而对承保方放开的例外，如某些国家在推行农业生产贷款政策时，会强制接受农业优惠贷款的农户投保农业保险，并以此作为发放农业贷款的前提条件。

（3）政策保险的承保金额通常按照投保标的价值的一定比例来确定，与商业保险的"不投不保、少投少保、多投多保"有性质上的区别，与社会保险按照公平性原则提供统一的最低保障也有所区别。政策保险所承保的金额一般是不足额的，如出口信用保险的保险金额，各国广泛以投保标的的80%为确定保额的最高限额，这样是为了让投保人自担部分风险，从而达到提供保障的同时，提醒投保人重视危险、勤于防范的目的。

（4）政策保险在承保危险和保险费率方面有特色。在承保危险方面，由于政策保险服务于国家相关政策，通常由相关政策法规统一规定承保责任范围，保险业务经营主体及投保人均无选择权利。在保险费率方面，由于政策保险的承包范围有限且统一，通常采用单一费率制，投保双方在费率上缺乏弹性。除此之外，政策保险的赔付方式、赔款支付、保险时效等也会有统一的规定，这些都是政策保险基于国家政策需求的具体表现。

# 三、政策保险的作用与意义

政策保险不同于社会保险和商业保险，在一国的经济生活中占据不可替代的地位，其在保险业的重要意义和作用主要体现在：

### （一）支持国家产业发展

政策保险的最主要的意义就在于服务国家特定的产业政策，对于一些风险较大的产业和项目，商业保险出于经营利益考虑不愿承保，企业和个人因为无法规避风险而不愿涉足过深，这就会直接导致这些产业发展缓慢甚至停滞不前。国家对这些予以政策保险作为后盾支持，则打消了企业的后顾之忧，有利于这些产业得到良好的发展。

### （二）保障社会再生产的顺利进行

企业在经济生产和经营活动的各个环节，可能面临各种风险，一旦风险事故发生，则对社会再生产造成不同程度的破坏。商业保险出于营利性目的对于一些风险不能给予充分保障，政策保险能及时对这种生产的破坏给予损失补偿，企业获得资金后可以重构资产，恢复生产经营，保障生产得以顺利进行。

### （三）有利于维护社会稳定

地震、洪水等自然灾害和各种意外事件是客观存在的，其发生往往给人们带来严重的经济损失和人身伤亡，影响巨大。政府通过政策保险，在事故发生时给受害者一定的经济补偿，使得人民基本生活得到正常维持，从而维护了社会稳定。

## 四、政策保险与社会保险、商业保险的区别

政策保险介于商业保险与社会保险之间，在实施目的、保险性质、保费费率等方面都有交叉点，也有区别。纵观这三类保险，政策保险与其他两类保险有以下区别：

### （一）政策保险是半强制性的，而社会保险是强制性的，商业保险则是自愿性的

社会保险都是强制实施的，特别是基本保险，一定要通过国家或地方立法来强制推行，是法定保险。未立法之前，一般由政府通过行政或经济手段强制推行。参加商业保险是自愿性的，不能强制，通过同保险公司签订合同来实施，是约定保险。政策保险一般是对承保方强制，对投保方则采取自愿原则。

### （二）政策保险与社会保险是政府行为，商业保险是企业行为

社会保险只能由政府指定一个部门或委托一个机构经办，并且只能由一个部门或一个机构统一办理一种或所有险种的社会保险，不允许有几个部门或几个机构同时办理同一个险种。政策保险由于其自身的盈利性低，也必须由政府指定或委托一个部门或机构来举办，险种单一且具有专营性。商业保险公司可以开设多个险种，多家保险公司可以经办同一个险种，也可以自行设计和经办任何保险险种，完全按照市场规则在平等的基础上开展竞争。

### （三）实施社会保险无选择性，实施政策保险与商业保险有选择性或限制性

政策保险只为特定的产业经营者提供保障，相关产业之外的经营者不能投保政策保险。而社会保险的目标是覆盖全社会，参加社会保险是全体劳动者或社会成员，不受年龄、健康状况、生活习惯等限制。商业保险则有较强的选择性，特别是某些险种，愿意选择年轻、体健、无不良生活习惯、无家族遗传病者等优质客户投保，而不愿承保老、弱、病、残及低收入者。

**（四）政策保险与社会保险有统一规范性，商业保险则有自主性**

社会保险基本上是在一国范围内统一规范保险的险种（我国规定现阶段的社会保险包括养老、医疗、失业、工伤和生育五个险种），每个险种的缴费比例都是统一的。政策保险也是如此，险种单一且费率一定。商业保险则不同，每个保险公司都可以开设任何一个险种，也可以随时增设险种，不同的保险公司开设同一险种时，投保人的缴费和待遇都可以不同。

**（五）政策保险与社会保险机构是非营利性的，商业保险公司则具有营利性**

政策保险主要基于产业政策的实施，由国家作为后备支撑，营利并不是目的，即使是亏损，政策保险也会继续做下去。社会保险机构不能从社会保险基金中盈利，保险基金的本金、利息和增值都归参保人所有，国务院明确规定，社会保险机构工作人员的经费全部由财政负担，不再提取管理费。商业保险公司则要用投保人缴纳的保险费进行投资运营，其盈利所得的一部分归被保险人，一部纳入保险人所有。

**（六）政策保险强调最低生产保障，社会保险具有社会公平性，商业保险则突出效率和等价交换原则**

政策保险不提供足额保险，只根据投保标的的一定比例进行承保，这主要是在为投保人提供最低再生产保障的同时，促进其对危险的防范和管理。社会保险的参保人按照统一的规定缴纳保险费，而且大部分保险费是由用人单位缴纳的，并按统一标准享受待遇，同样的条件，收费相同，享受的待遇也相同，不存在差别，较好地体现了社会公平性。社会保险虽然也要考虑效率，但首先要考虑公平，特别是基本保险，主要是体现公平。商业保险则主要体现效率，有钱投保，无钱则不投保；钱多可以投高额保险，钱少保障就低，保险费用与保险责任对等，保险产品遵循等价交换的原则。

**（七）政策保险与社会保险、商业保险的业务范围存在差别**

政策保险经营的业务一般是非人身保险业务，在政策性保险的具体实践中，它通常只与商业性的财产和责任、保证保险构成不同层次的交叉关系。例如，农业保险、出口信用保险等。社会保险经营的业务范围都是人身保险业务，它与商业性的人身保险构成不同层次的交叉关系。例如，养老保险、医疗保险、（工伤）意外伤害保险等。

# 第六节　政策保险的种类

## 一、农业保险

政策性农业保险，是指为农业政策服务并由政府直接干预或介入的保险，是国家为了保证农业生产的顺利进行，制定专门的保险政策，甚至设立专门的非营利性农业保险机构来经营此类业务。

与其他行业相比，农业生产受自然条件影响大，季节性和地域性强，生产极不稳定，其面临着自然灾害和市场的双重风险，风险一旦发生往往造成重大经济损失，而且人力难以抗拒，迫切需要得到相应的风险保障。同时，鉴于农业保险的高赔付率等特征，商业性保险公司出于自身经营利益考虑，往往缺乏此类保险业务经营的积极性。这种情况下，政府建立政策性农业保险制度和保险体系，保障农民利益，维护农业稳定发展，是十分必要的。

本书在第六章财产保险中已经对农业保险的基本内容作了介绍，但是政策性农业保险在经营实践中与商业性的农业保险既有区别又有联系。国家一般不强制农民一定要向政策性保险机构投保农业保险，但政策性保险机构不能拒绝承保而普通商业保险公司却可以拒绝承保。农民既可以向政策性保险机构投保，也可以像一般业务一样向商业保险机构投保。一些国家规定政策性保险机构只经营某类农作物或某项（类）风险，农民经营的另类农作物或面临的另类农业风险便只能向商业保险公司寻求风险保险。这样，农业政策性保险与商业保险形成了相互补充。

我国的政策性农业保险起步较晚，2004年，中共中央、国务院在1号文件中提出推进政策性农业保险试点工作。同年，中国保监会在上海、吉林、黑龙江先后批设了安信、安华和阳光3家不同经营模式的专业性农业保险公司，并依靠地方政府支持，在江苏、四川、辽宁、新疆等省份开展了保险公司与政府联办、为政府代办以及保险公司自营等多种形式的农险试点。从2007年开始，国家在部分省、自治区进行由中央财政补贴的政策性农业保险试点，取得了初步成效，积累了一定经验。

## 二、出口信用保险

出口信用保险是指国家为了保障出口商的利益，由国家指定的保险公司或机构担当保险人，与被保险人签订的一种政策性保险，依据双方签订的协议，被保险人向保险人缴纳保险费，当发生保险协议项下的风险损失时，保险人向被保险人赔偿协定的经济损失。我国出口信用保险主要有短期出口信用保险、中长期出口信用保险、投资保险、国内贸易信用保险、担保业务等。

出口信用保险承保的对象主要是经营外贸活动的出口企业的应收账款，承保的风险主要包括人为原因造成的商业信用风险和政治风险。商业信用风险主要包括买方因破产而无力支付债务、买方拖欠货款、买方因自身原因而拒绝收货及付款等。政治风险主要有因买方所在国禁止或限制汇兑、实施进口管制、撤销进口许可证、发生战争、暴乱等卖方、买方均无法控制的情况，导致买方无法支付货款。

出口信用保险为涉外经营者提供了利益支持，在为企业提供风险防范和损失赔偿，提供融资便利和灵活多样的贸易结算方式，帮助企业提高风险管理水平以及支持重点行业发展等方面发挥了重要作用。

我国的出口信用保险是在20世纪80年代末才成立并逐渐发展起来的。1989年，中国人民保险公司开始正式负责办理以短期业务为主的出口信用保险业务；1992年，人保公司开办了中长期业务；1994年，政策性银行成立，中国进出口银行也开办了出口信用保险业务，至此，出口信用保险业务开始由中国人民保险公司和中国进出口银行两家机构共同办理。2001年，我国正式成立了中国出口信用保险公司，自此我国的出口信用保险实现了较快的发展，有力地支持了我国各个行业的商品出口和保证了企业的安全收汇。

## 三、海外投资保险

海外投资保险，又称海外投资保证保险，是指资本输出国对本国海外投资者在海外投资活动中可能遇到的非商业性投资风险提供保证或保险的一种非营利性政策保险。当投保海外投资保险的投资者在国外受到相应的保险损失时，由国内保险机构补偿其损失。

海外投资保险主要有征收险、战乱险、汇兑险，此外，各国还依据该国的实际情况设立了其他险种。如英国还承保其他非商业性风险，美国承保营业中断险，法国和德国承保延迟支付险，日本承保政府违约险和信用险。这些险种的目的均在于对海外投资者给予更大的投资保证，以鼓励资本海外输出。

我国于2001年10月成立了中国出口信用保险公司，专设海外投资保险的办理平台。作为中国政府全资拥有的政策性出口保险公司，中国信保也是唯一一家能为海外投资者提供投资保险服务的保险公司。目前我国海外投资保险制度中主要包括征收险、战乱险和外汇险。在任何情况下，该保险内容不包括货币的贬值，也不包括为受保人所认可或归于受保人东道国的任何行为或不行为，以及担保合同订立之前已发生或存在的东道国政府的任何行为或不行为。

## 四、巨灾风险保险

巨灾风险保险，是指对由于突发性的、无法预料、无法避免且危害特别严重的如地震、飓风、海啸、洪水、干旱、冰雪等所引发的灾难性事故造成的财产损失和人身伤亡，给予切实保障的风险分散制度。

此类风险具有"大灾难、大范围、小概率"的特性，仅由一家或数家保险公司来承担类似地震等不可抗力造成的损失，无疑难以承担其理赔成本，故一般需要政府从政策、资金等方面给予扶持。美国和日本等一些发达国家在巨灾保险方面已较为成熟，其常见方式是政府设立专项保险基金，采取行业联保、互保等方式分散风险，也可在国际市场上进行分保，并在证券、期货等金融市场销售衍生产品以化解风险。近几年，我国地震、冰雪、干旱等灾难频发，给国民经济和人民生命财产造成巨大损失，对巨灾保险的需求日益迫切，但我国巨灾保险依然缺位。

## 五、地震灾害保险

地震灾害保险是巨灾风险保险的一种，具体是指由国家设立集中的保险基金，采取政府财政支持、企业和个人缴纳保险费的方式，专门用于补偿因地震灾害所造成的经济损失的一种政策保险。在新西兰、法国等国家，地震保险是法定保险，而在日本、美国、中国台湾等国家和地区，地震保险都是默认附加在火灾保险上，但是客户可以取消，希腊则将地震保险作为独立险种承保。

地震灾害保险有重要意义。首先，有利于减轻国家财政负担。地震灾害发生会造成一个地区乃至国家巨大的人民生命及财产的损失，灾后重建工作需要大笔资金支持，地震保险则起到强有力的分担财政收支压力的作用。其次，有利于灾后重建工作的开展。最后，有利于维护社会稳定，可使整个国民经济在最短时间内保持连续与稳定。

我国国内保险业自1980年恢复以来，财产保险的承保责任均包括对自然灾害的保障，直到1995年才将地震风险从基本条款中剔除，作为附加条款单独承保。1996年，中国人民银行决定自1996年7月1日起将"地震所造成的一切损失"列入责任免除条款，要求保险公司不再对地震造成的保险责任负责赔偿。而1998年3月1日起实施的《中华人民共和国防震减灾法》第二十五条规定："国家鼓励单位和个人参加地震灾害保险"，同时根据保监会的规定，各保险公司纷纷制定了扩展地震责任的范围和条件。目前，在人身险中，地震损失基本上属于保险公司理赔范围；在财产险中，除了中国人民保险公司20年前在农村开办的长效还本农房保险外，大部分保单将地震列为除外责任，要获得理赔必须购买地震附加险。

## 六、特种风险保险

特种风险保险又称特殊风险保险，是指为特殊行业设计的，以价值巨大、风险集中、识别和控制技术要求高、难度大的财产或项目为承保对象的一种巨额风险保险。主要包括航空保险、航天保险、核电站保险和海洋石油开发保险。其主要特征是高价值、高风险、高技术，因此商业保险承担此类险种的风险过大，易出现亏损的情况，对此一般采取再保险和共保的形式，或者由国家以政策保险的形式来担当风险的最后承担者。

特种风险保险的常见类型有航天保险、核电站保险、海洋石油开发保险等。航天保险是指为航天产品及其一系列运行过程提供风险保障的保险业务，包括卫星、航天飞机、运载火箭等在发射前的制造、运输和发射时，以及发射后的轨道运行、使用寿命等。核电站保险是为核电站从建设期到营运期面临的风险提供保障的特种风险险种，其保险种类一般包括：核电站建筑安装工程险、核电站海运险、核电站机器损坏险、核电站物质损失险、核电站核责任险、核电站机损险项下的利润损失险等。海洋石油开发保险是指一切海上和陆上与石油、天然气、煤层气的勘探、开发、生产等上游作业相关的财产、费用、责任和利润损失等保险业务，包括与海上石油和天然气的勘探、开发、生产作业服务相关的船舶保险业务。

特种风险保险在我国尚处于新领域，2009年7月，我国陕西省世纪泰阳保险代理公司成功参与了长庆石油勘探局在土库曼斯坦马雷州尤拉屯地区三口天然气井的"钻井项目井喷控制费用保险"的承保工作。该项目为国家"西气东输"项目的组成部分，承保公司为人保财险和平安财险陕西分公司，保额 230.57 万元。这是首单国内保险公司在国际项目中承保的特种风险财产保险。

## 七、高科技风险保险

高科技风险保险又叫科技工程保险，是指为了规避科研开发过程中，由于不确定的外部影响而导致科研开发项目失败、中止、达不到预期等风险而设置的险种。企业在进行高新技术创新过程中会遭遇很多风险，使得项目失败、终止或在规定时间内无法完成，继而导致财产损失、人身伤害、研发中断、民事赔偿等，高科技风险保险则有效保护了高新技术的创新活动，促使企业进行高新技术创新、努力掌握核心技术、提高竞争力。高科技风险保险通常用于对化工、材料、电子、能源、生物工程、医药等方面的科学实验的保险。

高科技本身风险的复杂性使得保险产品的设计开发、风险评估及理赔等环节都具有专业性强、技术要求高等特点，同时高科技所带来的某些风险具有一定的社会性，通过高科技保险来防范和化解这些风险，对推动技术进步和社会发展有重要意义。同时，由于高科技风险自身的特殊性，普通的商业保险往往不能有效满足现实中对高科技风险保险的需求，需要国家通过政策保险来降低风险，保障高科技研发的顺利开展。

### 重要概念

社会保险　社会养老保险　城镇基本养老保险　企业年金保险　农村基本养老保险社会医疗保险　城镇基本医疗保险　农村合作医疗保险　失业保险　工伤保险　生育保险　死亡与遗属保险　比例保费制　均等保险费　现收现付制　完全积累制　部分积累制　政策保险　海外投资保险　地震风险保险　特种风险保险　高科技风险保险

### 思考题

1. 中国有商业保险，为什么还要社会保险？
2. 哪种社会保险费征收方式好？为什么？
3. 社会保险基金多样化投资模式和单一投资模式各有什么利弊？
4. 如何控制社会医疗保险的成本？
5. 为什么要开展政策保险？
6. 什么样的风险适合政策保险？
7. 社会保险、政策保险与商业保险的区别与联系是什么？
8. 当前我国社会养老保险是什么样的体系？
9. 我国农村合作医疗保险的内容是什么？
10. 政策保险的作用和意义是什么？

# 第三篇　保险经营实务

# 第十一章 保险产品

【学习目的】
　　了解保险产品开发的基本内容；掌握保险产品经营的相关数据搜集、整理与分析的方法；掌握保险单设计的一般原则、设计的步骤及方法；了解影响保险需求的主要因素；掌握保险费率厘定的基本原则；重点了解寿险、非寿险保险费率厘定的方法。

## 第一节　保险产品的开发

### 一、保险产品及其市场需求调查

#### （一）保险产品的概念及其分类

1. 保险产品的概念

保险产品不同于工业产品和其他消费品，它是保险公司为市场提供的有形产品和无形服务的综合体。狭义上，保险产品指由保险公司创造、可供客户选择在保险市场进行交易的金融工具——保险单。在广义上，保险公司向保险市场提供并可由客户取得、利用或消费的一切产品和服务都属于保险产品服务的范畴。

2. 保险产品的分类

保险产品的分类对于保险公司的经营管理非常重要。随着我国保险业日趋国际化，中外保险产品在不断融合，保险产品日渐丰富，各家保险公司，尤其是成熟的保险公司的可销售产品越来越多。下面根据不同的分类方法对保险产品进行分类。

按照营销渠道，保险产品可分为网上产品、电话销售产品、直销产品、营销产品、代理产品、银保产品和直邮产品等。

按照产品新颖程度，保险产品可分为创新型产品、更新型产品和改良型产品。

按照产品来源，保险产品可分为引进型产品和开发型产品。

按照风险保障对象，保险产品可分为非寿险产品和寿险产品。

按照保险金额，保险产品可分为定额保险产品和不定额保险产品。

按照保险产品的组合性，保险产品可分为组合产品和单一产品。

按照经营区域，保险产品可分为全国性产品和区域性产品。

**（二）保险产品的市场需求调查**

1. 保险产品市场需求调查的内容

保险产品的市场需求调查主要是对消费者的保险需求进行量的分析，其调查项目包括：

（1）保险购买量。主要是针对消费者对各种保险险种的需求进行调查，如各险种的保额、各险种的投保深度、保险消费的增长情况以及对未来保险市场消费的预测。

（2）保险购买心理。主要调查保险公司在公众中的形象，消费者对保险公司承保情况的反应，公众对保险公司宣传广告和公共关系的态度以及保险推销的效益等情况。

（3）保险购买动机和行为。通过调查，了解投保人的投保动机，发现道德危险；了解投保方式是单位集体投保还是个人投保，确定营销和承保方式；了解市场对保险公司未来增加新险种的反应，预测保险市场的潜力。

2. 保险市场需求调查的方法

保险市场需求调查常采取的方法有以下几种：

（1）普查法。是对一定时期内所有保户无一例外地进行全面调查了解，从而取得比较全面和完整的资料。这种方法适用于保险业十分发达的国家和地区，但耗费人力、资金和时间较多，一般不多采用。

（2）典型调查法。是指在调查范围内选出最具代表性的调查对象作为重点进行调查，从而达到对所有调查对象的了解。这种方法由于调查的对象较少，调查费用较低，能够对被调查对象作比较细致透彻的分析，因此适宜于所有保险公司。

（3）抽样调查法。是指根据一定的原则，从调查对象的总体（也称母体）中抽出一部分对象（也称样本）进行调查，从而推断总体情况的方法（抽样设计是严格按照数理统计的要求进行）。这种方法可以在较短的时间内，用较少的费用和人力，获得比较准确的调查资料，及时供保险公司领导作决策时参考，而且因样本而产生的误差可以用统计方法控制。采用抽样调查要注意的问题有：①确定抽样的对象。②选择样本大小。③确定抽样方法。

（4）间接调查法。是指通过对保险业以外其他部门的调查，了解保险业与其他部门的内在联系，进一步预测保险市场的需求和发展趋势。

## 二、已有保险经营相关数据及其搜集、整理与分析

保险业是经营风险的特殊行业，大数法则是保险公司经营的数理基础。保险事故发生的概率不是靠主观臆断的，而是根据过去大量的保险统计资料中保险金额的损失率及有关因素计算出来的。费率厘定的准确与否直接影响到保险公司业务经营的稳定。通过对保险经营相关数据的搜集、整理与分析，能够全面了解保险公司的经营情况，为编制

保险经营计划和经营决策提供依据；为开展保险理论和实务研究提供可靠的数据资料；为保险公司各部门和职工参与公司管理、实行经济核算提供资料。

**（一）保险经营相关数据的类型**

保险经营相关的数据主要包括以下五类数据：

（1）保险业务成果数据。保险业务成果数据全面反映了保险公司业务经营状况，它主要包括承保成果和经营效益。承保成果指标主要有承保数量、保险金额、保费、分保保费、退保人数、保户储金等。经营效益指标主要有平均保额、平均保费、平均利润、人均保费、人均利润、赔付率、费用率等。

（2）财务收支数据。财务收支指保险经营的各种货币收支，包括收入项目和支出项目。收入项目有：保费收入、利息收入、保险投资收入、转回上年未到期责任准备金等；支出项目有：赔款支出、手续费支出、工资及附加费、税款、提存的责任准备金等。

（3）业务费用数据。业务费用反映了公司各项费用支出，它主要包括业务项目费用、公司管理费用、固定资产折旧费用、劳动报酬以及其他附件费用等。

（4）保险赔付数据。保险赔付数据反映和评价保险公司经营质量，它主要包括：出险案件数、估计损失额、已决赔款额、死亡给付、残废给付、生存给付、医疗给付、养老给付以及各种出险原因如火灾、爆炸、洪水、共同海损案的分析。保险赔付数据是保险公司加强防灾、防损，合理降低赔付率的依据。

（5）人事数据。人事数据反映保险公司劳动人事管理状况，它主要包括职工人数、领导干部人数、年龄结构、教育程度、专业构成比例、职称晋升、人员流动、工资福利、劳动保护、人事管理计划的执行情况和结果。

**（二）保险经营相关数据的搜集、整理与分析**

保险经营相关数据的搜集方式包括现有资料搜集和实地调查搜集。现有资料搜集的主要来源可以分为两大类：一是内部资料来源，二是外部资料来源。前者包括保险公司的会计账目、销售记录、以前所做的市场调查报告和各种信息资料等。后者包括本保险公司之外其他机构所做的保险市场调查报告、国内外出版的保险报刊和书籍、各种金融年鉴和统计年鉴、其他与保险有关领域的调查及研究报告、官方和民间信息资料等。实地调查搜集是指保险市场调研人员按计划规定的时间、地点、方法、内容进行现场调研，搜集第一手资料的调研方法。实地调查搜集资料的方法有询问法、观察法和实验法三种。

数据整理是将搜集到的大量、分散、零碎的原始资料，运用科学的方法进行整理、分类和汇总，使之系统化、条理化、科学化，成为具有代表性、概括性、统计性的资料。数据整理是数据搜集的继续，也是数据分析研究的前提和基础。

数据分析是根据国家对保险业的政策法规的要求，对搜集和整理的大量资料进行综合计算、分析和研究，从中发现问题，找出规律，提出解决办法。

## 三、影响保险需求的因素分析

保险市场需求是一个变量，受诸多因素的影响，当这些因素发生变化时，保险市场

需求会增加或减少。

**（一）风险因素**

"无风险，无保险"，风险是保险产生、存在和发展的前提条件和客观依据，从而也就成为产生保险需求的触发条件。而且，风险程度越大，风险所致的损失越大，以至于消费者无法自行承担，保险需求就会越强烈。

**（二）保险费率**

保险费率对保险市场需求有一定的约束力，两者一般呈反方向变化。受投保人缴费能力的限制，从总体上讲，费率上升会带来保险需求的减少，费率下降则会导致保险需求的增加。但是，费率对保险需求变化的影响会依不同的保险商品品种而各异。

**（三）保险消费者的货币收入**

消费者的货币收入直接关系到其购买力的大小。当国民收入增加时，作为保险商品的消费者——个人的货币收入、企业的利润也会随之增多，会有更强的缴费能力，保险的需求也就随之扩大。因而，保险消费者的货币收入是影响保险需求的主要因素之一。

**（四）互补品与替代品价格**

财产保险的险种是与财产相关的互补商品，例如汽车保险与汽车，当汽车的价格下降时，会引起汽车需求量的增加，从而导致汽车保险商品需求量的扩大，反之则会引起汽车保险商品需求量的减少。另外，一些保险商品，特别是人寿保险商品，是储蓄的替代商品，当储蓄利率上升时，人寿保险商品品种的需求就会减少，反之则会增加。

**（五）文化传统**

保险需求在一定意义上受人们风险意识和保险意识的直接影响，而人们的风险意识与保险意识又是受特定的文化环境影响和控制的。尤其在我国，由于长期的封建文化的影响，对于一些风险，人们有时宁愿求助于神灵的保佑，也不接受保险的保障，从而抑制了保险需求。

**（六）经济制度**

在市场经济条件下，个人与企业会面临更多的风险，这一切不再由国家包揽解决，那么保险就是一条最佳解决途径，因而经济制度的变化会影响到保险需求。

# 第二节　保险单设计

## 一、保险单设计的含义及其意义

保险单是载明保险合同当事人权利及义务的正式文件。一份完整的保险单由保险单和保险条款两个文件组成，在保险交换过程中，前者是保险合同的载体。当事人双方在保险单上签字承认各自的权利和义务后，保险合同成立。

保险单设计是对保险标的、保险责任、保险费率、保险金额、保险期限等重要内容进行不同的排列组合，从而形成满足各种不同消费者需求的保险商品的过程。只有保险公司有可供选择的多样化险种，才能吸引客户并最大限度地满足保险客户的需求，只有保险公司开发出新的保单，保险经营的各个环节才能有序展开。保险单设计过程是保险经营中的第一步，是一个重要的环节。

保险单设计的重要意义不只是因为它是保险经营的第一步和保险生产过程的重要组成部分，其意义还在于它是保险经营的基础。保险单的设计是一个严谨和科学的研究过程，好的保险单应该是保险标的、保险责任、保险费率、保险金额等重要内容的科学组合。只有保险公司开发出了能满足消费者需求的产品，才能从根本上增强自身的竞争能力，提高保险公司的盈利能力。同时保险单的设计是一个动态的过程，设计的基础是跟踪市场需求，这样保险单的设计过程就成为一个不断淘汰不适应市场的旧险种和不断推出适应市场的新险种的过程，保险单的设计是保持市场活力、保证市场不断发展的重要因素。保险单的设计需要运用到经济学、统计学、保险法律及灾害学等多方面的知识，具有很强的技术性，这就要求保险公司应储备大量这方面的优秀人才，提升自己的开发研究能力。

## 二、保险单设计的一般原则

### (一) 公平互利原则

保险单是附和合同，在设计过程中尤其要注意公平互利的原则。这里的公平互利原则是指保险单双方当事人享有的权利与承担的义务是对等的，对当事人双方都应是有利的。公平互利原则是衡量保险单是否有效的标准之一，也就是说，保险单不应存在一方享有权利而另一方只承担义务或权利义务不对等的现象。

### (二) 适法原则

所谓适法原则是指保险单的设计首先必须遵循法律，维护社会道德规范和习惯。保险单的内容必须符合一国的基本法、商法、保险法和有关的法律法规和政策。但在实务中，我们会发现有些具体的事项缺乏法律依据，此外，保险单各项内容的设计应遵守社会的道德规范和习惯。同时，保险单的设计还要维护社会道德而不是诱发道德风险和心理风险。保险的本质是要分散和减少风险，如果保险单的条款会引发道德和心理风险，不但背离了社会道德，也背离了保险的本质。

### (三) 市场原则

所谓市场原则是指保险单的设计要适应市场供求关系，使保险商品在险种上和价格上满足市场的需要。

1. 保险险种要适应市场需求

在这一方面，保险单的设计中应该注意如下几个问题：

(1) 保险单的设计应较多地站在投保人和被保险人的立场来设计保障内容。对投保人和被保险人而言，保险保障的内容是保险商品的品质，商品的品质是否适应消费者的需求，是消费者首先要考虑的问题。保险提供的保障内容包括保险标的、保险事故、保障水平。保障内容的不同组合产生的保险单要尽量满足不同人群的需要，在其他条件既定的情况下，尽可能多地提供保障。

（2）考虑保险消费需求的动态性质。像任何其他商品一样，保险品种只有满足消费者的需求才能有市场。消费需求是一个动态的范畴，保险消费需求会随着经济水平、社会结构、人口结构和消费心理的变化而变化。所以，保险单的设计不仅要考虑消费需求的静态状况，更要充分考虑影响消费需求变化的各因素的变迁，以便不断地创造出满足变迁着的保险需求的新保险单。从产品形态上看，我国已基本形成包括寿险、健康保险、意外伤害保险等在内的种类齐全的产品体系。1999 年以来，国外较成熟的产品如分红保险、投资连结保险、万能保险也相继被引进国内。

（3）充分考虑保险商品的生命周期性质，不断开发新险种。像其他商品一样，一种保险商品也有投入期、成长期、成熟期和衰退期。为了保证有效的保险商品的供给，在一种保险商品进入成熟期时就应该研究市场，准备开发另一新险种。

（4）保险单的设计还应积极主动地引导消费需求、创造消费需求，而不只是被动地适应保险消费需求。保险商品的使用价值具有不透明性，它的使用价值的实现具有未来性，因而心理的作用在保险消费方面表现比较突出。在这种情况下，保险单设计时，考虑通过引导消费心理来创造需求并扩大保险市场就是可能的和必要的。

2. 保险费率高低得当

在这里，保险费率得当有两层意义：一是指保险费率要遵守等价交换的原则，保证定价对供需双方的公平性。在实务上，费率的高低得当也是十分重要的。费率定得过高，虽然有利于保险人一时的利益，但不利于保险人在市场上的竞争能力；费率定得过低，虽然有利于保险人争取较多的业务，但不利于保险经营的稳健性。二是指保险费率的水平要与投保人的支付能力相一致，否则保险提供的保障就不能成为有效需求。通常，投保人对保障的需求首先表现为一种潜在的需求，这种需求在多大程度上能形成有效需求取决于投保人的支付能力，如果不考虑这一点而只考虑潜在需求的话，高于投保人支付能力的高保障保险商品是不会有市场的。

**（四）语言直白、简练、规范、准确的原则**

绝大多数投保人并不是专业人士，所以保险单的语言直白、简练、规范、准确显得非常重要，它能保证投保人正确地理解保险单所载明的内容。直白、准确的语言，不仅有利于保险单的销售，也有利于减少合同生效后的法律纠纷。

保险单作为合同文本，很多时候沿袭了法律语言中的习惯做法，过分追求严谨，造成用词晦涩。目前，国际上很多保险公司纷纷采取应对措施，推出直白语言保单替代或补充传统保单。

**（五）互补原则**

所谓互补原则是指新保险商品的设计要能弥补原有市场的不足，以期达到提供全面服务，扩大业务的目的。例如火灾保险只保因火灾引起的直接损失，于是保险人设计出营业中断保险承保企业的间接损失。又如，美国社会保障制度提供 65 岁以上人口每年若干天的住院保险金，商业保险则设计出提供这个天数以上住院损失的保险单。互补原则强调的保单设计是，已有的保险不保的标的、事故和损失，由新的保单提供保障，以便防止承保发生脱节的现象。

## 三、保险单的基本内容

保险合同的内容是保险单应当记载的各种事项，包括当事人的基本情况，双方当事人约定的相互间的权利义务等。保险单应当以明确的语言文字，详细记载当事人所约定的事项，以便于保险双方当事人履行自己的义务，避免争议，或在争议发生时能够迅速解决。

本节以工伤责任保险单为例，简要介绍一下保险单的基本内容。

**工伤责任保险单（正本）**　　　　NO.

保险单号：

鉴于投保人已向本保险人工伤责任保险，并按本保险合同约定交付保险费，保险人同意按照《工伤责任保险条款》的约定承担保险责任，特立本保险单为凭。

| | |
|---|---|
| 被保险人名称： | |
| 被保险人性质： | |
| 被保险人所属行业： | |
| 被保险人地址/营业场所： | |
| 被保险人营业范围： | |
| 被保险人职工人数： | |
| **工伤责任保险** | |
| 每人责任限额 | |
| 累计责任限额 | |
| 预计本年度工资总额 | |
| 保险费率 | |
| 保险费 | |
| **□附加罢工、暴动、骚乱责任保险** | |
| 保险费 | |
| **□附加核子辐射责任保险** | |
| 保险费 | |
| **□附加公务出国责任保险** | |
| 保险费 | |
| **□附加工亡补助金保险** | |
| 每人工亡补助金责任限额 | |
| 累计工亡补助金责任限额 | |
| 保险费 | |
| 总保险费 | |
| 保险期间 | 年，自　年　月　日零时起，到　年　月　日二十四时止。 |
| 保险合同争议解决方式选择 | □提交_____仲裁委员会仲裁；<br>□诉讼。 |
| 特别约定 | |

第三联：被保险人留存联

（盖章）

年　　月　　日

本公司联系地址：

邮政编码：　　　全国统一服务电话：　　　传真：

核保：　　　制单：　　　经办：

保险单的主要内容包括：

声明事项：即保险单中需要明确记载的基本事项，包括被保险人名称、保险标的名称、种类、保险金额、保险期限、保险费的数额及支付时间、方式、被保险人所作的承诺。

保险责任事项：这是保险单的核心内容，即保险人承担保险责任的内容和范围。

除外责任事项：即将保险人的责任加以适当的修改或限制，保险人对除外不保的危险所引起的损失，不负赔偿责任。

条件事项：即合同双方当事人为享受权利所需履行的义务，如事故发生后被保险人的责任，申请索赔的时效，代位求偿权的行使，保单内容的变更、转让、取消，以及赔偿选择等。

其他事项：如解决争议的条款、时效条款等。

# 四、保险单设计的步骤与方法

## （一）保险单设计的步骤

保险单设计一般要遵循三个步骤：市场调查研究、设计、鉴定与报批。

市场调查研究是保险单设计的第一步。它包括对保险需求和供给两方面的调查和研究。对于保险需求的调查研究又有两方面的内容：一是了解保险需求。这里要回答的问题有社会经济生活中有哪些风险仍没有保险的保障，同时又出现了哪些新的风险，这些风险的发展方向和广度如何，社会和个人需要哪些新的保障，其发展趋势会怎么样？二是要了解消费者的支付能力。要调查研究消费者保险费用的支付水平和打算如何安排他们的风险。

如果说保险需求是一个新的保险产生的必要性的话，那么消费者的支付能力和保险人的承保能力就是其可能性了。保险单的设计除了要研究需求的可能性之外，还要研究保险供给的可能性，即承保能力的可能性。承保能力包含两个方面的含义：一是保险人有足够的承保能力；二是保险人有足够的财力。

在对新的保险商品市场有了充分的了解后，保险单的设计开始进入设计阶段。保险单的设计过程就是将保险单主要内容的各要素进行不同组合的过程。

在保险单设计完成后，进入第三个步骤，即报送有关部门审核批准，此时，完整的保险单设计过程才算完成。

## （二）保险单设计的常用方法

1. 组合法

组合法是通过险种要素的重新组合而设计保险单的方法。构成保险单的主要参数有保险标的、保险责任、保险金额、保险费率、保险期间、保险金的缴纳方式、保险费的给付方式等。组合法就是在充分考虑市场供求状况的情况下，将这些因素进行不同的排列组合以创造出不同的保险单或保险商品，以满足各种不同的需要。用公式可以表示如下：

保险标的的变化可表示为：X11，X12，X13，…，X1n，构成保险单设计中子系统 X1；

保险责任的变化可表示为：X21，X22，X23，…，X2n，构成保险单设计中子系统 X2；

保险金额的变化可表示为：X31，X32，X33，…，X3n，构成保险单设计中子系统 X3；

保险费率的变化可表示为：X41，X42，X43，…，X4n，构成保险单设计中子系统 X4；

保险期间的变化可表示为：X51，X52，X53，…，X5n，构成保险单设计中子系统 X5；

保险金缴费方式的变化可表示为：X61，X62，X63，…，X6n，构成保险单设计中子系统 X6；

保险费给付方式的变化可表示为：X71，X72，X73，…，X7n，构成保险单设计中子系统 X7。

将上面的若干参数汇成要素整体 Y，于是可以有下列矩阵表：

$$Y = \begin{pmatrix} X11 & X12 & X13 & \cdots & X1n \\ X21 & X22 & X23 & \cdots & X2n \\ X31 & X32 & X33 & \cdots & X3n \\ X41 & X42 & X43 & \cdots & X4n \\ X51 & X52 & X53 & \cdots & X5n \\ X61 & X62 & X63 & \cdots & X6n \\ X71 & X72 & X73 & \cdots & X7n \end{pmatrix}$$

在保险单设计过程中，可以通过改变任何一个或几个参数构成新的保险单，从而创造出品种繁多的保险险种。

*2. 反求工程法*

这种方法是在对保险市场上已有险种的分析基础上，根据本地区的情况，取各不同险种的长处，并在此基础上设计新的保险单。通常的做法是，收集保险市场上已有的保险单，然后对其在保险市场的表现、消费者的反应进行总结和分析；最后将不同保险单的长处进行组合，形成新的保险单。如具有储蓄性质的家庭财产保险单就是寿险的储蓄性质和财产险保障性质结合的产物。

## 五、人身保险单设计

人身保险单的设计在遵循保险单设计的基本原则、步骤和方法的基础上，有其特殊性，在设计过程中，人身保险需要考虑更多的影响因素。其特殊性体现在：①人身保险通常将保障、储蓄和投资功能融为一体，与其他金融产品相比有很强的替代性；②人身保险契约的时间通常比较长，尤其是长期的人身保险，保险期限长达数十年；③人身保险是一种可替代的商品，因为人身保险的一个很重要的功能就是满足人们储蓄养老和保障家庭收入的需求，而这一功能的实现并不需要通过人身保险来完成；④人身保险是一种需求弹性很高的商品，由于上述种种特点，人身保险成为一种需求弹性很高的商品，保险价格对人身保险需求的影响非常大。

设计人身保险单时，除了考虑上述特殊性外，还有一个影响保险单设计的因素，即寿险商品已由销售导向迈向顾客导向。

整体行销以顾客为中心，因此保险单设计必须了解顾客的需求，而顾客的需求又直接或间接地受到保险公司商品品种、价格、分配及推广等行销策略的影响，而行销策略的制定又受经济、制度、社会、文化、技术和法律等外部环境的影响。保险单设计是商品行销策略中的一部分。在图 11-1 中的第二层圈中的若干参数中，保险价格即保险费率计算的基础是风险发生率（生命表）、预订利率及预定附加费率，由于法律、法令及监管部门对这些参数有详细的规定，所以价格因素在保险单设计过程中较缺乏弹性。同时，我们已经知道，寿险商品是一种需求弹性较大的商品，这样在保险单设计过程中就需要关注第三层圈中各因素对第二层圈价格之外各因素的影响。

**图 11-1 人身保险单设计的影响因素**

### （一）人身保险单设计的影响因素

#### 1. 经济的因素

在经济方面，根据我们对寿险特征的理解，至少有国民收入和居民家庭收入及其变迁、储蓄的现状及其发展趋势、其他投融资制度的发展状态、人口结构及其发展变化等参数会影响寿险品种和价格的设计。一般地，在人口结构一定的情况下，随着国民收入的提高，尤其是居民家庭收入的提高，市场对寿险的需求会提高，在寿险品种上，会沿着由简易寿险到大额寿险，由储蓄、保障需求到投资需求的轨道发展。

在其他参数一定时，人口结构的老化意味着对老年生活保障的增加，这对保险市场的需求可能会产生重要的影响。但是，这种影响在多大的程度上发生和发展，受到很多因素的影响，其中之一就是一国的金融制度的发展。

### 2. 政策、制度的因素

政策和制度的变迁对人寿保险的影响作用非常大，所以在保险单设计过程中必须考虑这些因素的变化及其趋势。一国的政策是否鼓励人寿保险的发展，对人寿保险的管制是紧还是松，尤其是对人寿保险基金的投资政策是否宽松，对寿险业的影响很大。因为寿险具有储蓄功能，如果寿险基金不能有效保值增值，那么，寿险就在很大程度上被其他金融商品替代。利率是寿险费率一个非常重要的计算基础，所以利率政策、保险基金投资政策及其变化趋势就是寿险保险单设计时要考虑的重要因素。

随着经济国际化、金融自由化的发生和发展，保险市场的对外开放必然给民族保险业带来压力，这一因素也应充分考虑在保险单设计之中。

随着社会保障制度的改革，当社会保障制度提供的保障项目越多、保障水平越高时，寿险市场的份额则越小，相反则越大。

### 3. 社会、文化的因素

消费者意识的变迁。越来越多的消费者知道自己的权益，并越来越自觉地利用法律来保护自己的权益。这不仅要求保险公司注重自己的形象，而且要求保险公司提供高质量的商品。

家庭结构的变迁。中国传统的大家庭曾经是具有多重功能的社会细胞，它集生产、消费于一身，几乎解决人口再生产中的一切问题，但这种家庭结构特征在城镇早已发生了很大的变化，由核心家庭取而代之。由于中国经济结构的变化，城镇家庭结构的变化正在广大农村地区发生。这种变化会引起人寿保险需求的增加。

### 4. 技术因素

医疗部门是一个高技术含量、资本密集的部门，这些成本最终会体现在医疗保健服务之中，并反映在人寿和健康保险之中。医疗技术的不断提高，会使人类寿命延长，并最终影响人寿保险。

从保险业的经营技术看，投资性保险商品的开发，如变额保险、分红保险的开发都要求更高的精算技术。

### 5. 法律因素

人身保险单的设计还要考虑法律对人寿保险的要求。如有关寿险管理的规定、关于送审主要项目的规定、有关生命表的规定、有关基金投资和寿险保单利率的规定等。

### (二) 人身保险单设计的内容

综合考虑上述因素后，才能保证设计出的人身保险单能满足市场的需求。下面为一份简易的人寿保险单：

## 人寿保险合同保险单

本公司根据投保人申请，同意按下列条件承保。　　　　　　　　No: _____

| 保险单号码 | | | 投保单号码 | | | | | |
|---|---|---|---|---|---|---|---|---|
| 被投保人 | 姓名 | 性别 | | 出生日期 | | 身份证号码 | | |
| | 住所 | | | | 邮编 | | | |
| 投保人 | 姓名 | 性别 | | 出生日期 | | 身份证号码 | | 姓名 |
| | 住所 | | | | 邮编 | 与被保险人关系 | | |
| 受益人 | 姓名 | 性别 | 身份证号码 | | 住所 | 受益份额 | | |
| | | | | | | | | |

*　　如无指定受益人，则以法定继承人为受益人。
*　　受益人为数人且未确定受益份额的，受益人按照相等份额享有受益权。

| 保险名称 | | 保险金额 | |
|---|---|---|---|
| 保险项目（给付责任） | | 保险金额 | |
| 保险期间 | 保险责任起止时间 | | |
| 交费期 | 交费方式 | | 份数 |
| 保险费 | 加费 | | 保险费合计 |
| 生存给付领取年龄 | | 领取方式 | |
| 特别约定 | | | |

公司提示：

　　保险合同由保险单、保险条款、声明、批注以及与合同有关的投保单、更改保单申请书、体检报告书及其他的约定书共同构成。在保险有效期内如发生保险事故，请按条款规定及时与我公司签单机构联系。

签单机构：_____

邮政编码：_____

电话：_____

公司地址：_____

公司签章：_____

授权签字业务员：_____（签字）

出单员：_____（签字）

复核员：_____（签字）

签单日期：_____年____月____日

人寿保险的主要条款除了基本条款外，还往往附有不可抗辩条款、不丧失价值条款、宽期限条款、复效条款、自杀条款、保险单转让条款等，具体条款内容参看人身保险章节。

### （三）人身保险单的发展趋势

各国人身保险业的发展历程表明，随着经济的不断发展，仅具有保障功能的保险单已不能满足消费者的需求，保险业呈现出人身保险产品功能不断扩展、多元化、与其他金融产业融合的趋势。

寿险产品功能的扩展是寿险发展的必然结果，也是金融服务一体化的要求。人身保险产品，尤其是人寿保险产品的功能已由原来单一的保障功能扩展到储蓄和投资并重，成为集保障、储蓄、投资功能于一体的保险产品，比如目前在人身保险市场上出现的投资连结保险、万能人寿保险、分红保险等。人身保险产品功能的多元化是金融服务一体化的结果，它已成为人们的一项投资工具。不仅长期人寿保险如此，短期意外伤害保险也有长期化、投资化的趋势。例如意外伤害期满还本保险，投保人只要缴纳一笔保险储金，保险期限可以长达 5 年、8 年，以保险储金所生利息作为保险费，保险期满时，无论是否发生过赔款，保险人都把储金返还给投保人。

## 六、财产保险单的设计

前述保险单设计的原则、内容、步骤和方法同样适用于财产保险单的设计。

### （一）财产保险单设计的影响因素

#### 1. 风险因素

保险公司承保的必须是大量的、具有同质性的风险，而且该风险的发生必须具有偶然性和意外性，发生时可能造成重大损失。可预知的必然发生的风险违背了保险的本质，保险公司不应予以承保。

#### 2. 市场因素

在现代市场经济条件下，保险公司的产品设计必须以市场为导向，以客户为中心，充分考虑市场的现实购买力及潜在购买力。这就要求保险公司在设计产品时要分析各层次客户的购买力，对潜在的市场进行分类，细分目标市场，同时还要考虑区域差异对保险需求的影响。

#### 3. 价格因素

险种价格的厘定是保险单开发的重要内容。它的确定需要考虑承保数量发生保险事故的频率，每次出险以受灾数量表示的损毁率，毁损程度等因素。另外，整个市场的竞争程度也是需要考虑的一个费率厘定因素。

#### 4. 效益因素

保险公司若想在激烈的市场竞争中生存下来，既要讲求经济效益，占领和扩展市场份额，又要讲求社会效益。只有这样兼顾社会效益与企业效益，同时处理好长远利益与眼前利益、投资效益与业务效益关系，保险公司的自身竞争力才能增强。

### （二）财产保险单的基本内容

财产保险单条款的具体设置及费率厘定方面要比人身保险单更复杂，其格式与人身保险也有所不同，我们以财产保险基本险为例来了解一下财产保险单的基本内容。

## 财产保险基本险保险单（正本）

保险单号码：_____

鉴于_____（以下称被保险人）已向本公司投保财产保险基本险以及附加_____险，并按本保险条款约定缴纳保险费，本公司特签发本保险单并同意依照财产保险基本险条款和附加险条款及其特别约定条件，承担被保险人下列财产的保险责任。

| | 投保标的项目 | 以何种价值投保 | 保险金额（元） | 费率（%） | 保险费（元） |
|---|---|---|---|---|---|
| 基本险 | | | | | |
| | | | | | |
| | | | | | |
| | 特约保险标的 | | | | |
| | | | | | |
| | | | | | |
| | | | | | |
| 总保险金额（大写）　　　　　　　　　　（小写） | | | | | |
| 附加险 | | | | | |
| | | | | | |
| 总保险费（大写）　　　　　　　　　　（小写） | | | | | |
| 特别声明：发生保险事故时，被保险人未按约定交付保险费，本公司不负赔偿责任。 | | | | | |
| 保险责任期限自____年____月____日零时起至____年____月____日二十四时止 | | | | | |

| 特别约定 | 被保险人地址：_____ <br> 电话：_____ <br> 邮政编码：_____ <br> 行业：_____ <br> 所有制：_____ <br> 占用性质：_____ <br> 财产坐落地址：_____ <br> 共个地址：_____ | 保险人：_____保险有限公司 <br> （盖章） <br> 地址：_____ <br> 邮编：_____ <br> 电话：_____ <br> 传真：_____ <br> 　　　　年_____月_____日 |
|---|---|---|

经（副）理：_____　会计：_____　复核：_____　制单：_____

### （三）财产保险单的发展趋势

从世界保险市场看，为了适应社会经济的发展，财产保险也在不断推出新的保单来满足市场需求。尽管保险商品品种繁多，我们仍然可以看到财产保险单的发展趋势。从保险单的功能来看，它是要用最简便的方法提供全方位的保障；从行销的方法看，它正在借用人寿保险的团体保险单的方法。这样，综合性保险单和团体财产责任保险单将得到进一步的发展。

### 1. 综合性保险单

从各国保险业的发展经验来看，市场越来越倾向于选择综合性保险单而不是列名式保险单。综合性保险单的保险费率高于列名式保险单，但它的优点是较为明显的。最重要的是，综合保险单提供"一揽子"保险，投保人不必按不同的风险投保多张保险单，这既可避免多张保险单可能造成的保障范围的重叠，又可避免可能遗漏的风险，从而获得全面的保障。对保险人来说，综合性保险单对于承保范围除不保事项外均予以承保，界定比较清楚和简单，可减少纠纷。同时，一张保险单代替多张保险单，可以减少签单费用，这对当事人双方都是有利的。

### 2. 团体财产责任保险单

人寿保险业较早销售团体保险，至当代，财产责任保险业也开发出团体保险单。像团体寿险保险单一样，团体财产责任保险单的优点是明显的：第一，投保手续简单。保险人只需签发一张保单并给各被保险人一张保险证即可，投保手续大大简化。第二，保费低廉。团体投保一方面可以减少经营费用，同时还可要求享受团体折扣优惠。从保险人方面看，团体投保可扩张其业务，降低费率也是可能的。

修改过的《保险法》出台后，允许产险公司经营短期健康和人身意外伤害保险业务，为保险公司推出新的产品，增加新的业务增长点提供了契机。而今后随着国家对保险市场的监管将由经营上的监管转向对偿付能力的监管，保险公司的经营权限将进一步扩大，保险公司也将更加重视经营方式和产品的多样化，更加重视产品的设计和宣传。

## 第三节　保险费率厘定

## 一、保险费与保险费率的构成

保险费是投保人为获得经济保障而缴纳给保险人的费用。保险费由纯保险费和附加保险费构成。纯保险费主要用于保险理赔支出。附加保险费主要用于保险业务的各项营业支出，其中包括营业税、代理手续费、企业管理费、工资及工资附加费、固定资产折旧费以及企业盈利等。

保险费率是保险费与保险金额的比例，保险费率又被称为保险价格，通常以每百元或每千元的保险金额应缴的保险费来表示。但保险费率是不同于其他商品的价格的，因为保险费率制定的主要依据是过去的损失和费用统计记录，在此基础上对即将发生的损失及费用进行预测。保险费率一般由纯费率与附加费率两部分组成。纯费率又称净费率，是用来支付赔款或保险金的费率，其计算依据因险种的不同而不同。附加费率是附加保费与保险金额的比率。保险费率就是纯费率与附加费率之和。

## 二、保险费率厘定的基本原则

保险人在厘定费率时要遵循权利与义务平衡的原则，具体包括以下几个原则：

**（一）公平合理原则**

公平有两方面的含义，对保险人来说，其收取的保费应与其承担的风险相当，对投保人来说，其负担的保费应与被保险人获得的保障相对应；但公平只能是一定程度上的，并非绝对公平。合理是指保险费率的制定应尽可能合理，保费的多少应与保险种类、期限、金额等相对应。

**（二）充分原则**

充分原则是指收取的保费在支付赔款及合理的营业费用、税收后，仍有一定利润。充分原则要求保费的厘定应确保保险人的偿付能力。在竞争激烈的保险市场上，保险人常常以降低保险费率来提高自己的竞争力，从而导致部分保险人偿付能力不足，不利于保险业稳健发展，因此为了贯彻充分原则应对保险费率进行管制，以保证偿付能力。

**（三）相对稳定原则**

相对稳定原则是指在一定时期内应保持费率的稳定。稳定的费率有利于保险机构核算。对投保人来说，稳定的费率使其支出稳定而免遭费率变动之苦。如果费率经常上涨，会逐步减少投保人的购买；如果费率呈下降趋势，投保人也会减少购买以等待一个更低的价格。不稳定的价格会给保险机构的经营带来负面影响，因此在费率的厘定上一定要遵循相对稳定原则。

**（四）促进防灾防损原则**

促进防灾防损原则是指保险费率的厘定应有利于促进防灾防损。具体方法是，对注重防灾防损工作的被保险人采取较低的费率，从而既可以减少对保险人的支出，又减少了整个社会财富的损失。

## 三、保险费率厘定的数理基础

保费的厘定是基于数学概率论基础、统计学、金融学等理论知识的，但最基本的原理可以简单归纳为收支相等原理和大数法则。

所谓收支相等原理就是使保险期内纯保费收入的现金价值与支出保险金的现金价值相等。根据不同的需要，可以用三种不同的方式进行计算：①根据保险期间末期的保费收入的本利与支付保险金的本利保持平衡来计算；②根据保险合同成立时的保费收入的现值与支付保险金的现值来计算；③根据在其他某一时点的保费收入与支付保险金的现值相等来计算。

所谓大数法则，是用来说明大量的随机现象由于偶然性相互抵消所呈现的必然数量规律的一系列定理的统称。其主要有切比雪夫大数法则、贝努利大数法则、普阿松大数法则等。

## 四、保险费率的厘定方法

保险费率的厘定，关键在于纯保费率的厘定。在实际业务中，因为保险费率的测定还需要必要的技术支持，所以存在不同的费率厘定方法。保险费率的计算方法大致可分为三种：分类法、增减法、观察法。

### （一）分类法

分类法是指将性质相同的风险分别归类，而对于同一分类的各风险单位，根据它们共同的损失概率，订出相同的保险费率。这是最常用也是最重要的费率厘定方法。由于分类费率所反映的是每一集团的平均损失经验，因此在决定分类的时候应注意每类中所有各单位的风险性质是否相同，以及在适当的时期中，其损失经验是否一致，以保证费率的精确度。分类费率确定之后，经过一定时期，如与实际经验有所出入，则需要进行调整，调整公式为：

$$M = \frac{A - E}{E} \times C$$

式中，M 为调整因素，即保险费应调整的百分比；A 为实际损失比率；E 为预期损失比率；C 为信赖因素。

保险费率可通过两种方法来计算：即纯保险费率法和损失比率法。纯保险费率法是以实际经验为计算基础，损失比率法则是以整个行业的实际损失比率为计算基础；当费率调增或调减时，损失比率法要求把增减额分摊于各类，而纯保费法则不需要这样做。

### （二）增减法

增减法是指在同一费率类别中，对被保险人给以变动的费率。其变动或基于在保险期间的实际损失经验，或基于其预想的损失经验，或同时以两者为基础。增减法对分类费率可能有所增加，但也可能有所减少，主要在于调整个别费率。增减法在实施中又有表定法、经验法、追溯法等。

#### 1. 表定法

表定法是以每一危险单位为计算依据，在基本费率的基础上，参考标的物的显著危险因素来确定费率。使用表定法，首先要在分类中就各项特殊危险因素，设立客观标准。表定法的优点有以下几点：①能够促进防灾防损，若被保险人的防灾防损意识不强，可能会面临较高的保险费率，为此，被保险人将主动减少有关危险因素。②适用性更强，表定法可适用于任何大小的危险单位，而经验法和追溯法不能做到这一点，其缺点就是成本太高。

#### 2. 经验法

经验法是被保险人过去的损失记录，对按分类法计算的费率加以增减，但当年的保费额并不受当年经验的影响，而是以过去数年的平均损失来修订未来年份的保险费率。经验法的优点是，在决定被保险人的保费时，已考虑到若干具体影响因素，而表定法只是给出了物质因素，不包括非物质因素。与表定法相比，经验法更能全面地顾及到影响危险的各项因素。

### 3. 追溯法

追溯法是以保险期间的损失为基础来调整费率的。投保人起初以其他方法确定的费率购买保单，而在保险期届满后，再依照本法最后确定保费。如果实际损失大，缴付的保费就多，实际损失小，缴付的保费就少。

### （三）观察法

观察法是就某一被保风险，单独厘定出费率，在厘定费率的过程中保险人主要依据自己的判断。观察法的优点有两点，一是根据不同性质的风险，确定出相应的费率，更具有灵活性。在标的物数量较少的情况下，不能将各种风险生硬地集中在一起来厘定费率，这样做违反了大数定律，无法保证费率的准确性。二是用观察法厘定费率，尽管主要考虑个别风险因素，但仍不可避免地运用相关的经验和数据。

## 五、寿险保险费率的厘定

寿险保费的厘定主要以生存和死亡两大保险事故而引发的一系列问题精算而成，其保险费是依据一个收支平衡原理，以利息理论和生存分布理论两个理论为基础，通过利率、死亡率和费用率三个要素精算而成的。收支平衡原理即保险公司未来保险支付的精算现值与收取保险费的精算现值相等。由于寿险以人的生存或死亡为保险事故，且期限较长，所以寿险费率的厘定和利率及利息、生命表即生存分布密切相关。

在本书中不介绍寿险保费的具体计算方法，有兴趣的读者可参与相关课程的学习。

### （一）利息

利息是资金所有者由于借出资金而获得的报酬。人寿保险机构在经营业务时，必须考虑利息因素，因为它直接影响着保险人的经营绩效，无论是确定保险费，还是进行保险资金的投资，都与利息密切相关，利息分为单利和复利，计算则是基于本金、利息率、借贷期限等条件之上的。单利计算利息的特点，就是对利息不再付息，复利是一种将上期利息转化为本金并一起计算利息的方法。

终值又称为将来值，是现在一定量现金在未来某一时刻的价值，也就是本利和。现值又称本金，是指对未来某时刻的一定现金以恰当的折现率折合到现在的价值。

年金是指在一定时间内按照一定的时间间隔有规则地收或付的款项。以每期年金支付的条件为标准，可分为期初付年金和期末付年金。期初付年金是指年金的支付发生在期初；期末付年金是指年金的支付发生在期末。

### （二）生命表

生命表是寿险精算的科学基础，它是寿险费率和责任准备金计算的依据，也是寿险成本核算的依据。

生命表是根据一定时期某一国家或地区的特定人群的有关生存、死亡的统计资料，加以分析整理而形成的一种表格，它是人寿保险测定风险的工具，是寿险精算的数量基础，是厘定人寿保险纯费率的基础依据。以死亡统计的对象为标准，生命表可分为国民生命表和经验生命表。国民生命表是根据全体国民或某一特定地区人口的死亡资料编制而成的。

经验生命表是根据保险机构有关人寿保险、社会保险的死亡记录编制而成的。在生命表中，首先要选择初始年龄并假定在该年龄上，有一定数量的人生存，这个数量就叫做基数。

### （三）纯保险费率

**1. 趸缴纯保险费**

如果投保人在保险开始时向保险公司一次缴清其全部应缴的保险费，则这样的缴费方式称为趸缴方式。

按照人寿保险的承保条件，如果被保险人在保险期内遭遇死亡，则由保险公司按保险金额作给付；如果保险人生存至期满，则保险公司无须支付。纯保险费是根据收支相等原理，即保险公司未来赔付保险金的精算现值总和与期初缴纯保险费的精算现值总和相等的原理计算出来的。

**2. 年金纯保险费**

年金的本意是每年收取或支付一次款项的现金流，但实际上年金的含义是指在约定期内按相同的时间间隔收取或支付一次款项的现金流，如每半年、每季或每月收付一次的现金流都是年金。

保险公司对生存年金保险的承保责任是被保险人的终身或者在一定时期内，被保险人生存时每隔一定时期，由保险公司按年金形式支付保险金，直至被保险人死亡或保险期满为止。年金保险的过程可分为两个阶段，即现金积累期（缴保费期）和年金给付期。年金的纯保险费也是依据收支相等原理，即保险公司未来支付的保险金折算成的现值与投保人应缴的纯保险费折算成的现值相等。

**3. 均衡纯保险费**

均衡纯保险费是投保人在购买保险时，将保险费分期按年、按季、按月或每半年缴付一次，每次等量缴付的纯保险费。按年缴付的保险费即为年度纯保险费。而年度纯保险费即根据年度纯保险费的现值之和与趸缴纯保险费的现值相等计算而得。

**4. 毛保费**

保险公司所收取保险费，应足以应付保险给付的支出及费用的开支。用来作为给付的那部分保险费是纯保险费，而用来作为业务费用开支的那部分保险费为附加保险费。纯保险费与附加保险费之和称为毛保（险）费或总保费，或称为营业保费。在计算附加保险费时，对不同性质的业务开支要作不同的处理。公司对原始费用均匀分摊到各期的保险费上，分摊到每一年度的费用现值的积存值与原始费用的现值相等。

## 六、非寿险保险费率的厘定

财产保险费率的厘定是以损失概率为基础的，它先通过对保险标的损失率和均方差的计算求出纯费率，然后计算出附加费率。

财产保险费率的厘定，关键在于纯费率的确定，纯费率是用于弥补被保险人因保险事故而造成损失的金额。纯费率的确定通常有两种方法：一是依据统计资料计算保险标的损失率，进而确定纯费率；二是在损失分布和赔款条件已知的情况下，用赔款金额的期望值除以保险金额而得到纯费率。

附加保险费率与营业费用密切相关，附加费率等于营业费用开支总额除以保险金额。

营业费用主要包括：

（1）按保险费的一定比例支付的业务费、企业管理费、手续代理费及缴纳的税金。

（2）支付的工资即附加费用。

（3）预期的营业利润。

财产保险的毛保险费是由纯保险费和附加保险费构成的，财产保险的毛保险费等于纯保险费与附加保险费之和。

保险单示例：

中国保险监督管理委员会监制　　　　　　　　　　　　　　　　限在××省（市、自治区）销售

## 机动车交通事故责任强制保险单（正本）

**LOGO　　××××保险公司**　　　（地区简称）：
　　　　　　　　　　　　　　　　　　保险单号：

| 被保险人 | | | | |
|---|---|---|---|---|
| 被保险人身份证号码（组织机构代码） | | | | |
| 地　　址 | | | 联系电话 | |
| 被保险机动车 | 号牌号码 | 机动车种类 | 使用性质 | |
| | 发动机号码 | 识别代码（车架号） | | |
| | 厂牌型号 | 核定载客　　人 | 核定载质量　　千克 | |
| | 排　量 | 功　率 | 登记日期 | |
| 责任限额 | 死亡伤残赔偿限额 | 50000元 | 无责任死亡伤残赔偿限额 | 10000元 |
| | 医疗费用赔偿限额 | 8000元 | 无责任医疗费用赔偿限额 | 1600元 |
| | 财产损失赔偿限额 | 2000元 | 无责任财产损失赔偿限额 | 400元 |
| 与道路交通安全违法行为和道路交通事故相联系的浮动比率 | | | | % |
| 保险费合计（人民币大写）：　　　　　　（￥：　　元）其中救助基金（　%）￥：　　　元 | | | | |
| 保险期间自　　年　　月　　日零时起至　　年　　月　　日二十四时止 | | | | |
| 保险合同争议解决方式 | | | | |
| 代收车船税 | 整备质量 | 纳税人识别号 | | |
| | 当年应缴　￥：　元 | 往年补缴　￥：　元 | 滞纳金　￥：　元 | |
| | 合计（人民币大写）：　　　　　　　　　（￥：　　　元） | | | |
| | 完税凭证号（减免税证明号） | 开具税务机关 | | |
| 特别约定 | | | | |
| 重要提示 | 1. 请详细阅读保险条款，特别是责任免除和投保人、被保险人义务。<br>2. 收到本保险单后，请立即核对，如有不符或疏漏，请及时通知保险人并办理变更或补充手续。<br>3. 保险费应一次性交清，请您及时核对保险单和发票（收据），如有不符，请及时与保险人联系。<br>4. 投保人应如实告知对保险费计算有影响的或被保险机动车因改装、加装、改变使用性质等导致危险程度增加的重要事项，并及时通知保险人办理批改手续。<br>5. 被保险人应当在交通事故发生后及时通知保险人。 | | | |
| 保险人 | 公司名称：<br>公司地址：<br>邮政编码：　　　　服务电话：　　　　签单日期：　　　　（保险人签章） | | | |

核保：　　　　制单：　　　　经办：

第四联　交投保人

中国平安
PING AN OF CHINA

# 中国平安财产保险股份有限公司
PING AN PROPERTY & CASUALTY INSURANCE COMPANY OF CHINA,LTD.

平安境外旅行/留学或工作保险保险单　No. P00004306 050002156
Ping An Oversea Travel/Student or Worker Insurance Policy

验真码：　　　　q7Sd

本公司依据投保人申请，按以下条件承保：
Hereby we confirm to form the insurance contract with the applicant with below terms and conditions:

保险合同号码　　1191
Policy No.

| 被保险人<br>Name of Insured | 身份证/护照号码<br>ID No./Passport No. | 出生日期(年/月/日)<br>Date of Birth(YYYY/ MM/DD) | 与被保险人关系<br>Relationship to Insured | 身故保险金受益人<br>Name of Beneficiary of Death Benefit | 受益人与被保险人关系<br>Relation of Beneficiary to the Insured Person |
|---|---|---|---|---|---|
| 刘　　　　Fang | 43013 | 1901/01/18 | 本人 | 法定 | |

| 联系电话<br>Contact Phone Number: | 135160 | 通讯地址<br>Correspondence Address: | 深圳市罗湖区 |
|---|---|---|---|
| 邮政编码<br>Postalcode: | 510082 | 目的地国家<br>Destination Country/Area: | 德国，申根协议国家Germany, Schengen States |

保险期间 Insurance Period: 自From　2009 年Y　2 月M 12 日D零时(0:00)起至To2009 年Y　2 月M 28 日D 二十四时(24:00)止 (北京时间Beijing Time)
保险费合计 Total Premium：RMB265.0

保险计划Schedule of Benefits

| 险种 Insurance | 保障内容 Benefits | 各被保险人保险金额(人民币)<br>Maximum limit per insured person(RMB) |
|---|---|---|
| 平安境外旅行个人伤害保险<br>Ping An Oversea Travel Accident Insurance | 意外身故、残疾及烧烫伤<br>Accidental Death, Dismemberment ,Burn and Scald | 300,000 |
| 平安附加交通意外身故双倍给付保险<br>Ping An Supplementary Insurance of Traffic Accidental Death Double Indemnity | 公共交通工具交通意外身故双倍给付<br>Double Indemnity for Public Traffic Facility Accidental Death | |
| 平安境外旅行紧急医疗救援保险<br>Ping An Oversea Travel Emergency Medical Assistance Insurance | 紧急就医及医疗费用保障Emergency Medical Treatment Abroad<br>辅助设备费用Aiding Equipment<br>（每次事故限额Sublimit for each occurrence RMB2500）<br>牙科门诊费用Dental Treatment<br>（每次事故限额Sublimit for each occurrence RMB4000） | 350,000 |
| | 医疗转送Medical Transport<br>运送回国Medical Evacuation and Repatriation<br>紧急口讯传递Informing<br>亲属探视Hospital Visit<br>子女送返回国Return Transport for Children<br>遗体安葬或遗返回国Burial Abroad or Body Repatriation<br>紧急搜救Search and Rescue<br>（每次事故限额：Sublimit for each occurrenceRMB40,000）<br>付款保证和结算Payment Guarantee/Settlement<br>旅行前后的资讯服务Information Service | 600,000 |
| 平安附加旅行取消保险Ping An Supplementary Insurance of Travel Cancellation | 旅行取消Travel Cancellation | 0 |
| 平安附加旅行缩短、中断或延期逗留保险<br>Ping An Supplementary Insurance of Travel Curtailment, Interruption or Extended Stay | 旅行缩短、中断或延期逗留<br>Curtailment, Interruption or Extended Stay | 5,000 |
| 平安附加旅行延误保险<br>Ping An Supplementary Insurance of Travel Delay | 旅行延误Delayed Start of Trip<br>公共交通延误Delay in Public Transport<br>托运行李延误Delayed Collection of Baggage | 8,000<br>1,200<br>2,000 |
| 平安附加行李物品和旅行证件损失保险<br>Ping An Supplementary Insurance of Damage or Loss to Baggage and Travel Documents | 行李物品和旅行证件损失<br>Damage or Loss to Baggage or Travel Documents | 8,000 |
| 平安附加第三者责任保险 Ping An Supplementary Insurance of Personal Liability | 第三者责任Personal Liability | 800,000 |

特别约定 Special Agreement

备注 Notes:
1、任何年龄段在18周岁或以下的被保险人，如果其以死亡为给付责任的保险金额（包括在所有商业保险公司所购买的保险）超出中国保监会所规定的限额（北京、上海、广州、深圳地区10 万元人民币，其他地区5 万元人民币），则超出限额部分的给付责任无效。For any Insured Person under 18 years old, if he/she has a death benefit (including this insurance contract and all other related commercial insurance) exceeding the limit stipulated by China Insurance Regulatory Commission (i.e. RMB300,000 in Beijing, Shanghai, Guangzhou and Shenzhen and RMB50,000 in other areas), the excessive part will be void.
2、对于境外旅行保险计划：If it's annual plan (i.e. the insurance period is one year), the coverage applies to as many trips as desired, with the length of each trip not exceeding 42 days.
如果是单次旅行计划（即保险期间不满一年），除非本合同另有约定，本公司承保的境外旅行的单次旅行期间最长不超过93 天。If it's single trip plan, subject to otherwise agreed in the contract, the coverage applies to a trip not exceeding 93 days.
3、本保单下的被保险人可享受平安境外旅行/留学或工作保险客户服务手册中的服务，您所获的保障内容以本保险计划中所列险别的对应条款为准。The insured of this insurance policy can enjoy the services of Ping An Oversea Travel / Student or Worker Insurance Customer Service Manual. Your insurance benefits applicable and available are subject to clauses of the coverage in the policy we issue to you.
请您仔细认真阅读本保险单背面的投保人/被保险人声明，请认同意后在本栏签名处签名。Please read the Declaration of Policyholder/Insured Persons in the Back Cover carefully, in condition of agreeing with the Declaration ,signature below .
被保险人签名：
Signature of Insured

| 经办人：<br>Handler | 经办日期：<br>Issuing Date | 保险公司签章：<br>Issuing Company Seal |
|---|---|---|
| SN28J-0002 | 2008/12/31 | 中国平安财产保险股份有限公司<br>PING AN PROPERTY & CASUALTY INSURANCE COMPANY OF CHINA,LTD.<br>保险合同专用章<br>SPECIAL SEAL FOR POLICY |

第一联·客户联

# 重要概念

保险产品　保单设计　保险费率　纯保费　均衡保费　趸缴保费　期缴保费　毛（总）保费　营业保费

**思考题**

1. 影响保险需求的因素有哪些？
2. 寿险保险单设计需要考虑的因素有哪些方面？
3. 结合财产保险单的发展趋势谈谈对财产保险单设计的影响。
4. 保险单设计应当遵循的一般原则有哪些？
5. 大数定律对保险经营有何重要意义？
6. 简述保费厘定要遵循的原则。
7. 简述厘定保费的各种方法。
8. 生命表对人身保险费率的厘定有何重要意义？

# 第十二章　保险市场

【学习目的】
　　了解保险市场的特征、组织形式；理解保险市场的供给和需求分析；了解保险市场营销作用与重要性；掌握保险市场中介的类型；掌握保险市场营销的特点和营销策略。

## 第一节　保险市场概述

### 一、保险市场的概念及特征

#### （一）保险市场的概念

　　保险市场可以指固定的交易场所，也可以是所有实现保险商品让渡的交换关系的总和。保险市场的含义应从广义上去理解，是指保险商品交换关系的总和或是保险商品供给与需求关系的总和。保险市场的交易对象是保险人为消费者提供的保险经济保障。较早的保险市场出现在英国的保险中心——伦巴第街；后来随着劳合社海上保险市场的形成，参与保险市场交易活动的两大主体——供给方与需求方渐趋明朗，但这种交换关系仍比较简单；之后，随着保险业的不断发展，承保技术日趋复杂化，承保竞争日趋尖锐化，保险商品推销日趋区域化与全球化，仅由买卖双方直接参与的交换关系已经远远不适应形势的发展了，这时保险市场的中介力量应运而生，使得保险交换关系更加复杂，同时也使保险市场趋于成熟。尤其是在当今，信息产业的高速发展，通过信息网络，足不出户就可以完成保险的交易活动。

#### （二）保险市场的特征

##### 1. 保险市场是直接的风险市场

　　任何市场都存在风险，但一般的商品市场所交易的对象，其本身并不与风险发生联系，而保险企业的经营对象就是风险，保险市场所交易的对象是保险商品，其使用价值是对投保人转嫁于保险人的各类风险提供保险保障，所以本身就直接与风险相关联。风险的客观存在和发展是保险市场形成和发展的基础和前提。没有风险，投保人或被保险人就没有通过保险市场寻求保险保障的必要。"无风险，无保险。"所以，保险市场是一个直接的风险市场。

2. 保险市场是非即时结清市场

所谓即时结清市场是指市场交易一旦结束，供需双方立刻就能够确切知道交易结果的市场，如一般意义上的商品市场、货币市场、劳动力市场等，都是即时结清市场。而保险交易活动，因风险的不确定性和保险的射幸性，使得交易双方都不能够确切知道交易结果，因此，不能立刻结清。保险单的签发，看似是保险交易的完成，实则是保险保障的刚刚开始，最终的交易结果则要看双方约定的保险事故是否发生。因此，保险市场是非即时结清市场。

3. 保险市场是特殊的"期货"交易市场

由于保险市场的射幸性，保险市场所成交的任何一笔交易，都是保险人对未来风险事故发生所致经济损失进行赔付的承诺。而保险人是否履约，即是否对某一特定的对象进行赔付，却取决于保险合同约定时间内是否发生约定的保险事故以及这种保险事故造成的损失是否达到保险合同约定的赔付条件。这实际上交易的是一种特殊期货，即"灾难期货"。因此，保险市场是一种特殊的"期货"交易市场。

## 二、保险市场模式与机制

### （一）保险市场模式

1. 完全竞争模式

完全竞争型保险市场，是指一个保险市场上有数量众多的保险公司，任何公司都可以自由进出市场。任何一个保险人都不能够单独左右市场价格，而由保险市场自发地调节保险商品价格。在这种市场模式中，保险资本可以自由流动，价值规律和供求规律充分发挥作用。国家保险管理机构对保险企业管理相对宽松，保险行业公会在市场管理中发挥重要作用。

一般认为完全竞争是一种理想的保险市场模式，它能最充分、最适度、最有效地利用保险资源。因而，保险业发展较早的西方发达国家多为这一类型。

2. 完全垄断模式

完全垄断型保险市场，是指保险市场完全由一家保险公司所操纵，这家公司的性质既可以是国营的，也可以是私营的。在完全垄断的保险市场上，价值规律、供求规律和竞争规律受到极大的限制，市场上没有竞争，没有可替代产品，没有可供选择的保险人。因而，这家保险公司可凭借其垄断地位获得超额利润。

完全垄断模式还有两种变通形式：一种是专业型完全垄断模式；另一种是地区型完全垄断模式。

### 3. 垄断竞争模式

垄断竞争模式下的保险市场，大小保险公司并存，少数大保险公司在市场上取得垄断地位。竞争的特点表现为：同业竞争在大垄断公司之间、垄断公司与非垄断公司之间、非垄断公司彼此之间激烈展开。

### 4. 寡头垄断模式

寡头垄断型保险市场，是指在一个保险市场上，只存在少数相互竞争的保险公司。

在这种模式的市场中，保险业经营依然以市场为基础，但保险市场具有较高的垄断程度，保险市场上的竞争是国内保险垄断企业之间的竞争，形成相对封闭的国内保险市场。

#### （二）保险市场机制

##### 1. 市场机制及其内容

所谓市场机制，是指价值规律、供求规律和竞争规律三者之间相互制约、相互作用的关系。

价值规律在流通领域中要求等价交换，即要求价格与价值相一致。价值规律在流通领域中的运动，表现为价格的运动。供求规律表现为供给与需求之间的关系，这种关系是供给总是追随着需求。从长期发展趋势看，供给量与需求量是相等的。竞争包括供者之间的竞争、求者之间的竞争以及供求之间的竞争。在竞争过程中，优胜劣败。竞争的结果使供给和需求、社会生产和社会需要总是在互相脱离、又互相一致的两种状态之间运动。价值规律、供求规律和竞争规律之间的关系直接表现为价格与供求之间的关系。

##### 2. 保险市场机制及其特殊作用

保险市场机制是指将市场机制引用于保险经济活动中所形成的价值规律、供求规律及竞争规律之间相互制约、相互作用的关系。

（1）价值规律在保险市场上的作用。价值规律对于保险费率的自发调节只能限于凝结在费率中的附加费率部分的社会必要劳动时间，对于保险商品的价值形成方面具有一定的局限性，只能通过要求保险企业改进经营技术，提高服务效率来降低附加费率成本。

（2）供求规律在保险市场上的作用。保险市场上保险费率的形成，一方面取决于风险发生的频率，另一方面取决于保险商品的供求情况。保险市场的保险费率不是完全由市场的供求情况决定的。相反，要由专门的精算技术予以确立。

（3）竞争规律在保险市场上的作用。在保险市场上，由于交易的对象与风险直接相关联，使得保险商品费率的形成并不完全取决于供求力量的对比；相反，风险发生的频率即保额损失率等才是决定费率的主要因素，供求仅仅是费率形成的一个次要因素。因此，一般商品市场价格竞争机制在保险市场上必然受到某种程度的限制。

## 三、保险市场组织形式

### （一）保险市场的一般组织形式

保险市场的组织形式，是指在一国或一地区的保险市场上，保险人依法设立、登记，采用各种组织形式经营保险业务。由于财产所有制关系的不同，保险市场主要有以下几种组织形式：

1. 国营保险组织

国营保险组织是由国家或政府投资设立的保险经营组织。它们可以由政府机构直接经营，也可以通过国家法令规定某个团体来经营，该种组织形式被称为间接国营保险组织。它可以分为两种：一是国有独资保险公司；二是国有控股保险公司。

2. 私营保险组织

私营保险组织是由私人投资设立的保险经营组织。它多以股份有限公司的形式出现。股份保险公司是将全部资本分成等额股份，股东以其所持股份为限对公司承担责任，公司则以其全部资产对公司债务承担责任的企业法人。保险股份有限公司是现代保险企业制度下最典型的一种组织形式。我国《保险法》规定："保险公司应该采取下列组织形式：（一）股份有限公司；（二）有限责任公司。"

3. 合营保险组织

合营保险组织包括两种形式，一种是政府与私人共同投资设立保险经营组织，属于公私合营保险组织形式；另一种是本国政府或组织与外商共同投资设立的合营保险组织，我国称之为中外合资保险经营组织形式。如于 1998 年 10 月，中国太平洋保险（集团）股份有限公司和荷兰国际集团（ING）合资组建太平洋安泰人寿保险有限公司。

4. 合作保险组织

合作保险组织是由社会上具有共同风险的个人或经济单位，为了获得保险保障，共同集资设立的保险组织形式。它既可以采取公司形式（如相互保险公司），也可以采取非公司形式（如相互保险社与保险合作社）。

一般而言，保险合作社与相互保险公司最早都属于非营利的保险组织，但二者存在区别：

首先，保险合作社属于社团法人，而相互保险公司属于企业法人。

其次，就经营资金的来源而言，相互保险公司的经营资金为基金；保险合作社的经营资金包括基金和股金。

再次，保险合作社与社员间的关系比较永久，社员认缴股本后，即使不投保，仍与合作社保持关系。相互保险公司与社员间，保险关系与社员关系则是一致的，保险关系建立，则社员关系存在；反之，则社员关系终止。

最后，就适用的法律而言，保险合作社主要适用保险法及合作社法的有关规定；相互保险公司主要适用保险法的规定。

5. 行业自保组织

行业自保组织是指某一行业或企业为本系统或本企业提供保险保障的组织形式。欧美国家的许多大企业集团，都有自己的自保保险公司。行业自保组织具有一般商业银行所具备的优点，但其使用范围有限制，所以不能像商业保险那样普遍采用。

**（二）几种典型的保险市场组织形式**

由于社会经济制度、经济管理体制和历史传统等方面的差异，各国保险市场的组织形式不尽相同。主要包括保险股份有限公司、保险有限责任公司、国有保险公司、相互保险公司、相互保险社、保险合作社等几种典型的保险市场组织形式。其中，保险股份有限公司居主导地位。

1. 保险股份有限公司

保险股份有限公司简称股份公司，是现代企业制度最典型的组织形式，它由一定数目以上的股东发起组织，全部注册资本被户分为等额股份，通常发行股票（或股权证）等筹集资本，股东以其认购股份承担有限责任，公司以其全部资产对公司债务承担民事责任。该种组织形式的显著特点是出资者的所有权和公司法人的经营权有效分离，实现了现代企业制度所必需的出资者与经营者之间的委托—代理机制。其组织机构包括以下几个方面：

（1）股东大会。股东大会由保险股份有限公司的股东组成，它是保险股份有限公司的最高权力机构。股东大会会议由股东选举的董事会负责召集，董事长主持，一般每年召开一次，某些特殊情况下可以召开临时股东大会。股东大会行使的职权一般是有关公司的重大决策，如对公司合并、分立、解散和清算等事项进行投票表决，一般采取"一股一票"表决权。

（2）董事会。董事会是由股东选举的，一般由 5～19 名成员组成，设董事长 1 人，副董事长 1～2 人。董事会是公司组织的主要统治集团，它受股东的委托执掌决策大权，并对重大过失、欺诈、为个人目的使用公司资产而损害公司利益的行为向股东负责，但对正常的业务判断错误不负直接责任。董事会主要负责宣布派息方针，决定收益留存比例和股息的支付方式，并决定扩大和缩减生产和经营规模，任命高级管理人员。董事长为保险股份有限公司的法定代表人，他负责主持股东大会和召集，主持董事会会议，检查董事会决议的实施情况，签署公司股票、公司债券。董事会每年度至少要召开两次会议，也可召开临时会议。

（3）监事会。监事会由股东代表和适当比例的公司职工代表组成，成员一般不得少于 3 人。董事会行使的主要职权有：检查公司财务；监督董事执行公司职务时违反法律、行政法规或公司章程的行为；要求董事、经理纠正损害公司利益的行为；提议召开临时股东大会。监事的任期每届三年，任期届满，可连选连任。监事会应当依照国家法律、行政法规、公司章程，忠实履行监事职责。监事可列席董事会会议。

（4）经理。经理由董事会聘任或解聘，负责执行公司的经营方针，并向董事会负责。经理是公司的代理人，有权以公司名义解约，但应当遵守公司的章程，忠实履行职务，维护公司利益，不得利用其在公司的地位和职权为自己牟私利。

2. 保险有限责任公司

保险有限责任公司与保险股份有限公司的组织形式大体相同，其主要差异在于：

（1）股东的数量不同。世界多数国家的公司法规定，有限责任公司的股东最少 2 人，最多 50 人。因为股东人数少，不一定非设立股东会。而股份有限公司的股东则没有数量的限制，有的大公司达几十万人，甚至上百万人。与有限责任公司不同，其必须设立股东大会，股东大会是公司的最高权力机构。

（2）注册的资本不同。有限责任公司要求的最低资本额较少，而股份有限公司注册资本的最低额，我国《公司法》规定为 1000 万元，并允许由其他法律或行政法规规定某些股份有限公司的注册资本限额可以高于 1000 万元，如批准上市公司的股本总额不少于人民币 5000 万元。

（3）股本的划分方式不同。有限责任公司的股份不必划为等额股份，其资本按股东各自所认缴的出资额划分。股份有限公司的股票必须是等额的，其股本的划分，数额较小，每一股金额相等。

（4）发起人筹集资金的方式不同。有限责任公司只能由发起人集资，不能向社会公开募集资金，其股票不可以公开发行，更不可能上市交易，而股份有限公司可以通过发起或募集向社会筹集资金，其股票可以公开发行并上市交易。

（5）股权转让的条件限制不同。有限责任公司的股东可以依法自由转让其全部或部分股本；股东依法向公司以外人员转让股本时，必须有过半数股东同意方可实行；在转让股本的同等条件下，公司其他股东享有优先权。股份有限公司的股东所拥有的股票可以交易和转让，但不能退股。

（6）公司组织机构的权限不同。有限责任公司股东人数少，组织机构比较简单，可只设立董事会而不设股东会或不设监事会，因此，董事会往往由股东个人兼任，机动性权限较大。股份有限公司设立程序和组织复杂，股东人数较多而相对分散，因此，股东会使用的权限受到一定限制，董事会的权限较集中。

（7）股权的证明形式不同。有限责任公司的股权证明是公司签发的出资证明书；股份有限公司的股权证明是公司签发的股票。

（8）财务状况公开程度不同。有限责任公司的财务状况，只需按公司章程规定的期限交各股东即可，无须公告和备查，财务状况相对保密；股份有限公司，由于其设立程序复杂，并且要定期公布财务状况，相比较难以操作和难以保密。

3. 国有保险公司

它是由政府或公共团体所有并经营。根据其经营目的，可分为两类：一是以增加财政收入为营利目的的，即商业性国有保险公司。它可以是非垄断性的，与私营保险公司自由竞争，平等地成为市场主体的一部分；也可以是垄断性的具有经营独占权，从事一些特别险种的经营，如美国国有保险公司经营的银行存款保险。我国国有独资保险公司就经历了从垄断性到非垄断性的转变。二是为实施宏观政策而无营利动机的，即强制性国有保险公司。通常各国实施的社会保险或政策保险大都采取这种形式。当前国有保险公司在组织形式上发生了一些新的变化，主要是国有保险公司并非都由政府出资设立，也并非必须由政府设机构经营。有的政府制定法律，规定某些公共团体为保险经营主体；有的政府成为私营保险公司的大股东；有的政府与私营保险公司签订合同，授权其在一定的地区经营某种业务；有的政府对巨灾风险组织多家私营保险公司组成团体经营；有的政府给予保险公司补助金或接受再保险等。这些形式只要不改变其国家所有的性质都可以成为国有保险公司的组织形式。

4. 相互保险公司

相互保险公司是所有参加保险的人为自己办理保险而合作成立的法人组织，它是保险业特有的公司组织形态，为非营利性组织中最重要的一种。与股份保险公司比较，主要区别在于以下三点：首先，股份保险公司中保险人与被保险人完全分离，被保险人不参与公司管理，而相互保险公司中的被保险人也是保险人，公司为全体投保人所有，投保人能够参与管理。其次，股份保险公司中的被保险人也是保险人，公司为全体投保人所有，投保人能够参与管理。最后，股份保险公司常采取固定费率制，而相互保险公司的收费则使用多种方式，有预收保费制、摊收保费制和永久保费制等。

相互保险公司有以下几个特点：

（1）相互保险公司的投保人具有双重身份。相互保险公司没有股东，投保人与股份公司的股东相似。当投保人购买公司保单后，就成为公司成员。投保人可以参与公司的管理，并可从中分红。一旦解除保险关系，就自然脱离公司，成员资格随即丧失。

（2）相互保险公司是一种非营利性公司。公司遵循合作分红的原则，在其财务报表中，没有股本，只有盈余。公司亏损时，成员要承担亏空的弥补额，可见相互保险公司并不考虑盈利问题，经营目的是降低保险成本。

（3）相互保险公司的组织机构类似于股份公司。相互保险公司的最高权力机构是由全体会员组成的代表大会，从代表大会中产生董事会，董事会再任命高级管理人员。但随着公司规模的扩大，董事会和高级管理人员实际上已经控制了公司的全部事务，每一个会员都参与到公司的管理是不可能的。

5. 相互保险社

相互保险社是同一行业的人员，为了应付自然灾害或意外事故造成的经济损失而自愿结合起来的集体组织。它是保险组织的原始形态，一般规模较小。相互保险社具有的特征：一是保单持有人即为该社社员，社员之间相互提供保险；二是相互保险社没有股本，其经营资金来源于社员缴纳的分担金，一般在每年年初按暂定分摊额向社员预收，年末计算出实际分摊额后，多退少补；三是社员均能参与管理活动，相互保险社通常设有社员选举出来的管理委员会，负责保险社的日常事务。

6. 保险合作社

保险合作社是由一些对某种风险具有同一保障要求的人，自愿集股设立的保险组织。它和其他合作保险机构一样，也是一种非营利性的组织形式。保险合作社和相互保险社有诸多相似之处，但二者还是有明显的区别。保险合作社的特点在于以下四个方面：

（1）保险合作社是由社员共同出资入股设立的，只有保险合作社的社员才能作为保险合作社的被保险人，但是社员也可以不与保险合作社建立保险关系。即保险关系的建立必须以社员为条件，但社员却不一定必须建立保险关系，保险关系的消灭不影响社员关系的存在，也不影响社员身份。因此，相对于相互保险社而言，合作保险社与社员的关系具有长期性。

（2）保险合作社有社员缴纳的股本，社员可以以股东的身份，参与合作社的管理活动，其对合作社的权利以其认购的股金为限，而相互保险社却没有股本。

（3）业务范围仅局限于合作社的社员。

（4）采取固定保险费制，一经收缴，不再追加。

## 四、保险市场的供给与需求分析

### (一) 保险市场的供给

保险市场供给是指在一定的社会经济条件下，保险供给者愿意并且能够提供的保险种类和保险总量，即全社会的所有保险人对社会经济所担负的风险责任的总量，即所有承保的保险金额总和。其制约因素包括：

#### 1. 保险资本量

在一定时期内，社会总资本的量是一定的，因而能用于经营保险的资本量在客观上也是一定的。因此，这个有限的资本量在客观上制约着保险供给的总规模。一般情况下，可用于经营保险业的资本量与保险供给成正比关系。

#### 2. 保险费率

在市场经济条件下，决定保险供给的因素主要是保险费率，保险供给与保险费率成正相关关系，保险费率上升，会刺激保险供给增加；反之，保险供给则会减少。

#### 3. 保险供给者的数量和素质

通常保险供给者的数量越多，意味着保险供给量越大。在现代社会中，保险供给不但要讲求数量，还要讲求质量，质量的提高，关键在于保险供给者的素质。保险供给者素质高，许多新险种就容易开发出来、推广出去，从而扩大保险供给。

#### 4. 经营管理水平

由于保险业本身的特点，经营者在经营管理上要有相当的专业水平和技术水平，即在风险管理、险种设计、业务选择、再保险分出分入、准备金的提存、费率厘定，以及人事管理和法律知识等方面均要具有一定的水平。

#### 5. 保险业利润率

在市场经济条件下，平均利润率支配着一切经济活动，保险资本也受平均利润率规律的支配。如果保险业平均利润率高，就会吸引一部分社会资本投入保险业，从而扩大保险供给；反之，会导致保险人退出保险业，这样就缩小了保险供给。

#### 6. 保险市场竞争

保险市场竞争对保险供给的影响是多方面的，保险竞争的结果，会引起保险公司数量上的增加或减少，从总的方面来看会增加保险供给。同时，保险竞争使保险人改善经营管理，提高服务质量，开发新险种，从而扩大保险供给。

#### 7. 国家政策

国家对保险业发展所实施的宏观政策直接影响着保险供给。如果国家采取积极的、宽松的宏观保险政策，保险市场的供给总量就会增大；相反，如果国家采取压抑的宏观保险政策，保险市场的供给总量就会减少。

### (二) 保险市场的需求

保险市场需求是指在特定时期内，在各种不同费率水平上的消费者（各类经济单位和个人）对保险保障的需求量。保险市场需求包括三个要素：有保险需求的人、满足保险需求的购买能力以及购买意愿。这三个要素相互制约，缺一不可，结合构成现实的保险市场需求，并决定市场需求的规模和容量。如果人口众多但收入很低，购买能力有限，不能成为很大的保险市场需求。当既有众多的人口，又有很强的缴费能力，才能形成有潜力的保险市场需求。但是，如果保险商品不适合保险消费者的需要，不能引起人们的购买意愿，对保险供给者来说，仍然不能成为现实的保险市场需求。所以保险市场需求是上述三个要素的统一。

影响保险市场需求的主要因素包括：

1. 风险因素

风险是保险产生、存在和发展的前提条件。保险需求总量与风险因素存在的程度成正比；风险因素存在的程度越大、范围越广，保险需求的总量也就越大；反之，保险需求量就越小。

2. 保险费率

保险费率对保险市场需求有一定的约束力，两者一般呈反方向变化。从总体上讲，费率上升会带来保险需求的减少，费率下降则会导致保险需求的增加。保险需求量与保险费率呈反向变化的原因有：一是自保效应。若保险费率过高，保险需求者会选择自己承担部分或全部风险。二是转移效应。随着保险费率的提高，需求者会转向投保费率较低的保险险种。

3. 经济发展水平

保险是社会生产力发展到一定阶段的产物，并且随着社会生产力的发展而发展。经济单位和个人对保险的需求来自对其现有财产和人身保障的需要。经济发展水平越高，科学技术水平越进步，生产的社会财富就越多，保险的需求也就越大。

4. 消费者的收入水平

消费者的收入水平直接关系到其保险购买力的大小。当国民收入增加时，作为保险商品的消费者——个人的货币收入、企业的利润会随之增多，也会有更强的缴费能力，此时保险的需求随之扩大。

5. 人口因素

人口因素包括人口总量和人口结构。保险业的发展与人口状况有着密切的联系。人口总量与人身保险的需求成正比，在其他因素一定的条件下，人口总量越大，对保险需求的总量也就越多，反之就越少。

6. 强制保险的实施

强制保险是政府以法律或行政的手段强制性地要求经济单位或个人投保的险种。强制保险的实施，人为地扩大了保险需求。

**（三）保险市场的供求平衡**

保险市场供求平衡，是指在一定费率水平下，保险供给恰好等于保险需求的状态，即保险供给与需求达到均衡点。也即当费率 P 不变时，S=D。

保险市场的均衡状态如图 12-1 所示。

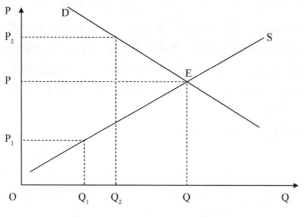

图 12-1　保险市场的均衡状态

保险市场的供求平衡受市场竞争程度的制约。市场竞争程度决定了保险市场费率水平的高低，因此，市场竞争程度不同，保险供求平衡的水平也各异。而在不同的费率水平下，保险供给与需求的均衡状态也是不同的。如果市场达到了均衡状态后，市场费率高于均衡费率，则保险需求缩小，迫使供给缩小以维系市场均衡；反之，如果市场费率低于均衡费率，则保险供给缩小而迫使需求下降，实现新的市场均衡。所以，保险市场有自动实现供求平衡的内在机制。

# 第二节　保险市场营销

## 一、保险市场营销的概念与特点

### （一）保险市场营销的概念

保险市场营销是指以保险为商品，以市场为中心，以满足被保险人需要为目的，实现保险企业目标的一系列整体活动。从整体来看，保险市场营销活动由三个阶段组成，即分析保险市场机会、研究和选择目标市场、制定营销策略。

保险市场营销是以保险市场为起点和终点的活动，它的对象是目标市场的准保户。保险市场营销的目标不仅是为了推销保险商品获得利润，而且是为了提高保险企业在市场上的地位或占有率，在社会上树立良好的信誉。

保险市场营销研究的内容包括保险市场营销的管理、保险市场营销环境的分析、保险市场营销目标市场的选择和保险市场营销策略的制定等。

### （二）保险市场营销的特点

#### 1. 保险市场营销并非等于保险推销

保险推销是指推销人员通过对保单说明等手段，促使客户购买保险的活动，而保险的市场营销不仅仅是将保单卖出去，还要看保险产品是否适销对路，营销管理是否有成效。所以，保险营销的内容更加丰富。

#### 2. 保险市场营销特别注重推销

保险商品的无形性，决定了保险商品出售的只是一种承诺，不像一般的商品那样能够让购买者有一个立即的感受。对于投保人而言，在购买保险时，无法立即见到保险的收益及效果。保险产品的无形性，使人们在没有介绍和引导的情况下，一般不会主动去了解和购买。所以，保险市场营销必须注重推销。

#### 3. 保险市场营销更适应于非价格竞争的原则

非价格竞争在保险产品的营销中起着重要的作用。其具体表现为保险市场营销的服务性和专业性。首先，保险服务不仅表现为在保险消费者购买保险之前，要根据投保人的需求设计保险方案，选择适当的保险公司和保险险种，而且还表现在消费者购买保险之后，应根据投保人的需求变化和出现的新型保险产品，帮助调整保险方案，或在损失发生之时，迅速合理地进行赔付。可见，优质的服务是保险市场营销的坚实基础。其次，保险市场营销需要高素质的保险营销人员，他们不仅具有保险的专业知识，还应当具有保险推销的相关知识，对市场需求的变动具有敏锐性和洞察力。这些对于保险市场的健康发展起着重要的作用。所以，保险市场营销更适合非价格竞争。

### （三）保险市场营销观念的发展

保险市场营销的观念经历了从供给方角度向消费者角度的转变，主要经历了四个发展阶段：

#### 1. 以产品为导向的营销观念

产品观念比较典型的表述是："产品即顾客。"意思是只要产品好就不怕没有销路，即所谓的"酒香不怕巷子深"。这就导致保险企业都是根据本公司的情况或其他公司所设计的险种加以推销，而不顾及消费者的需求，整个销售没有实现系统化和专业化。

#### 2. 以销售为导向的营销观念

销售观念认为，消费者在无外力的作用下，都不会主动购买产品，所以企业需要向消费者施加更多的影响，积极地向可能的顾客推荐自己的保险产品，以保险产品的销售为主要的手段。

#### 3. 以消费者为导向的营销观念

保险市场营销部门已是保险企业中的一个独立单位。例如，保险公司在组织机构上分设营销部和承保部，将营销人员和承保人员分开，营销部门的地位得以提高。营销部门人员除了具有良好的专业知识以外，还具备一定的管理能力、创新能力和对外协调能力。营销人员必须了解消费者的需求。

#### 4. 以市场为导向的营销观念

随着社会经济的发展，保险企业须运用其所有的资源，包括人员及财务，拟定适当的营销计划，主动去了解客户的需求，对市场的需求进行定期的调查研究，随时掌握市场需求的变动，使保险产品的营销更为顺畅。以市场为导向的保险营销流程如图12-2所示。

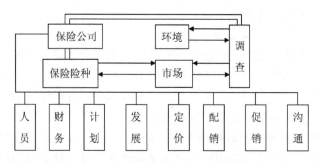

**图12-2　以市场为导向的保险营销流程**

## 二、保险市场营销的重要性和作用

对于开放中的中国保险市场而言，竞争机制将逐渐在保险资源的配置中起主导作用。在竞争机制的作用下我国保险业将走上健康发展的轨道，并逐渐融入国际保险业的发展潮流。在市场竞争中，市场营销是连接社会需要和保险企业反映形式的纽带，对于发展中的我国保险企业尤为重要。具体表现在：

**1. 市场营销是保险市场发展的客观需要**

在计划经济体制下，原人保公司独家垄断经营我国保险业，其工作对象主要是国有企业、事业、机关团体，以团体业务为主，面向一家一户的保险展业很少，强制保险、借助行政干预的现象在保险展业过程中比较普遍。因此，保险公司以少量的员工就可以收到较多的保费。

**2. 市场营销有利于促进人们保险意识的形成**

中国保险市场潜力巨大，这是国内外人士的共同认识。但人们的保险意识薄弱，缺乏对保险的认识。随着保险营销观念的引进，保险营销方式的丰富和多样化，人们的保险意识将会逐步增强。在竞争日趋激烈的保险市场上，各家保险公司要想在市场竞争中取胜，就必须采用多种市场营销方法（如广告、代理人销售、优质服务、企业品牌等）来提高公司的知名度，获得消费者的认可。从我国的现状来看，制约保险业务发展的关键因素是有效需求不足。而要增大社会的保险需求，行之有效的措施之一就是发挥市场营销的作用，增进消费者的保险观念和保险意识，使其真正认识到保险与自身生存发展息息相关，从而有可能增大我国的保险市场需求。

**3. 市场营销有利于保险公司进行创新和提高市场效率**

对于保险公司来说，必须实现公司运行机制和公司业务开展的双重创新。在保险公司的运行机制上，要建立起法人治理结构，健全和完善经理负责制，实行授权经营和经营目标责任考核，实现政企分开，从而真正提高公司经营效率。要建立起一整套合理的奖惩制度，即对于公司的员工，给予一定的激励措施，营造出良好的企业文化和发展氛围，以促进员工充分地挖掘市场潜力，扩大公司业务的市场份额。在保险产品和保险险种上，要不断推陈出新，增加对客户的吸引力，从而扩大市场份额。

4. 市场营销有利于保险公司引进先进技术，提高经营管理水平

市场营销是保险经营技术的重要方面。在营销方式上，国外保险公司不仅有保险直销、保险代理人等营销方式，近些年还兴起了银行卖保险、互联网卖保险等新型营销方式。市场营销在保险公司经营技术水平的提高方面有很多文章可做，如市场营销机制方式之一的保险中介公司，就能够为保险公司业务的开展创造更加有利的条件，具体表现为规范经营的保险中介机构都具有一批经过专门培训、经验丰富的业务开拓人员，这既可拓展保险公司既有的市场份额，又可为保险公司节约大量的人力、物力和财力，从而使保险公司将注意力集中于保险品种的开发和研究，以保证整个保险市场的有序发展，充分满足客户的各种需求。

## 三、保险市场营销环境分析

保险市场营销环境是指与保险企业有潜在关系，能够影响到保险企业的发展和维持与目标市场所涉及的一切外界因素和力量的总和。

（一）宏观环境分析

1. 人口环境

（1）人口总量。人口总量是决定保险市场容量的一个重要的因素。通过分析一个国家或地区的人口总量以及国民收入水平，或者调查一个国家或地区的人口总量和居民可支配的实际货币量，就可以大致了解到保险市场容量的大小以及有效需求的大小，以不断发掘新的市场潜力。

（2）人口结构。指人口的年龄结构，它和人口的出生率的升降以及老龄化的发展程度有密切的联系。年龄差别的存在必然会产生不同的需求，从而形成各具特色的市场。

（3）人口地域分布。分布在不同地域的人口面临着不同的风险，因此保险需求不同，对险种的选择也会不同。保险市场营销需要根据各种不同的需求，推出具体的保险险种以适应各个市场。

（4）人口的流动性。人口的流动在一定程度上改变了原有的市场，有可能导致保险市场的扩大，也有可能导致保险市场的萎缩，这是保险市场营销所不能忽视的。

2. 经济环境

（1）社会经济制度。在资本主义生产资料私人占有的情况下，整个社会经济的盲目性较大，企业经营的目的就是为了获得高额的经济利润。因此，作为保险业，其经营的目标以及方式完全是从自身考虑出发。社会主义条件下的保险企业，生产资料公有制决定了其利益是同国家和人民群众紧密相连的。

（2）经济发展水平。保险是经济发展的产物，并随商品经济的发展而不断发展。不同的经济发展水平有着不同的市场营销环境。

（3）收入水平。收入水平也是保险市场营销环境的一个基本因素。保险交换活动的实现，不仅取决于市场上对保险的自然需求，更主要的是取决于对保险的有效需求。因此，研究收入水平就成为必然。

**3. 政治法律环境**

一个国家的方针、政策、法令、法规的制定及其调整变化会影响保险企业的营销活动。保险企业作为社会经济的一个团体，其营销活动必定要受到政治方向、法律环境的影响和制约。保险的各项营销活动必须遵守国家的方针政策、法令法规，并以其为营销活动的准绳，不得背离。保险专业的营销目标和策略，要随着国家某项政策或法令的调整而进行相应的调整。

**4. 社会文化环境**

每个人都生活在一定的社会文化环境之中，因此，每个人的思想都会受到其影响和制约。一般来讲，社会文化环境包括的因素有：全社会文化教育水平、宗教信仰、传统习俗、价值观念、生活方式等，其中全社会文化教育水平是影响保险市场营销的重要因素。

**5. 科学技术环境**

科学技术对人类的生活最具有影响力，如新技术、新产品的不断问世，一方面将会降低原有风险，给企业带来源源不断的经济利益；另一方面也会给企业带来一定的新风险，从而为保险市场营销带来一定的机会。

**6. 自然环境**

自然环境对保险市场的影响主要表现为各种自然资源对保险市场的影响和制约作用。如对一个有丰富旅游资源的地区来说，与旅游有密切关系的险种就会有很大的市场。

**（二）微观环境分析**

**1. 保险购买者的影响力**

投保人是保险市场营销中最重要、最关键的影响因素。投保人作为保险企业的服务对象，是保险企业经营活动的出发点，又是经营活动的落脚点。保险企业的一切营销活动都应以投保人为中心，以满足投保人的需求为核心。

**2. 保险中介人的影响力**

保险中介人，即保险代理人、保险经纪人和保险公估人与保险企业构成协作关系：保险企业提供保险商品，为投保人提供服务所必备的各种设备等，保险中介人则向社会提供保险咨询、推销保险单等多种服务，这对保险企业服务目标顾客能力的最终形成具有重大的影响。

**3. 竞争对手的影响力**

有竞争才有发展，在竞争中求生存、求发展，这是保险企业发展的必然规律。任何一家保险企业要想在竞争中立于不败之地，就必须研究竞争对手，把竞争对手的策略同自己的策略进行详细的比较，做到知己知彼，从而去开发新的优于竞争对手的险种或对原策略进行完善和改进，来维持原有投保人，吸引新的投保人。

### 4. 社会公众的影响力

保险企业应力求给公众树立良好的印象，努力塑造并保持良好的信誉和公众形象，这是保险企业适应和改善环境的一个重要方面。

## 四、保险市场营销管理程序

### （一）分析营销机会

所谓机会，是指在营销环境中存在的对保险企业的有利因素。一个市场机会能否成为保险企业的营销机会，要看它是否符合保险企业的目标和资源。如果有些市场机会不符合本企业的目标和资源，也就不能转化为营销机会。保险企业应通过环境分析发现机会、抓住机会，化解威胁。

### （二）保险市场调查与预测

在分析营销机会的基础上，保险企业要对保险市场进行调查和预测。市场调查就是要弄清各种市场需求；预测保险市场，特别是目标市场的容量，目的是不失时机地做出相应决策。

### （三）保险市场细分与目标市场选择

每个公司要根据自身优势及不同的市场特点来占领某些市场。保险企业需要对市场进行细分并确定目标市场。市场细分就是依据保险购买者对保险产品的偏好以及购买行为的差异性，把整个保险市场分为若干个不同的消费群，然后在市场细分的基础上，保险企业可以根据自身的营销优势，确定吸引目标市场的策略。

### （四）制定保险市场营销策略

保险市场营销策略主要有目标市场选择策略、销售渠道策略、营销组合策略、竞争策略等。各保险企业应根据自己的具体情况，进行市场营销策略的选择。

### （五）组织实施和控制营销计划

营销组织通常由公司副经理负责，其主要工作有：①合理地安排营销力量，协调全体营销人员的工作；②协调各有关部门的工作，促使保险公司实现营销目标；③保险企业要用控制手段来保证营销计划的实现。

# 第三节　保险市场中介

## 一、保险中介概述

保险中介是指介于保险经营机构之间或保险经营机构与投保人之间，专门从事保险业务咨询与销售、风险管理与安排、价值衡量与评估、损失鉴定与理算等中介服务活动，并从中依法获取佣金或手续费的单位或个人。保险中介在保险市场上作用的发挥，是由其在专业技术服务、保险信息沟通、风险管理咨询等方面的功能所决定的。按照建立和完善社会主义市场经济制度、推行改革开放政策的客观要求，市场化、规范化、职业化和国际化是未来中国保险中介行业生存的前提，也是其发展的方向。

保险中介是保险市场精细分工的结果。保险中介的出现推动了保险业的发展，使保险供需双方更加合理、迅速地结合，减少了供需双方的辗转劳动，既满足了被保险人的需求，方便了投保人投保，又降低了保险企业的经营成本。保险中介的出现，解决了投保人或被保险人保险专业知识缺乏的问题，最大限度地帮助客户获得最适合自身需要的保险商品。此外，保险中介的出现和发展也使保险经营者从繁重的展业、检验等工作中解脱出来，集中精力致力于市场调研、险种开发、偿付能力管理、保险资金运用以及信息传递迅速、系统运转高效的管理制度建设等方面。

保险中介人的主体形式多样，主要包括保险专业代理人、保险兼业代理人、保险经纪人和保险公估人等。此外，其他一些专业领域的单位或个人也可以从事某些特定的保险中介服务，如保险精算师事务所、事故调查机构和律师等。

## 二、保险专业代理人

保险专业代理人指专门从事保险代理业务的保险代理公司，其组织形式可以是合伙企业，也可以是有限责任公司和股份有限公司，其法定名称中应该包括"保险代理"字样。

其业务范围包括：第一，代理销售保险单；第二，代理收取保险费；第三，保险和风险管理咨询服务；第四，代理保险公司进行损失的勘查和理赔。

## 三、保险兼业代理人

### （一）概念

保险兼业代理人是指受保险公司委托，在从事自身业务的同时指定专人为保险公司代理保险业务的单位。代理人只能代理与本行业直接相关且能为保险公司提供便利的保险业务，其业务范围包括：第一，代理销售保险单；第二，代理收取保险费。

### （二）我国保险兼业代理人的主要形式

我国保险兼业代理人的形式主要有三种：

（1）业务经办单位代理，即业务经办单位利用其自身的职能作用和优越条件为保险公司代理与自身业务有直接关系的保险业务。如旅行社可以代理旅客人身意外伤害保险和旅行社责任保险；医院可以代理手术意外保险、生育保险和医师责任保险等。

（2）企业主管部门或企业代理，即企业的主管部门受保险人的委托兼办所属企业的保险业务，或企业代办企业内部的保险业务。如代理企业职工养老保险和家庭财产保险。

（3）银行保险。在兼业代理人中，金融部门的代理作用日益增强。随着金融竞争的加剧和金融一体化的推进，金融业联手合作和相互渗透的趋势日益明显。银行保险作为保险销售渠道，其优势十分明显：第一，银行保险有着卓越的品牌，与保险公司相比，客户更加信任银行。第二，银行有着固定的办公地点，业务人员也相对稳定，客户对银行售卖的保险产品也相对放心。第三，商业银行密集而庞大的银行网络是银行办理保险业务的重要资源。银行可以通过现有的渠道节约成本。第四，银行网点可直接和客户保持经常的联系，存在提供低成本销售保险产品的机会，有利于银行向客户出售和推荐保险产品。第五，银行掌握着丰富的客户资源，这是银行开展保险业务最重要的优势。第六，由于银行和保险公司在所经营的产品上具有同质性，即都是为客户提供具有预防和投资性质的金融产品，因此银行在代理保险业务时也易于得到客户的认同。同时，通过银行保险，可以在同一家金融机构获得所有的金融服务，这正好迎合了消费者的心理。第七，银行经过多年的发展，有一批金融知识丰富、业务熟练、掌握客户营销手段的队伍，只要经过适当的培训，就能很快地掌握保险业务知识，并能够独当一面。

## 四、保险经纪人

保险经纪人（Insurance Broker），我国《保险法》第一百一十八条规定："保险经纪人是基于投保人的利益，为投保人与保险人订立保险合同提供中介服务，并依法收取佣金的机构。"

再保险经纪人，是指接受再保险分出公司委托，为再保险分出公司与再保险分入公司办理再保险业务提供中介服务，并按约定收取佣金的保险经纪机构。

在再保险市场上再保险经纪人是基于原保险人的利益，为原保险人安排分出、分入业务提供中介服务并依法收取佣金的人。保险经纪人必须具备一定的保险专业知识和技能，通晓保险市场规则、构成和行情，为投保人设计保险方案，代表投保人与保险公司商议达成保险协议。保险经纪人不保证保险公司的偿付能力，对给付赔款和退费也不负法律责任，对保险公司则负有交付保费的责任。因经纪人在办理保险业务中的过错而给投保人、被保险人造成损失的，由保险经纪人承担赔偿责任，所以保险经纪人是投保人的代理人，但经纪人的活动客观上为保险公司招揽了业务，故其佣金由保险公司按保费的一定比例支付。

## 五、保险公估人

### （一）保险公估人的概念

保险公估人是指依照法律规定设立，受保险公司、投保人或被保险人委托办理保险标的的查勘、鉴定、估损以及赔款的理算，并向委托人收取酬金的公司。公估人的主要职能是按照委托人的委托要求，对保险标的进行检验、鉴定和理算，并出具保险公估报告，其地位超然，不代表任何一方的利益，从而使保险赔付趋于公平、合理，有利于调停保险当事人之间关于保险理赔方面的矛盾。

（二）保险公估人的作用

保险公估人在保险市场上的作用具有不可替代性，它以其鲜明的个性与保险代理人、保险经纪人一起成为保险中介市场的主体，共同推动着保险市场的发展。保险公估人的作用主要体现在以下几个方面：

1. 保险公估人具有理赔的专业技能

保险理赔是保险经营的重要环节。在保险业发展初期，对保险标的检验、定损等工作往往由保险公司自己进行。随着业务的发展，这种保险公司"全程包办"方式的局限性日益暴露：保险公司理赔人员的专业局限性越来越难以适应复杂的情况。保险公司从经营成本考虑，不可能配备众多的、门类齐全的各类专业技术人员。而保险公估人能协助保险公司解决理赔领域的一些专业性、技术性较强诸如经济、金融、保险、财会、法律及工程技术等领域方面的问题，从而促进保险运作在理赔领域良好地进行。

2. 保险公估人能使保险赔付更趋于合理

保险公司既是承保人又是理赔人，直接负责对保险标的进行检验和定损，做出的结论难以令被保险人信服。保险合同的首要原则是最大诚信原则，由于保险合同订立双方的信息不对称，在承保和理赔阶段，以及在危险防范和控制方面，都存在违背这一原则的可能。而地位超然、专门从事保险标的查勘、鉴定、估损的保险公估人作为中介人，往往以"裁判员"的身份出现，独立于保险双方之外，在从事保险公估业务过程中始终本着"独立、公正"原则，与保险人和被保险人是等距离关系，而不像保险人或被保险人那样易受主观利益的驱动，从而使保险赔付更趋于公平合理，可以有效缓和保险人与被保险人在理赔领域的矛盾。"诉讼不如仲裁，仲裁不如调解，而调解又不如预先防止发生法律纠纷，这几乎是不言而喻的。"

3. 保险公估人有利于实现保险理赔工作的专业化分工

保险公估人代替保险公司独立承担保险理赔领域的工作，从而实现了保险理赔工作的专业化分工。这种分工一方面有利于保险理赔技术的不断升级和横向交流，并能促进保险公估业整体执业水平的提高，从而促进整个保险行业的发展；另一方面，由于规模效应以及逆向选择和道德风险的减少，必然会大大降低保险理赔费用，降低保险成本，从而最终提高整个社会的福利。

## 六、保险中介的发展方向

按照建立和完善社会主义市场经济制度、推行改革开放政策的客观要求，市场化、规范化、职业化和国际化是未来中国保险中介行业生存的前提，也是其发展的方向。

（一）市场化

保险中介是市场经济和开放经济的产物，从世界范围保险中介的产生和发展的历史与现状看，保险业发达的、保险中介行业成熟活跃的国家，无一不是市场经济发达的国家。小农经济不需要保险中介，计划经济也不需要保险中介。世界知名的保险中介公司，无一不是在开放的市场竞争中发展和壮大起来的。我国党和政府正在坚定不移地推行社会主义市场经济制度和对外开放政策，在加入世界贸易组织（WTO）的形势下，中国保险业市场化进程势不可挡。保险中介人从一开始就必须牢牢树立起市场观念，彻底打消靠政策、靠扶持、靠垄断的念头，必须靠自己的敬业精神、专业水准、服务质量和良好信誉在市场竞争中求生存、求发展。

### （二）规范化

保险中介机构要有科学的法人治理结构，根据现代企业制度的要求，健全组织框架。董事会、监事会和管理层要切实各负其责，确保公司有效运转；要有完善的规章制度和有效的内控机制，形成一套覆盖公司业务和管理各个环节的规章制度体系，确保公司内部责权分明、平衡制约、规章健全、运作有序。要树立守法观念和自律意识，积极创造条件，尽早建立保险经纪、代理、公估等行业自律组织，形成规范经营、公平竞争的市场秩序。

### （三）职业化

造就一支高素质的保险中介队伍，要形成一种鲜明的保险中介人职业特征，要有一套严格的执业和品行规范，要用保险中介人的职业特征、职业水准、职业纪律、职业操守和职业形象赢得投保人、保险人与社会各界的广泛认知和认可。从业人员要热爱自己的行业、自己的公司和自己的岗位，要格外注重自己的市场声誉和社会形象，特别是在艰难的创业时期，要有光荣感、责任感和使命感。

### （四）国际化

所谓国际化，并没有一个固定的标准，它是动态的，既是目标，也是过程。目前，保险中介在中国是一个全新的行业，但在国际上它已经发展得相当成熟，形成了一套公认的运作规则和模式。在全球经济金融一体化、信息畅通、交流便利的今天，不应该也没有必要自己在黑暗中摸索，而必须从一开始就想到与国际接轨，在经营规则、理念和方式等诸多方面努力向那些在世界上已获成功的保险中介公司学习、接近和看齐。只有这样，才能争取到时间、争取到主动、争取到市场。否则，可以预见不远的将来，在激烈的市场竞争中，我们必将无立足之地。

【案例12-1】

#### 泛华事件

2007年10月，泛华保险服务集团登陆美国纳斯达克全球市场，成为亚洲第一家在全球主要资本市场上市的保险中介企业；它是目前中国大陆创办最早、规模最大的从事零售银行中介服务的平台运营商。

泛华集团于1999年在广东开始保险代理服务，是中国大陆最先引入"后援平台+个人创业"模式来开展保险中介业务的集团公司。泛华集团提供强大的资本与后援平台，支持立志在保险中介行业达到个人事业巅峰并实现财富梦想的有识之士建立自己的保险中介公司。泛华集团业务涵盖保险代理、经纪及公估，为客户提供专业保险及理财咨询服务，量身定做金融保险理财方案，全方位满足客户对于财险、寿险及勘察定损的需求。截至2009年一季度，泛华集团已经完成了覆盖全国21个省市的销售及服务网络建设的任务，旗下设财险营业集团、寿险第一营业集团、大童集团、公估集团四大集团，共涵括了45家保险代理、5家保险经纪及3家保险公估，支持了上百位创业者建立起自己的公司或团队，所辖分支机构已基本覆盖珠江三角洲经济圈、长江三角洲经济圈、环渤海经济圈和以四川为中心的中西部地区，并预计到2010年完成覆盖全国23个省市的销售网络布局的计划。

　　泛华集团作为保险行业的基础平台运营商，本着"价值创造，成本领先"的经营理念，倾力打造了包括"信息技术中心、产品中心、培训中心、品牌与服务中心"以及"统一的财务内控系统、统一的作业流程、统一的人力资源管理系统"在内的"四个中心，三个统一"的强大营运平台，提供了完善的管理及销售系统。保险中介开始走向规范化，形成规模效应。

　　资料来源：泛华保险服务网。

# 第四节　保险市场营销策略

　　20世纪60年代，市场营销策略理论和方法问世，给传统的市场营销学补充了新的内涵。传统的营销学尚处于理论体系的探索阶段，对企业管理的指导意义还不明显。而营销策略理论和方法体现出的强烈的"管理导向"，使它成为整个营销学理论体系的中心，并使传统的营销学理论体系取得了重大的突破。它的学术价值就在于从此开始指引营销理论研究紧紧面向企业管理，使研究的重点向各项战略和决策方面倾斜，对营销实践起到了巨大的指导作用。营销策略理论的运用，使保险商品销售找到了快速有效的途径。

## 一、保险产品目标市场选择策略

### （一）目标市场概述

　　目标市场策略是指选择适当的保险消费者作为保险企业的目标市场。所谓目标市场，是指经过保险企业细分后所要服务的一群保险消费者。

　　目标市场的特点极大地影响着营销策略的构建。因为营销策略归根结底是由目标市场的需要决定的，它是保险企业开发目标市场的手段和工具。保险企业目标市场的以下条件深深地制约着营销策略：

第一，潜在客户的自然状况。如地理位置、人口特点（包括年龄、性别、文化、收入、分布密度等），它们会影响到目标市场潜力的大小、保险营销渠道的选择以及促销策略的选择。

第二，客户消费模式和消费行为。该条件会影响保险产品策略和促销策略的选择。

第三，潜在客户的保险意识和对保险商品的要求。这方面的条件影响保险渠道策略和定价策略的选择。

第四，市场竞争的特点。如果竞争并不激烈，选择一种较好的市场营销策略即可；如果竞争充分，就有较多的竞争者营销策略可借鉴，可选出一些较好的策略，细致地加以分析和比较，对每一种营销策略的效益做出更精确的估量，作为最后选择营销策略的基础。

**（二）选择目标市场的步骤**

选择目标市场包括三个步骤：

第一，细分市场。按照消费者对险种和营销组合的不同需求，将市场划分为不同的消费群体。

第二，选择目标市场。制定衡量细分市场的标准，选择一个或几个要进入的细分市场。

第三，确定营销险种及营销组合策略。即确定保险企业向每个目标市场提供的险种和营销组合策略，以保证本企业在市场上的竞争地位。

保险市场营销中的细分市场，是指保险企业根据保险消费者的需求特点、投保行为的差异性，把保险市场划分为若干个细分市场，每一细分市场都是由具有同类需求倾向的保险消费者构成的。保险企业在细分市场时要注意其实用性和有效性。有效性表现在细分后的市场能为保险企业制定营销策略提供依据；实用性则以细分市场能否成为保险企业的目标市场为条件。

**（三）选择目标市场的依据**

1. 目标市场的规模与潜力

潜在的目标市场必须具有适度的规模和潜力。因为只有具有一定的购买力，目标市场才有实际意义；有了足够的营业额，目标市场才具有开发的价值。

此外，保险企业在选择目标市场时，还要考虑是否有尚未满足的需求和尚未充分发展的潜力。

2. 目标市场的吸引力

目标市场可能具有理想的规模和潜力，然而从盈利的观点来看，它未必有吸引力。目标市场的内在吸引力受下列五种力量的影响：

（1）同行业竞争者的影响。如果某个细分市场已经有了为数众多的、强大的或者竞争意识强烈的竞争者，该细分市场就会失去吸引力。

（2）潜在的新竞争者的影响。如果新的竞争者进入某个细分市场时遭遇严重的壁垒，并且遭到市场内原有企业的强烈报复，这个细分市场就最具有吸引力。

（3）替代产品的影响。如果某个细分市场现在已经存在替代产品或者有潜在的替代产品，该细分市场就失去了吸引力。因为替代产品会限制该细分市场内价格和利润的增长。

（4）购买者议价能力的影响。如果某个细分市场中购买者的议价能力很强或者正在加强，该细分市场就没有吸引力。

（5）供应商议价能力的影响。如果供应商，如银行、公用事业单位、行业公会能够控制某个细分市场的保险产品价格或服务质量等问题，这个细分市场就失去了吸引力。

3. 保险企业的目标和资源

如果某一细分市场具有较大的吸引力，但不符合保险企业的长远目标，企业也应该放弃。

**（四）目标市场策略的选择**

1. 无差异性市场策略

亦称整体市场策略。这种策略是保险公司把整体市场看作是一个目标市场，只注意保险消费者对保险需求的同一性，而不考虑他们对保险需求的差异性，以同一种保险条款、同一标准的保险费率和同一营销方式向所有的保险消费者推销同一种保险。

无差异性市场策略适用于那些差异性小、需求范围广、适用性强的保险险种的推销。这种策略的优点是：减少保险险种设计、印刷、宣传广告等费用，降低成本；能形成规模经营，使风险损失率更接近平均损失率。缺点是：忽视保险消费者的差异性，难以满足保险需求的多样化，不适应市场竞争的需要。

2. 差异性市场策略

差异性市场策略是指保险企业选择了目标市场后，针对每个目标市场分别设计不同的险种和营销方案，去满足不同保险消费者的保险需求的策略。

差异性市场策略的优点是：使保险市场营销策略的针对性更强，有利于保险企业不断开拓新的保险商品和使用新的保险市场营销策略；适用于新的保险企业或规模较小的保险企业。缺点是：提高了营销成本，增加了险种设计和管理核算等费用。

3. 集中性市场策略

亦称密集性市场策略。保险企业选择一个或几个细分市场为目标市场，制定一套营销方案，集中力量争取在这些细分市场上占有大量份额，而不是在整个市场上占有小量份额。

集中性市场策略的优点是：能够集中力量，迅速占领市场，提高保险商品的知名度和市场占有率，使保险企业集中有限的精力去获得较高的收益；可深入了解特定的细分市场，实行专业化经营，适用于资源有限、实力不强的小型企业。缺点是：如果目标市场集中，经营的保险险种较少，则经营风险较大，一旦市场上的保险需求发生变化，或者有强大的竞争对手介入，就会使保险企业陷于困境。

```
市场营销组合 ————————————— 整体市场
                （1）无差异性市场策略
市场营销组合Ⅰ ————————————— 细分市场Ⅰ
市场营销组合Ⅱ ————————————— 细分市场Ⅱ
市场营销组合Ⅲ ————————————— 细分市场Ⅲ
                （2）差异性市场策略
                                  细分市场Ⅰ
市场营销组合 ————————————— 细分市场Ⅱ
                                  细分市场Ⅲ
                （3）集中性市场策略
```

**图 12-3　三种可供选择的目标市场策略**

## 二、保险产品的宣传广告策略

保险业的广告策略应当按照以下步骤来完成：

**（一）明确的广告目标**

在制定中资保险业广告策略之前，一个重要前提是制定出明确的传播目标，避免行动的盲目性。因此，保险业广告策略的广告目标具体应包括以下几点：

1. 提供信息

保险企业通过广告活动向目标沟通对象提供种种信息，诸如告诉目标市场将有一种新的保险品种即将出台，介绍某种保险产品的相关背景知识以及对于消费者实际生活起到哪些作用，以此来减少消费者的顾虑，建立企业信誉等。这种广告的目的在于建立基本需求，即使得目标市场需要某类保险产品。

2. 诱导购买

保险企业通过广告活动建立本企业的保险品种偏好，改变顾客对本企业产品的态度，鼓励顾客放弃竞争者的保险品种转而购买本企业的产品，劝说顾客接受推销访问，诱导顾客立即购买。这种广告的目的在于建立选择性需求，即使得目标沟通对象从需要竞争对手的保险品种转向需要本企业的品种。

3. 提醒使用

保险企业通过广告活动提醒消费者在不远的将来将用得着某保险产品，这种广告的目的在于使消费者在某种保险产品生命周期的成熟阶段仍能想起这种产品。确定广告宣传要达到的目标，应根据行业内的竞争情况、目标消费者的特征、产品的生命周期等因素进行决策。

**（二）准确的广告定位**

广告的定位是广告众多策略中最为重要的策略。定位策略，就是恰如其分地认识你所要宣传的商品在市场中的位置。定位策略应用得当，其他策略才能得到有效发挥。

保险行业的广告定位应该从以下几个方面做起：

1. 功效定位

保险行业的广告宣传要突出本企业产品的特色功效，以区别于其他同类产品，满足消费者的需要。这种定位主要是通过调查，找出产品在功效上不同于其他产品的地方，而这种功效又是消费者所需要的，然后进行重点诉求。

2. 品质定位

通过强调保险产品具有良好的品质而对产品进行定位。这里要强调本保险企业产品所独具的、与众不同的品质。

3. 价格定位

当本企业保险产品品质性能与同类产品相似，没有特殊之处能够吸引消费者的时候，价格定位是常采用的一种定位方法，以求击败对手。这是一种退而求其次的方法，同时也是非常重要的方法。

4. 消费者定位

消费者定位是指对产品潜在的消费群体进行定位。对消费对象的定位也是多方面的。

5. 观念定位

不仅要考虑上述定位策略的应用，还要善于在人们的观念上"寻找空隙"，进行观念定位。

**（三）媒体选择**

目前，主要媒体有电视、报纸、杂志、直接邮寄、广播、户外广告、网络广告等。这些主要媒体在送达率、频率和影响价值方面互有差异。例如，电视的送达率比杂志高，户外广告的频率比杂志高，而杂志的影响比报纸大。保险企业在选择媒体种类时，须考虑如下因素：

（1）目标沟通对象的媒体习惯：在保险企业选定某个群体作为目标沟通对象的情况下，应根据其选定群体的特性而选择相应的媒体。

（2）产品特性：不同的媒体在展示、解释、可信度与颜色等方面分别有不同的说服能力。由于保险产品本身的特殊性，应在比较正式的媒体上做广告。

（3）信息类型：比如，保险企业宣布即将举办的销售活动，必须在电台或报纸上做广告；而如果广告信息中含有大量的技术资料，则须在专业杂志上做广告。

（4）成本：不同媒体所需成本也是一个重要的决策参数。概括地说，保险企业可以根据自身资源的特性，将本模型运用到实际的广告中去，以求取得本企业广告投入产出的最大化。

# 三、保险市场竞争策略

**（一）竞争地位**

1. 市场领导者的策略

市场领导者是指在保险市场上占有市场最高份额的保险企业。市场领导者通常采取的策略是：①扩大总市场，即扩大整个保险市场的需求；②适时采取有效的防守措施和攻击战术，保护其现有的市场占有率；③在市场规模保持不变的情况下，扩大市场占有率。

市场领导者扩大保险市场，是因为它在现有市场上占有率最高。市场领导者既可以采取扩大营销的方式来提高其市场占有率，又可以采取各种防护措施来保护其市场占有率。

2. 市场挑战者策略

市场挑战者是指位于行业中第二或第三名的保险公司。市场挑战者策略目的旨在掠夺领导者地位和吞并弱小者市场。市场挑战者最常用的策略是正面攻击、侧翼攻击、围堵攻击、游击战等。

3. 市场跟随者策略

市场跟随者是指那些不想扰乱市场现状而想要保持原有市场占有率的保险公司。跟随的策略有三种，即紧随其后策略、有距离跟随策略和有选择跟随策略。

4. 市场拾遗补缺者策略

拾遗补缺者是指一些专门经营大型保险公司忽视或不屑一顾的业务的小型保险公司。成为拾遗补缺者的关键因素是专业化。

**（二）竞争地位与竞争策略的关系**

竞争策略和竞争地位互为因果关系，互相影响。

保险企业在根据自己的竞争地位来决定竞争策略时，除了要考虑自身的经营目标、实力和市场机会外，还应考虑的因素有：①竞争者无法模仿的策略，如人海战术；②竞争者不愿采用的策略，如放宽承保或理赔条件；③竞争者不得不追随的策略，如采用更优惠分红办法；④竞争双方均获利的策略，如保险企业宣传保险，使社会公众对保险产生良好的印象。因此，保险企业如何在现有的条件下，选择行之有效的竞争策略，起着至关重要的作用。

# 四、保险市场营销渠道选择策略

**（一）保险市场营销渠道的概念**

保险市场营销渠道是指保险商品从保险企业向保户转移过程中所经过的途径。

**（二）保险市场营销渠道的种类**

1. 直接营销渠道

亦称直销制，是指保险企业利用支付薪金的业务人员对保险消费者直接提供各种保险商品的销售和服务。这种方式适合于实力雄厚、分支机构健全的保险公司。

2. 间接营销渠道

亦称中介制，是指保险企业通过保险代理人和保险经纪人等中介机构推销保险商品。

（1）保险代理人。保险代理人是从事保险代理活动的人，保险代理制度是代理保险公司招揽和经营保险业务的一种制度。保险代理人与被代理的保险公司在法律上被视为同一人。保险代理人根据保险公司的授权代为办理保险业务的行为，由保险公司承担责任。

保险代理人根据不同的标准，可分为不同的种类：①按授权范围的不同，保险代理人可分为总代理人、地方代理人和特约代理人。②按代理对象的不同，保险代理人可分为专属代理人和独立代理人。③按代理性质的不同，保险代理人可分为专职代理人、兼职代理人和个人代理人。

（2）我国保险兼业代理人的主要形式。

1）业务经办单位代理，即业务经办单位利用其自身的职能作用和优越条件为保险公司代理与自身业务有直接关系的保险业务。如旅行社可以代理旅客人身意外伤害保险和旅行社责任保险；医院可以代理手术意外保险、生育保险和医师责任保险等。

2）企业主管部门或企业代理，即企业的主管部门受保险人的委托兼办所属企业的保险业务，或企业代办企业内部的保险业务。如代理企业职工养老保险和家庭财产保险。

3）银行保险。在兼业代理人中，金融部门的代理作用日益增强。随着金融竞争的加剧和金融一体化的推进，金融业联手合作和相互渗透的趋势日益明显。

（3）保险经纪人。保险经纪人是代表投保人或被保险人的利益参与保险活动的人，保险经纪制度是指保险人依靠保险经纪人争取保险业务、推销保险单的一种保险市场营销方式。

保险经纪以保险业务为依据可分为人寿保险经纪人、非人寿保险经纪人和再保险经纪人三种。

（4）保险中介人资格认定。为了防止保险中介人损害投保人或被保险人的利益，各国对保险中介人的资格都制定了相应的法律规范。

我国于2004年11月颁布的《保险代理机构管理规定》和《保险经纪机构人管理规定》，对保险代理人和保险经纪人的资格和行为规范作出了一些具体规定。

凡从事保险代理业务的人员必须参加保险代理人资格考试并获得《保险代理人资格证书》。

## 五、保险市场营销渠道的利弊分析

### （一）直接营销渠道的利弊分析

1. 直接营销渠道的优势

在这种营销方式下，保险企业可有效控制承保风险，保持业务量的稳定。

（1）保险公司的业务人员由于工作的稳定性强又比较熟悉保险业务，因而有利于控制保险欺诈行为的发生，不容易发生因不熟悉保险业务而欺骗投保人的道德风险，从而给保险消费者增加了安全感。

（2）保险公司的业务人员直接代表保险公司开展业务，具有较强的公司特征，从而可以在客户中树立公司良好的外部形象。

（3）如果保险公司业务人员在完成或超额完成预期任务的情况下，则维持营销系统的成本较低。

**2. 直接营销渠道的弊端**

由于保险服务需要与大量的目标顾客进行长时间的接触，而保险企业所雇用的营销人员总是有限的。所以说，弊端是显而易见的。

（1）不利于保险企业争取更多的客户。由于保险公司预定的任务较重，无法与所有客户建立密切的关系。因此，许多客户的潜在保险需求无法转移为现实的购买力，使保险企业失去了很多潜在的客户。

（2）不利于扩大保险业务的经营范围。由于直销人员有限，他们只能侧重于进行大型险种的营销活动，而对于某些潜力业务却无法顾及，导致对市场需求不能产生合理的预期，错失发展良机。

（3）不利于发挥业务人员的工作积极性。由于在直销方式下，业务人员的收入与业务量不发生必然的联系，当其超额完成任务时没有提成，因而不能激发其积极性。

**（二）间接营销渠道的利弊分析**

**1. 保险代理人制度的优势**

（1）有利于保险企业降低保险成本，提高经济效益。由于保险代理人是按劳取酬，保险企业只需向代理人支付代理手续费即可，这就节约了在直销状态下必须支付的各项费用，从而大大降低了保险成本。可见，保险代理人的工作为保险企业提高了经济效益。

（2）有利于提高保险企业的供给能力，促进保险商品销售。保险代理人可以利用其广泛分布的营业网点，从而客观上提高了保险企业的供给能力，方便了保险消费者购买保险。

（3）有利于提高保险企业的服务质量，增强其市场竞争中的实力。保险企业利用保险代理人网点多、人员多、服务优良等优势，可以弥补自身在服务质量方面的缺陷，全面提高保险企业的服务质量。

（4）有利于保险企业迅速建立和健全更为有效的保险信息网络，提高保险企业的经营水平。保险代理人在营销的过程中，由于接触的客户多，信息灵通，将有助于保险企业全面、迅速地了解整个保险市场的发展趋势，从而使保险企业在市场竞争中站稳脚跟，求得发展。

**2. 保险代理人制度的弊端**

（1）保险企业与保险代理人之间始终存在着核保与推销之间的冲突难以解决的问题。保险代理人的任务是力求推销出去更多的保单，以获取更多的手续费，因此难免会售出一些质量不高的保单，而保险人在扩展业务的同时更注重提高承保质量，显然两者是有冲突的。

（2）保险代理人单纯为代理手续费而开展业务的做法，导致保险企业承保质量下降。个人代理人为了赚取更多的代理手续费，往往频繁地利用默示代理权力，有时甚至超越代理权限去推销保险单，有的素质不高的代理人还会给保险企业带来风险很大的业务，影响保险人的经营效率。

（3）保险代理人滥用代理权，从而有损于保险人的利益。保险代理人有可能出于恶意，与投保人或投保人之外的第三人作虚假申报，骗取高额保险金，结果不仅造成保险企业自身的经济损失，而且极大地损害了保险企业的信誉。

（4）保险人的行为缺乏规范化管理，从而造成保险代理市场的混乱。代理人队伍庞大，业务素质良莠不齐，管理难度大，容易造成管理的混乱。

3. 保险经纪人制度的优势

（1）保险经纪人提供的服务专业性强。保险经纪人一般都具有较高的业务素质水平和保险知识水平，是识别风险和选择保险方面的专家。因此，投保人借助保险经纪人能够获得最佳的保险服务，即支付的保险费较低而获得的保障较高。

（2）保险经纪人作为被保险人的代表，独立承担法律责任。在保险市场上，保险经纪人代表投保人或被保险人的利益，代其为保险人协商保险事宜，办理投保手续，充当了保险顾问的角色。在办理业务中的过错，应由他自己承担责任。

（3）保险经纪人的服务不增加投保人或被保险人的经济负担。保险经纪人的佣金是向保险人提取的。一般来说，保险人从被保险人缴纳的保险费中按一定的比例支付经纪人，不会增加被保险人的额外开支。

4. 保险经纪人制度的弊端

保险经纪人制度的弊端在于：由于保险经纪人不依托某家保险公司进行中介活动，因此如果保险经纪人缺乏法律、法规的限制，就可能导致保险经纪人以中介为名，行欺诈之实。例如提供虚假信息来牟取暴利，使交易者在经济上蒙受损失，扰乱保险市场的正常秩序。

# 六、保险市场营销渠道的选择原则与控制方法

## （一）保险市场营销渠道的选择原则

保险市场营销渠道的选择是保险公司销售工作中最重要的决策之一。营销渠道的选择是否合理，中间环节的多少是否恰当，会直接影响保险产品的销售成本，从而会影响到保险产品的价格和在市场上的竞争力。

保险企业要选择合理的营销渠道，必须遵循以下原则：

1. 客户导向原则

保险公司必须把客户的需求放在第一位，不仅要提供符合投保人需求的险种，同时还要求所使用的销售渠道为准投保人和投保人的购买提供方便。

2. 最高效率原则

保险公司选取合理的营销渠道，能够提高营销的效率，不断地降低营销成本和费用，从而在竞争中获得优势，达到利益最大化。

### 3. 发挥优势原则

保险公司在选择市场营销网络时，要注意发挥自己的特长，确保在市场竞争中获得优势地位，能够达到最佳的成本经济和良好的顾客反应，同时也要保证渠道各成员之间的合作。

### 4. 利益分配原则

合理分配利润是保险营销渠道的关键，利润分配不公常常导致渠道成员之间的矛盾。因此，保险公司应该设置一整套利益分配制度，根据各成员负担的职能、投入的成本和取得的绩效，合理分配在保险市场营销中取得的利益。

### 5. 协调合作原则

保险企业在建立和选择渠道时，要充分考虑竞争的强度，使保险中介人处在既竞争又合作的状态，加强相互之间的沟通，从而实现整体的营销目标。

保险企业在选择营销渠道时需要考虑的重要问题就是能否以最小的代价最有效地将保险商品推销出去。保险企业必须在消费者的服务需求、符合需求的成本和可行性以及消费者对价格的偏好三者之间达到平衡。

直接营销渠道适应于新成立的、规模较小的保险公司。间接营销渠道一般适应于经营规模较大、市场份额较高、营销控制能力较强的保险公司。对于财产保险公司，宜采用直接营销渠道；对于人寿保险公司而言，则宜采用代理制。

### （二）保险市场营销渠道的控制形式

#### 1. 激励

如对保险中介成员在代理某险种时给予较高的代理手续费和各种促销津贴等优惠措施以激励其销售活动。激励必须针对受控制的中介人的真正需要，这样效果才显著。

#### 2. 强制

强制包括制裁和处罚等手段。强制是一种不常用的消极手段，只有在运用其他手段无效的情况下才运用它。

#### 3. 改进和调整

改进和调整包括三个层次：增加或剔除个别中介机构；增加或剔除个别营销渠道；变更整个营销渠道。第一层次的调整是结构性调整，后两个层次的调整是功能性调整。

---

【案例 12-2】

### 柯受良"飞黄"与保险营销

1997 年 6 月 1 日，香港电影特技演员柯受良在万众瞩目之下驾车成功地飞越了黄河天险壶口瀑布，与此同时，中保集团财产保险有限责任公司（现中国人民保险公司）借此良机进行的保险营销策划获得了极大的成功。

1997 年 3 月 24 日，《西安晚报》刊登的一则"电影特技演员柯受良的雄奇计划：6 月 1 日飞越黄河"的消息，引起了中保财险西安分公司领导的浓厚兴趣，它们立即意识到这是一个极好的机会。经过努力，它们与"飞黄"组委会取得联系，洽谈承保"飞黄"活动事宜。为了在承保标的与控制风险之间达到平衡，中保财险西安分公司与"飞黄"组委会进行了艰苦的谈判，保险合同五易其稿。开始双方的意向是：给柯受良保100万元，组委会日常工作人员保100人，每人20万元，柯受良保险期从车轮离开地面起到车轮落地止，其他人员保险期为6月1日一天。后来组委会提出工作人员可以不保，把柯受良的保额提高到500万元。中保财险西安分公司据理力争，一方面做耐心的解释工作，另一方面作出合理的让步。最后双方同意将柯先生的保额提高到6100万元（六六大顺，好事成双之意，且因是在6月1日飞越黄河），工作人员从100人扩大到300人，每人保额20万元。工作人员保险期从1天延长到1个月。

中保财险西安分公司自保险合同签订后，就十分重视风险防范工作，做好保险服务。4月15日，保险合同签字仪式暨新闻发布会在中保财险西安分公司举行，当地新闻单位记者蜂拥而至。会后，西安经济广播电台当天播出五次，陕西人民广播电台通过卫星向全球播出两次，其他新闻媒体竞相报道。

试飞前柯受良特技组成员徐铭杰右手腕脱臼，左手臂擦伤，新闻单位对此非常关注。中保财险西安分公司迅速预付1800元赔款，之后又全额赔付2万元。公司的良好信誉又在多家媒体得到报道。

6月1日，在壶口现场黄河西岸山体上，悬挂着两幅山体广告。一幅为"飞人壮举越黄河，中保财险作后盾"，长30米、高18米；另一幅为"中保财产保险有限公司"的冠名广告，长150米、高15米，面积之大创我国广告之最。这两幅广告大方醒目，给现场10万名观众留下了强烈的视觉震撼。现场直播4小时，中保财险广告出现160多次，秦晋两岸的文艺演出及柯受良驾车飞越黄河时，以两幅广告为背景，中央电视台、凤凰卫视向全世界96个国家和地区进行实况转播，覆盖人口达30亿。在之后的半个月内，两幅广告仅在中央电视台、凤凰卫视台就播放了8次，出现画面达640多次。

柯受良的壮举无疑被载入世界特技史册，而中保财险西安分公司也在此次活动中取得了良好的经济效益和公关效益，中保财产保险扬名海内外，可谓保险人与被保险人的"双赢"。

中保财险西安分公司抓住柯受良"飞黄"这一机会进行的一系列营销活动，引起了人们的关注，也取得了极大的成功。业内人士真切地感受到营销已成为驱动现代保险业发展的必不可少的力量。

案例来源：姚海明：《保险营销理论与案例》，复旦大学出版社，2002年11月。

## 重要概念

保险市场　保险市场组织形式　保险供给　保险需求　保险市场营销　保险市场中介　保险代理人　保险经纪人　保险公估人　保险市场营销策略

**思考题**

1. 简述保险市场的主要特征。
2. 试比较分析几种典型的保险人的组织形式。
3. 论述保险市场供给与需求的影响因素。
4. 简述保险市场营销的特点。
5. 简述保险市场中介的类型及其优劣分析。
6. 论述保险市场的营销策略。
7. 简述银行保险迅速发展的原因。

# 第十三章 保险经营

【学习目的】

正确认识保险经营的特殊性，了解保险企业从事保险经济活动应遵循的原则，掌握保险经营活动中的主要环节及各环节中应注意的重要事项，掌握保险经营风险的基本特征、类型及成因，掌握保险经营风险的技术分析及如何防范保险经营风险。

## 第一节 保险经营概述

### 一、保险经营的含义

保险经营是保险主体为实现保险经营的目标而采取的一系列措施的总和。保险经营是一种商品经营，它必须遵守商品经营的一般原则。但是保险商品是一种特殊的商品，它的经营受外部环境和内部环境的制约，它要求保险主体在业务经营中树立正确的经营理念，制定合理的经营目标，以保证保险公司的正常运作。

### 二、保险经营的特征

#### （一）保险经营活动是一种特殊的服务活动

保险经营是以特定风险的存在为前提，以集合尽可能多的单位和个人的风险为条件，以大数法则为数理基础，以分散风险和经济补偿为基本功能。因此，保险公司所从事的经营活动，不是一般的物质生产和商品交换活动，而是一种特殊的服务活动。首先，这种服务活动依赖于保险业务人员的专业素质，如果保险公司拥有一批高素质的业务人员，提供承保前、承保中和承保后的系列配套服务，社会公众对保险公司的信心就会增强，保险公司的竞争力就会进一步提高。其次，这种服务活动体现在保险公司的产品质量上。保险公司根据保险市场需求精心设计保险条款，合理规定保险责任，而保险合同数量越多，则保险成本越节省，一般来说，保险经营也就越稳定。

**（二）保险经营资产具有负债性**

一般企业的经营资产来自自有资本的比重较大，这是因为它们的经营受其自有资本的约束，所以必须拥有雄厚的资本作为经营后盾。保险企业也必须有资本金，尤其开业初期需要一定的设备资金和经营资本。保险公司经营资产的很大一部分实质上是其对被保险人未来赔偿或给付责任的负债。

**（三）保险经营成本和利润计算具有特殊性**

保险经营成本与一般工商企业产品成本的核算有差异，一般产品成本发生在过去，是确定的，而保险经营成本却发生在未来，具有不确定性。由于保险商品的现时价格（即保险费率）制定所依据的成本是过去的、历史支出的平均成本，而现时价格又是用于补偿将来发生的成本，即过去成本产生现时价格，现时价格补偿将来成本。同时，我们确定保险历史成本时，也需要大量的统计数据和资料。事实上，一般保险公司无法获得足够的历史资料和数据，而且影响风险的因素随时都在变动，这就使得保险人确定的历史成本很难与现时价格相吻合，更难与将来成本相一致。因此保险经营成本的不确定性决定了保险价格的合理力度不如其他商品高，保险成本与保险价格的关系也不如其他商品密切。

保险利润的计算也与一般企业不同。经营一般商品时，企业只需将出售商品的收入减去成本、税金，剩下来的就是利润。而保险企业的利润除了从当年的保费收入中减去当年的赔款、费用和税金外，还要减去各项准备金和未决赔款，如果提存的各项准备金的数额较大，则保险利润会受到较大的影响。

**（四）保险经营过程具有分散性和广泛性**

一般企业的经营过程是对单一产品、单一系列产品或少数几种产品进行生产管理或销售的过程，其产品只涉及社会生产或社会生活的某一方面，即使企业的破产倒闭所带来的影响也只会涉及某一行业或某一领域。保险经营则不然，保险公司所承保的风险范围之宽、经营险种之多、涉及的被保险人之广泛是其他企业无法相比的。例如，被保险人包括法人和自然人，就法人来说，包括各种不同所有制的工业、农业、交通运输业、商业、服务业和各种事业单位和国家机关；就自然人来说，有各行各业和各个阶层的人士。无论是自然人还是法人，既可以在国内的不同地区，又可以在世界各个国家和地区。一旦保险经营失败，保险企业丧失偿付能力，势必影响到全体被保险人的利益乃至整个社会的安定。所以说，保险经营的过程既是风险大量集合的过程，又是风险广泛分散的过程。通过风险损失分摊，众多的投保人将其面临的风险转嫁给保险人；保险人又通过承保将众多的风险集合起来；而当发生保险责任范围内的损失时，保险人又将少数人发生的风险损失分摊给全体投保人。

## 三、保险经营的原则

保险经营的原则是指保险企业从事保险经济活动的行为准则。由于保险商品除具有一般商品的共性外，还具有自身的特性，因此，在经营保险这一特殊商品的过程中，既要遵守企业经营的一般原则，又要遵守保险企业的特殊原则。

（一）保险经营的一般原则

保险经营的是服务形态的商品，保险企业的经营应当遵循商品经营的一般原则，包括以下几点：

1. 经济核算原则

经济核算是商品生产经营的基本原则。它利用价值和货币形式，对生产经营过程中的劳动耗费和劳动成果进行记载、计算和分析，保证以收抵支并获得利润。保险企业经济核算的主要内容有：

（1）保险成本核算。即要核算保险经营所耗费的物化劳动和活劳动。保险成本的物化劳动主要由保险设备耗费金额、保险赔偿或给付金额、各种准备金、各种利息及费用五部分组成；活劳动就是保险企业职工的工资总额。

（2）保险资金核算。保险企业的资金是保险企业经营资金的总和，包括定活期银行存款、用于投资的资金、固定资产净值、结算过程的资金、现金等。保险企业资金的核算，主要通过核算各种资金的占有量、利用率、周转速度等指标来实现。

（3）保险利润核算。利润是保险企业经营活动所产生的经济成果的最终体现。保险利润核算通常是通过计算利润额和利润率两个指标来进行的。利润额是保险利润核算的绝对指标，主要用以衡量企业利润计划的完成程度。利润率是保险利润核算的相对指标，主要反映企业在不同时期的利润水平差异程度。

2. 随行就市原则

随行就市就是根据市场行情及时调整保险商品的结构和价格，以适应市场的需要。"随行就市"不是被动地适应市场行情的变化，而是要有强烈的市场观念，以对影响保险市场行情的各种因素进行全面、细致、深入的分析，并根据所掌握的信息正确判断和预测其发展变化的规律和趋势，不断地把消费者的潜在需求转化为现实的保险商品，达到开拓市场、创造需要、实现保险商品价值的目的。

3. 薄利多销原则

薄利多销原则体现在保险现时价格上，即保险费的确定上。合理的保险费应体现等价交换的原则，这是保险经营的中心问题。合理的保险费包含两方面内容：保险费率制定合理，不得过高或过低；费率适用合理，即不同风险适用不同的费率，相同的风险适用相同的费率，避免偏袒或歧视。

（二）保险经营的特殊原则

由于保险商品除具有一般商品的共性外，还具有自身的特性。因此，在经营保险这一特殊商品的过程中，既要遵循企业经营的一般原则，又要遵循保险企业经营的特殊原则。

1. 风险大量原则

风险大量原则是指保险人在可保风险的范围内，应争取承保尽可能多的风险单位。风险大量原则是保险经营的基本原则。这是因为：

第一，保险的经营过程实际上就是风险管理过程，而风险的发生是偶然的、不确定的，保险人只有承保尽可能多的风险和标的，才能建立起雄厚的保险基金，以保证保险经济补偿职能的履行。

第二，保险经营是以大数法则为基础的，只有承保大量的风险和标的，才能使风险发生的实际情形更接近预先计算的风险损失概率，以确保保险经营的稳定性。

第三，扩大承保数量是保险企业提高经济效益的一个重要途径。因为承保的标的越多，保险费的收入就越多，营业费用则相对较少。

遵循风险大量原则，保险企业应积极组织拓展保险业务，在维持、巩固原有业务的同时，不断发展新的客户，扩大承保数量，拓宽承保领域，实现保险业务的规模经营。

2. 风险选择原则

为了保证保险经营的稳定性，保险人在承保时不仅需要签订大量的以可保风险和标的为内容的保险合同，还需要对承保的风险加以选择。风险选择原则要求保险人充分认识、准确评价承保标的的风险种类与风险程度以及投保的金额恰当与否，从而决定是否接受投保。

保险人对风险的选择表现在两方面：一是尽量选择同质风险的标的承保，从而使风险能从量的方面进行测定，实现风险的平均分散；二是淘汰那些超出可保风险条件或范围的保险标的。可以说，风险选择原则否定的是保险人无条件承保的盲目性，强调的是保险人对投保意愿的主动性选择，使集中于保险保障之下的风险单位不断地趋于质均划一，从而有利于承保质量的提高。

保险人选择风险的方式有事先选择和事后选择两种：

（1）事先风险选择。事先风险选择是指保险人在承保前考虑决定是否接受投保。此种选择包括对人和对物的选择。所谓对人的选择，是指对投保人或被保险人的评价和选择。例如，在人寿保险中，应了解被保险人的年龄，是否从事危险职业，是否患有慢性疾病或不治之症，必要时应直接对被保险人进行体格检查等。在财产保险中，应了解被保险人的资金来源、信誉程度、经营能力、安全管理状况和道德风险等因素。所谓对物的选择，是指对保险标的及其利益的评估与选择。例如，对投保财产保险的建筑物，应了解和检查其结构、使用情况以及坐落地点等；对投保的机动车辆、船舶、飞机等运输工具，应了解是否属于超龄服役的老车、老船、老飞机，它们的用途及运输区域等。对被保险人和保险标的物的风险已超出可保风险的条件和范围的，保险人应拒绝承保。拒保是常见的一种事先选择风险的方法。

（2）事后风险选择。事后风险选择是指保险人对保险标的物的风险超出核保标准的保险合同做出淘汰的选择。保险合同的淘汰通常有三种方式：第一，等待保险合同期满后不再续保；第二，按照保险合同规定的事项予以注销合同，如我国远洋船舶战争险条款规定，保险人有权在任何时候向被保险人发出注销战争责任的通知，通知在发出后7天期满时生效；第三，保险人若发现被保险人有明显误告或欺诈行为，可以终止承保，解除保险合同。

总之，无论保险人是采取事先风险选择还是事后风险选择，都是采用了风险管理中避免风险的手段，可见保险经营与风险管理的关系甚为密切。

3. 风险分散原则

风险分散是指由多个保险人或被保险人共同分担某一风险责任。保险人在承保了大量的风险后，如果所承保的风险在某段期间或某个区域内过于集中，一旦发生了较大的风险事故，可能导致保险企业偿付能力不足，从而损害被保险人利益，也威胁着自身的生存发展。因此，保险人除了对风险进行有选择的承保外，还要遵循风险分散原则，尽可能地将已承保的风险加以分散，以确保保险经营的稳定。保险人对风险的分散一般采用核保时的分散和承保后的分散两种手段。

（1）核保时的风险分散。主要表现在保险人对风险的控制方面，即保险人对承保的风险责任要适当加以控制。控制风险的目的是为了减少被保险人对保险的依赖性，同时也是为了防止因保险而可能产生的道德风险。保险人控制风险的方法主要有以下几种：

第一，控制保险金额。保险人在核保时对保险标的要合理划分危险单位，按照每个危险单位的最大可能损失确定保险金额。例如，对于市区密集地段的建筑群，应按风险相对独立的情况，分成若干地段，并科学估测每一地段的最大可能损失，从而确定保险人对每一地段所能承保的最高限额。如保险金额超过保险人的承保限额时，保险人对超出部分不予承保。这样一来，保险人所承担的保险责任就能控制在可承受的范围之内。

第二，规定免赔额（率）。对一些保险风险造成的损失规定一个额度或比率，由被保险人自负这部分损失，保险人对于该额度或比率内的损失不负责赔偿。例如，在机动车辆保险中，对机动车辆每次事故规定有免赔额，只有超过免赔额的部分才由保险人承担赔偿责任。

第三，实行比例承保。保险人按照保险标的实际金额的一定比例确定承保金额，而不是全额承保。例如，在农作物保险中，保险人通常按平均收获量的一定成数确定保险金额，如按正常年景平均收获量的6~7成承保，其余部分由被保险人自己承担责任。

（2）承保后的风险分散。承保后风险分散原则的应用以再保险和共同保险为主要手段。再保险是指保险人将其所承担的业务中超出自己承受能力的风险转移给再保险人承担。共同保险是由两个或两个以上保险人共同承保某个风险较大的保险标的。

# 第二节　保险经营环节

保险经营活动通常包括展业、投保、核保、承保、分保、保全、防灾、核赔、理赔等多个环节。这些经营环节相互联系，缺一不可，保险人应努力使经营的各个环节连续通畅。

## 一、保险展业与投保

### （一）保险展业

保险展业又称推销保单，即通过保险宣传，广泛地争取保险业务，拓展保险市场的过程。保险展业对于保险经营的意义重大，是保险经营活动的出发点。任何一家保险公司为了扩大自己的业务量和提高市场占有率，都必须投入大量的人力和物力进行保险展业。

1. 保险展业的意义

保险公司只有大量招揽业务，才能充分发挥大数法则的作用，在时间和空间上分散风险，将损失在众多的被保险人之间进行分摊，实现保险保障的目的。展业所具有的重大意义主要表现在以下几个方面：

（1）通过展业提高人们的保险意识，唤起人们对保险的潜在需求。如今，人们所面临的风险不管是在数量上还是在种类上都日益增加，但由于风险的发生在时间、地点及其程度上都有极大的不确定性，这使得大多数人存在侥幸心理，虽然有潜在的风险需求，但对购买保险的热情度不高。同时，保险商品不同于一般企业的商品，它是一种无形商品，消费者在购买了保险商品之后，不像购买其他实物商品一样，能立即获得效用，因此人们的保险需求较为消极。因此，有必要通过保险展业唤起人们对保险的潜在需求，促使人们购买保险。

（2）通过展业对保险标的和风险进行初步选择。在保险过程要注意可能出现的逆向选择，保险展业过程中通过帮助客户分析自己所面临的风险，加以甄别，可以避免逆向选择的出现，为保证承保质量把好第一关。

（3）通过展业争夺市场份额，提高经济效益。保险企业之间的竞争主要是市场份额的竞争。保险展业在增加了保险业务的同时，必然增加保险收入，积累起雄厚的保险基金，形成足够的偿付能力，进而降低保险经营风险，为进一步降低保险价格、吸引更多保户创造条件，从而使保险经营进入良性循环，经济效益也必然会得到提高。

2. 保险展业的途径

保险展业一般包括两种途径：直接展业和间接展业，其中，间接展业又包括通过保险代理人展业和通过保险经纪人展业。

（1）直接展业。直接展业是指保险公司依靠自身的业务人员向保险客户推销保单，招揽业务。直接展业的业务质量较高，但业务开展的范围较窄，成本较高。所以，直接展业方式适合于团体保险业务和金额巨大的险种。

（2）保险代理人展业。保险代理人接受保险公司的委托，在其授权范围内代为推销保险产品，代为收取保险费，代为办理其他保险事宜。保险代理人依照保险代理合同的约定向保险人收取代理手续费。我国的保险代理人分为专业代理人、兼业代理人和个人代理人三类，其中个人代理人制度现在主要用于寿险营销；而兼业代理主要用于财产保险，多为银行代理和行业代理。保险代理人展业不仅有利于降低保险成本，增强保险供给能力，促进保险业务发展，提高保险的服务质量，增强保险公司的竞争实力；还有利于沟通保险信息，提高保险公司的经营管理水平。但如果保险代理人只顾自身利益，单纯为代理手续费而开展业务，而不顾业务良好与否，会导致保险公司承保质量的下降；保险代理人滥用代理权，如擅自变更保险条款等，会有损保险人的利益。

（3）保险经纪人展业。保险经纪人展业是指接受保险经纪人介绍的业务，即保险经纪人基于投保人的利益，代其选择保险公司，并代为订立保险合同，并从保险人处收取佣金。保险经纪人展业的优点在于保险经纪人不仅熟悉保险市场行情和保险标的的情况，而且熟悉保险、法律等专业知识，能为被保险人寻求最佳保险保障，更能赢得投保人的信任。此外，保险经纪人作为被保险人的代表，独立承担法律责任。并且，虽然其为投保人提供了专业服务，但由于其向保险人收取保险佣金，因此并不增加投保人或被保险人的经济负担。其缺点在于，由于保险经纪人独立于保险公司，保险公司对其没有直接的法律法规的限制，从而可能导致保险经纪人提供虚假信息来牟利，损害保险公司的利益，扰乱保险市场。

（二）投保

投保，即购买保险，投保人通过保险业务人员或保险中介购买保险后，就与提供这种保险的保险公司建立了一种较为长期的关系。正因为如此，一方面保险人要加强对投保环节的经营管理，为投保人提供良好的服务，使投保人在投保时能真正享受到合理选择保险的权利；另一方面投保人有责任自觉地增强保险意识，为自身的利益做出明智的选择。

1. 保险企业有义务为投保人提供良好的投保服务

通常，投保人愿意向资金雄厚、管理良好、保单和服务都能满足自己需要的保险企业投保。因此，投保人衡量保险企业能否提供良好服务的标准之一，就在于它是否能为投保人提供许多可能选择的机会。在保险活动中，投保人需要保障的基本权利有：①得到准确保险信息的权利；②保证安全的权利；③可自由选择保险险种的权利；④有申诉、控告所遭受不良待遇的权利；⑤要求开发和改进险种的权利；⑥获得良好售后服务的权利；⑦要求提供的服务不得违反社会公共道德的权利。

保险企业为投保人提供的服务有：

第一，帮助投保人分析自己所面临的风险。不同的风险需要有不同的保险计划。每个人或每个企业的生产状况、工作状况以及健康状况都不同，所面临的风险也会不同。

第二，帮助投保人确定自己的保险需求。投保人确认自己所面临的风险及其严重程度后，需要进一步确定自己的保险需求。保险人应当将投保人所面临的风险分为必保风险和非必保风险，那些对生产经营和生活健康将会产生严重威胁的风险，应当属于必保风险。

一般来说，保险人确定保险需求的首要原则是"高额损失原则"，即某一风险事故发生的频率虽然不高，但造成的损失严重，应优先投保。相反，有些风险事故虽然出现频率很高，但造成的经济损失却并不严重。对于前者，即使发生频率很低，也值得投保；对于后者，虽损失不大，但出险频率高，更值得去做的是采取各种预防措施降低其发生频率。

第三，帮助投保人估算可用来投保的资金。对于投保人来说，确定保险需求后，还需要考虑自己究竟能拿出多少资金来投保。资金充裕，便可投保保额较高、保障较全的保险险种；资金不足，就先为那些必需的风险投保；资金紧张，就量力而行购买那些保险金额可以修订的险种。保险人还应当了解投保人可用于投保的资金并不完全在于个人收入的数额，更重要的是在于个人的生活方式，在于个人对未来风险预防的认识。

第四，帮助投保人制订具体的保险计划。保险人替投保人安排保险计划时确定的内容应包括：保险标的情况、投保风险责任的范围、保险金额的多寡、保险费率的高低、保险期限的长短等。

2. 投保人有充分享受自由选择投保的权利

保险意识较强的投保人，在购买保险时应该做出对自己负责的选择，包括选择保险中介人和保险公司。

（1）选择保险中介人。相当多的投保人是通过保险中介人来实现投保的。因此，投保人必须学会选择保险中介人。选择保险中介人，必须了解他们的种类、工作性质及资格限定等信息。保险中介人可以分为保险代理人和保险经纪人等。一个好的保险中介人应该具有丰富的专业知识技能和较高的道德标准，能将委托人的利益放在首位；应该能清楚地传递信息，从而帮助投保人理解自己所需要的保险合同的含义。

（2）选择保险公司。投保人在选择保险公司时，必须考虑各家保险公司在经营品种、保险价格、偿付能力、经营状况、理赔政策以及服务水平上的差异性。因为投保人在投保之后，在整个保险期间，都将与该保险公司有着密切的联系。

投保人选择保险公司的标准有以下几点：

第一，选择时要注意保险公司的类型。不同类型的保险公司在经营范围和产权性质等方面都有所不同，而这些差异直接影响保险公司的经营品种和经营方式。

第二，选择时要注意保险公司提供的险种与价格。一个好的保险公司的经营方式，应当是为投保人量体裁衣，尽可能满足各种投保人的不同需要。所以，投保人在选择保险公司时，首先要选择那些能为自己提供适当的、切实可行的保障的保险公司。

第三，选择时要考虑保险公司的偿付能力和经营状况。选择保险公司要着眼于它的经济实力，而对其实力的考察，又以其偿付能力和经营状况为主。

第四，选择时要考查保险公司提供的服务。保险公司所推行的保险单在使用方面是极其相似的，但提供的服务却不尽相同。往往保险费率较低的保险公司所提供的服务会与期望的不相符合。

投保人选择保险公司时，要从两个方面注意其服务，一是从其代理人那里获得的服务，二是从该公司本部那里获得的服务。前者的服务水准，可以确定保险公司对其代理人的培训和管理水平；后者对于投保人来说更为重要，尤其是购买人寿保险。

## 二、保险核保与承保

### （一）核保

#### 1. 核保的含义

核保又称为危险选择，指保险公司对投保人提出的投保申请进行评估，决定是否承保，并在接受风险的情况下，根据风险大小决定承保条件的过程。核保的目的在于辨别投保风险的优劣，对不同的风险加以分类筛选，避免不可承保风险，保证保险承保业务质量及经营的稳定性。

#### 2. 核保的内容

（1）审核保险客户。保险客户必须是具有完全行为能力并对保险标的具有保险可保利益的自然人或法人，只有这样，保险合同才具有法律效力。此外，客户的行为、品格会直接影响到保险事故发生的可能性和损失程度。因此，保险核保人员必须严格控制客户的法律资格，审核其资信、品格和作风等。

（2）审核保险标的。保险标的是保险人承担危险责任的对象，保险标的的性质、状况及环境与危险的大小直接相关。例如，油漆商店比一般商店遭遇火灾的可能性大。即使在同类企业中，管理水平的高低也会使危险大小产生差异。因此，保险人对投保标的的控制主要是审核投保标的的危险状况。对那些危险较大的标的，核保人员应该拒绝承保或采用较高的保险费率承保。

（3）通过对危险的评估，确定承保责任范围，明确对所承保的危险应负的赔偿责任。对于常规危险，一般按照基本条款承保；对于一些具有特殊危险的投保标的，保险人需采用附加条款和特约条款，或是为满足被保险人的特殊需要，以加收保险费为条件适当扩展责任，或是加批限制性附加条款，限制保险人的责任。

（4）对保险金额的控制。保险金额是保险人确定的其可以承担的最高责任限额。保额的确定依据是标的的价值及投保方对标的所具有的可保利益额度。任何背离这两个依据的保额都可能诱发道德风险。因此，一定要避免超额保险。同时，对于一些高风险、高保额的业务，应注意控制保险人所承担的保险限度。

（5）审核保险费率。保险费率是保险商品的价格，它应该与保险标的的风险程度相一致。风险程度高，保险人就应收取较高的费率；反之则收取较低的费率。

#### 3. 核保的要素

（1）财产保险的核保要素。第一，投保财产所处的环境。例如，对所投保的房屋，要检查其所处的环境是工业区、商业区还是居民区，附近有无易燃易爆的危险源，附近救火水源如何以及与消防队的距离如何，房屋是否属于高层建筑、周围是否畅通、消防车能否开近，等等。

第二，标的状况。主要是指投保标的的主要风险隐患和关键防护部位及防护措施状况。这是对投保财产自身风险的检验，即要检查投保财产可能发生风险损失的各种主客观原因。例如，投保的财产是否属于易燃易爆物品或易受损物品，对温度和湿度的灵敏度如何，机器设备是否超负荷运转，使用的电压是否稳定，建筑物结构状况，等等。

第三，对投保财产的关键部分要重点检查。例如，建筑物的承重墙体是否牢固；船舶、车辆的发动机的保养是否良好。对于投保财产的防护也是核保的一项内容。例如，有无防火设施、报警系统、排水排风设施，机器有无过载保护、降温保护措施，货物运输的包装是否符合标准，运载方式是否合乎标准，等等。

第四，检验有无处于危险状态中的财产。正处在危险状态中的财产意味着该项财产必然或即将发生风险损失，对这样的风险保险人一般不予承保。

第五，检查各种安全管理制度的制定和实施情况。健全的安全管理制度是预防和降低风险发生的保证，可以减少承保标的损失，提高承保质量。因此，核保人应该核查投保方的各项安全管理制度，核查其是否有专人负责该制度的执行和管理。如果发现问题，应建议投保人及时解决，并复核其整改效果。倘若保险人多次建议投保方实施安全计划方案，但投保方仍不执行，保险人可调高费率，增加特别条款，直至拒保。

（2）人身保险的核保要素。人身保险的核保要素一般分为影响死亡率的要素和非死亡率的要素。影响死亡率的要素有年龄、性别、职业、健康状况、体格、习惯、居住环境、种族、家庭、病史等。非死亡因素包括保额、险种、缴费方式、投保人收入状况、投保人与被保险人及受益人之间的关系。在此仅介绍前者的核保要素。

第一，年龄和性别。年龄是核保所要考虑的最重要的因素之一。因为死亡率一般随着年龄的增加而增加，各种死亡原因在不同年龄段的分布是不一样的，不同年龄组各种疾病的发病率也不相同。因此，保险金给付的频数与程度有明显差异。另外，有关统计资料表明，女性寿命要长于男性4~6岁。因此，性别因素也关系着保险人承担给付义务的不同。

第二，职业与习惯嗜好。疾病、意外伤害和丧失工作能力的概率在很大程度上受被保险人所从事的职业的影响。一般具有特殊风险的职业，虽不会影响被保险人死亡概率的变化，但却会严重损害被保险人的健康而导致大量医疗费用的支出。有些职业势必会增加死亡概率或意外伤害概率，如高空作业、矿工及接触有毒物质的工作人员。如果被保险人有吸烟、酗酒等不良嗜好或赛车、跳伞、登山、冲浪等业余爱好，核保人可以提高承保费率或列为除外责任。

第三，体格和身体情况。体格是遗传所致的先天性体质与后天各种因素的综合表现。体格包括身高、体重等。例如，经验表明，超重会引起生理失调。所以，超重对所有年龄的人都会增加死亡概率，对中年人和老年人尤甚。除体格以外的身体情况也是核保的重要因素。神经、消化、心血管、呼吸、泌尿系统失常会引起较高的死亡概率。

第四，个人病史和家庭病史。如果投保的被保险人曾患有某种急性或慢性疾病，往往会影响其寿命，所以，在核保中一般除了要求提供自述的病史外，有时还需要医师或医院开具的病情报告。家庭病史主要是了解家庭中有无可能影响后代的遗传性或传染性疾病，另外，还应考虑被保险人本人出生和家庭居住地是否在流行病区，有无感染某些传染病的可能。

### （二）承保

**1. 承保的含义**

承保是指保险合同的签订过程，即投保人和保险人双方通过协商，对保险合同的内容取得意见一致并签订保险合同的过程。

保险承保的基本要求：既要扩大业务面，又要保证业务质量；既要合理收费，又要保证合同中所规定义务的履行。因此，在承保业务中应重点把握承保控制。

**2. 承保控制**

承保控制是指保险人在承保时，依据自身的承保能力控制保险责任，尽量防止和避免道德风险和心理风险。

（1）控制逆向选择。所谓逆向选择，就是指那些有较大风险的投保人试图以平均的保险费率购买保险。保险人控制逆向选择的方法是对不符合承保条件者不予承保，或者有条件地承保。

（2）控制保险责任。只有通过风险分析与评估，保险人才能确定承保责任范围，才能明确对所承担的风险应负的赔偿责任。一般来说，对于常规风险，保险人通常按照基本条款予以承保，对于一些具有特殊风险的保险标的，保险人需要与投保人充分协商保险条件、免赔数额、责任免除和附加条款等内容后特约承保。

（3）控制人为风险。人为风险包括道德风险和心理风险。从承保的角度来看，保险人控制道德风险发生的有效方法就是将保险金额控制在适当额度内。因此，保险人在承保时要注意投保金额是否适当，尽量避免超额保险。保险人在承保时对心理风险的控制常采用限额承保和规定免赔额（率）的手段，以激发被保险人克服心理风险因素，加强对保险标的的安全维护。

**3. 签发保单**

签发保单，就是保险公司与那些通过核保确认可以承保的投保人签订正式的保险合同。保单的签发意味着保险经济关系的确立，保险双方将各自行使权利、履行义务。

## 三、分保

如果某保险标的风险较大，保险公司承保后可能足以影响公司财务状况，则应安排再保险，即将该标的部分风险分保给再保险公司。或者依据《保险法》的规定，对某些必须办理再保险的特殊风险，则应安排再保险。在安排再保险时，应选择合适的再保险公司以分出恰当的风险。分保工作也是保险经营的一个环节。

## 四、保全

保全也就是保单售后管理，主要有两方面的工作：一是后续保费缴纳管理，二是承保单证档案管理。

（一）后续保费缴纳

按期缴纳保险费，是维持保单效力的基础。如果投保人不能按照保险合同的要求，及时通过约定方式向保险公司缴纳保费，保单就会失效。一旦保单失效，投保人的保障目的也就无法实现了。售后跟踪服务不到位，部分公司续期收费不落实，尤其是因销售人员变动造成的"孤儿保单"的续收和服务问题没有得到很好解决，少数公司在撤并部分服务网点时善后工作考虑不周全，就会造成部分客户无法按期缴费，从而引发各种纠纷。

（二）承保单证档案

承保单证档案是保险公司在承保过程中形成的档案材料，是阐明保险双方有关权利与义务的法律性文件，也是理赔或给付的原始法律依据。其类别和归档范围如下：

1. 承保单证档案的构成

承保单证档案的数量往往较多，构成也较复杂，可依据保险公司的业务授权范围，进一步将其划分为国内承保单证档案和涉外承保单证档案两个门类。

（1）国内承保单证档案。国内承保档案根据险种的不同分为以下几种类型：

第一，企业财产保险承保单证类。这类档案可依照企业的性质、所属行业的不同进行组卷与排列。一企一卷或数卷，并按企业的表现形式进行有序排列。

第二，家庭财产保险承保单证类。这类档案可按险种、家庭所属地区的不同进行组卷与排列。

第三，货运保险承保单证类。这类档案既可按运输方式（如沿海、内河、陆路、空中）也可按险种（如基本险、综合险）实施组卷与排列。

第四，运输工具保险承保单证类。它首先可划分为机动车辆保险、船舶保险、飞机保险、铁路车辆保险承保单证档案等若干子类，然后再按运输工具的类型进行组卷与排列。

第五，农业保险承保单证类。先将其划分为农作物保险、经济林保险、养殖业保险承保单证档案等若干子类，再依据动植物品种或险种的不同实施组卷与分类。

第六，人身保险承保单证类。这是一宗内容较多、构成复杂的类别，涵盖全部的人寿保险业务。它可依据险种的不同，先将其分为简易人身保险、团体人身保险、意外伤害保险、职工医疗保险、养老保险、子女教育保险、婚嫁保险、计划生育系列保险等子类，每个类别再寻求合理的逻辑联系进行组卷与排列。

第七，其他保险承保单证类。

（2）涉外保险单证档案。这类档案只有在获准经营涉外保险业务的保险公司才能产生。它大体上可划分为非水险和水险（或海险）承保单证档案两大类别。非水险承保单证档案尽管非常复杂，但同样可依据险种的不同进一步区分为财产险单证类、汽车险单证类、人身意外伤害险单证类、责任险单证类、船舶险单证类、飞机险单证类、投资险单证类、信用险单证类和其他险单证类等若干子类。每个类别的单证档案均可参照国内保险单证档案的有关方法实施更进一步的分类、组卷及排列。

2. 承保单证档案的归档范围

无论是国内承保单证档案，还是涉外承保单证档案，由于其承保手续和内容的相似性，因而其归档文件的成分大致相同。其具体的归档范围包括以下材料：保单副本及附表，批单副本、附表及批改申请书，保险费发票复印件，退费发票复印件，保险合同或协议书，保费结算通知书（国内保险业务无此项），中途退保的有关单证、附表、合同、协议及其他有关文件。

## 五、防灾防损与售后服务

### （一）防灾防损

防灾防损是指保险企业与被保险人对所承保的保险标的采取措施，减少或消除风险发生的因素，防止或减少灾害事故所造成的损失，从而降低保险成本、增加经济效益的一种经营活动。它是保险的一项派生职能，其重要性体现在可以保护社会财富和人民的安全健康、提高保险企业的经济效益、为降低保险费率创造条件三个方面。保险防灾防损工作主要有：

1. 加强同各防灾部门的联系与合作

保险防灾作为社会防灾工作中的一部分，发挥着越来越大的作用。保险人要注意保持和加强与各专业防灾部门的联系，积极派人参加各种专业防灾部门的活动。同时，要充分利用保险企业的长处和技术优势，向社会提供各项防灾防损服务，如防灾防损技术咨询服务、风险评估服务、社会协调服务、事故调查服务、灾情信息服务和安全技术成果推广等。

2. 进行防灾宣传和检查

目前，人们对风险的防范意识还不强，保险人应该向投保人和被保险人宣传防灾防损的重要性，提高安全意识，普及防灾防损知识。同时，加强有关防灾防损的基本知识和技能的宣传教育，提高全社会的防灾防损能力。此外，保险人还需主要对所承保的单位和个人进行防灾检查，以及时发现不安全因素。

3. 及时处理不安全因素和事故隐患

在防灾防损的检查过程中，若发生了不安全因素和事故隐患，保险人应及时对被保险人提出整改意见，并在技术上提供指导和帮助，将事故隐患消灭在萌芽状态。同时，保险人在接到重大保险事故通知时，应立刻赶赴事故现场，直接参与救援工作。

4. 提取防灾费用，建立防灾基金

保险企业每年都要从保险费收入中提取一定费用建立防灾基金，主要用于增强社会防灾设施和保险公司应付突发性重大灾害时急用。

5. 积累灾情资料，提供防灾技术服务

保险人除搞好防灾工作以外，还要经常对各种灾情进行调查研究并积累丰富的灾情资料，掌握灾害发生的规律性，提高防灾工作的效果。

### （二）售后服务

所谓保险售后服务，应当包括在保单出售后，注重信息反馈，也就是看险种的设计合理与否，保险期限内的防灾防损服务，出险后的理赔工作以及日常的技术性服务等。保险不是"签一个单、收一笔保费"或"签单—理赔"这样一个简单的过程，而是一份长期的合同，保险公司需要为客户提供长期的售后服务，建立高效、完整的服务体系。随着保险市场竞争日趋激烈，售后服务日渐成为保险公司显示服务质量的一大法宝。做好保险售后服务，能够维护和提高保险信誉，巩固保险公司与保户的关系，为保险业的发展打下牢固的基础。因此，售后服务的好坏直接关系到保险公司的发展前景，其作用不可小视。售后服务主要包括以下几个方面：

**1. 重视售出险种的信息反馈**

保险险种条款的设计包括投保的条件、保险的范围、保险责任的大小、费率的适宜度、保额的高低以及除外责任等，其设计是否合理，主要看保户是否乐意接受。如果大多数企业或群众能自愿踊跃地参加某种保险，则说明这个险种的设计较为合理。反之，就会出现险种受冷落的窘况。这就需要售出人即保险人特别注意购买人即被保险人的信息反馈，必要时对险种的条款加以更改或建议上级公司加以修正，从而增强险种的生命力。

**2. 建立保户档案**

从保险单生效之时起，保险公司就需要同这个保户同舟共济，保险人为全方位地掌握被保险人的第一手资料，很有必要建立起保户档案。保户档案的内容应包括以下几个方面：①单位名称、详细坐落地址、法人代表及内部机构设置的基本情况。②单位生产经营的产品商品、拥有的财产以及保险的情况。③单位在行业上有哪些风险，如有没有危险性商品等。④单位防灾组织、防灾重点的具体情况，有哪些薄弱环节等。

**3. 对保户进行防灾防损服务**

保单签订后，保险人和被保险人首先想到的是拿钱缴保险费买平安，以不出事故为宜，或尽可能将损失降到最低程度，这是保险人与被保险人双方共同的愿望，因为自保单生效之时起，保险人与被保险人的经济利益便紧系在一起。因此，加强对保户的防灾防损服务工作至关重要。要做到对一般风险性不大的保户定期检查；保额大、风险系数大的重点保户经常检查。及时查出事故隐患，及时采取措施，防患于未然。

**4. 做好出险后的理赔工作**

被保险人参加保险的目的是为了以防不测。一旦发生意外事故，作为保险人要立即赶赴现场，帮助被保险人排忧解难，做到收费、理赔一样热情，对手续齐全的案子尽快赔付，手续不全的案子要帮助保户完善手续，尽快让被保险人得到经济补偿。对保险责任范围外的案子，要心平气和讲明原因，不能生硬地拒赔。因此，理赔在搞好保险售后服务中至关重要。

**5. 做好保险技术性服务**

对前来投保或索赔的保户进行保险业务指导，帮助保户尽快完善手续，减少不必要的等候环节，在自身业务上给保户创造一个轻松的环境。

# 六、保险核赔与理赔

## （一）保险核赔

保险核赔是指保险公司理赔专业人员对保险赔案进行审核，确定赔案是否应赔、应该怎样赔的行为。保险核赔工作要做到认真负责，严格执行合同条款，准确计算赔款，并且在核赔过程中，禁止单人查勘、单人定损。

保险核赔的要点有：

### 1. 审核保险责任

保险人收到损失通知书后，应立即审核该赔案是否属于保险人的责任，其审核的内容包括保单是否仍有效力，损失是否由所承保的风险引起，损失的财产是否是保险财产，损失是否发生在保单所载明的地点，损失是否发生在保险单的有效期内，请求赔偿的人是否有权提出赔偿，索赔是否欺诈等。

### 2. 进行损失调查

在审核保险责任后，首先，应到现场进行实际勘察，了解事故，以便分析损失原因，确定损失程度。造成损失的原因通常都是千变万化的，只有对损失原因进行具体分析，才能确定其是否属于承保的责任范围。其次，保险人要根据被保险人提出的损失清单逐项加以查证，确定实际损失的程度。

### 3. 权益转让

如果保险事故是由第三者过失或非法行为引起的，第三者对被保险人的损失负赔偿责任。保险人可按保险合同的约定或法律的规定，先行赔付保险人。然后，被保险人应当将追偿权转让给保险人，并协助保险人向第三者责任方追偿。如果被保险人已从第三者责任方那里获得赔偿，保险人只承担不足部分的赔偿责任。

### 4. 保险委付

当保险财产遭受严重损失、被保险人要求按推定全损赔偿时，必须将受损财物的一切权益委付给保险人。保险人一经接受委付，不能中途转移，而且义务和责任也同时转移。保险人是否接受委付须衡量得失，慎重选择。保险人可按全损赔付而放弃委付，这时保险人不承担义务，相应地也不能取得权益。

### 5. 索赔期限

索赔是被保险人在发生事故、遭受损失后，要求保险人履行赔偿的一种要求。保险事故发生后，被保险人或受益人应将事故发生的时间、地点、原因及其他有关情况，以最快的方式通知保险人，并提出索赔请求。但提出索赔请求通常有时限要求，根据险种不同，被保险人在保险财产遭受保险责任范围内的盗窃损失后，应当在24小时内通知保险人，否则保险人有权不赔偿。此外，有的险种没有明确的时限规定，只要求被保险人在其可能做到的情况下，尽快将事故损失通知保险人，如果被保险人在法律规定或合同约定的索赔时效内未通知保险人，可视为其放弃索赔权利。

被保险人发出损失通知的方式可以是口头的，也可用函电等其他形式，但随后应及时补发正式书面通知，并提供各种必需的索赔单证，如保险单、账册、发票、出险证明书、损失鉴定书、损失清单、检验报告等。

### （二）保险理赔

#### 1. 保险理赔的含义

保险理赔是指保险人在保险标的发生风险事故后，对赔案进行处理的行为。保险理赔涉及保险合同双方权利义务的实现，是保险经营的重要内容。

投保人投保的主要目的就是为了在发生保险事故时得到保险保障，所以保险事故发生后，保险人应及时履行赔偿、给付保险金的责任。理赔工作的好坏，关系到保险人的信誉和业务的开展。因此，保险理赔的意义在于以下几方面：

第一，保险理赔能使保险的基本职能得以实现。也就是说，理赔是保险人依保险合同履行保险责任、被保险人享受保险权益的实现形式。

第二，保险理赔能及时恢复被保险人的生产，安定其生活，促进社会生产顺利进行，保证社会生活安定，提高保险的社会效益。

第三，保险理赔还可以发现和检验展业承保工作的质量。例如，保险费率、保险金额、保险价值的确定是否合理，防灾防损工作是否有效，从而进一步改进保险企业的经营管理并提高其经济效益。

2. 保险理赔的原则

保险理赔应遵循以下原则：

(1) 重约守信原则。保险理赔是保险人对保险合同履行义务的具体体现。对于保险人来说，在处理各种赔案时，一定要尊重保险合同，恪守信用，严格按照保险合同的条款规定，受理赔案、确定损失，既不惜赔，也不滥赔。

(2) 实事求是原则。虽然保险条款对赔偿责任的原则作了明确规定，但被保险人提出的索赔案件错综复杂。因此，保险人除了按照条款的规定处理赔案外，还要深入实际，掌握情况，查明原因，实事求是地处理赔案。

(3) 主动、迅速、准确、合理的原则。在处理赔案时要准确分清责任，准确确定损失，准确核定赔付，做到不错赔、不乱赔，坚持赔付的合理性。同时，要主动处理，及时赔付。我国新《保险法》第二十三条、第二十四条、第二十五条规定："保险人收到被保险人或者受益人的赔偿或者给付保险金的请求后，应当及时作出核定；情形复杂的，应当在三十日内做出核定，但合同另有约定的除外。保险人应当将核定结果通知被保险人或者受益人；对属于保险责任的，在与被保险人或者受益人达成赔偿或者给付保险金的协议后十日内，履行赔偿或者给付保险金义务。保险合同对赔偿或者给付保险金的期限有约定的，保险人应当按照约定履行赔偿或者给付保险金义务。""保险人依照本法第二十三条的规定核定后，对不属于保险责任的，应当自作出核定之日起三日内向被保险人或者受益人发出拒绝赔偿或者拒绝给付保险金通知书，并说明理由。""保险人收到赔偿或者给付保险金的请求和有关证明、资料之日起六十日内，对其赔偿或者给付保险金的数额不能确定的，应当根据已有证明和资料可以确定的数额先予支付；保险人最终确定赔偿或者给付保险金的数额后，应当支付相应的差额。"

3. 保险理赔的程序

(1) 立案登记。保险人在得到保险事故的通知后，应及时赶到现场查勘。被保险人要填写出险通知书，保险人据此编列赔案号码，将有关内容登录在"赔款安全登记簿"中立案。

(2) 案件查勘。理赔人员对出险案件要进行审查，查明损失发生时保单是否有效，索赔人在索赔当时有无保险利益，以及被保险财产的投保条件和特别约定事项等，为现场查勘做好准备。在查勘中，要做好现场的原始记录。对损失金额不大的赔案，只需写好查勘工作联系记录；对重大赔案或巨额赔案，必须撰写查勘报告。同时，各项审核单证要齐全。

（3）责任审定。理赔部门要认真研究联系记录或查勘报告的内容，作出初步结论，然后报请上级审批。凡属应拒赔或注销的案件，应将理由和被保险人意见报上级审批。凡涉及第三者责任追偿的案件，应在给付赔偿前，由被保险人填写"权益转让书"，将其向责任方的追偿权转让给保险人。

（4）损余物资处理。受损财物的妥善处理，对挽救财产损失、减少赔款支出有积极意义。应在适当照顾被保险人利益的同时，使受损财产得到充分利用。如果损余物资必须由保险人收回，理赔部门要填写"损余物资收回凭证"。损余物资处理完毕，应填制"更正计算书"，冲减赔款支出。

（5）赔款计算。理赔人员要根据损失情况，分别按标的损失、施求费用、查勘费用、损失收回、免赔额等项目列出计算公式，填写"赔款计算书"。

（6）赔付结案。财务部门接到"赔款计算书"后，必须在10天内将赔款付给被保险人。理赔人员在赔款支出后将全案有关单证和文件整理好，归档结案，并盖"赔讫"字样的印章。

# 第三节　保险经营风险及其防范

## 一、保险经营风险的含义与特征

### （一）保险经营风险的含义

保险公司经营保险业务，就是承担投保人转嫁的风险，投保人投保的个别保险标的是否发生保险事故是偶然的。保险公司经营的数理基础是大数法则，当保险公司承保的保险标的数量非常多时，保险事故发生的概率趋于稳定，因而保险公司可以通过收取固定的保费对保险事故损失予以赔偿。但是保险公司的经营与其他企业的经营一样，其本身也存在风险。保险经营风险具有潜伏期长、隐蔽性强、震动面广、危害性大的特点，必须切实提高防范保险经营风险的认识。

1. 防范保险经营风险是消除和降低风险危害性的要求

保险经营风险是客观存在的，它不以人们的主观意志为转移，而且造成的危害极大。保险经营风险直接危害保险公司利益，增加保险经营成本，甚至导致保险公司倒闭。如果提高保险费率，会损害保户利益，影响保险需求，制约保险事业的发展。保险经营风险具有严重的社会危害性，不仅对整个社会财产构成严重侵害，而且对他人的人身安全也构成极大的威胁。在人身保险中，有的投保人、受益人为了谋取巨额保险金，不惜铤而走险，有意杀害被保险人，造成极大的社会危害。这就要求保险公司必须加强管理，防范风险，把损失降到最低限度。

2. 防范保险经营风险是建立市场经济和现代企业制度的要求

市场经济和现代企业制度，要求实现两个具有全局意义的根本性转变，即经济体制从传统的计划经济向社会主义市场经济转变；经济增长方式从粗放型向集约型转变。这两个转变将进一步打破在计划经济条件下国家包揽的局面，改变企业经营方向和粗放型经营方式。企业将按照"产权清晰、权责明确、政企分开、管理科学"的要求，成为自主经营、自负盈亏、自我发展、自我约束的法人实体和市场竞争主体。这就要求企业领导者，一方面要了解市场基本知识和运行规律，积极研究市场、分析市场、开拓市场，搞好核算，以最小的支出换取最大利润；另一方面还必须防范内部经营的各种风险，保证经济活动的正常进行。

3. 防范经营风险是保险公司行业特性的要求

保险公司通过收取保险费，集中了所有保户的风险进行专门经营，这一特点决定了保险公司在经济活动中所面临的风险更大于其他企业。作为高风险企业，一旦经营不善，偿付能力不足而出现亏损乃至破产，将会给广大被保险人带来巨大的损失，直接危害社会公众的切身利益，甚至酿成社会动荡。因此，必须加强管理，防范风险。这既是保险公司自身生存和发展的需要，同时也是广大保户和社会的需要。

**（二）保险经营风险的特征**

保险公司是集散风险的中介，它通过收取保险费，分散风险的同时把客户的风险集中在自己的身上，当保险事故发生时履行赔付义务或给付义务。保险公司这一特有的运行机制决定了其经营风险有如下特征：

1. 射幸性

保险的风险是一种不确定的风险，这种风险的发生在时空上和损害程度上都是不确定的。因此，就单个保险合同而言，有时保险公司收取了保险费而用不着赔偿（履约终止的寿险合同除外），有时则要上百倍、上千倍、上万倍地赔付。保险合同的这种射幸性既给保险公司创造了盈利机会，又给保险公司经营带来了极大的风险。

2. 非控性

保险标的是风险作用的对象，而保险标的又是在投保人和被保险人控制之中，保险人所承担的风险责任基本上都是外在的风险，诸如自然灾害、道德风险、意外事故、伤病死亡等，这些风险都不是保险公司所能控制的。保险公司的防险防灾固然重要，但只能是对保险标的的安全起外部的警示或监督作用，推动投保人或被保险人加强风险管理。而且，有些风险具有不可抗力，如自然风险、突发性疫病等，都是不可控的。

3. 突发性

保险事故的发生都是意外和偶然的，因而都是突发性的。有些巨灾风险积累到一定程度，其出险已是不可避免，但是，其事前也是难以预料的，对保险事故来说也是意外的。突发的保险事故，损失严重者往往要求保险公司持有的资产必须具备充分的流

动性。

### 4. 联动性

由于保险公司的保险业务和融资业务具有相互渗透、互动发展的关系，因而保险公司的投资风险与承保风险也就具有了联动关系。例如，保险公司为了取得可供投资的资金来源，不惜降低费率以增加保费收入；另外，为了抵补承保利润的损失或承保业务的亏损，追寻高收益投资，从而增加了融资的风险倾向，而融资风险倾向的强化则可能对保险基金的安全性和流动性造成威胁，甚至伤及保险公司的偿付能力。

## 二、保险经营风险的类型及其成因

保险经营风险从直观上来看似乎单指保险公司承保业务的风险，但是，由于保险公司承保业务的风险与融资业务风险具有相互渗透的联动关系，而且保险公司在费率开价时往往渗有对投资收益预期的因素，即所谓的保险与金融的相互渗透，因此，保险经营的风险也就包括了保险公司的投资风险。

### （一）承保风险

#### 1. 财务风险

财务风险指保险公司因偿付能力不足或流动性不足所导致的支付危机。偿付能力不足的成因主要有：第一，承保金额超过公司的承保能力；第二，市场价格竞争导致赔付率上升；第三，通货膨胀对资本金和总准备金的腐蚀；第四，投资亏损或坏账。

流动性不足的成因主要是投资结构不合理，资产变现能力差。保险公司的财务风险一般表现为潜伏状态，只有当遭遇到巨灾或巨额损失赔偿时才会暴露出来，现实地表现为支付危机。

#### 2. 逆向选择

保险合同是平等互利、等价有偿的经济合同。经济合同是经过要约承诺双方合意的基础上签订成立的，一般情况下，双方选择的机会是均等的。但是，保险合同却存在着投保人做出对保险人不利的逆向选择现象。

逆向选择的成因在于保险合同双方当事人掌握承保标的风险信息的不对称。由于保险标的自始至终都是掌握在投保人或被保险人手中，只有他们对保险标的的风险状况最为清楚，这样就使得保险人在承保标的的选择或费率开价等方面处于不利的地位。

虽然逆向选择在保险定价过程中已被估计，但是，由于逆向选择是不可完全被控制的，有可能破坏保险人的经营的财务稳定性，加大保险经营的风险，因此，防止逆向选择是保险公司面临的一个重要课题。

#### 3. 道德风险

道德风险的表现形式有下列三种：

（1）制造保险事故。故意引发保险事故，以便向保险公司诈取保险金。例如，投保财产保险的因经济萧条或存货贬值而故意纵火烧掉房子、仓库或存货，投保人寿保险的故意杀害被保险人，投保意外伤害险的故意自杀或自残，等等。

（2）捏造保险事故。保险事故并未发生，却佯装现实中已经发生，以诈取保险金。例如，投保盗窃险的与他人勾结导演财产被窃，投保机动车辆险和第三者责任险的伪造车辆出险或交通事故致害第三者，投保人寿保险的将他人尸体冒充被保险人的尸体，投保牲畜保险的将非保牲畜冒充投保牲畜。

（3）恶意利用保险事故。恶意利用已经发生的保险事故或冒用保险事故，以诈取保险金。例如，投保财产险的发生火灾后不采取或不积极采取施救措施而任其扩大损失，或隐蔽被救财产，或虚报损失数量；投保人寿保险的将被保险人的自然死亡伪称意外死亡，等等。

道德风险由于保险金的缘故而诱发，甚至不顾刑事犯罪而达到诈取保险金的目的。道德风险也会因保险从业人员或保险代理人或有关的第三者与投保人或被保险人勾结而具有一定的隐蔽性。道德风险是无形的，既无法度量，又难以用经济的办法加以惩罚令其改进或遏制。

4. 竞争风险

保险业同业竞争几乎可以说是无差异竞争，因此，价格竞争成为最有效的手段，也是最残酷的手段。价格竞争的主要内容有：①在同等承保责任条件下降低费率或提高返还率；②在同等费率条件下扩大承保责任范围或提高保险额；③放宽承保条件，疏于对保险标的的选择；④提高代理回扣或中介佣金以揽保。价格竞争的结果必然提高保险公司的业务费用和赔付率甚至造成承保业务的亏损，从而强化了保险经营风险。

价格竞争的导因包括：第一，竞争机制使然。保险公司经营从表面现象上看似乎是在集中风险，但实际上它是在分散风险，通过收取保费实现风险损失的平均分摊。这就要求保险公司的经营必须具有足够多的标的。第二，射幸心理使然。补偿性保险合同的履约终止取决于偶然性，就单个保险公司而言，其经营损失率并不一定贯彻损失或然率。第三，吸收现金使然。吸收保费，聚积资金转为投资，几乎成为当代保险市场价格竞争的驱动器。尤其是寿险业务，其盈利的大部分是靠利差益得来。所谓"利差益"，是指资金运用的实际收益率大于责任准备金计算所采用的预定利率时产生的利益。

5. 利率风险

利率预期对于非寿险费率厘定具有一定的影响，但不是主要因素。而在寿险纯费率的厘定过程却是一个非常重要的因素。利率风险对于寿险公司来说，主要表现为对利差益和费差益的影响。由于寿险的预定利率是长期不变的，而市场利率却是变化的。因此，当预定利率长期高于市场利率时，利差益趋向于零，甚至为负数，表现为利差损，这时保险公司将出现亏损，消耗自有资本。相反，当预定利率低于市场利率时，将发生行业间的替代效应，公众的资金将转向银行储蓄或证券投资，甚至开始退保，这样保险公司业务量将萎缩，可供应用的资金减少，费差出现赤字，表现为利差损。

市场利率的变动主要受商业周期的影响，是不可控风险。因此，对寿险的预定利率要谨慎预期。我国实施的是官定利率，寿险利率必须随之浮动，所以，目前我国的寿险利率主要是政策性风险因素。

6. 汇率风险

经营涉外业务的保险公司在接受国际运输保险、国际分保等业务时，都是以外币为收费币种，因而持有多种外币，就存在着汇率风险，各国间汇价的变动往往引致财务损失。在会计处理上，年终结算损益时，一般都把外币换算为本国货币，以本币为统一的记账单位，若外币贬值，就表现为账面价值的减少。汇率风险亦称不可控风险，但可以用套头交易等手段避险。

（二）投资风险

保险公司运用保险基金于各种投资，一是为了增加公司盈利，二是为了保险公司资金的保值和增值，两者均以投资收益为条件。但是，收益与风险是正相关的，为了取得高收益，就要冒相应的高风险。投资风险主要由系统风险和非系统风险引起。

1. 系统性风险——不可分散风险

此类风险主要有：商业周期风险、利率风险、汇率风险、不可预料的政治风险、政策风险等。

2. 非系统性风险——可分散风险

此类风险主要有：第一，投资项目或对象选择上的判断失误；第二，对融资对象的资信调查不够，义务人违约造成呆账、坏账等的信用风险；第三，投资的流动性结构不合理；第四，投资过于集中，没有贯彻分散原则以控制风险。

在投资风险中，系统性风险因素是最基本的，非系统风险的产生往往是由于对系统性风险错误的预测判断。

# 三、保险经营风险的技术分析

## （一）财务稳定性的含义

保险经营的财务稳定性是指经营非寿险业务中使承担的风险同它的赔付能力相适应，表现为积蓄的保险基金满足履行赔偿义务的可靠性程度。有两种情况：一是财务稳定性良好，即积蓄的保险基金足够履行可能发生的赔付义务；二是财务稳定性恶化，即积蓄的保险基金不足以应付突然发生的较大数额赔款，如果发生巨额赔款将会导致经营失败或影响其财务收支平衡。

财务稳定性要求保险公司科学合理地厘定和执行费率，保证资金的运用安全可靠，避免价格恶性竞争和高风险的投资。财务稳定性也是保险管理当局进行监督以维护被保险人合法权益的主要内容之一。

## （二）财务稳定指标

财务稳定性系数是衡量保险经营财务稳定性程度的一项非常重要的技术指标，是保险赔偿额的均方差（即保险实际赔偿额与期望赔偿额的偏差范围值）与净保险费总额的比率指标。财务稳定系数值越小，表明财务稳定状况越理想。

1. 基本系数

基本系数反映了期望净费率与保险标的件数的关系。该基本系数的要求：①同类标的；②同样的风险；③保险金额的上下限必须有一个合理的区间；④适用于同一等级的损失或然率。根据要求，该基本系数适用于同类标的同样风险的不同组别的财务稳定系数。比如小轿车的车身险，不同等级的轿车保险金额可分为 20 万元、50 万元、100 万元、150 万元、甚至 200 万元或以上，而且损失或然率也不一样，因此，就需要分组以分别计算财务稳定系数。

2. 险种系数

险种系数是把同一险种（比如车身险）不同组别的财务稳定系数值加以综合，计算出该险种的综合财务稳定系数。

3. 综合系数

综合系数是把不同险种的财务稳定系数加以综合，计算出保险公司全部业务的财务稳定系数，用以衡量该公司总体业务财务稳定性状况，综合系数与险种系数效果相同。

**（三）财务稳定性分析**

保险经营的稳定性问题最终都要归结到财务稳定性状况，财务稳定性良好说明保险公司具有良好的赔付能力，因此，财务稳定性分析必须围绕财务稳定系数的数值进行。

1. 财务稳定系数的合理区间

由于财务稳定系数是净保费总额均方差与净保费总额的比率，因此，财务稳定性良好或不利的可能性也就各占 50%。也就是说，财务稳定系数为 0.4 时，则正负偏差各为 0.2，那么，每 5 年保险经营中，就有一年对保险人不利；财务稳定系数为 0.2 时，每 10 年中有一年对保险人不利；财务稳定系数为 0.1 时，每 20 年中有一年对保险人不利。一般认为财务稳定系数小于 0.1，即 $0<K<0.1$ 是比较理想的合理区间。保险监管当局可以此为准，衡量各保险公司经营的财务稳定性状况。

2. 财务稳定系数的影响因素

保险公司的财务稳定性受净费率和保险标的数量的影响。

（1）保险标的件数不变。当保险标的件数不变时，期望损失率越高，财务稳定系数越小，经营越稳定，否则相反。因为期望损失率估计值越大时，积蓄的净保费总额也就越大，保险公司赔付能力越强。但是，实际损失率可能大于或小于期望损失率，当实际损失率大于期望损失率时，以期望损失率积累的净保费总额就将大大小于实际损失率所要求的净保费总额，其结果必然是期望的财务稳定系数大于实际所要求的财务稳定系数，财务稳定性趋于弱化。导致实际损失率大于期望损失率的主要原因有：一是承保标的质量差；二是逆向选择；三是道德风险；四是巨额或巨灾赔偿；五是分保不当，自留额过大。

此外，市场价格竞争也将导致财务稳定系数趋大。设实际损失率等于期望损失率，由于降低了毛保险费使实际净保费总额小于期望净保费总额，其结果也必然令实际的财务稳定系数大于期望的财务稳定系数，财务稳定性趋于弱化。

以上分析说明，保险公司在科学合理地预测保险金额损失率和厘定保险费率的基础上，还必须严格把好核保关，防止逆向选择，及时识破保险欺诈，合理安排分保，既不惜赔又不滥赔，做好风险防范工作，从而保证保险经营财务的稳定性。

（2）净费率不变。当净费率确定时，财务稳定系数大小取决于保险标的件数，即保险标的件数越多，财务稳定系数越大，经营越稳定，否则相反。但是，保险标的件数的扩张要受到保险公司承保能力的限制。

## 四、保险经营风险的防范

保险经营风险的防范是一个关于保险业风险管理的系统工程，贯穿于保险经营的诸环节。保险经营的大数法则和时空分散原则，都要求保险市场上有足够大量的投保人。投保的标的越多，事故的偶然性也就越接近于必然性。这样，保险经营也就趋于稳定。为了经营上的稳定性，降低成本，增加承保盈利，保险公司无一例外地极力扩张其承保业务。但是，保险人的愿望常常受到自身承保能力的限制。

### （一）危险单位承保限额决定

危险单位承保限额，指保险公司对每一危险单位所能承受并作为赔偿损失的最高责任的数额。如果所能承担的危险单位的保险金额超过这个数额的部分，则必须分保。承保限额分为法定承保限额与理论承保限额。

#### 1. 法定承保限额

法定承保限额是国家保险管理当局以法规的形式规定每一危险单位保险公司所能承受的最高保险责任数额。一般都规定占保险经营资本一定的比例数。

#### 2. 理论承保限额

理论承保限额是通过数理统计的办法，求出单个保险公司的承保限额，即单个保险公司愿意和可能向保险市场提供的保险商品的数量。它体现单个保险公司自我约束的程度，同时亦可向保险管理当局在既可保证保险人合法权益又可保证被保险人合法权益的前提下确定法定承保限额，提供客观依据。理论承保限额的计算基本上可分为三种情况：

（1）保守的理论承保限额。保守的理论承保限额以净保费收入与承保限额之间的数量比例关系表示。这个比例关系表明该保险人希望通过吸纳的净保费，以满足赔付的需要，且尽量做到不伤及原有的经营资本（资本金+公积金），从而保证每一个会计年度的保险业务财务稳定。因此我们称之为"保守的理论承保限额"。

（2）中性的理论承保限额。在保守的理论承保限额的基础上，加进公积金的因素，我们称之为"中性的理论承保限额"。显然，该承保限额大于保守的承保限额的数量，但不至于影响到自有资本。

（3）扩张的理论承保限额。在中性的理论承保限额的基础上再加进自有资本金的因素，这是理论上极限的承保限额。我们称之为"扩张的理论承保限额"。

当然，理论承保限额只是一种参考值，在实际执行过程中，保险人往往还要凭自己的经验、各类标的以及业务质量等方面做出全面的衡量判断，而后确定每笔业务的自留额，将超过部分分给其他保险人。

3. 承保限额极限比率

承保限额极限比率指扩张的承保限额与经营资本（经营资本=资本金+公积金）的比例关系。我国规定的法定比率为10%。

**（二）单个公司承保总额决定**

承保总额决定与承保限额不同，它指单个保险公司能够向保险市场提供保险商品的数量。

单个保险公司的承保总额要受其经营资本制约。对保险公司经营资本的要求，除了创办伊始必须满足注册资本规定之外，还基于保险公司经常性的保费收入并不一定随时都满足赔付的需要，因为在任何一年都可能有超常规的巨灾损失发生，必须以经营资本抵补履约，而且超常规损失与承保总额成正比。

1. 公积金比率

公积金比率是分析公积金与承保总额的比例关系，解决单个保险公司在一定量的承保金额下，所必须保有的最低数额公积金问题。经营资本只要保持3个净保费总额均方差，就可以满足任何超常规赔付责任。因此，我们只要算出公积金占净保费总额的比率，而后通过该比率就可以很方便地算出某保险公司净保费收入（净保费=毛保费-附加保费）所要求的公积金部分的资本额。

采用公积金比率的做法，是相当稳健的，因为它为保险公司构筑了经营稳定性的第一道防线，一般不至于伤及资本金。

2. 经营资本比率

经营资本比率是分析经营资本与承保总额之间的比例关系，解决单个保险公司在一定量的承保金额条件下，所必须拥有的经营资本量的问题。

**（三）经营资本流动性合理化结构**

保险业的流动资金分为两类：

第一类，用于当年的赔付或给付的经常性付现准备金，包括非寿险责任准备金和赔款准备金与当年必须支付的寿险责任准备金。这类准备金所对应的资产要求是流动性强、变现速度快，收益性则是次要的。

第二类，资本金、公积金和寿险一年以上未到期责任准备金。这部分流动资金运用面广、对象多，情况比较复杂。在流动资产的安全性、流动性、收益性和保证偿付四原则基础上，对非寿险经营的第二类流动资金所对应的流动资产合理化框架作概括性的定量分析。

A项资产：保证金+银行存款的数量决定。

保证金是保险业根据保险管理当局的规定交存中央银行（或指定银行）的一部分现金资本。我国规定保证金为实收现金资本的20%。该项资金只要在0.2个净保费总额均方差以内，就可以满足该公司当年较大的一次性损失赔偿时的付现需要。发生这种赔付以后，则必须适时减少其他资产以补足第一类资产和A项资产，以及抵还可能发生的拆进资金。

根据A项资产的性质，可知它的流动性要求与第一类流动资金的要求毫无二致，因此，在考核保险企业的偿付变现能力时，应包括这两部分资金所对应的资产是否符合第一等级的流动性要求。

B 项资产：中长期政府债券+金融债券+有担保的贷款数量决定。

该项资产具有安全性和较高收益率的特点，但变现的及时性能力较差些。当然，其中两项可用抵押或贴现的方式临时取得资金。但是，由于该资产的收益率不是很高，在资产中所占比例也就不可能太高。因此 B 项资产保持在 0.8 个净保费总额均方差左右是合适的。

C 项资产：合格股票+企业债券+信用放款的数量决定。

该项资产收益率较高，具有一定的投机性和风险性。一般都要求股票、债券是合格的证券。其中对股票价值要定期评估，贷款要扣除呆账部分，以保证流动资金的完整性。由于该项投资的收益率要比 B 项资产高，因此，往往成为保险业投资重心。对于保险管理当局来说，也是考核的重点，而且技术性较强。C 项资产数量可以考虑在 1 个净保费总额均方差上下。

D 项资产：不动产投资。

不动产资产包括：购买土地，修建住宅、商业写字楼，建造饭店等。不动产投资一般被认为是高收益率投资项目，尤其是通货膨胀情况下具有很强的保值和增值效果，只是它的流动性比较差。但也不绝对是这样，在商业繁荣时期，不动产契约的流动性和收益性甚至比任何证券都看好。当然相对来说，在商业危机和萧条时期则相反。因此，不动产投资具有较强的投机性。由于我国政策的限制，国内金融机构一般不允许从事不动产投资。

根据数理统计原理，保险业如果持有 3 个净保费总额均方差，其赔付能力的保证度就达到了 99.73%。如果到了动用第 3 个均方差所保有的经营资本，可想而知，该公司即使面临破产清算，也不至于伤害到保户的利益。一般看来这种情况极不可能发生。所以我们可以把不动产投资界定在该公司净保费收入总额的 1 个均方差之内。

通过以上分析，单个保险公司经营资本流动性结构合理化数量模型可表示为：

$$A:B:C:D=0.02:0.08:0.1:0.1 \quad (K=0.1)$$

我们在单个保险公司承保总额的定量分析中，研究了其经营资本与承保总额的适应度，现在我们又通过经营资本流动性结构定量分析，研究了保险公司现金偿付能力与保险基金运用流动性的适应度。这样对保险公司供给形成了一套比较完整的约束机制。例如，某保险公司，虽然经营资本与承保总额符合要求，但其流动性不符合要求，或者 C、D 两项偏大，或者 D 项偏大，就不应该认为其具有同等的承保能力。解决办法：一是责其调整比例，一是责其分保。当然，这里所建立的流动性数量模型仅仅是一个理论框架，在实践中可根据具体情况适当地加以调整。

## 重要概念

保险经营　经营原则　经营环节　展业　核保　承保　分保　防灾　售后服务　核赔　理赔　经营风险　经营风险技术分析　经营风险防范

**思考题**

1. 保险经营的主要特征是什么？
2. 为什么保险人在保险经营中要遵循风险大量的原则？
3. 保险防灾与社会防灾有哪些区别？
4. 投保人在投保时应如何选择保险公司？
5. 保险人应从哪些方面控制保险责任？
6. 简析偿付能力不足的原因。
7. 简析逆向选择的成因。
8. 简述保险业价格竞争的原因。
9. 保险公司的经营风险主要有哪些特征？
10. 试分析财务稳定系数的影响因素。

# 第四篇　保险监管

# 第十四章　保险监管

┌────────────────────────────────────────────────────┐
**【学习目的】**
　　重点掌握保险监管的内涵、意义以及监管内容，了解和掌握对保险机构、保险从业人员、保险业务、保险公司财务和保险公司偿付能力监管的目标、方式和手段，对保险监管有比较全面的了解和认识。
└────────────────────────────────────────────────────┘

## 第一节　保险监管概述

### 一、保险监管的界定

　　保险监管，是指一国的保险监督管理部门为了维护金融的稳定，规范保险活动，行使法律监督和行政管理手段，对保险公司、保险市场和保险经营活动等进行监督管理。保险监管的概念可以从以下几个方面理解：

　　第一，保险监管的目的是为了维护金融市场的稳定，确保保险人的经营安全，保护被保险人的合法权利，促进保险业的健康发展。保险业是经营保险商品的特别行业，是金融业的一个重要组成部分，关系到国民经济的发展和社会公众的利益，因此政府要对保险业进行监督管理。

　　第二，保险监管是保险监管部门以法律和政府权力为依据的强制行为。保险监管是政府保险监管部门的行为，保险机构和保险中介都必须接受保险监管部门的监管。保险监管不能由保险行业协会的监督和公司内部控制代替；工商、税务等非保险监督管理的政府部门对保险公司相关活动的监管也不属于保险监管。

　　第三，保险监管包括监督和管理两个方面。监督指监督保险公司、保险中介机构的经营行为，对于违反者予以查处，监测保险公司的偿付能力和经营风险，并督促保险公司防范和化解经营风险等。管理指批准设立保险公司及其分支机构，审查保险机构高级管理人员任职资格，制定基本保险条款和保险费率，受理保险公司备案的保险条款和保

险费率，办理保险许可证颁发和变更事项等。

保险监管的具体内容包括保险机构监管、保险从业人员监管、保险业务监管、保险公司财务监管和偿付能力监管等。

## 二、保险监管的意义

保险业在社会经济中占有重要地位，其行业性质和经营特点决定了保险监管的必要性和普遍性。保险具有较强的公共性和专业性特征，保险监管的重点在于对保险人的监督管理。其意义在于：

**（一）保证保险人的偿付能力，防范保险经营风险**

保险公司的经营是负债经营，投保人通过支付保费来换取未来的保障。为了保证承诺的偿付能力，保险公司必须进行再投资以获取所需利润，其经营成败关系到社会公众的利益。保险本身是一种社会共济机制，一旦保险公司陷于财务困境，不能在客户发生风险时兑现承诺，或者进行不法经营，将使社会公众的利益受到损害，影响社会稳定。为了保证社会公众利益，保险监管机构必须监督保险公司保持足够的偿付能力，通过对保险人的资本金、保证金、自留额等方面的限制来防范保险经营风险。

**（二）防止保险人的欺诈行为，维护被保险人利益**

保险产品有别于普通商品。保险产品是无形商品，投保人支付保费后无法立即获得有形产品或进行试用；保险条款的制定、承保范围规定、费率的计算需要专业人员进行计算，因而消费者难以对保险产品进行比较鉴别。同时，由于保险业的专业性很强，保险合同是附合性合同，合同的内容主要由保险公司单方面拟定，而一般消费者对保险相关知识的了解极为有限，保险人拥有比消费者更多的信息，保险市场存在严重的信息不对称，为保险人对消费者进行欺诈和隐瞒提供了条件。保险产品的特殊性和保险市场的信息不对称性决定了政府必须对保险业进行监管，实现保护被保险人权益的目的。

**（三）维护保险市场秩序，促进保险业健康发展**

保险市场秩序对保险企业公平竞争和行业健康发展有重要作用。根据保险产品的特殊性，大多数国家一般采取适当限制各个保险人的保险条款和保险价格的方法，给予保险企业一定的竞争自由，使其通过条款和费率差异进行竞争，同时又对竞争加以监管，防止不合法竞争。通过维护公平竞争的市场环境，保证保险业的良好发展。

## 三、保险外部监管制度

商业保险机构在保险产品经营中追求利润最大化的目标，与社会公众的整体利益不完全相同，所以有可能与社会福利最大化的目标产生冲突，因此需要实施外部监管制度来规范保险机构的经营，促进保险业的健康发展。保险业的外部监管包括国家监管、行业自律及其他形式的社会监督等。这里主要介绍国家监管和行业自律，以及保险信用评级机构等保险外部监管制度。

**（一）国家监管**

国家监管有两个重要部分：一是国家通过制定有关保险政策法规，对保险业进行指导与管理；二是通过设置专门的保险监督管理机构，依据法律或行政授权对保险业进行监管。

1. 保险监管法规

国家通过对保险监管对象和保险监管机构授权进行规定，以法律手段对保险业进行监管。保险监管法规就是对保险业监管过程中所形成的权利与义务关系的法律规范。各国法律制度不同，保险监管法律法规的性质和范围也有所不同。英国、日本等按照保险监管的不同内容分别立法，形成保险监管法规体系；美国则是将保险监管与保险合同合并立法。一般而言，各国保险法规的基本内容主要包括：①保险业务；②保险机构的组织形式；③最低偿付能力；④保险准备金；⑤再保险安排；⑥保险资金的运用；⑦保险企业的资产评估；⑧会计制度；⑨审计制度；⑩财务报表；⑪破产和清算；⑫保险中介人的管理等法律规定。我国的保险监管法规主要包括《中华人民共和国保险法》（以下简称《保险法》）、《保险公司管理规定》等。新的《保险法》由中华人民共和国第十一届全国人民代表大会常务委员会第七次会议修订通过，自2009年10月1日起施行。

2. 保险监管机构

保险监管的职能主要由国家设立的保险监管机构行使，由于各国的保险监管历史不同，监管机构的形式也存在很大差异。英国的保险监管机构是金融服务局，负责监管及核准保险公司的经营业务、偿付能力等。日本保险监管机构是大藏省，大藏省银行局设有保险课，其下分设的第一保险处和第二保险处分别对人身保险和非人身保险进行监管。美国保险市场的监管机构主要是各州保险监督局，大多数保险监督局局长由州长任命，参议院批准。全国保险监督官协会协调各州保险立法。总体而言，保险监督机构的设置分为两种，一是设置政府直属的保险监管机关，二是在直属机关下设立保险监管机构。

我国最初的保险监管机构是中国人民银行。1998年11月18日中国保险监督管理委员会正式成立，根据国务院授权履行行政管理职能，依照法律法规对保险市场进行统一监管。保监会下设八个职能部门：办公室、政策法规部、财产保险监管部、人身保险监管部、保险中介监管部、财务会计部、国际部和人事教育部。

**（二）行业自律**

行业自律是指在国家法律允许的条件下保险企业组织的保险行业协会，通过制定同业公约和章程以相互约束、维护本行业合法利益的行为。保险行业协会是保险人或保险中介的社团组织，对规范保险市场发挥着政府保险监管机构所不具备的协调作用。许多发达国家和地区都有保险同业公会，如英国的保险经纪人协会、保险推事局，中国香港的保险联合会等组织。这些协会参与管理保险市场，充当政府与保险人、社会大众之间沟通的桥梁。保险同业自律组织的主要作用包括代表会员对政府有关保险的立法和管理措施施加影响；通过协会的协议和规定的义务协调会员在市场竞争中的行为；制定统一的保险条款格式以及最低费率标准等。

中国保险行业协会由具有法人资格的国有保险公司、股份制保险公司和中外合资保险公司组成，通过并要求会员遵守《中国保险行业公约》。除此之外，有 3 家以上保险公司分公司的地区可以成立地区保险行业协会。

保险行业自律在保险市场的管理上发挥着不可忽视的作用，但是这种作用是有限的。这是因为保险行业自律组织对保险业的管理具有自愿性，管理的范围有限；成立行业协会的主要目的是为了增进作为会员的保险人的利益，而不是保障被保险人的利益。因此行业自律只是国家监管的一种补充，保险监管的主体仍然是国家和政府。

### （三）保险信用评级机构

保险评级是由独立的信用评级机构采用一定的评级方法对保险公司的信用等级进行评定，以供外界参考。信用评级的一般方法是把保险公司复杂的业务与财务信息转变为容易理解的反映其经济实力的符号，且不同级别的符号各异。信用评级机构的评判结果不具有强制力，它以其自身的信用来决定人们对其评定结果的可信度。

世界著名的评级机构有美国的 A. M. 贝斯特、标准普尔、穆迪等。这些评级机构对保险公司信用评级界定的方法都不尽相同，但它们进行保险信用评级的核心都是根据从保险公司获得的报告资料，围绕着保险人的偿付能力进行的。评级是针对保险公司承担的赔偿或给付责任的整体财务能力的综合评价，并不说明某类或某份保单能否获得偿付。评级的结论仅仅是评级机构根据自己的标准作出的独立于保险交易的第三方意见。但是信用评级机构所提供的保险公司信用等级的确使得消费者更容易了解保险公司，从而起到了监督的作用。

保险业是经营风险的行业，因此信用评级也并非是准确无误的。但是评级机构为保险客户提供了非常有用的信息服务，成为消费者决策的重要参考。评级机构通过其提供的评级信息，发挥着对保险业的监督作用。

## 四、保险内部控制机制

依照中国保险监督管理委员颁布的《保险公司内部控制制度建设指导原则》（以下简称《原则》），内部控制是保险公司的一种自律行为，是公司为完成既定工作目标，防范经营风险，对内部各种业务活动实行制度化管理和控制的机制、措施和程序的总称。保险公司应当建立科学、完善的内部控制制度。《原则》对保险公司内部控制的目标、原则、要素、内容以及内部控制的管理和监督作出了详尽的规定，提出了保险机构内部控制机制应满足的基本要求，即公司的经营方针和健全的组织结构；恰当的职责分离；严格的授权和审批制度；独立的会计及核算体制；科学高效的管理信息系统；有效的内部审计等。

# 第二节　保险机构的监管

保险机构监管是对保险市场准入与退出的监管，它包括对保险机构设立、兼并、整顿、接管、分立、合并以及破产清算的监管等方面。对保险机构的监管，各国一般以公司法为母法，以保险业法为特别法，进行全面的监督和管理。

## 一、保险机构设立的监管

保险机构设立的监管是创办保险公司的一系列法律行为及法律程序的总称，是对保险人资格的认定过程。各国对创设一家保险企业普遍要求须得到主管机关的批准。申请人申请设立保险机构时必须向主管机关递交有关文件，以证明申请人具备从事保险经营的资格。《中华人民共和国保险法》明确规定设立保险公司应当经国务院保险监督管理机构批准，未经批准的，均为非法行为。

**（一）保险机构的设立条件**

设立一个新的保险公司，各国法律均要求具有一定的先决条件，包括符合规定要求的发起人、公司的章程草案、资本金与保证金、符合任职资格的董事和高级管理人员、与规模相应的营业场所和经营设施等。我国《保险法》规定，设立保险公司应具备下列条件：

（1）主要股东具有持续盈利能力，信誉良好，最近三年内无重大违法违规记录，净资产不低于人民币二亿元（《保险法》第六十八条）。

（2）有符合《中华人民共和国保险法》和《中华人民共和国公司法》规定的章程。

（3）有符合规定的注册资本，注册资本的最低限额为人民币二亿元，且保险公司的注册资本必须为实缴货币资本（《保险法》第六十九条）。

（4）有具备任职专业知识和业务工作经验的董事、监事和高级管理人员。

（5）有健全的组织机构和管理制度。

（6）有符合要求的营业场所和与经营业务有关的其他设施。

根据2002年2月1日开始施行的《中华人民共和国外资保险公司管理条例》，在中国设立外资保险公司的基本条件为：经营保险业务30年以上。提出申请前一年年末资产总额在50亿美元以上；在中国境内设立代表处2年以上；这分别是针对保险公司的稳健经营能力、经济实力和对中国保险市场的适应能力。

**（二）保险机构的设立程序**

保险机构的设立从申请设立到营业开始，要经历申请核准、营业登记、缴存保证金、领取营业执照等程序。依照我国《保险法》、《公司法》和《保险公司管理规定》，

申请设立保险公司，应当向国务院保险监督管理机构提出书面申请，并提交下列材料：

（1）设立申请书，申请书应当载明拟设立的保险公司的名称、注册资本、业务范围等。

（2）可行性研究报告。

（3）筹建方案。

（4）投资人的营业执照或者其他背景资料，经会计师事务所审计的上一年度财务会计报告。

（5）投资人认可的筹备组负责人和拟任董事长、经理名单及本人认可证明。

（6）国务院保险监督管理机构规定的其他材料。

申请人提交书面材料后，保险监管部门对申请进行审查，审查批准后申请人应当自收到批准筹建通知之日起一年内完成筹建工作；筹建期间不得从事保险经营活动。筹建工作完成后，申请人具备《保险法》规定的设立条件的，可以向国务院保险监督管理机构提出开业申请。国务院保险监督管理机构作出批准后，向申请人颁发经营保险业务许可证。最后保险公司到工商行政管理部门办理登记手续，领取营业执照并缴存保证金之后可正式营业。

## 二、保险公司兼并的监管

企业兼并是市场竞争机制发挥作用的必然结果，覆盖范围涉及各个领域，保险业也不例外。西方保险公司兼并的情况比较常见，但截止到目前在我国尚未发生。随着社会主义商品经济的不断发展，行业竞争力的不断提高，保险公司的兼并行为终将出现。中国保险监督管理委员会有关负责人于 2010 年 1 月 7 日表示，为鼓励和规范市场创新，提高行业竞争力，将起草《保险公司并购重组暂行规定》等规章制度，进一步完善我国保险公司兼并的监管制度。

保险公司兼并一方面可产生规模经济和范围经济效应，减少费用、降低成本，实现资源优化配置；另一方面还可能产生名牌效应，通过强强联合或强弱兼并增加公司无形资产，提高公司美誉度和知名度。国外立法为了对兼并行为加以规范约束，保证公平原则，对保险公司兼并的约束主要体现在以下几个方面：

（1）反垄断法的限制。公司兼并后如有可能造成垄断，则保险监管部门不予批准。

（2）公司组织形式上的限制。如有的国家规定，只有股份有限公司之间及有限责任公司之间可以兼并，相互保险公司与其他形式的保险公司一般不能兼并。相互保险公司如若兼并，必须先改组为股份有限公司。

（3）股东利益上的限制。有的国家规定，对可能严重侵害股东和社会利益的兼并也不予批难。

此外，兼并还涉及破产清算法、资产评估法等问题，受这些法律规定的制约。各国保险监管部门对敌意收购也往往会特别关注。

## 三、保险公司的整顿与接管

由于保险行业涉及各行各业和社会大众的活动，如果保险经营管理不善，导致其偿付能力不足，必然会损害广大被保险人的利益。为此各国法规都规定了一系列措施来防范保险业的风险。保险监管机构对有违规行为保险公司的处理由轻到重。发现公司具有不法行为后，监管机构会责令其限期改正；如到限期未予改正，监管机构轻则可以停止保险公司的某些业务经营，重则对该保险公司实行接管。

### （一）保险公司的整顿

保险公司的整顿是指保险公司不能在限期内执行保险监管纠正其不法行为的措施，由保险监管部门监督其清理整治业务状况、财务状况，或者资金运用状况、经营管理状况的行为。《中华人民共和国保险法》第一百四十条规定，保险公司出现下列情况时，监督管理机构责令其限期改正，并可以责令其调整负责人及有关管理人员。

（1）未依法提取或者结转各项责任准备金。

（2）未依法办理再保险。

（3）严重违反资金运用的相关规定。

依照《保险法》第一百四十一条规定，保险监督管理机构作出限期改正的决定后，保险公司逾期未改正的，保险监督管理机构可以决定选派保险专业人员和指定该保险公司的有关人员组成整顿组，对公司进行整顿。

对保险公司进行整顿期间，整顿组有权监督被整顿保险公司的日常业务。被整顿公司的负责人及有关管理人员应当在整顿组的监督下行使职权。整顿过程中，该保险公司的原有业务继续进行。但是，保险监管机构可以责令被整顿公司停止部分原有业务、停止接受新业务、调整资金运用。保险公司经整顿已纠正其违反《保险法》规定的行为，恢复正常经营状况的，由整顿组提出报告，经保险监管机构批准，结束整顿，并由保险监管机构予以公告。

整顿期间如发现公司经营管理人员不配合整顿工作，或其他接管事由出现，整顿组织可以建议保险监管部门对该公司进行接管。如发现保险公司已经资不抵债，实际已没有偿付能力，则可以向保险监管部门报告，建议通过法院宣布该保险公司破产，并进行破产清算。

### （二）保险公司的接管

保险公司的接管是保险监管部门为了保护被保险人的利益、维护公司正常经营而采取的必要措施。在接管期间，由保险监管部门委派的接管组织直接介入保险公司的日常经营，负责保险公司的全部经营活动；而在整顿过程中整顿组织只对保险公司的日常经营进行监督，不直接介入。因此接管是更为严厉的措施。

按照《保险法》第一百四十五条规定，保险公司有下列情形之一的，保险监管机构可以对其实行接管，被接管的保险公司的债权债务关系不因接管而变化：一是公司的偿付能力严重不足的；二是违反《保险法》规定，损害社会公共利益，可能严重危及

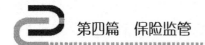

或者已经严重危及公司的偿付能力的。

接管期限届满如被接管保险公司恢复正常经营能力，保险监管部门可以决定终止接管，并予以公告；保险监管部门可以决定延长接管期限，但最长不得超过 2 年。如接管组织发现被接管公司已经资不抵债，经保险监管部门批准，可依法向人民法院宣告该保险公司破产。

## 四、保险公司解散、撤销、破产与清算的监管

为保障保险人的合法权益，避免保险企业破产，对经营不当、财务发生危机的保险企业，政府一般采取扶助政策，以助其得以继续正常营业。但是当保险企业违法经营或出现重大失误以致不得不破产时，政府便以监督者身份，委派清算员，直接介入清算程序。其具体监管措施包括整顿、接管、解散与清算等。

### （一）保险公司解散与清算的监管

保险公司的解散指依法设立的保险公司因为法定原因或者出现法定事由，经主管部门批准，关闭其公司，停止从事保险业务的行为。保险公司自行决定解散不利于保护被保险人的利益，也不利于保险市场的发展，因此保险公司解散必须经过保险监管部门的审批。保险公司解散的原因主要可以分为因分立、合并需要解散，股东会、股东大会决议解散，公司章程规定的事由解散。

保险公司的清算指保险公司解散时，为了明确其债权债务关系，处理其剩余财产，保护各方的利益，严格依照法律规定的程序对保险公司的资产、债务和债权进行清理处分的行为。清算是终结被解散的保险公司的有关法律关系，消灭其法人资格的必经程序。保险公司解散后，应当依法成立清算组进行清算，包括清理公司财产、通知债权人、处理与清算相关的公司未结业务、清缴税款、清理债权债务、处理公司剩余财产、代表公司参与民事诉讼等。

### （二）保险公司撤销与清算的监管

保险公司撤销，是指由于保险公司违反法律、行政法规，保险监督管理部门吊销其经营保险业务许可证并强制保险公司关闭的行为。保险公司被撤销后，由保险监管部门指定人员组成清算组对其进行清算。按照《保险法》、《保险公司管理规定》，保险公司出现以下行为且情节严重的，有可能被依法撤销：

（1）违反《保险法》规定，超出核定的业务范围从事保险业务，逾期不改或者造成严重后果。

（2）未按规定提存准备金或者违反规定动用保证金。

（3）未按规定提取或者结转未到期责任准备金或者未按规定提取未决赔款准备金。

（4）未按规定提取保险保障基金、公积金。

（5）未按规定办理再保险分出业务。

（6）违反规定运用保险公司资金。

（7）未经批准设立分支机构或者代理机构。

（8）未经批准分立、合并。

**（三）保险公司破产与清算的监管**

破产是企业法人不能清偿到期债务，并且资产不足以清偿全部债务或者明显缺乏清偿能力的，经保险监管部门同意，依照规定清理债务。保险公司是依法设立的企业，在经营中如果不能清偿到期债务且明显丧失清偿可能的，就要依照《公司法》、《保险法》和其他有关法律、行政法规，宣告破产。依照我国《保险法》，经国家保险监督管理机构同意，保险公司或者其债权人可以依法向人民法院申请重整、和解或者破产清算；保险监督管理机构也可以依法向人民法院申请对该保险公司进行重整或者破产清算。

我国《保险法》规定，破产财产在优先清偿破产费用和共益债务后，应按照如下顺序进行清偿：①所欠职工工资和医疗、伤残补助、抚恤费用，所欠应当划入职工个人账户的基本养老保险、基本医疗保险费用，以及法律、行政法规规定应当支付给职工的补偿金；②赔偿或者给付保险金；③保险公司欠缴的社会保险费用和所欠税款；④普通破产债权。当破产财产不足以清偿同一顺序的清偿要求的，按照比例分配。破产保险公司的董事、监事和高级管理人员的工资，按照该公司职工的平均工资计算。

此外由于人寿保险的特殊性，为了维护社会稳定，保护广大投保人的利益，《保险法》特别对经营人寿保险业务的保险公司发生解散、撤销、破产等情况作出了规定：

"第八十九条　经营有人寿保险业务的保险公司，除因分立、合并或者被依法撤销外，不得解散；

第九十二条　经营有人寿保险业务的保险公司被依法撤销或者被依法宣告破产的，其持有的人寿保险合同及责任准备金，必须转让给其他经营有人寿保险业务的保险公司；不能同其他保险公司达成转让协议的，由国务院保险监督管理机构指定经营有人寿保险业务的保险公司接受转让。转让或者由国务院保险监督管理机构指定接受转让前款规定的人寿保险合同及责任准备金的，应当维护被保险人、受益人的合法权益。"

## 五、保险中介机构的监管

保险中介机构主要包括保险代理机构、保险经纪机构和保险公估机构等。这些中介机构站在不同的法律立场，充当保险公司与投保人的媒介，对促进保险市场的健康发展有着重要作用。保险监管机构对保险中介进行监督管理以规范竞争秩序，发挥中介机构对保险业发展的推动作用。我国《保险法》、《保险专业代理机构管理规定》、《保险经纪公司监管规定》、《保险公估机构监管规定》等法律和规定分别对保险代理机构、保险经纪机构和保险公估机构的定义、职责、设立、变更和终止、从业资格、经营管理、监督检查、处罚等作了详尽规定。

**（一）保险代理机构的监管**

保险代理机构是根据保险公司的委托，向保险公司收取代理佣金，并在保险公司授权的范围内代为办理保险业务的机构。各国对保险代理的监管，除了对代理行为作出有关规定以外，还有对保险代理人的资格管理制度，即要成为保险代理人必须通过一定的

资格考试。

我国的保险代理机构包括专门从事保险代理业务的保险专业代理机构和兼营保险代理业务的保险兼业代理机构。根据2009年10月1日起实施的《保险专业代理机构管理规定》，在我国设立保险专业代理机构必须具备以下条件：

（1）股东、发起人或者合伙人信誉良好，最近三年无重大违法违规记录。

（2）注册资本不得少于1000万元的实缴货币。

（3）公司章程或者合伙协议符合法律规定。

（4）具有符合规定任职资格条件的高级管理人员。

（5）有符合规定的公司名称、组织机构和固定住所。

（6）有与开展业务相适应的业务、财务等计算机软硬件设施。

（7）法律、行政法规要求具备的其他条件。

监管机构除了在保险代理公司设立时进行审查外，还要在每年第一季度对保险代理公司进行年度检查，检查的内容包括：机构设立审批手续、变更事项的审批手续是否齐全；资本金或者出资是否真实、足额；保证金是否足额提取，是否违规动用；职业责任保险是否符合条件，是否保持有效性和连续性；业务经营是否合法合规；财务状况是否良好；向中国保监会提交的报告、报表及资料是否及时、完整、真实；内控制度是否完善，执行是否有效；任用高级管理人员是否符合本规定要求；是否全面履行管理从业人员执业活动的职责；对外公告是否及时、真实；计算机配置状况和信息系统运行状况是否良好以及其他保监会认为需要检查的事项。对于不符合监管部门规定的，将依法接受处罚。

### （二）保险经纪机构的监管

保险经纪机构是指经营保险经纪业务的机构。保险经纪包括直接保险经纪和再保险经纪。直接保险经纪是指保险经纪机构与投保人签订委托合同，基于投保人或者被保险人的利益，为投保人与保险公司订立保险合同提供中介服务，并按约定收取佣金的行为；再保险经纪是指保险经纪机构与再保险分出公司签订委托合同，基于再保险分出公司的利益，为再保险分出公司与再保险分入公司办理再保险业务提供中介服务，并按约定收取佣金的行为。各国监管机构都要求保险经纪人从业必须具备一定的条件。

在我国设立保险经纪机构必须经保监会批准，取得经营保险经纪业务许可证。保险经纪机构在办理保险业务中因过错给投保人和被保险人造成损失的，应当承担赔偿责任。根据《保险经纪机构监管规定》，在我国设立保险经纪机构的条件与设立保险代理机构的条件相同。

### （三）保险公估机构的监管

保险公估机构是指接受保险人或被保险人委托，专门从事保险标的或者保险事故评估、勘验、鉴定、估损理算等业务，并按约定收取报酬的机构。由于保险公估活动的技术性和专业性很强，其行为的后果直接对保险合同当事人的权益产生重大影响，因此，各国对保险公估人都规定了严格的资格限制，通常包括：保险公估人必须通过专门的资格考试；必须经保险监管部门批准，并向有关部门注册；具有法定的最低资本金；必须缴存一定数额的保证金或投保规定金额以上的职业责任保险。

在中国境内设立保险公估机构，应当经保监会批准，并且符合保监会规定的资格条件，取得经营保险公估业务许可证。保险经纪机构在办理保险业务中因过错给投保人和被保险人造成损失的，应当承担赔偿责任。

我国《保险法》第一百二十九条规定："保险活动当事人可以委托保险公估机构等依法设立的独立评估机构或者具有相关专业知识的人员，对保险事故进行评估和鉴定；接受委托对保险事故进行评估和鉴定的机构和人员，应当依法、独立、客观、公正地进行评估和鉴定，任何单位和个人不得干涉。"这一规定确立了保险公估人的合法地位，为我国加强对保险公估人的监管提供了法律依据。根据 2009 年 10 月 1 日起实施的《保险经纪机构监管规定》，在我国设立保险经纪机构与设立保险代理机构和保险基金机构的条件相同。

【案例 14-1】

2010 年 1 月 27 日，中国保监会通报了国内第一起保险中介传销案的处理结果。法院以组织领导传销罪对北京大润保险经纪有限公司主要负责人蔡军和王佳茹作出判决。

北京大润保险经纪有限公司违反保监会《关于对保险中介机构的管理规定》，设立层级奖励制度，以"拉人头"的传销经营模式扩大队伍，成为保险中介机构以传销等非法手段骗取群众钱财的典型案例。

北京保监局对北京大润公司做出处罚 100 万元、吊销《经营保险经纪业务许可证》的行政处罚，对其主要负责人蔡军罚款 3 万元。

100 万元的处罚在保监会内十分少见，保监会保险中介监管部副主任薛江指出，这个案件的涉案金额只有 600 多万元，看似并不大，却反映了保险行业内中介经营机构的监管漏洞，如果不在苗头阶段加以遏制，极易引发不良后果。

资料来源：中国金融网，http://insurance.zgjrw.com/。

## 第三节　保险相关人员的监管

对保险相关人员的监管重点是对保险从业人员的监管。保险从业人员包括保险公司的高级管理人员、一般工作人员和保险中介人员。保险经营的专业化程度高、技术性强，从业人员的资格称职与否、业务水平高低与保险企业的经营业绩和财务管理有着密切的关系。所以，对保险从业人员的监管成为保险监管的重要内容。

# 一、保险机构高级管理人员的监管

保险机构的高级管理人员主要是指保险机构的法定代表人和其他对保险机构重大经营活动具有决策权的主要负责人。高级管理人员对保险机构的经营管理具有重要影响，因此，世界各国对高级管理人员的任职资格都有较高的要求，并进行严格的资格审查。不符合法律规定的任职条件的，不能担任公司的高级管理职务；合格管理人员没有达到法定数量的，公司不能营业。在保险企业担任领导职务的任职条件包括文化程度、保险实践经验和道德素质等。

我国《保险法》第八十一条规定，保险公司的董事、监事和高级管理人员应当品行良好，熟悉与保险相关的法律、行政法规，具有履行职责所需的经营管理能力，并在任职前取得保险监督管理机构核准的任职资格。2010 年 4 月 1 日起正式施行的《保险公司董事、监事和高级管理人员任职资格管理规定》进一步提高了对保险公司高管人员的准入条件，如保险公司总经理从事经济工作或者金融工作的年限从 5 年、8 年分别提高到 8 年、10 年；要求保险公司总经理有保险业、金融业、金融监管或者大中型企业相当的管理职务工作经验，特别强调保险业的从业经历；合规性限制不予核准任职资格的事项由 7 项增加为 12 项等。《保险法》还规定，保险公司的董事、监事、高级管理人员执行公司职务时违反法律、行政法规或者公司章程的规定，给公司造成损失的，应当承担赔偿责任；对保险机构出现违法行为，除依法对该机构给予处罚外，还对其直接负责的主管人员给予警告并处以罚款，情节严重的撤销任职资格或者从业资格。

在保险公司股东的监管方面，我国《保险法》第一百零九条规定，保险公司的控股股东、实际控制人、董事、监事、高级管理人员不得利用关联交易损害公司的利益。依据《保险法》第一百五十二条，保险公司的股东利用关联交易严重损害公司利益，危及公司偿付能力的，由国务院保险监督管理机构责令改正。在按照要求改正前，国务院保险监督管理机构可以限制其股东权利；拒不改正的，可以责令其转让所持的保险公司股权。

# 二、保险机构一般工作人员的监管

各国保险法规对保险机构的各种业务人员，如核保员、理赔员、会计师等的配备，都有相应的规定。由于保险公司计算费率的技术要求较高，为了保证保险公司的偿付能力，稳健经营，保险公司必须聘用经保险监督管理机构认可的精算专业人员，建立精算报告制度。我国《保险法》第八十五条规定："保险公司必须聘用经保险监督管理机构认可的精算专业人员，建立精算报告制度。"《保险机构高级管理人员任职资格管理暂行规定》对保险公司人员素质的要求有：保险公司从业人员中应有 60% 以上从事过保险工作和大专院校保险专业或相关专业的毕业生。《保险法》第一百一十六条对一般保险从业人员的行为规范作出规定，保险公司及其工作人员在保险业务活动中不得有下列行为：①欺骗投保人、被保险人或者受益人；②对投保人隐瞒与保险合同有关的重要情况；③阻碍投保人履行本法规定的如实告知义务，或者诱导其不履行本法规定的如实告知义务；④给予或者承诺给予投保人、被保险人、受益人保险合同约定以外的保险费回扣或者其他利益；⑤拒不依法履行保险合同约定的赔偿或者给付保险金义务；⑥故意编造未曾发生的保险事故、虚构保险合同或者故意夸大已经发生的保险事故的损失程度进行虚假理赔，骗取保险金或者牟取其他不正当利益；⑦挪用、截留、侵占保险费；⑧委托未取得合法资格的机构或者个人从事保险销售活动；⑨利用开展保险业务为其他机构或者个人牟取不正当利益；⑩利用保险代理人、保险经纪人或者保险评估机构，从事以虚构保险中介业务或者编造退保等方式套取费用的违法活动；⑪以捏造、散布虚假事实等方式损害竞争对手的商业信誉，或者以其他不正当竞争行为扰乱保险市场秩序；⑫泄露在业务活动中知悉的投保人、被保险人的商业秘密等。

## 三、保险中介人员的监管

保险公司对客户出售的保险产品多数是由保险中介人员进行销售的，因此对保险中介人员的监管是保护消费者利益的一个重要环节。对保险代理人、保险经纪人、保险公估人，各国都通过法律明确其地位、从业资格、执业条件、法律责任等。

（一）资格监管

多数国家的保险法均规定，保险中介人员开展业务必须取得营业执照。保险中介人员一般需通过考试，合格后向保险监管部门注册登记，并缴存规定的保证金，方可经办保险业务。我国《保险法》规定保险专业代理机构、保险经纪人的高级管理人员应当品行良好，熟悉保险法律、行政法规，具有履行职责所需的经营管理能力，并在任职前取得保险监督管理机构核准的任职资格；个人保险代理人、保险代理机构的代理从业人员、保险经纪人的经纪从业人员，应当具备国务院保险监督管理机构规定的资格条件，取得保险监督管理机构颁发的资格证书。我国保险法规还要求保险代理人和保险公估人每年必须接受一定期限保险法律和业务知识培训以及职业道德教育。

（二）业务监管

保险中介人员收取佣金的标准由一般保险监管部门核定。许多国家保险法都规定保险中介人员在开展业务时不得采用不良手段从事非法经营活动，如禁止中介人采用佣金回扣、恶意招揽和误导陈述等方式招揽客户等规定。

我国《保险法》第一百三十一条明文规定，保险代理人、保险经纪人及其从业人员在办理保险业务活动中不得有下列行为：①欺骗保险人、投保人、被保险人或者受益人；②隐瞒与保险合同有关的重要情况；③阻碍投保人履行规定的如实告知义务，或者诱导其不履行本法规定的如实告知义务；④给予或者承诺给予投保人、被保险人或者受益人保险合同约定以外的利益；⑤利用行政权力、职务或者职业便利以及其他不正当手段强迫、引诱或者限制投保人订立保险合同；⑥伪造、擅自变更保险合同，或者为保险合同当事人提供虚假证明材料；⑦挪用、截留、侵占保险费或者保险金；⑧利用业务便利为其他机构或者个人牟取不正当利益；⑨串通投保人、被保险人或者受益人，骗取保险金；⑩泄露在业务活动中知悉的保险人、投保人、被保险人的商业秘密。除此之外还规定个人保险代理人在代为办理人寿保险业务时，不得同时接受两个以上保险人的委托等。

保险监督管理部门对保险中介人员的业务活动进行监督和检查，发现有严重过失或违法行为，则给以罚款、吊销许可或支付惩罚性损害赔偿金的处罚。对于违反法律、行政法规的规定且情节严重的，中国保监会可以撤销有关责任人员的任职资格或者从业资格，并可以取消其一定期限直至终身进入保险业的资格。

### （三）财务监管

由于保险中介人员的经营业务直接关系到保险合同成立时间的确定、保险数量及核算，因此需要对其财务实行监管。我国《保险法》规定，保险代理机构、保险经纪人应当有自己的经营场所，设立专门账簿记载保险代理业务、经纪业务的收支情况；保险监管部门对账簿进行审查和监管。

## 四、投保人、被保险人或受益人的监管

保险监管的主要目的是为了维护投保人、被保险人或受益人的合法权益。新《保险法》明确规定了保护投保人、被保险人和受益人的合法权益是保险监督管理机构的法定职责，强化了被保险人和受益人的正当权益。同时，投保人、被保险人或受益人应依法履行保险合同规定的相关义务，遵守诚实守信、公平互利的原则，维护保险市场的健康发展。

依照我国《保险法》第一百七十六条，投保人、被保险人或者受益人有下列行为之一，进行保险诈骗活动，尚不构成犯罪的，依法给予行政处罚：①投保人故意虚构保险标的，骗取保险金的；②编造未曾发生的保险事故，或者编造虚假的事故原因，或者夸大损失程度，骗取保险金的；③故意造成保险事故，骗取保险金的。保险事故的鉴定人、评估人、证明人故意提供虚假的证明文件，为投保人、被保险人或者受益人进行保险诈骗提供条件的，依照前款规定给予处罚。

## 五、保险监管机构和从事保险监管工作人员的监管

保险监管机构是保险监管的主体，从事保险监管的工作人员应遵守国家法律、法规和保监会的各项规章制度，依法监管，文明、公正执法，确保保险监管工作顺利开展，维护保险市场秩序。2009年中国保监会颁布了《保险监管人员行为准则》，进一步规范了监管人员的行为，确保其依法高效履行监管职责。我国《保险法》第一百八十条规定，保险监督管理机构从事监督管理工作的人员有下列情形之一的，依法给予处分：①违反规定批准机构的设立的；②违反规定进行保险条款、保险费率审批的；③违反规定进行现场检查的；④违反规定查询账户或者冻结资金的；⑤泄露其知悉的有关单位和个人的商业秘密的；⑥违反规定实施行政处罚的；⑦滥用职权、玩忽职守的其他行为。

## 第四节 保险业务监管

### 一、保险业务范围的监管

保险业务通常分为财产保险、人寿保险、意外伤害保险和健康保险四类。保险监管部门对保险业务范围的监管，是指对保险机构是否在规定范围内开展保险业务实施监管，禁止没有取得授权而开展保险业务的行为。各国保险监管机构对保险公司业务范围的监管基本贯彻"产寿险"分业经营的原则。英国《保险法》规定同一保险公司不得同时长期经营长期保险业务（人寿保险、长期健康保险和年金保险）和一般业务（财产保险、意外伤害保险和短期健康保险）。美国各州的保险法基本规定同一保险公司不得兼营财产保险业务和人寿保险业务。我国《保险法》按保险标的的不同将保险公司的业务范围分为财产保险业务和人身保险业务两大类。财产保险包括财产损失保险、责任保险、信用保险等保险业务；人身保险包括人寿保险、健康保险、意外伤害保险等保险业务。我国保险监管部门对保险公司业务范围的监管，包括禁止兼业和禁止兼营两个方面。

#### （一）禁止兼业

禁止兼业包括两个方面，即保险机构不得从事保险业务以外的业务和非保险机构不得经营保险业务。一方面由于保险事业的公共性，保险公司经营状况的好坏直接影响着社会经济的稳定性。为了保证保险金的专用性，规定保险公司不得经营非保险业务。另一方面由于保险经营的特殊性和风险性，对专业化的程度要求非常高。为了保障被保险人的利益，未经保监会批准，擅自开办保险业务的法人或个人都属于非法经营。我国《保险法》规定保险业务只能由依法设立的保险公司以及法律、行政法规规定的其他保险组织经营，其他单位和个人不得经营保险业务。《保险法》第一百五十九条规定，擅自设立保险公司、保险资产管理公司或者非法经营商业保险业务的，由保险监督管理机构予以取缔，没收违法所得，并处违法所得一倍以上五倍以下的罚款；没有违法所得或者违法所得不足二十万元的，处二十万元以上一百万元以下的罚款。

#### （二）禁止兼营

禁止兼营，即同一保险公司不得同时兼营人身保险和财产保险两种业务。财产保险和人寿保险在保险性质、经营技术、保险期限等方面存在差异。人寿保险具有长期性和储蓄性，和财产保险兼营有可能产生将人寿保险的储蓄挪用作为财产保险赔付的行为，导致人寿保险的保险金缺乏保障。我国《保险法》第九十五条对保险公司的业务范围作出规定：人身保险业务，包括人寿保险、健康保险、意外伤害保险等保险业务；财产保险业务，包括财产损失保险、责任保险、信用保险、保证保险等保险业务；保险人不得兼营人身保险业务和财产保险业务。但是，经营财产保险业务的保险公司经国务院保险监督管理机构批准，可以经营短期健康保险业务和意外伤害保险业务。《保险法》第一百六十一条规定，保险公司超出批准的业务范围经营的，由保险监督管理机构责令限期改正，没收违法所得，并处违法所得一倍以上五倍以下的罚款；没有违法所得或者违法所得不足十万元的，处十万元以上五十万元以下的罚款。逾期不改正或者造成严重后果的，责令停业整顿或者吊销业务许可证。

## 二、保险条款和保险费率的监管

### （一）保险条款的监管

保险条款是保险合同的核心内容，是投保人与保险人双方关于各自权利与义务的有效约定。保险条款的内容一般包括保险标的、保险责任范围、除外责任、赔偿处理、争议处理以及其他事项。由于保险合同通常由保险人事先拟定，而保险条款的技术性又较强，如果缺乏对保险条款的有效监管，保险人可能会利用这一特点减少自己的责任而加大投保人或被保险人的责任，侵犯对方的利益。因此，各国保险监管机构都不同程度地对保险条款进行监管，以防保险公司对被保险人做出不合理的保险承诺。

保险监管部门主要通过对保险条款的审批和备案以实现监管目标。一般各国保险监管部门都对保险条款的内容加以规范。我国《保险法》规定关系社会公众利益的保险险种、依法实行强制保险的险种和新开发的人寿保险险种等的保险条款，应当报保监会批准。国务院保险监督管理机构审批时，应当遵循保护社会公众利益和防止不正当竞争的原则。其他保险险种的保险条款和保险费率，应当报保监会备案。保险条款审批、备案的具体办法，由保监会制定。保险公司使用的保险条款违反法律、行政法规或者国务院保险监督管理机构的有关规定的，由保险监督管理机构责令停止使用，限期修改；情节严重的，可以在一定期限内禁止申报新的保险条款和保险费率。

### （二）保险费率的监管

保险费率监管是保险条款监管的主要内容。保险费率是保险产品的价格，是保险人用以计算保险费的标准。保险人通常根据保险标的的危险程度、损失概率、责任范围、保险期限和经营费用确定保险费率。一般地，危险性越大的标的费率越高；反之越低。保险费率的厘定需要科学地计算和预测，合理的费率可以保证保险人和被保险人双方的利益。不少国家都把费率监管列为保险监管的重要内容之一。保险费率的监管一般围绕着费率的合理性、公平性和适当性三方面进行。合理性体现在保险费率必须保障被保险人的权益并维持保险人的竞争力；公平性体现在保险费率应按照险种合理分类，反映其真实的危险性，相同危险性不得有差别费率；适当性体现在保险费率既保证保险人有充足的偿付能力，又可以保证保险人实现自身的经济利益。

我国保险费率的监管权限与保险条款的监管权限基本一致。保监会主要制定商业保险的主要险种的费率，其他险种的费率由保监会委托保险行业协会或保险公司拟定，并报保监会备案。保监会对报备的费率自收到备案申请文件之日起 30 日内未提出异议的，保险公司可以使用该费率。如果保监会认为保险公司的费率存在价格垄断，侵害投保人、被保险人或受益人的合法权益，或低于成本价格构成不正当竞争，或费率过低，可能危及保险公司偿付能力，则保监会可以要求保险公司修改或停止使用。

对保险条款和保险费率的严格监管能够保护被保险人的利益，但是从长期来看，随着保险市场的日益成熟，严格的审批程序降低了市场运作效率，不利于保险人运用价格策略和产品策略。目前许多国家都开始考虑改变监管方式。

## 三、再保险业务的监管

再保险是偿付能力管理的重要手段之一，通过再保险业务原保险人可以与再保险人在承担风险方面共同协作，达到控制和分散风险的目的。如果再保险人不能履行赔付责任，原保险人的偿付能力将受到影响，所以必须加强对再保险业务的监管。

对再保险人的法律形式、整体业务、现场检查、内部控制制度等方面的监管与直接保险人相同。业务监管方面，我国《保险法》第九十六条规定再保险业务的种类为分出保险和分入保险。依照新《保险法》第一百零三条，保险公司对每一危险单位，即对一次保险事故可能造成的最大损失范围所承担的责任，不得超过其实有资本金加公积金总和的百分之十；超过的部分应当办理再保险。保险公司对危险单位的划分应当符合国务院保险监督管理机构的规定。《保险法》第一百零五条规定，保险公司应当按照国务院保险监督管理机构的规定办理再保险，并审慎选择再保险接受人。

保监会 2005 年颁布的《再保险业务管理规定》（以下称《规定》）对再保险市场进行了全面系统的规范。《规定》内容主要涉及再保险业务种类、经营原则、国内优先分保、分入分出公司的相互义务、分保业务的比例限制，还特别明确了保险经纪人在从事再保险经纪业务时应遵守的基本行为规范。

## 四、保险合同履行情况的监管

保险合同监管主要包括对合同形式的监管，对合同当事人、关系人的监管以及合同订立、变更和终止的监管。

保险合同形式主要包括投保单、暂保单、保险单等。各国对保险合同形式采用不同程度的监管方法。美国大部分州规定保险合同在销售前须经过保险监管部门批准或备案，并且要求合同的免责条款必须印在醒目位置。我国保监会统一监制航空人身保险、机动车辆等保险的保单，其他保险合同形式由保险公司自主制定。

保险合同的当事人指保险人和投保人，关系人包括被保险人和受益人。对保险合同的监管主要是对当事人和关系人的资格进行限制。投保人购买保险必须具有行为能力和权利能力。我国《保险法》规定，投保人不得为无民事行为能力人投保以死亡为给付保险金条件的人身保险，保险人也不得承保，父母为其未成年子女投保的人身保险不受此限制，但是因被保险人死亡给付的保险金总和不得超过保监会规定的限额。以死亡为给付保险金条件的合同，未经被保险人同意并认可保险金额的，合同无效。为了防止道德风险的发生，法律规定投保人故意造成被保险人死亡、伤残或者疾病的，保险人不承担给付保险金的责任；受益人故意造成被保险人死亡、伤残、疾病的，或者故意杀害被保险人未遂的，该受益人丧失受益权；因被保险人故意犯罪或者抗拒依法采取的刑事强制措施导致其伤残或者死亡的，保险人不承担给付保险金的责任。

对保险合同的订立、变更和终止，保险监管部门也应进行监管。我国《保险法》规定投保人提出保险要求经保险人同意承保，双方就合同条款达成协议，保险合同就宣告正式成立。保险合同依法订立后即产生法律约束力，任何一方不得擅自变更。若被保险人违反保险合同的某些条件，如未按期缴纳保费，保险人可根据约定终止保险合同效力，双方保险合同关系解除。

## 五、保险资金运用的监管

保险资金的运用，是指保险公司在经营过程中，将保险资金部分运用于投资，从而使得保险资金保值增值的活动。保险资金运用是现代保险业得以生存和发展的基础。由于保险公司收取的保险金是保险人对投保人的负债而非盈利，具有返还性，其资金运用状况直接影响着公司的偿付能力。保险公司从收取保费到按照保险条款约定对被保险人支付赔款之间有一定的时间差，因此可以通过合理运用保险资金进行投资，提高企业的偿付能力。

为了保障保险资金的安全性和流动性，对保险资金的运用进行监管非常必要。各国保险法规一般都对保险资金运用的原则、范围、比例作出不同程度的要求规定。如英国保险监管部门规定保险人具有相应的偿付能力，而对保险公司的资金运用未作出具体要求；美国大多数州规定人寿保险公司对股票的投资不得超过资金的10%～15%。我国保险监管部门要求保险公司对资金的运用必须稳健，遵行安全性原则，并保证保险资金的保值增值及防范投资风险。依照《保险法》第一百零六条规定，我国保险公司资金的运用限于银行存款，买卖债券、股票、证券投资基金份额等有价证券，投资不动产，以及国务院规定的其他资金运用形式。保险公司的资金不得用于设立证券经营机构，不得用于设立保险业以外的企业。为了规范保险资金的运用，完善风险控制机制，保监会于2004年制定了《保险资金运用风险控制指引试行》，对保险公司资金运用风险控制的基本原则、组织环境控制、风险控制的主要内容以及检查监督机制作出进一步规范指导。相比发达国家，我国保险资金运用范围相对狭窄，一定程度上限制了保险公司经营的营利性和偿付能力的提高。

【案例14-2】

安华农业保险股份有限公司与股东吉林省公主岭市正氏企业有限公司于2005年7月15日签订金额为600万元的《借款合同》，时任董事长的宗国富签字。

2006 年 1 月 23 日，正氏企业向安华农险支付了借款合同期限内的利息 197160 元。截至 2009 年 3 月 27 日，安华农险未收到正氏企业偿还的借款本金及逾期利息。2008 年 3 月，安华农险财务部以公司文件《关于投资成立吉林省安华信息技术有限公司的决议》为依据，在没有领导签批的情况下，全额出资 100 万元，设立吉林省安华信息技术有限责任公司。对于安华农业保险股份有限公司违规设立公司及以关联借款违规运用资金的行为，保监会给予其罚款 20 万元的行政处罚。

资料来源：《证券日报》，http://finance.ifeng.com/money/insurance/。

# 第五节 保险公司财务的监管

保险公司作为金融企业必须有健全的财务制度。对保险公司进行财务监管的目的在于保证保险公司财务状况的安全。保险监管部门要求保险公司及时公布其财务情况以进行监督管理。对保险公司财务的监督包括财务检查、财务报告及分析、财务核算管理和保险公司的破产预警监管等。

## 一、保险公司的财务检查

保险公司财务检查是保险监管部门根据财务监管的总体要求，定期对保险公司的账务及财务情况进行检查，从而对保险公司经营活动进行监督和评价。财务检查是财务监督的重要方法和手段。监管者根据所得信息，对保险人的资本充足性、资产质量、利润率、现金流量、财务杠杆和流动性等进行评估，分析公司风险管理系统、管理信息系统等内控制度的充分性以及投资组合的质量和准备金提取的充足性，用以判断保险公司经营风险的大小。

财务检查包括现场检查和非现场检查。非现场检查主要通过连续收集保险公司分散的报告和统计数据，按一定标准和程序进行审查核准、动态分析，检测评价保险公司的现状和发展趋势。现场检查是监管部门深入保险公司及其作业现场进行监督和管理，可以为监管机构提供日常监督所无法获得的信息，通过现场检查评估管理层的决策过程及内部控制能力，可以制止公司从事非法或不正当的经营行为。

在我国，《中华人民共和国保险法》、《中华人民共和国外资保险公司管理条例》、《中国保险监督管理委员会主要职责内设机构和人员编制规定》赋予了中国保监会实施非现场监控与现场检查的权力。《保险法》第一百五十五条规定，保险监督管理机构依法履行职责，可以采取下列措施：

（1）对保险公司、保险代理人、保险经纪人、保险资产管理公司、外国保险机构

的代表机构进行现场检查。

（2）进入涉嫌发生违法行为的场所调查取证。

（3）询问当事人及与被调查事件有关的单位和个人，要求其对与被调查事件有关的事项作出说明。

《保险法》第一百七十一条规定，违反本法规定，有下列行为之一的，由保险监督管理机构责令限期改正；逾期不改正的，处一万元以上十万元以下的罚款：

（1）未按照规定报送或者保管报告、报表、文件、资料的，或者未按照规定提供有关信息、资料的。

（2）未按照规定报送保险条款、保险费率备案的。

（3）未按照规定披露信息的。

## 二、保险公司的财务报告及分析

### （一）保险公司的财务报告

美国财务会计准则委员会（FASB）指出，财务报告一般应包括财务报表、其他财务信息和非财务信息、公司的年度报告、招股说明书以及呈报证券交易委员会的年度报告等，此外，还有新闻发布稿、管理当局的预测、计划或前景说明以及对社会环境影响的说明等。同时强调，财务报告应提供对现在和潜在的投资决策、信贷决策有用的信息，即有助于其评估报告主体未来现金流量的数额、时间分布和不确定性的信息。

### （二）保险公司财务分析

保险经营是负债经营，具有一定的特殊性，监管部门必须通过其财务报告对其经营成果、财务状况进行分析，评价其偿付能力和风险管理情况。保险公司的财务报告分析，是运用保险公司财务状况及其相关资料，通过专门方法，对保险公司财务状况和经营成果进行分析和评价。

财务分析中分析法通常用比率分析法、趋势分析法、因素分析法、图标分析法等，其中应用比较广泛的是比率分析法和趋势分析法。

比率分析法是将同期会计报表上的有关数据加以比较求得各种比率，以说明各项目之间的关系，以便评价公司的财务状况和经营成果。一般来讲，反映偿债能力的主要指标有流动比率、现金比率、资产负债率、负债经营率、固定资本比率。反映资产质量的指标主要有应收保费率、不良资产比率、应收保费周转率（或应收保费周转天数）、资金运用率。反映成本控制能力的指标主要有赔付率、给付率、退保率、费用率。反映盈利能力的指标主要有承保利润率、营业利润率、利润率、净资产利润率、资产利润率、每股净收益。反映资金运用效益的指标主要有资金运用收益率、资金运用收益充足率、存款收益率。反映收益质量的指标主要有保费收现比率、利润变现比率。反映社会贡献能力的指标主要有社会贡献率、上交积累率。保险监管部门在实际操作中，结合保险公司具体情况，根据实际需要选择相应指标进行分析。

趋势分析法是将两期或连续数期的财务会计报告中的相同指标进行对比，确定其增减变动的方向、数额和幅度，以说明公司财务状况和经营成果的变动趋势的一种方法。会计报表的趋势分析通常采用的方法有横向比较法和纵向比较法。横向比较法又称水平比较法，是在会计报表中用金额、百分比的形式，对各个项目的本期或多期的金额与其基期的金额进行比较分析，以观察企业经营成果与财务状况的变化趋势。纵向比较法又称垂直分析法，是对会计报表中某一期的各个项目，分别与其中一个作为基本金额的特定项目进行百分比分析，以观察企业经营成果与财务状况的变化趋势。

### （三）我国对保险公司财务报告的规定

我国《金融企业会计制度》第五十七条规定，金融企业应当根据有关法律、行政法规的规定，以及财政部的统一要求编制中期财务会计报告和年度财务会计报告，并通过内部审核，在规定期限内向财政部门以及其他与金融企业有关的使用者报送，不得拒绝、拖延财务信息的披露。第五十八条规定，金融企业报送的年度财务会计报告应当经会计师事务所审计。金融企业不得编制和对外提供虚假的或者隐瞒重要事实的财务信息。金融企业负责人对本企业财务信息的真实性、完整性负责。

2009 年 12 月，财政部印发了《保险合同相关会计处理规定》（以下简称《规定》），明确要求保险公司编制 2009 年年度财务报告按照《规定》要求实施。《规定》主要规范了保险混合合同分拆、重大保险风险测试和保险合同准备金计量三个方面的内容。对未来现金流量的合理估计、符合市场实际的折现率、风险边际的显性化，以及对重大保险风险测试和保险合同准备金计量相关信息更加全面、充分和严格的信息披露要求，不仅可以公允地反映保险公司的财务状况、经营成果和企业价值，也有利于监管部门更加清晰全面地评估保险公司所面临的各项风险，提高风险监管水平和效率。

## 三、保险公司的财务核算管理

财务核算管理是监管部门对保险公司进行财务监管的重要内容，是为了使各保险公司在核算上依据统一的标准进行，使得其上报核算结果具有可比性，为监管部门进行监管提供了参照。

对保险公司的财务核算管理，主要基于国家的保险会计制度。我国保险会计制度是以《会计法》和《保险法》为法律基础，结合我国经济体制变化和保险业自身特征，经历了一系列变革。我国 1984 年 2 月颁布的《中国人民保险公司会计制度》，开拓了保险会计制度的新篇章。1993 年 2 月 24 日在《企业会计准则》基础上颁布的《保险企业会计制度》，突破了计划经济体制下的簿记制度，规范了会计核算的基本前提和基本原则。1998 年结合保险公司管理体制和资金运用的重大变化颁布了《保险公司会计制度》。2001 年颁布的《金融企业会计制度》，集银行、证券、保险等会计制度于一体，分别对六个会计要素以及有关金融业务和财务会计报告作出全面系统的规定。

2006 年发布了包括 1 项基本准则和 38 项具体会计准则在内的《企业会计准则》，该准则在上市公司实行，并逐渐扩大到非上市的金融保险企业和大中型工商企业。新的企业会计准则第一次确认了有关保险行业的会计准则，包括企业会计准则第 25 号——

原保险合同和企业会计准则第 26 号——再保险合同，规范了保险人签发的保险合同和再保险合同的会计处理、相关信息的列报，意味着中国保险会计制度从此走向了准则导向的道路，实现了与国际财务报告准则的实质性趋同。新的会计准则基于《企业会计准则——基本准则》，结合保险公司经营环境、业务范围等变化而制定，主要内容体现在以下几个方面：

（1）明确了原保险合同中保险人承担风险责任的认定。

（2）统一了保费收入的计算细则，以及原保险合同准备金的提取和合同成本。

（3）规定了保险人在资产负债表、利润表、附注中应当单独列示的与原保险合同或再保险合同有关的项目。

（4）详细列明了再保险分出、分入业务中的会计处理。

按新的会计准则发布的财务报告能够更加客观地反映公司价值，有利于监管部门了解保险公司的实际运营和财务状况，进行有效监督。

## 四、保险公司破产预警监管

保险公司作为商业性的营利机构，其一旦破产，将直接威胁到保单持有人、投资者的利益，进而带来社会性的影响。鉴于此，各国保险监管机构都十分注重通过科学的监管方式和预警体系，及早发现问题，尽量避免保险公司破产。

在一些保险市场高度发达的西方国家，伴随着保险公司破产事件的不断发生，监管部门对保险公司的破产预警监管逐渐加强，监管体系也越来越完善。

美国保险公司的监管是由各个州直接进行，但美国保险监督官协会（NAIC）通过制定和实施保险监管信息系统（IRIS）、财务分析和偿付能力跟踪系统（FAST）、风险型资本（RBC）规定和保险业动态财务分析（DFA）监控方法，支持和帮助各州保险监督官对保险公司的财务状况和偿付能力实行监管，形成了一套较为完整统一的保险公司偿付能力监管体系。

保险监管信息系统是由美国保险监督官协会和世界最大的保险公司信用评价机构A. M. Best Company 共同制定，其目的在于帮助各州保险监管部门发现那些容易发生财务危机的保险公司。该系统由两部分构成：第一部分为统计阶段，NAIC 通过 12 个标准化财务比率检查保险公司法定年度财务报告中相关的数据资料是否超出了规定的正常范围；第二阶段为分析阶段，NAIC 对公司报表数据进行质量分析并划分级别，并据此确定下一步的监管措施。

财务分析与偿付能力跟踪系统主要针对大保险公司的财务报告作进一步的分析，不仅考虑最近的财务报告数据，还对财务报告中的某些部分作过去五年的跟踪分析，如果发现了非正常的结果，则采取进一步调查和监管行动。

风险型资本规定提供了一套依据保险公司经营风险程度评价其资本和盈余充足性的办法，根据保险公司面临的资产风险、保险风险、利率风险和一般商业风险的风险程度，采用适当的资本风险因子对其全部资产、保费、责任准备金及其风险净额进行评估，据此计算出该保险公司总资本与其投资及保险业务的 RBC 风险指数的比率，并根据比率指标的范围，决定对其是否采取适当的监管行动。

保险业动态财务分析工具是通过现金流量测试来对保险公司主要金融因素进行随机模拟。现金流量模拟通常考虑定价风险、承保风险、准备金风险、投资风险、灾难风险、信用风险，并能在各种不确定的经济情景下，考察保险公司一段时期内的整体财务状况。

日本在一定程度上借鉴了美国的 RBC 风险基础资本要求，于 1996 年实施保证金界限预警比率管制，用以加强对保险公司的偿付能力监管，后来还多次对保证金界限预警比率管制进行过修正。保证金界限预警比率是以一定的假设为基础推算出的风险总额作为分母，以包括内部利润留成在内的资本和基金等自有资本部分（保险保证金）作为分子，表示通常对于超过预测风险有多大支付能力的比率。

英国保险监管主要通过英国金融服务监管局（FSA）来进行。其运作主要根据 FSA 的监管目标来确定风险范围。FSA 将风险分为商业风险和控制风险两类，其中包括了 15 个独立的风险评估因素。在偿付能力监管中，保险监管机构建立控制线，当实际偿付能力降到控制线以下时，监管机构就可以立即对保险公司的业务进行干预。

# 第六节　保险公司偿付能力监管

## 一、偿付能力概述

偿付能力是指保险机构对所承担的风险履行赔偿或到期给付责任的能力。偿付能力是保险公司履行保险合同的基础。保险监管部门对保险公司的财务进行监管，是为了保证保险公司的经营能够保持充足的偿付能力，从而发挥补偿职能对被保险人兑现承诺。偿付能力分为两种：一是保险公司的实际偿付能力，即会计年度末保险公司实际资产与实际负债之间的差额；二是保险公司的最低偿付能力，是保险监管部门根据保险公司业务规模规定的最低数额。不同保险公司的业务规模不同，最低偿付能力也不一样。各国的保险法都对保险公司的最低偿付能力作出了相关规定，并由政府保险监督机构进行监督和管理。

我国《保险法》第一百零一条规定，保险公司应当具有与其业务规模和风险程度相适应的最低偿付能力。保险公司的认可资产减去认可负债的差额不得低于国务院保险监督管理机构规定的数额；低于规定数额的，应当按照国务院保险监督管理机构的要求采取相应措施达到规定的数额。2008 年 9 月 1 日起实施的《保险公司偿付能力管理规定》则作出了更为具体的规定。

保险公司偿付能力不足产生的原因主要有保险费率确定过低、准备金计提不足、风险预计失当。如果保险公司不能达到最低偿付能力或者丧失偿付能力，被保险人及受益人的利益将受到危害。保证保险人的偿付能力是保险监管的根本目的。因此，各国保险

监管部门都将保险公司偿付能力监管作为保险监管的核心。对保险公司偿付能力的监管主要体现在保险保障基金的监管、保险准备金的监管、保险资金运用的监管等方面。本章第四节已经介绍过保险资金运用的监管，这里重点介绍保险保障基金的监管和保险准备金计提的监管。

## 二、保险保障基金的监管

保险保障基金是指当保险公司破产或撤销时，如果其资产无法全额履行其保单责任，保险保障基金可按照事先确定的规则，向被保险合同当事人提供全额或部分救济，减少保单持有人的损失，维护保险市场稳定。在保险公司偿付能力体系中，保险保障基金的作用比较特殊，它是利用行业积累的资金对丧失偿付能力的保险公司的保单持有人进行经济损失补偿。提取保险保障基金的目的是保障被保险人的利益，维护保险市场稳定。

世界上很多国家和地区都建立了保险保障基金制度。保险保障基金的来源一般由保险机构缴纳或者国家财政出资。我国主要采用由保险公司依法缴纳的方式筹集保险保障基金。《保险法》第一百条明确规定，保险公司应当缴纳保险保障基金。保险保障基金的其他来源还包括保险保障基金公司依法从破产保险公司清算财产中获得的受偿收入、捐赠、资金的投资收益以及其他合法收入。按照《保险保障基金管理办法》，保险保障基金由国有独资的中国保险保障基金有限责任公司集中管理，并在下列情形下统筹使用：①在保险公司被撤销或者被宣告破产时，向投保人、被保险人或者受益人提供救济；②在保险公司被撤销或者被宣告破产时，向依法接受其人寿保险合同的保险公司提供救济。

关于保险保障基金的缴纳，《保险保障基金管理办法》规定，非投资型财产保险按照保费收入的 0.8% 缴纳，投资型财产保险，有保证收益的，按照业务收入的 0.08% 缴纳，无保证收益的，按照业务收入的 0.05% 缴纳，保险保障基金余额达到公司总资产 6% 的可以暂停缴纳。有保证收益的人寿保险按照业务收入的 0.15% 缴纳，无保证收益的人寿保险按照业务收入的 0.05% 缴纳，保险保障基金余额达到公司总资产 1% 的可以暂停缴纳。保险保障基金的运用和保险资金的运用一样，应遵循安全性、流动性和收益性的原则，实现保值增值。由于保险保障基金的特殊性，其资金运用范围更为严格，限于银行存款，买卖政府债券、中央银行票据、中央企业债券、中央级金融机构发行的金融债券等。

保险保障基金能够保障保单持有者的部分利益，但是并非全部损失都能获得补偿。各国对此各有不同的规定。我国《保险保障基金管理办法》规定，保险公司依法撤销或破产，其清算财产不足以偿付保单利益的，保单持有人的损失在人民币 5 万元以内的部分，保险保障基金予以全额救助；保单持有人为个人的，对其损失超过人民币 5 万元的部分，保险保障基金的救助金额为超过部分金额的 90%；保单持有人为机构的，对其损失超过人民币 5 万元的部分，保险保障基金的救助金额为超过部分金额的 80%。因此，尽管有保险保障基金作为保险公司偿付能力的基本保障，投保人在选择保险机构时仍需谨慎，应全面考虑保险公司的经营状况和财务风险。

## 三、保险准备金计提的监管

保险准备金是保险人为承担未到期责任和处理未决赔款从保险费收入中提存的一种资金准备。保险准备金是保险企业的负债。保险准备金的计提同样是为了确保保险公司能够履行赔偿和给付义务。保险监督管理部门通过对保险准备金的监督管理，保证保险公司能够及时、足额提取准备金，合理地使用好准备金，从而保障被保险人的利益，保证保险公司安全经营。我国《保险法》第九十八条规定，保险公司应当根据保障被保险人利益、保证偿付能力的原则，提取各项责任准备金。

保险监管部门对保险准备金的监管主要是对保险公司各项准备金种类和计提标准的监管。保险公司非寿险业务准备金的种类包括未到期责任准备金、未决赔款准备金和特别准备金；人身保险业务准备金的种类包括责任准备金、未满期保费准备金和特别准备金。不同的保险准备金的计提方式也不相同，由各国的保险监管部门作出相应的规定。我国保险公司计提各类准备金的主要依据是《金融企业财务规则》和《保险公司非寿险业务准备金管理办法》。

中国保监会依法对保险公司的保险准备金计提进行检查监督。《保险法》第一百四十条规定，保险公司未按照法规提取或者结转各项责任准备金，或者未依照本法规定办理再保险，或者严重违反本法关于资金运用的规定的，由保险监督管理机构责令限期改正，并可以责令调整负责人及有关管理人员。此外，经营有人寿保险业务的保险公司被依法撤销或者被依法宣告破产的，其持有的人寿保险合同及责任准备金，必须转让给其他经营有人寿保险业务的保险公司；不能同其他保险公司达成转让协议的，由保监会指定经营有人寿保险业务的保险公司接受转让。

## 四、偿付能力监管

保险公司偿付能力监管是各国保险监管的核心内容。我国《保险法》第一百三十八条规定，国务院保险监督管理机构应当建立健全保险公司偿付能力监管体系，对保险公司的偿付能力实施监控。

目前从各国保险监管的实践来看，偿付能力的监管手段主要有保险公司资本充足率监管、保险监管信息系统和现场检查。

（1）资本充足率的监管。资本充足率的监管是指保险公司设立时具有一定金额的实收资本和公积金，在经营中满足一定的风险资本管理的要求。资本标准是保险公司偿付能力的基础。各国保险监管部门一般规定保险公司开业之前必须满足最低资本和盈余要求，风险资本管理则是要求保险公司保持与其所承担的风险相一致的认可资产。对资本金的具体要求因国而异。欧盟国家广泛采用阶梯偿付能力边际方式，美国将法定资本金分为固定最低资本金、风险基础资本金、最适合资本金三个层次。

（2）保险监管信息系统。保险监管信息系统是保险监管部门利用监管指标体现监

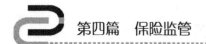

管偿付能力的变化。保险监管部门制定保险信息监管指标，根据保险公司上报的各种报告、报表和文件对其经营状况和偿付能力进行分析，及时掌握监管信息。

（3）现场检查。现场检查主要是保险监管人员到保险公司，对其经营的保险活动及财务状况进行实地检查，判断保险公司提供的资产和负债数据的真实性和准确性、各项财务指标是否符合有关法律规定以及偿付能力是否符合经营规模。

我国《保险公司管理规定》第五十九条规定，中国保监会对保险机构的监督管理，采取现场监管与非现场监管相结合的方式。依照我国《保险公司偿付能力管理规定》，保险公司的偿付能力充足率不低于100%，这里所指的偿付能力充足率是指保险公司实际资本与最低资本的比率。保监会对保险公司按照偿付能力充足率进行分类管理，即将保险公司分为不足类公司，指偿付能力充足率低于100%的保险公司；充足Ⅰ类公司，指偿付能力充足率在100%～150%之间的保险公司；充足Ⅱ类公司，指偿付能力充足率高于150%的保险公司。对偿付能力不足的保险公司，保监会应当将其列为重点监管对象，并区分不同情形采取下列一项或者多项监管措施：①责令增加资本金或者限制向股东分红；②限制董事、高级管理人员的薪酬水平和在职消费水平；③限制商业性广告；④限制增设分支机构、限制业务范围、责令停止开展新业务、责令转让保险业务或者责令办理分出业务；⑤责令拍卖资产或者限制固定资产购置；⑥限制资金运用渠道；⑦调整负责人及有关管理人员；⑧接管；⑨中国保监会认为必要的其他监管措施。

充足Ⅰ类公司和充足Ⅱ类公司存在重大偿付能力风险的，中国保监会可以要求其进行整改或者采取必要的监管措施。对于未按本规定建立和执行偿付能力管理制度的保险公司，中国保监会可以要求其进行整改，情节严重的，可以采取相应的监管措施，并依法给予行政处罚。

---

**【案例14-3】**

　　大众保险股份有限公司未向保监会提出申请，于2007年9月，交付资金500万元申购南方全球精选配置证券投资基金，其中中签3071342.12份，共支付资金3098979.25元。2008年6月，该公司以每份0.807元的价格将基金全部赎回，净收回资金2466180.22元，造成账面损失632799.03元。

　　大众保险股份有限公司的违规投资行为严重危及企业的偿付能力。保监会对大众保险股份有限公司违规购买基金的行为处以10万元罚款以及限制偏股型基金投资业务3个月（自下发处罚通知之日起3个月内，公司投资的偏股型基金账户，只准卖出，不准买进）的行政处罚。

　　资料来源：《证券日报》，http://finance.ifeng.com/money/insurance/hydt/。

---

**重要概念**

　　保险监管　保险机构监管　保险从业人员监管　保险业务监管　保险条款监管　保险费率监管　保险业务范围监管　保险合同监管　保险资金运用监管　保险公司财务监

管　保险准备金　偿付能力　偿付能力监管

**思考题**

1. 什么是保险监管？保险监管有何意义？
2. 保险监管的主要方式有哪些？
3. 保险监管的主要内容是什么？
4. 设立保险公司应具备哪些条件？
5. 国家金融监督管理部门应如何加强对保险中介人的监管？
6. 了解中国保险监管制度的发展与趋势。

# 参考文献

## 一、重要文献

1. 《中华人民共和国保险法》，2009 年 2 月 28 日第十一届全国人民代表大会常务委员会第七次会议修订，自 2009 年 10 月 1 日起施行。

2. 《国务院关于保险业改革发展的若干意见》，国发〔2006〕23 号文件，2006 年 6 月 15 日。

3. 《教育部、中国保险监督管理委员会关于加强学校保险教育有关工作的指导意见》，教基〔2006〕24 号文件，2006 年 12 月 12 日。

## 二、参考书目

1. 魏华林，林宝清主编. 保险学（第二版）. 北京：高等教育出版社，2006.

2. 张洪涛，郑功成主编. 保险学（第二版）. 北京：中国人民大学出版社，2008.

3. 张洪涛，庄作瑾主编. 人身保险（第二版）. 北京：中国人民大学出版社，2008.

4. 乔林，王绪瑾主编. 财产保险（第二版）. 北京：中国人民大学出版社，2008.

5. 池小萍，郑祎华主编. 人身保险. 北京：中国金融出版社，2006.

6. 曹晓兰主编. 财产保险. 北京：中国金融出版社，2007.

7. 何惠珍主编. 保险学基础. 北京：中国金融出版社，2006.

8. 孙迎春主编. 保险实务. 沈阳：东北财经大学出版社，2009.

9. 中国保监会保险教材编写组编著. 风险管理与保险. 北京：高等教育出版社，2007.

## 三、推荐报刊与网络

《中国保险报》报刊；

《保险研究》杂志；

《金融与保险》杂志；

《保险实践与探索》杂志；

《保险资讯》杂志；

中国保险网，www.china-insurance.com；

中国风险管理网，www.chinarm.cn；

中国保险教育网，www.bxedu.com；

保险地带，www.bxzone.com；

保网，www.ins.com.cn；

瑞士再保险公司网站，www.swissre.com。